Das BLV Handbuch Landleben

Impressum

Bibliografische Information der
Deutschen Nationalbibliothek

Die Deutsche Nationalbibliothek verzeich-
net diese Publikation in der Deutschen
Nationalbibliografie; detaillierte bibliografische Daten sind im Internet über
http://dnb.d-nb.de abrufbar.

Titel der englischen Originalausgabe:
»Self-Sufficiency Manual«

Copyright © 2012 Quantum
Publishing Ltd.

Übersetzung aus dem Englischen von
Claudia Buchholtz, Thomas Roggatz,
Bettina Schulte-Wolfram, Ursula Wappler

Deutschsprachige Ausgabe

**BLV Buchverlag
GmbH & Co. KG**

80797 München

© 2012 BLV Buchverlag GmbH & Co. KG,
München

Umschlagkonzeption: Kochan & Partner,
München

Umschlagfotos: Plainpicture/Jump (vorne);
Cristian Barnett (Rückseite und Klappen)

Programmleitung Garten: Dr. Thomas Hagen
Lektorat: Sandra Hachmann,
Sandra-Mareike Kreß

Herstellung: Hermann Maxant
DTP: Christian Walter, Gundelfingen

Printed in China

ISBN 978-3-8354-1071-8

Inhalt

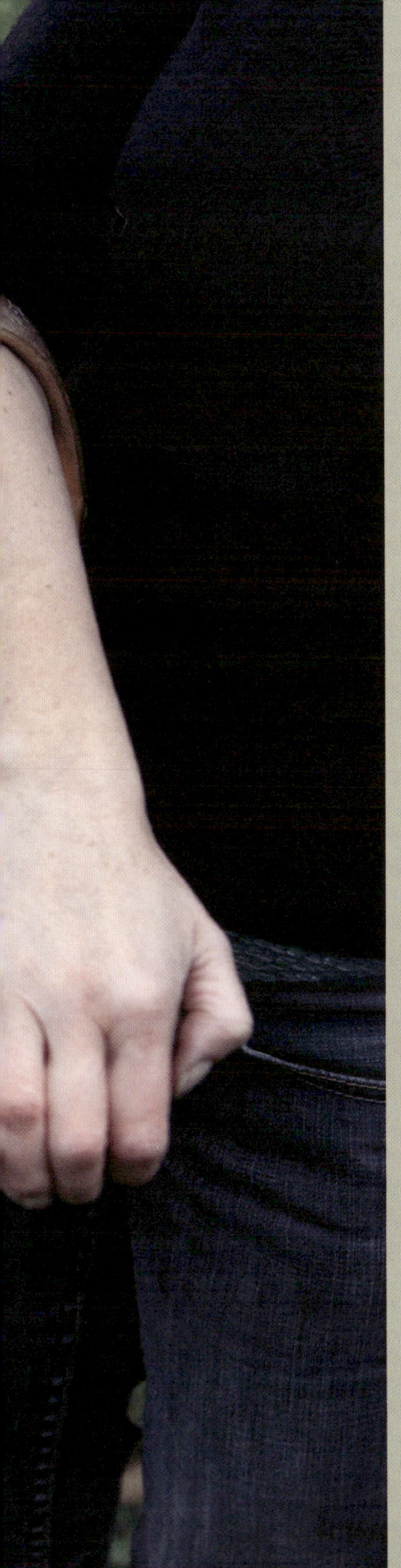

VORWORT

Das vorliegende Buch richtet sich an alle, die sich dem »guten Leben« sachte und peu à peu nähern möchten. Die mit dem Gedanken spielen, sich im Obst- und Gemüseanbau zu versuchen, selbst Honig herzustellen oder Eier aus dem eigenen Hühnerstall, Milch und Käse von den eigenen Ziegen zu genießen oder gar selbst Schweine zu halten, um Fleisch aus Eigenproduktion zu essen. Es richtet sich auch an jene, die nicht ungenutzt lassen möchten, was das Land um uns herum zu bieten hat – was kostenlos zu haben ist in Wald und Fluss, an Feldrain und Meeresstrand.

Mit der Zeit verspürt der oder die eine oder andere vielleicht den Wunsch, aus dem Hobby eine neue Lebensart werden zu lassen und sich völlig autark selbst zu versorgen – klug wäre es jedoch, langsam damit zu beginnen und erst einmal ein Gefühl dafür zu entwickeln, ob dieses Leben überhaupt etwas für einen ist. Versuchen Sie bitte nicht, gleich im ersten Jahr alles Obst und Gemüse selbst zu ziehen und alle in diesem Buch erwähnten Tiere zu halten. Gehen Sie die Sache Stück für Stück an, finden Sie heraus, was Ihnen am meisten Spaß macht und nehmen Sie sich die Zeit, aus Ihren Fehlern zu lernen.

Der eigene Grund und Boden

Sie brauchen nur sehr wenig Land, um die eigene Nahrung zumindest zum Teil selbst zu produzieren. Ein winziges Gärtchen hinterm Haus, ja selbst eine Terrasse oder ein Innenhof kann bei richtiger Nutzung überraschend viel hervorbringen.

Wie groß oder klein Ihr Stückchen Land auch sein mag – Sie sollten ihm immer das zurückgeben, was sie daraus entnehmen. Kein Boden garantiert bis in alle Ewigkeit gedeihende Ernten oder gesunde Tierbestände, wenn er nicht gut gepflegt wird. Doch das soll Sie nicht entmutigen, denn dieses Buch versetzt Sie in die Lage, die Bedürfnisse des Bodens und die Wirkungen verschiedener Feldfrüchte auf diesen einzuschätzen und damit ein Gleichgewicht herzustellen.

Nachbarn und Ämter

Das Verhältnis zu den Menschen, die in Ihrer Nähe leben, hat meist einen überraschend großen Einfluss auf den Erfolg Ihres Vorhabens.

Wer schon einige Zeit in der Gegend wohnt, kann vermutlich wertvolle Tipps und Ratschläge geben, was hier gut und was weniger gut wächst – und Ihnen damit viel Zeit, Geld und Missmut ersparen. Im Gegenzug sollten Sie bei der Planung der Ställe und Tiergehege auf Ihre Nachbarn Rücksicht nehmen. Kaum einer wird es Ihnen danken, wenn das Krähen eines übermotivierten jungen Hahns den morgendlichen Frieden stört. Das eine oder andere nette, klärende Gespräch und ab und zu eine Stiege Obst oder Gemüse wirken beim Aufbau eines guten Nachbarschaftsverhältnisses jedoch Wunder.

Wer vorhat, einen landwirtschaftlichen Kleinbetrieb mit Tieren und einer relativ großen Anbaufläche aufzuziehen, dem stehen die ansässigen Bauern oft bereitwillig mit Rat und Tat zur Seite – und vielleicht sogar mit dem Angebot, ihre Maschinen mitzubenutzen.

Wichtige Vorschriften und Bestimmungen

Bevor Sie loslegen, sollten Sie die entsprechenden staatlichen Stellen, Ämter und Behörden kontaktieren, die in Ihrem Kreis bzw. Ihrem Bundesland für Kleinbauern zuständig sind und Hilfe anbieten. Da wäre zunächst einmal das für Umwelt und Landwirtschaft zuständige Ministerium des jeweiligen Bundeslandes. Oder fragen Sie auf dem Gemeindeamt nach, welche Behörden zuständig und wo diese zu finden sind. Diese können Ihnen bei der Planung und der Beantragung der nötigen Genehmigungen für Tierhaltung helfen und stellen gegebenenfalls Informationen zu Seuchen und Krankheiten zur Verfügung. Die Haltung von bestimmten Nutztieren unterliegt Gesetzen und Bestimmungen und in einigen Gebieten ist die Viehhaltung überhaupt nicht zulässig.

Lagerflächen und Nebengebäude

Der Umfang notwendiger Lagerflächen, -räume und Nebengebäude hängt von Ausmaß und Art der geplanten Eigenproduktion ab.

Selbst wer sich bei der Selbstversorgung auf den Garten hinter dem Haus beschränkt, kann kaum alles Gemüse und Obst verbrauchen, sowie es erntereif wird. Außerdem besteht die Selbstversorgung ja gerade darin, das ganze Jahr hindurch die eigene Ernte zu genießen. Wurzelgemüse lässt sich in seinem natürlichen Zustand lagern (s. S. 207–208), dafür benötigen Sie aber entweder ein Stück Boden, um eine Erdmiete anzulegen, oder einen wetterfesten Schuppen oder Unterstand, in dem die Wurzeln vor Nagetieren geschützt gelagert werden können.

Bevorratung von Eingekochtem und sonstigen Nahrungsmitteln

Zur Aufbewahrung von Eingekochtem oder sauer Eingelegtem, von Kompott, Soßen, Chutneys, Marmeladen, Konfitüren und dergleichen benötigen Sie reichlich Regalplatz

in einem kühlen, gut belüfteten und schattigen Raum. Auch ein Tiefkühlschrank ist unverzichtbar – investieren Sie in eine Truhe, die möglichst in der Nähe der Küche stehen sollte.

Ein Platz für Tiere

Welche Tiere welchen Raum benötigen, finden Sie in den entsprechenden Seiten dieses Buches (s. S. 152 – 177), aber auch hier gibt es noch einiges zu bedenken. Wer Ziegen halten möchte, darf das Melken nicht vergessen und sollte eine Art kleine Molkerei oder Milchkammer in Betracht ziehen, da man Ziegen aus Hygienegründen nicht in ihrem Stall melken sollte.

Auch brauchen Sie einen Ort, wo Sie Eier nicht nur kühl und bruchsicher, sondern vor allem auch so lagern können, dass sie rotierend aufgebraucht werden, die älteren also konsequent zuerst. Eierkartons, auch ohne Deckel als Platten zum Stapeln, nehmen auf einem Regal oder in einem Speiseschrank erheblich Platz weg.

Aufbewahrung von Tierfutter

Am wirtschaftlichsten ist es, Tierfutter in Großmengen einzukaufen, allerdings muss man die so erzielte Einsparung gegen den benötigten Lagerraum abwägen. Heu und Stroh brauchen viel Platz, noch dazu an einem wettergeschützten Ort. Anderes Futter in konzentrierter Form muss vor Nagetieren durch entsprechende Behälter geschützt werden, die ebenfalls überdacht oder in einem Schuppen oder Nebengebäude unterzubringen sind. Solche Behälter sollten aus feuerverzinktem Blech bestehen, idealerweise mit einem gut sitzenden Deckel. Zur Not tut es erst einmal auch ein Fass aus dickem Holz, das hält die Ratten für eine Weile fern. Dagegen bieten Kunststoffbehälter keinerlei Schutz vor Nagern.

Je näher zum Haus oder zu den Ställen die Lagerräume gelegen sind, umso bequemer ist es für Sie – wenn bereits alte Schuppen oder Nebengebäude vorhanden sind, sollten

Sie diese jedoch auf jeden Fall nutzen, anstatt Geld in neue zu stecken. Und wenn Ihnen der Zufall ein Haus mit Dachboden oder Keller beschert hat, nutzen Sie diesen zusätzlichen Stauraum und bringen Sie, sofern möglich, Regale an.

Umweltschutz

Energiesparen und Umweltschutz sind den Menschen, die nach Selbstversorgung streben, meist besonders wichtig. Das geht Hand in Hand mit dem Wunsch, Transportwege für Nahrungsmittel möglichst kurz zu halten, Nahrung biodynamisch oder ethisch einwandfrei zu erzeugen und dem verschwenderischen Lebensstil der Wegwerfgesellschaft den Rücken zu kehren.

Wer bewusst den Energie- und Wasserverbrauch niedrig hält und möglichst viel Regenwasser sammelt und vor allem im Garten wiederverwendet, trägt aktiv zum Umweltschutz bei. Zudem wird die Technik permanent weiterentwickelt, eine Eigenerzeugung von Strom durch Sonnenkollektoren, Wind- oder Wasserräder (für die Glücklichen, die auf ihrem Grundstück über ein Fließgewässer verfügen) wird immer realistischer und machbarer. Selbst eine Einspeisung von überschüssigem Strom ins nationale Stromnetz ist inzwischen keine Zukunftsvision mehr (s. S. 246).

Energie erzeugen und sparen

In unseren gemäßigten Breiten ist es oft praktikabler, Sonnenenergie eher für die Warmwasserbereitung als für die Stromerzeugung zu nutzen. Solaranlagen amortisieren sich wahrscheinlich innerhalb von ein paar Jahren. Der Staat fördert unter bestimmten Voraussetzungen die Errichtung von Anlagen zur Stromerzeugung, aber auch Energiesparmaßnahmen wie verbesserte Isolierungen von Wand und Dach. Erkundigen Sie sich beim örtlichen Netzbetreiber und beim Stadt- bzw. Gemeinderat, ob in Ihrem Falle eine Förderung in Frage käme.

Nachhaltig Energie gewinnen

Wer auf seinem Grundstück über genügend Bäume bzw. Wald verfügt, darf auch einmal über eine Heizung der Wohnräume und eine Warmwasserbereitung mit Brennholz nachdenken. Versäumen Sie um zukünftiger Generationen willen dabei aber nicht, gefällte Bäume immer wieder durch Neupflanzungen zu ersetzen, und schlagen Sie niemals alle ausgewachsenen Bäume innerhalb eines Gebietes.

Buch führen

Wer sein Obst und Gemüse selbst zieht und ein paar Hühner und ein Bienenvolk mehr aus Liebhaberei als aus Sparsamkeitsgründen hält, muss nicht unbedingt darüber Buch führen.

Wer das Ganze jedoch in größerem Umfang betreibt, ist gut beraten, wenn er sich eine regelmäßige Buchführung angewöhnt. Sonst kommen über das eingesparte Geld leicht Illusionen auf.

Einnahmen und Ausgaben

Alle Kosten für Tierfutter, Dünger, Brenn- und Kraftstoff, Geräte und Ausrüstung, Maschinen und dergleichen sollten notiert und den Kosten der Nahrungsmittel gegenübergestellt werden, wenn man sie in einem Laden kaufen müsste. Durch eine detaillierte Buchhaltung versetzen Sie sich in die Lage, die wirklich unrentablen Bereiche zu erkennen und entweder darauf zu verzichten oder sie umzugestalten.

Man darf nicht vergessen, dass im ersten und oft auch im zweiten Jahr erheblich größere Ausgaben anfallen und das eine oder andere Vorhaben unweigerlich scheitert – am Anfang können Sie also nicht mit einem riesigen Profit rechnen. Geld macht nur einen kleinen Teil des Lohns aus, den diese Art zu leben einem beschert. Erwarten Sie am Anfang keine Wunder. Elan und Begeisterung für die neuen alltäglichen Arbeitsaufgaben sind erst einmal Ausgleich genug.

Qualität und Ersparnis

Sie werden vielleicht zu dem Fazit gelangen, dass Tierhaltung kaum eine finanzielle Einsparung mit sich bringt oder gar noch teurer ist als das alte Leben mit den Einkäufen im Supermarkt. Kostenloses Essen kommt auf diese Weise auf keinen Fall auf den Tisch, auch wenn Eier, Milch und Fleisch Sie tatsächlich weniger kosten sollten, als wenn Sie alles im Laden kaufen. Viel stärker ins Gewicht fällt aber die Tatsache, dass die Nahrungsmittel von unendlich besserer Qualität sind. Die Eier sind gehaltvoller, die Milch frischer und das Fleisch besser im Geschmack. Dazu kommt die Zufriedenheit, die man empfindet, wenn man die Tiere versorgt und unter den eigenen Händen alles wächst und gedeiht.

Den Rhythmus des Lebens verstehen

Es wäre von Vorteil, aufzuschreiben, wie viele Eier jeden Tag gelegt werden, wie viele Jungtiere pro Wurf oder Brut zu welchem Datum auf die Welt kommen und so weiter. Ähnliche Aufzeichnungen zu Obst- und Gemüseerträgen sind ebenfalls zu empfehlen, denn nur so wird man erkennen, was besonders gut wächst und wann bestimmte Obstbäume oder -sträucher anfangen, im Ertrag nachzulassen und besser ersetzt werden sollten.

Solche Beobachtungen und Aufzeichnungen sind eine spannende und erhellende Lektüre. Wer Pflanzzeiten und -orte, die Auswirkungen des Wetters in den einzelnen Jahren, Erfolge und Misserfolge notiert, kann Land, Frucht und Ertrag besser verstehen und für die Zukunft eine Menge lernen. Und genau das wird letztendlich den Unterschied ausmachen zwischen einer einigermaßen rentablen Wirtschaft und einer Liebhaberei, die kaum mehr ist als pure Geldverschwendung.

Die ersten Schritte

Planung der Parzelle

Egal wie groß die Fläche ist, die Ihnen zur Eigenerzeugung von Lebensmitteln zur Verfügung steht: Eine sorgfältige Planung und eine vernünftige Nutzung der Parzelle machen einen erheblichen Unterschied bei der Produktivität aus.

Selbst ein verhältnismäßig kleiner Garten erweist sich bei guter Planung und Bearbeitung oft als ertragreicher als ein größeres Stück Land, auf dem vieles dem Zufall überlassen bleibt. Überlegen Sie zunächst genau, wo Sie alles platzieren wollen und was Sie sich vorstellen, selbst wenn es erst später hinzukommen soll. Vieles wird wohl dauerhaft an einer Stelle verbleiben – zum Beispiel

Gemüsebeete, Obstbäume und -sträucher, Schweine- und Ziegenställe –, wählen Sie hier also den bestmöglichen Standort, an dem die Bedingungen passen, aber auch für Sie alles so bequem und praktikabel wie möglich ist.

Der folgende Leitfaden hilft Ihnen bei der Entscheidung, wo jeder einzelne Baustein Ihrer kleinen landwirtschaftlichen Produktionsstätte zu platzieren ist. Beachten Sie bitte, dass es wirklich nur ein Leitfaden sein soll, kein Gesetz! Zum Beispiel der Gemüsegarten: Er darf je nach Wunsch und Möglichkeiten beliebig groß oder klein sein. Man kann mit einem nur 3 x 4 m großen Beet eine vierköpfige Familie jede Woche im Jahr mit frischem Gemüse versorgen – eine Fläche, die in den Vorstädten fast überall hinter den Häusern zur Verfügung steht, wenn man ein paar Blumenbeete oder einen Teil des Rasens opfert.

Ist die Fläche größer, müssen Sie sich entscheiden: Welchen Anteil räume ich welchen Pflanzen und welchen Tieren ein? Welches Obst und Gemüse essen meine Familie und ich am liebsten? Was lässt sich am besten lagern, sodass wir auch im Winter etwas davon haben? Teilen Sie die Flächen entsprechend ein und bauen Sie nach Möglichkeit nicht zu viel von dem an, was keiner mag oder schnell verdirbt.

Ein Platz für Tiere

Wie viel Platz Sie für die Hühnerhaltung benötigen, hängt davon ab, ob Sie einen festen Hühnerhof vorsehen oder den Auslauf verset-

Planung und Organisation ist alles. Beete von normaler Größe wie hier machen es Ihnen leicht, Reihen abzumessen und die Kulturen im Rahmen der Fruchtfolge von Jahr zu Jahr zu wechseln. Gute Wege erleichtern Pflege und Ernte.

zen wollen (s. S. 166). Bedenken Sie, dass Sie regelmäßig zum Hühnerstall gehen müssen, um zu füttern, den Hühnern Wasser zu geben und die Eier einzusammeln. Entsprechend nahe und bequem sollte der Stall zum Wohnhaus gelegen sein, wägen Sie die Nachteile dieser Nähe wie Lärmbelästigung dagegen ab.

Dasselbe gilt bei Ziegen – sollen sie am Tage frei grasen, wollen Sie sie, sofern möglich, auf nahegelegenem Brachland oder auf einem unbebauten Stück Land an der Grundstücksgrenze anpflocken oder sollen sie permanent auf ein und derselben Wiese bleiben? In letzterem Fall muss das entsprechende Stück Land größer sein und zugefüttert werden.

Planen Sie zunächst auf dem Papier

Schreiben Sie auf, was Sie anbauen und welche Tiere Sie halten möchten. Notieren Sie Saat- und Erntezeiten, den Platzbedarf der einzelnen Kulturen und welche Pflanzen sich mit welchen besonders gut vertragen – all das hilft Ihnen bei der Planung. Dann zeichnen Sie einen maßstabsgerechten Plan der zur Verfügung stehenden Fläche und skizzieren Beete, Lagerflächen, Ställe und Auslauf sowie neu zu errichtende Gebäude und Anbauten. Vergessen Sie die Wege nicht und nutzen Sie, wenn möglich, alles bereits Vorhandene, ehe Sie neue Gebäude planen.

Mit diesem groben Plan gehen Sie hinaus und messen alles vor Ort mit Schritten aus. Stellen Sie sich vor, wie die einzelnen Bereiche miteinander harmonieren und wie praktisch sie bei täglicher Nutzung zueinander gelegen sind. Erst wenn alles zu Ihrer Zufriedenheit geplant ist, beginnen Sie mit dem Umgraben, Einzäunen und Errichten fester Bauten, die sich später nur schwer umsetzen lassen.

Verlassen Sie sich auch in der Frühphase auf Ihren gesunden Menschenverstand! So werden sich fast alle im Folgenden dargelegten Regeln entsprechend Ihrer persönlichen Verhältnisse und Bedürfnisse anpassen lassen.

Der Gemüsegarten

Die für Gemüse vorgesehenen Beete sollten nicht von großen Bäumen überragt und beschattet werden. Gemüse wächst am besten in voller Sonne, nur ganz wenige Arten sind ausgesprochene Schattenpflanzen.

Schützen Sie das Gemüse grundsätzlich vor heftigen Winden, vor allem aus Norden und Nordosten, dann wird Ihre Ernte erfolgreich ausfallen. Am besten stellen Sie solch eine geschützte Lage durch einen dichten, stabilen Zaun oder eine niedrige Hecke her. Zwischen Hecke und Beet sollte idealerweise ein Weg verlaufen und die Wurzeln der Hecke, die ins Beet hineinreichen, müssen jedes Jahr beim Umgraben abgeschnitten werden, damit sie den Gemüsepflanzen nicht die Nährstoffe aus dem Boden ziehen.

Größe und Form Ihres Gemüsegartens hängen natürlich vom verfügbaren Platz und von der Zeit ab, die man in seine Bearbeitung zu investieren gewillt ist, eine rechteckige Form

Überlegen Sie genau, welche Pflanzen Sie anbauen oder welche Tiere Sie halten wollen. Und: Sollen die Tiere, beispielsweise Hühner, freien Auslauf oder ein eingezäuntes Gehege bekommen?

lässt sich jedoch am leichtesten unterteilen. Arbeitserleichternd und eine saubere Sache sind feste Wege um das Beet herum oder, bei einer größeren Fläche, in regelmäßigen Abständen mitten hindurch. Idealerweise bestehen sie aus festem Material wie Ziegelsteinen, Beton oder Gehwegplatten und nicht aus gestampfter Erde, die sich im Winter gerne zu Schlamm verwandelt. Die Wege sollten breit genug für eine Schubkarre sein.

Wo der Gemüsegarten liegt, ist letztendlich egal. Der eine mag ihn nahe am Haus, andere haben es gerne, wenn er weiter weg liegt und einen Rückzugsort darstellt. Mitunter eignet sich nur eine ganz bestimmte Stelle. Jedenfalls ist es wohl besser, den Gemüsegarten in Nähe des Wohnhauses zu haben als den Schweinestall oder den Hühnerhof. Planen

Sie Gewächshaus und Frühbeete nahe dem Gemüsegarten ein, das erleichtert das Auspflanzen der Sämlinge. Achten Sie darauf, dass die geneigten Frühbeetfenster nach Süden zeigen. Wenn möglich, platzieren Sie gleich neben den Frühbeetkästen die Saatbeete.

Der Komposthaufen sollte ebenfalls leicht zugänglich sein, auch wenn er vielleicht in der entferntesten Gartenecke am besten aufgehoben ist, da er gerne Fliegen anzieht und bei heißer Witterung ein wenig riechen kann. Er muss natürlich überhaupt nicht im Gemüsegarten liegen, aber zu weit weg wäre unpraktisch.

Unterteilen Sie den Gemüsegarten

Hat die Fläche des Gemüsegartens eine unregelmäßige Form, dann unterteilt man sie so, dass sich wenigstens ein großes rechteckiges Beet ergibt. Die Rechteckform ist am praktikabelsten, wenn die Bepflanzung im Fruchtwechsel erfolgen soll (s. S. 40). Die restlichen Flächen bieten sich für mehrjährige Gemüsestauden wie Spargel und Artischocken an.

Reihenbepflanzungen in Ostwest- oder in Nordsüdrichtung haben jeweils Vor- und Nachteile, Sie müssen für sich entscheiden, was besser ist. Pflanzenreihen in Nordsüdrichtung bekommen die meiste Sonne ab, nämlich von einer Seite am Vor- und von der anderen am Nachmittag. Pflanzen in Ostwestausrichtung beschatten einander zu bestimmten Tageszeiten, für Gemüsepflanzen, die im Winter unter Folien- oder Glashauben ausharren sollen, ist diese Ausrichtung jedoch die Bessere. In Hanglagen sind quer zum Hang verlaufende Reihen besser als von unten nach oben verlaufende Längsreihen.

Der Obstgarten

Bei der Anlage eines Obstgartens sind verschiedene Überlegungen anzustellen, auch hinsichtlich der beiden Kategorien Beerenobst und Baumobst. Man kann zwar durchaus Beerensträucher im Garten verteilen und überall dort hinsetzen, wo Platz ist, sie alle beieinander zu haben ist jedoch praktischer.

Das Bearbeiten und Ernten geht effektiver vonstatten, wenn alle Büsche und Sträucher nahe beieinanderliegen, auch lässt sich ein Netz zum Schutz gegen Vögel weitaus schneller und einfacher über eine größere Gruppe von Büschen breiten, als über jeden Strauch einzeln. Diese Maßnahme ist nicht zu unterschätzen, wenn man eine vernünftige Menge ernten will. Wollen Sie viel Beerenobst anbauen, lohnt es sich, über einen sogenannten Fruchtkäfig nachzudenken, der Ihnen den Zugang gewährt, während er Vögel abhält.

Liegt der Bereich für die Obststräucher gleich neben dem Gemüsegarten, ist darauf zu achten, dass die Sträucher die Gemüsepflanzen nicht beschatten. Einige Beerenarten wie Brombeeren, Loganbeeren und Himbeeren sind selbst schattenverträglich und können die

Obstbäume kann man in einem speziellen Obstgarten gruppieren oder über das Grundstück verteilt überall dort setzen, wo Platz ist. Sie werfen allerdings Schatten, der Boden darunter ist für die Kultur von Nutzpflanzen demzufolge verloren.

schattigeren Flecken des Gartens einnehmen und die sonnigeren den Pflanzen überlassen, die davon am meisten profitieren.

Bitte beachten: Beerenbüsche und -sträucher sind ausdauernd, setzen Sie diese nicht an Stellen, die Sie in naher Zukunft umplanen möchten.

Obstbäume im Garten

Obstbäume sollten nicht unmittelbar neben Beerenbüschen stehen, da sie diese bald schattenwerfend überragen und ihnen zudem die Nährstoffe im Boden streitig machen. Stattdessen sollte man Obstbäume bei der Planung der gesamten Gartenanlage miteinbeziehen oder einen großen Bereich ausschließlich zum Obstgarten bestimmen. Obstbäume setzt man dort, wo entsprechend Platz oder Schatten erwünscht ist. Die Aussicht vom Wohnhaus lässt zu wünschen übrig? Pflanzen Sie Obstbäume so, dass sie Unschönes verdecken.

Die Auswahl der Obstbäume will wohlüberlegt sein. Die Pfropfunterlage ist so zu wählen, dass ein Baum von der Größe wächst, die man wirklich haben möchte (s. S. 113), ansonsten endet man womöglich mit einem Baumriesen, der alles andere im Garten überschattet.

Die empfindlicheren Obstbäume – Aprikosen, Pfirsiche und Nektarinen – sollten wie auch der Wein möglichst geschützt an einer Südwand stehen. An Mauern lassen sich auch Äpfel oder Birnen als Spalierbäume ziehen oder bestimmtes Beerenobst, das gestützt werden muss und an einem Spalier am besten aufgehoben ist.

Der Kräutergarten

Kräuter sind vielleicht nicht das A und O auf dem Weg zur Selbstversorgung, aber ein Kräutergarten liefert nicht nur mehr Geschmack fürs Essen, er verwöhnt Sie auch mit wunderbaren Wohlgerüchen und lockt zahllose nützliche Insekten an, die Ihnen helfen, Schädlinge ohne den Einsatz chemischer Insektizide unter Kontrolle zu halten.

Da ein Kräuterbeet eher eine zusätzliche Dreingabe und weniger unabdingbarer Teil des Nutzgartens ist, nimmt es gewöhnlich den geringsten Raum ein. Kräuter lassen sich praktisch überall ziehen, ab besten natürlich in Nähe der Küche, sodass sie beim Kochen schnell bei der Hand sind. Das Beet sollte klein sein, damit Sie leicht an die Kräuter herankommen, und in der prallen Sonne liegen – nur wenige Kräuter lieben schattige Orte mit schwerem, feuchtem Boden. Bei geringem Raumangebot machen sich Kräuter auch in der Blumenrabatte gut oder in Töpfen und Blumenkästen, die überall dort stehen dürfen, wo Platz ist.

Ein Kräuterbeet ist ebenso dekorativ wie nützlich. Die hübschen, locker-fedrigen Blattwedel und die leuchtenden Blütendolden des in Reihe wachsenden Dills stehen einer Blumenrabatte in nichts nach – und sind zudem noch essbar.

Der Entwurf des Nutzgartens

Bevor Sie loslegen und irgendetwas pflanzen, müssen Sie entscheiden, wie sich die Gartenfläche am vorteilhaftesten nutzen lässt.

Eine kleine Parzelle für das Nötigste

Wer nicht viel Platz hat (s. unten), sollte nahezu die gesamte Fläche für den Gemüse- und Obstanbau vorsehen. Für ein paar Hühner findet man vielleicht auch noch ein Fleckchen, so bekäme man Nachschub an frischen Eiern und Fleisch, möglicherweise ist aber nicht genug Raum für die Freilandhaltung.

Mehr Möglichkeiten auf einer größeren Parzelle

Ein größeres Stück Land (s. gegenüberliegende Seite) bietet Platz für mehr, zum Beispiel für einen festen Schweinestall und ein versetzbares Hühnergehege in einem Obstgarten, in dem die Hühner nach Lust und Laune scharren können. Mehr Land bedeutet Obst und Gemüse in größerer Vielfalt sowie üppigere Ernten.

Ein Kleinbauernhof auf einer großen Parzelle

Auf einem großen Grundstück (s. unten) finden nicht nur Schweine und Hühner Platz, sondern auch Ziegen, Bienen und sogar ein Pferd. Das zusätzliche Land erlaubt den Gemüseanbau in Fruchtfolge, bei dem immer eine Anbaufläche brach liegt. Auf dieser können Nutztiere grasen.

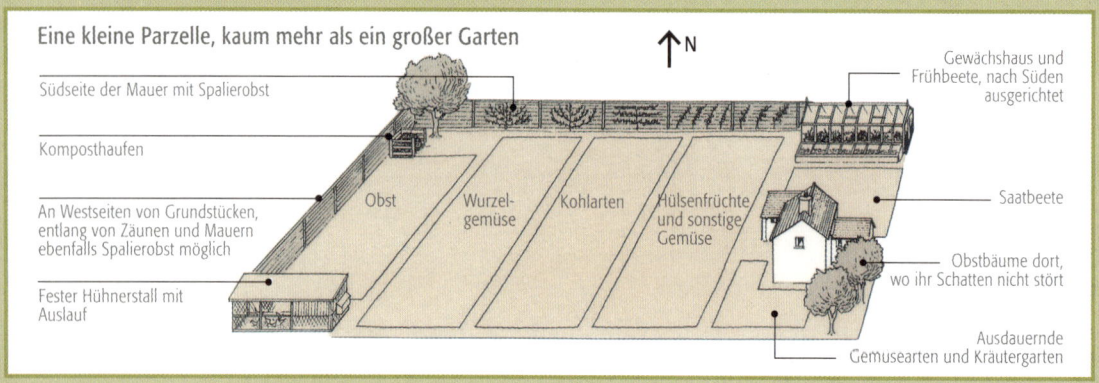

Eine kleine Parzelle, kaum mehr als ein großer Garten

↑N

Südseite der Mauer mit Spalierobst

Komposthaufen

An Westseiten von Grundstücken, entlang von Zäunen und Mauern ebenfalls Spalierobst möglich

Fester Hühnerstall mit Auslauf

Obst

Wurzelgemüse

Kohlarten

Hülsenfrüchte und sonstige Gemüse

Gewächshaus und Frühbeete, nach Süden ausgerichtet

Saatbeete

Obstbäume dort, wo ihr Schatten nicht stört

Ausdauernde Gemusearten und Kräutergarten

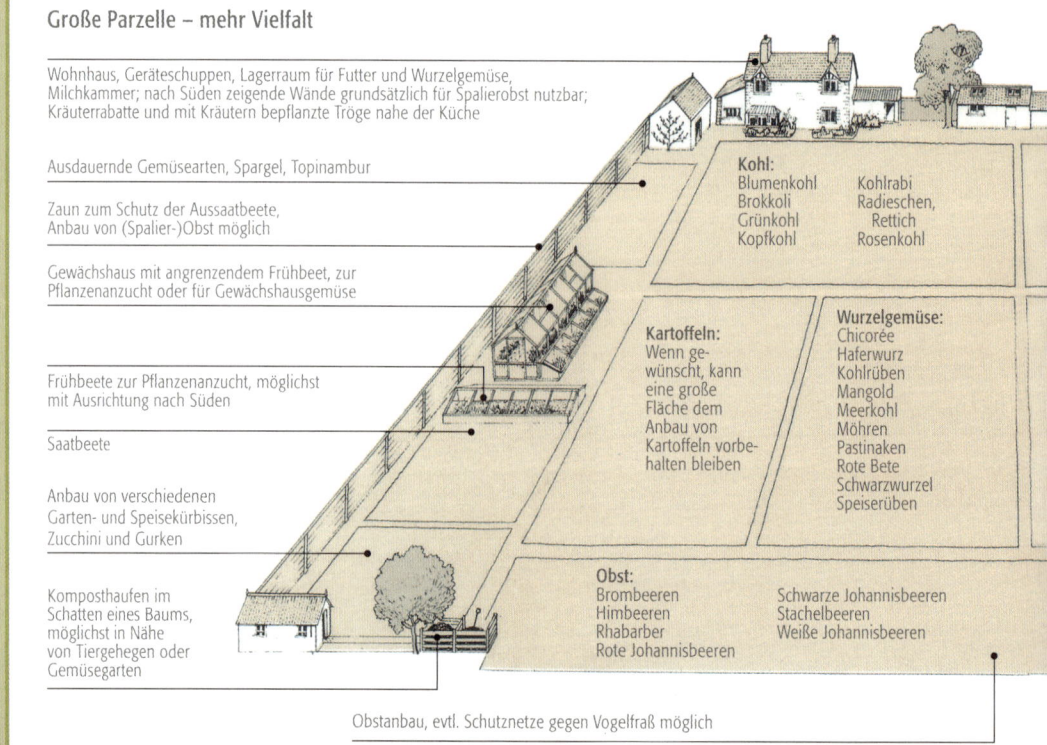

Große Parzelle – mehr Vielfalt

Wohnhaus, Geräteschuppen, Lagerraum für Futter und Wurzelgemüse, Milchkammer; nach Süden zeigende Wände grundsätzlich für Spalierobst nutzbar; Kräuterrabatte und mit Kräutern bepflanzte Tröge nahe der Küche

Ausdauernde Gemüsearten, Spargel, Topinambur

Zaun zum Schutz der Aussaatbeete, Anbau von (Spalier-)Obst möglich

Gewächshaus mit angrenzendem Frühbeet, zur Pflanzenanzucht oder für Gewächshausgemüse

Frühbeete zur Pflanzenanzucht, möglichst mit Ausrichtung nach Süden

Saatbeete

Anbau von verschiedenen Garten- und Speisekürbissen, Zucchini und Gurken

Komposthaufen im Schatten eines Baums, möglichst in Nähe von Tiergehegen oder Gemüsegarten

Kohl:
Blumenkohl
Brokkoli
Grünkohl
Kopfkohl

Kohlrabi
Radieschen,
Rettich
Rosenkohl

Kartoffeln:
Wenn gewünscht, kann eine große Fläche dem Anbau von Kartoffeln vorbehalten bleiben

Wurzelgemüse:
Chicorée
Haferwurz
Kohlrüben
Mangold
Meerkohl
Möhren
Pastinaken
Rote Bete
Schwarzwurzel
Speiserüben

Obst:
Brombeeren
Himbeeren
Rhabarber
Rote Johannisbeeren

Schwarze Johannisbeeren
Stachelbeeren
Weiße Johannisbeeren

Obstanbau, evtl. Schutznetze gegen Vogelfraß möglich

Mehr Land bringt mehr von allem und einen Obstgarten dazu

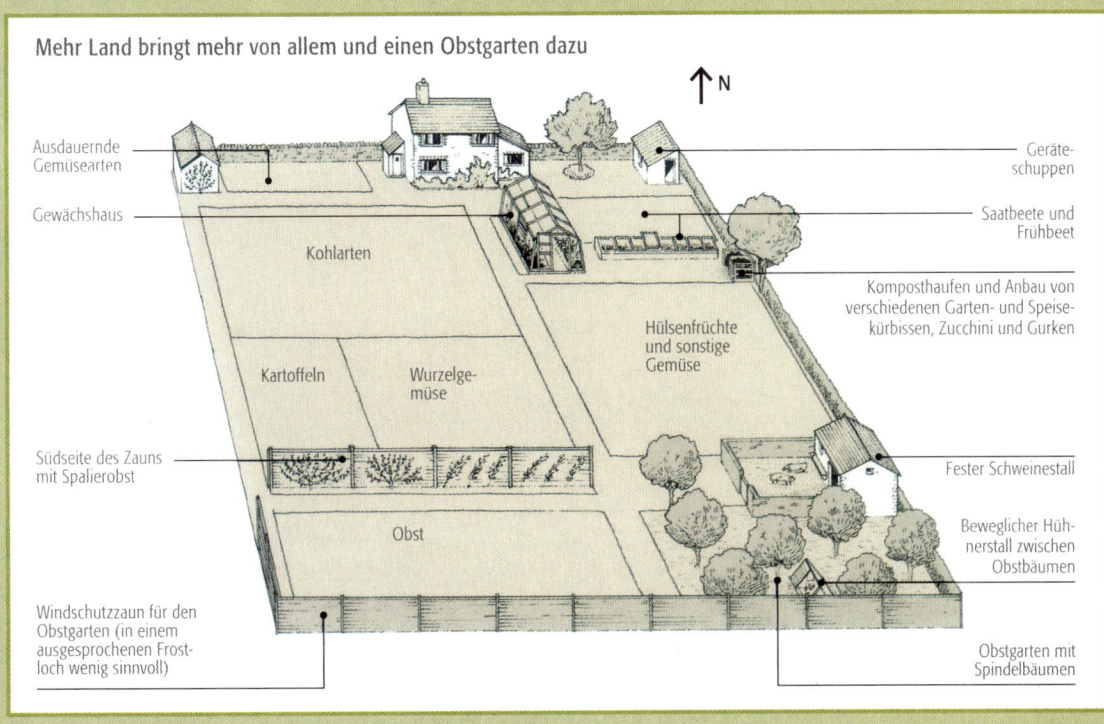

N

Ausdauernde Gemüsearten

Gewächshaus

Kohlarten

Kartoffeln

Wurzelgemüse

Südseite des Zauns mit Spalierobst

Obst

Windschutzzaun für den Obstgarten (in einem ausgesprochenen Frostloch wenig sinnvoll)

Hülsenfrüchte und sonstige Gemüse

Geräteschuppen

Saatbeete und Frühbeet

Komposthaufen und Anbau von verschiedenen Garten- und Speisekürbissen, Zucchini und Gurken

Fester Schweinestall

Beweglicher Hühnerstall zwischen Obstbäumen

Obstgarten mit Spindelbäumen

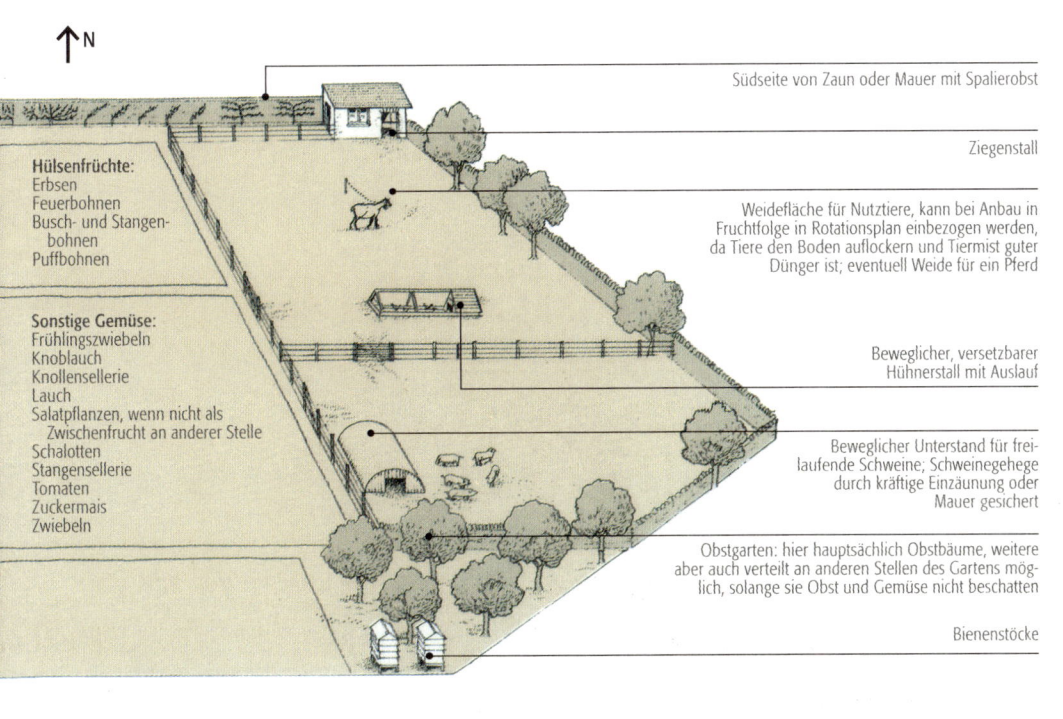

N

Hülsenfrüchte:
Erbsen
Feuerbohnen
Busch- und Stangenbohnen
Puffbohnen

Sonstige Gemüse:
Frühlingszwiebeln
Knoblauch
Knollensellerie
Lauch
Salatpflanzen, wenn nicht als Zwischenfrucht an anderer Stelle
Schalotten
Stangensellerie
Tomaten
Zuckermais
Zwiebeln

Südseite von Zaun oder Mauer mit Spalierobst

Ziegenstall

Weidefläche für Nutztiere, kann bei Anbau in Fruchtfolge in Rotationsplan einbezogen werden, da Tiere den Boden auflockern und Tiermist guter Dünger ist; eventuell Weide für ein Pferd

Beweglicher, versetzbarer Hühnerstall mit Auslauf

Beweglicher Unterstand für freilaufende Schweine; Schweinegehege durch kräftige Einzäunung oder Mauer gesichert

Obstgarten: hier hauptsächlich Obstbäume, weitere aber auch verteilt an anderen Stellen des Gartens möglich, solange sie Obst und Gemüse nicht beschatten

Bienenstöcke

Planung der Parzelle

Hühner

Wo Sie den Hühnerstall platzieren hängt vor allem davon ab, nach welcher Methode Sie das Federvieh halten möchten. Freilaufende Hühner brauchen nur einen festen Hühnerstall, und der kann überall stehen. Wenn sich eins der bereits auf dem Grundstück vorhandenen Gebäude als Hühnerstall eignet, dann ist dies zweifellos der beste Ort.

Wenn Sie sich nicht für freilaufende Hühner entscheiden, sondern für einen Hühnerhof, also ein festes Freigehege zum Scharren, dann sollte dieses möglichst etwas entfernt vom Wohnhaus liegen, da ein solcher Hühnerhof nicht der schönste Anblick ist.

Seine Größe bleibt Ihnen überlassen und hängt davon ab, welchen Raum Sie dafür abstellen möchten. Der gesunde Menschenverstand wird Ihnen sagen, ob der Auslauf groß genug ist. Hühner brauchen gar nicht so viel Raum, auch wenn sie natürlich immer so viel Fläche mit ihrem Schnabel aufhacken, wie man ihnen zur Verfügung stellt. Viel wichtiger ist, dass jedem Huhn mindestens 10–15 cm am Futtertrog und ca. 20 cm auf der Hühnerstange im Stall zur Verfügung stehen. (s. S. 166).

Zwei Flächen als Auslauf für die Hühner sind besser als eine, da sie sich bei abwechselnder Nutzung zwischendurch immer wieder etwas erholen können. Es macht sich gut, wenn beide nebeneinanderliegen (mit einem Zaun dazwischen), und der Hühnerstall zwei Eingänge aufweist, sodass er von beiden Auslaufflächen aus zugänglich ist.

Anderes Geflügel

Hühner sind zwar die übliche Wahl beim Geflügel, aber Enten, Gänse und sogar Truthähne sind auch beliebt und rentabel. Die Überlegungen, solche Tiere zu halten und genügend Platz für sie bereitzustellen, folgen demselben gesunden Menschenverstand wie bei der Hühnerhaltung.

Da Federvieh nachts eingeschlossen und bei Tage herausgelassen werden muss, ist es bequemer, alles Geflügel nebeneinander zu platzieren. Auch das Füttern geht dann schneller.

Eine Gänseschar ist immer etwas Hübsches, aber Obacht: Es sind ausgesprochen laute Tiere, überlegen Sie also genau, wo Sie die Gänse halten.

Sollen die Gänse als »Wachhunde« fungieren und möglichst laut Lärm schlagen, sobald jemand das Grundstück betritt, dann sind sie neben dem Eingangstor gut aufgehoben. Soll Ihr kleiner Bauernhof eher ein Ort der Ruhe sein, dann müssen Sie Gänse in größerer Entfernung unterbringen.

Enten brauchen natürlich einen Teich, wenn auch keinen großen. Sie benötigen auch ein Entenhaus, aber nur wenig Auslauffläche, und teilen sich meist gerne den Platz mit den Hühnern.

Niemals dürfen Sie Hühner und Truthühner zusammenstecken, da sich dadurch die tödliche Schwarzkopfkrankheit ausbreiten kann.

Ziegen

Ein paar Ziegen sind durchaus eine Bereicherung. Eine Kuh zu halten mag kaum praktikabel sein, aber eine Ziege ist etwas anderes und versorgt Sie ebenso mit Trinkmilch oder Käse. Ziegen sind liebenswerte Geschöpfe und unkompliziert in der Haltung und Unterbringung, selbst auf einer kleinen Parzelle.

Wenn die Ziegen auf Tiefstreu gehalten werden sollen, der Stall also immer wieder eingestreut und erst nach einer sehr langen Zeit ausgemistet wird (s. S. 162), platziert man den Ziegenstall eher weiter weg vom Wohnhaus, wo Gerüche weniger stören.

Es ist letztendlich egal, ob der Ziegenstall gleich in der Nähe der Milchkammer liegt oder nicht, wenn diese sich in einem separaten Gebäude befindet. Ziegen müssen jedoch zweimal täglich gemolken werden – je näher, umso bequemer also, besonders bei schlechtem Wetter.

Bei Ziegen gibt es keine speziellen Anforderungen an die Größe ihres Auslaufs, selbst wenn sie auf Dauer dort untergebracht sein sollten. Wichtig ist hingegen eine sehr robuste

Rechtliche Bestimmungen

Ob Rinder, Schweine, Ziegen oder Geflügel: Wer Nutztiere halten will, muss dies der zuständigen Behörde oder einer von dieser beauftragten Stelle vor Beginn der Tätigkeit anzeigen – unter Angabe seines Namens, seiner Anschrift und der Anzahl der im Jahresdurchschnitt voraussichtlich gehaltenen Tiere, ihrer Nutzungsart und ihres Standortes, bezogen auf die jeweilige Tierart.

Änderungen sind unverzüglich anzugeben. Der Bestand von Zuchtschweinen, Ziegen und Schafen ist jährlich zu melden, getrennt nach Altersgruppen.

Detaillierte Informationen können Sie beim zuständigen Ministerium für Umwelt und Landwirtschaft des jeweiligen Bundeslandes erfragen.

Einzäunung, wenn sie sich innerhalb dieser frei bewegen dürfen, da Ziegen zielstrebige Ausreißer sind. Sie haben sich als enorm anpassungsfähig erwiesen und sind unter den meisten Bedingungen glücklich und zufrieden.

Ausreichend Platz

Wenn die Ziegen genügend Raum zum Grasen haben, ohne permanent aneinanderzustoßen, ist die Frage nach der Größe des Geheges an die Frage nach der Futtermenge gekoppelt, die man zufüttern will. Je kleiner der Auslauf, desto mehr zusätzliches Futter ist nötig. Wenn die Weide eine Wiese bleiben und nicht gänzlich kahlgefressen werden soll, muss sie sich von Zeit zu Zeit erholen können. Entweder weist man den Ziegen ein zweites Stück eingezäuntes Land zu (genauso wie beim Hühnerhof), oder aber man bringt sie tagsüber zum Grasen auf Brachflächen oder ins Unterholz und pflockt sie dort an.

Angepflockte Ziegen sollten zweimal täglich versetzt werden, da sie nichts fressen, was sie mit ihrem Kot verschmutzt haben. Auch sollte man sie nicht zu nahe an Büschen oder langen, harten Gräsern anpflocken, damit sich die Kette nicht verheddert. In diesem Falle könnte sich die Ziege strangulieren.

Im Winter lässt man Ziegen am besten auf einem Stück Betonfläche herumlaufen (auch das muss nicht groß sein), da aufgeweichtes und schlammiges Erdreich zu verschiedenen Hufkrankheiten führen kann.

Das Wichtigste bei der Ziegenhaltung sind die Zäune – sie sollten stabil gebaut und nicht zu niedrig sein.

Schweine

Dass Schweine dreckig sind und stinken, ist ein Mythos. Aber ihr Futter riecht leicht, es besteht gewöhnlich aus Wurzelgemüse und Obst. Außerdem brauchen Schweine eine schlammige Pfütze oder Suhle in ihrem Gehege. Und sie machen Geräusche, daran besteht kein Zweifel. Am besten hält man sie also in einem gewissen Abstand zum Haus.

Wer Schweine hält, damit sie ihm eine sehr unebene Brache urbar machen helfen, muss sie und ihren transportablen Verschlag nach Bedarf immer ein Stück weiterrücken. Schon bald haben sie das Gelände von Gestrüpp und Unterholz, Unkraut und wilden Brombeeren befreit. Aber wahrscheinlich wollen Sie die Schweine doch eher in einem festen Schweinestall mit angrenzendem Freigehege halten.

Wenn sich Schweine nicht selbst ernähren müssen, brauchen sie nicht viel Raum. Ein bisschen Platz, um im Boden zu wühlen, und eine schöne, tiefe Staub- oder Schlammkuhle – das genügt.

Das ändert sich allerdings, wenn die Sau werfen soll. Sie wird aller Voraussicht nach um die zehn

Schweine sind auch ohne großen Auslauf glücklich und zufrieden, solange sie eine schlammige Kuhle zum Suhlen finden. Und sie brauchen unbedingt einen Schutz vor der Sonne.

Ferkel zur Welt bringen, und diese müssen im Alter von fünf bis acht Wochen entwöhnt werden. Dann sind sie separat von der Mutter unterzubringen und je nachdem, wie lange man die Ferkel behält, muss man sie weiter separieren, wenn sie größer werden. Zehn gesunde, quiekende Schweinchen sind ganz schön viel für einen relativ kleinen Schweinestall mit ein wenig Auslauf. Zu viele Tiere auf

engstem Raum – das führt leicht zu Gesundheitsproblemen und Raufereien.

Bienen

Bienen brauchen von allen Nutztieren die geringste Fläche. Das einzige, wonach sie verlangen, was Unterbringung bzw. Platz angeht, ist ein Bienenstock.

Bei der Entscheidung, wo die Bienenstöcke zu platzieren sind, müssen mehrere Punkte beachtet werden. Diese werden auf Seite 176 besprochen. Die meisten Menschen stellen ihre Bienenstöcke entfernt vom Wohnhaus auf, damit regelmäßig begangene Wege zwischen Haus und verschiedenen Teilen des Gartens nicht mit den üblichen Flugrouten der Bienen vom und zum Bienenstock zusammenfallen.

Denken Sie auch an die Nachbarn, schließlich sollen Ihre Bienen nicht ständig über deren Terrasse oder Sitzecke fliegen, was doch als sehr störend empfunden würde.

Bienenstöcke gehören dorthin, wo ihre Flugrouten nicht durch viel genutzte Gartenbereiche führen.

Vorbereitung überwucherter Flächen

Ist das Land, das Sie bebauen möchten, ein unentwirrbares Gestrüpp wild wachsenden Strauchwerks, muss es zunächst beräumt werden. Schweine und Ziegen sind als ausgezeichnete Bodenräumkommandos bekannt, jedoch geht man diese mühsame Arbeit in den meisten Fällen am besten mit etwas mascineller Hilfe an. Schweiß und Anstrengung beim Graben und Säubern von Hand zeugen von harter, aber erfüllender Arbeit.

Die Werkzeuge, die beim Räumen und Urbarmachen unbedingt notwendig und hilfreich sind, werden weiter unten erläutert. Wenn Sie Ziegen halten möchten, ist jetzt der richtige Zeitpunkt für deren Anschaffung, da sie die meiste Räumarbeit übernehmen können. Sie fressen das Gestrüpp und streifen, wenn man es zulässt, sogar die Rinde von den Bäumen, die dadurch absterben. Auf diese Weise zieht sich die Beräumung allerdings etwas in die Länge. Schweine bewirken Ähnliches.

Land roden, Bäume fällen

Wer überwucherte Flächen per Hand räumen will, braucht Spaten, Grabegabel, Sense, Spitz- und Breithacke, Schaufel, Axt, Sichel, Brecheisen und möglicherweise eine Kettensäge. Festes Schuhwerk und robuste Arbeitshandschuhe sind dabei zur eigenen Sicherheit unerlässlich.

Rücken Sie wildem Brombeergestrüpp, dichtem Strauchwerk mit dünnen Stämmen, jungen Bäumen und Schösslingen mit der Sense zu Leibe – entweder traditionell oder mit einer Motorsense. Eine Sichel hilft mit ihrem kürzeren Stiel an schwer zugänglichen Stellen und bei stärkeren Stängeln und Stämmen. Lesen Sie alle Äste, Zweige und verholzte Stängel auf, hacken Sie diese in handliche Stücke und lagern Sie sie als Feuerholz.

Ist alles Unterholz beseitigt, entscheiden Sie, ob Sie auch Bäume fällen wollen. Hier hilft wahrscheinlich eine Spezialfirma. Wie man einen Baum fällt, wird aber auch auf Seite 203 beschrieben. Vergessen Sie nicht, auch den Baumstumpf zu entfernen – eine nicht zu unterschätzende Aufgabe! Stümpfe lassen sich sprengen, mit einer Spezialwinde aus dem Boden ziehen oder mit einem großen, bohrerartigen Werkzeug aus dem Boden schälen – alles ein Fall für den Fachmann. Bei letzterer Methode ist darauf zu achten, dass die Baumfäller tief genug schürfen, also 20 bis 25 cm, wenn an die Stelle Rasen treten

Wenn die urbar zu machende Fläche sehr groß ist, hilft eine Bodenfräse. Solche Geräte leiht man besser aus, da man sie nur selten braucht.

soll, mindestens aber 30 cm tief, wenn Nutzpflanzenanbau vorgesehen ist.

Wollen Sie einem Baumstumpf doch selbst zu Leibe rücken, wäre im Privat- und Kleingartenbereich die beste Methode, den Stumpf mit Breithacke und Spaten auszugraben – eine zeitaufwendige Arbeit. Alternativ kann man es mit einer speziellen Chemikalie versuchen, die

Beim Ausgraben der Wurzeln und Stümpfe von Sträuchern und beim Aufbrechen festen, dicht gepackten Bodens helfen nur Spitzhacke und Spaten. Die harte Arbeit wird später mit besseren Ernten belohnt.

den Verrottungsprozess beschleunigt. Diese Spezialmittel sind im Fachhandel erhältlich und dürfen nur mit Schutzkleidung und genau nach Gebrauchsanweisung des Herstellers verwendet werden.

Boden mit der Bodenfräse aufbrechen

Verwahrloste Flächen, die erstmals bebaut werden sollen, bricht man am besten mit der Bodenfräse auf. Davor müssen alle großen Steine, Felsbrocken und Findlinge, Bauschutt, Ziegel-, Draht- und Schnurreste entfernt werden, damit sie die Fräsenblätter nicht beschädigen. Findlinge und große Felsbrocken müssen aus dem Boden gehebelt werden (s. oben rechts), dazu brauchen Sie aber Hilfe. Denken Sie beim Heben schwerer Gegenstände immer daran: Knie beugen, Lasten vorsichtig und mit geradem Rücken anheben – nicht den Rücken nach vorn beugen, denn das beansprucht die Rückenmuskulatur über Gebühr. Sehr schwere

Einen Findling fortbewegen

Ein großer, tief im Boden sitzender Findling mag recht dekorativ sein. Ist er jedoch im Weg, muss er entfernt werden. Graben Sie ein Loch rund um den Stein, um seine tatsächliche Größe herauszufinden und zu sehen, wie Sie ihm am besten zu Leibe rücken können. Aus einer flachen Grube lässt er sich vielleicht mit einem Seil ziehen, sitzt er tiefer, muss er herausgehebelt werden.

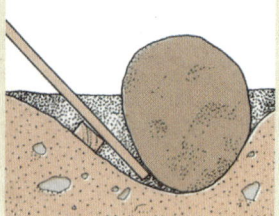

1 Schieben Sie eine kräftige Stange unter den Findling. Legen Sie einen Ziegelstein unter die Stange als Hebelpunkt.

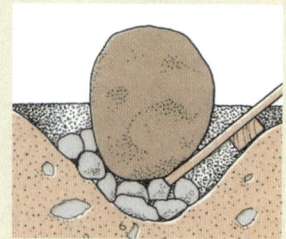

2 Halten Sie mit der Stange kräftig dagegen. Legen Sie größere Steine in die Grube. Sie rutschen unter den Findling und heben ihn allmählich an.

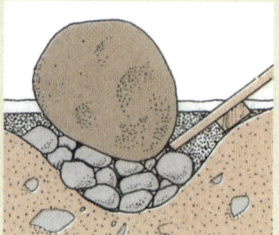

3 Ist er ein Stück nach oben gekommen, fügen Sie von der anderen Seite weitere Steine hinzu, damit er noch stärker angehoben wird.

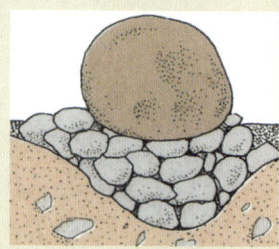

4 Schließlich sind so viele Steine im Loch unter dem Findling, dass er ebenerdig zu liegen kommt. Nun können Sie ihn fortrollen.

Steine lassen sich mit einem Traktor oder einem Auto mit Anhängerkupplung wegziehen. Werfen Sie nicht allen aufgesammelten Schutt weg, Ziegel- und große Steine sind beim Anlegen von Wegen nützlich, aber auch, um diverse Gartenkonstruktionen und Anbauten zu unterfüttern, damit sie nicht unmittelbar mit dem Erdreich in Berührung kommen. Stapeln Sie alles, was Ihnen brauchbar erscheint, an einer Stelle auf, wo es nicht stört.

Sobald die Fläche beräumt ist, fräsen Sie den Boden, auf dem Sie etwas anbauen wollen, oder graben gründlich von Hand um (s. S. 28). Auch hier gilt: Ziegen, die ca. eine Woche lang dort grasen, entfernen dadurch manches

lästige Unkraut, zumindest die Samen, wenn auch nicht die tiefen Wurzeln. Ist der Unkrautbewuchs sehr stark, kann man mehrmals mit einem Unkrautbrenner über die gesamte Fläche gehen. Dazu sollte man die Handhabung des Gerätes gut beherrschen, auch ist es nur bei wirklich hartnäckigen Unkräutern sinnvoll. Diese Methode zerstört die Unkrautsamen, aber auch alles organische Material, das zur Verbesserung des Bodens beitragen könnte.

Es gibt verschiedene Arten von Bodenfräsen, motorgetriebene ebenso wie Handfräsen, sie alle sollen das Umgraben erleichtern und dürfen nicht zu schnell über den Boden bewegt werden, da sie sonst nicht tief genug greifen.

Bodenverbesserung

Alle Böden bestehen aus unterschiedlichen Schichten. Obenauf der Mutterboden – diese oberste Schicht ist in allererster Linie für das gute Wachstum von Obst und Gemüse verantwortlich.

Mutterböden kann man grob in fünf Hauptgruppen gliedern, die sich endlos weiter unterteilen ließen, da nur wenige Böden sauber in eine Kategorie passen. Ganz allgemein zählen sie entweder zu den Sand-, Lehm-, Ton-, Kalk- oder Torfböden. Eine Methode zur Bodenbestimmung auf dem eigenen Grundstück ist der Bodentest im Marmeladenglas (s. Kasten rechts).

Es geht auch anders: Die verschiedenen auf dem Stück Land wachsenden Pflanzen identifizieren und in einer Gartenenzyklopädie nachschauen, welche Böden sie bevorzugen.

Sandboden

Sandböden lassen sich leicht umgraben, setzen Spaten und Grabegabel kaum Widerstand entgegen und sind weder schwer noch klebrig. Heben Sie eine Handvoll auf – die Erde sollte sich körnig, eben wie Sand oder Kies anfühlen und leicht durch die Finger rieseln. Bei windigem Wetter kann es passieren, dass die Oberfläche fortgeweht wird. Wasser versickert so schnell, dass diese Böden leicht austrocknen. Zudem werden wichtige Nährstoffe ausgewaschen. Diese können ersetzt und das Vermögen, Wasser zu speichern, verbessert werden: durch Untergraben großer Mengen an gut durchgerottetem Kompost oder Stallmist.

Lehmboden

Lehmböden sind für den Anbau von Nutzpflanzen ideal. Dank des größeren Humusanteils sind sie dunkler als Sandböden und eher krümelig als körnig. Eine Handvoll mit den Fingern zerrieben fühlt sich glatt und angenehm an und macht die Finger leicht feucht. Keine Spur von sandiger Körnigkeit, auch klebt die Erde nicht in Klumpen aneinander.

Bodentest im Marmeladenglas

Noch bevor Sie einen Pflanzplan entwerfen, müssen Sie bestimmen, welche Art von Mutterboden auf Ihrem Land ansteht, da manche Gemüse- und Obstpflanzen nur auf bestimmten Bodentypen gut gedeihen. Zeit und Geld in Feldfrüchte zu investieren, für die sich der Boden nicht eignet, wäre Verschwendung.

Geben Sie eine kleine Menge Gartenerde mit Wasser in ein Marmeladenglas, schütteln Sie es kräftig und lassen Sie es über Nacht stehen. Kies und grober Sand setzen sich am Boden ab, darüber eine dickere Schicht feinkrümeliges Material und darüber sehr feiner Ton. Wenn Kies und Sand die stärkste Schicht ausmachen, handelt es sich um einen Sandboden. Die mittlere Schicht zeigt, wie viel Lehm enthalten ist, macht er um die 40 % aus, ist es ein guter Lehmboden. Ist die obere Schicht aus Ton ähnlich stark wie die beiden unteren Schichten zusammen, liegt ein Tonboden vor.

Organische Stoffe

Wasser

Ton
Feinkrümeliges Material
Kies und grober Sand

Ton

Tonige Böden sind schwer zu bearbeiten, kleben am Spaten und an den Schuhen. Wenn man eine Handvoll mit den Fingern zusammendrückt, erhält man einen festen Klumpen, nach heftigem Regen bleiben Pfützen recht lange auf der Erde stehen. Bei einer langen Trockenperiode werden diese Böden oft hart wie Beton.

Tonige Böden lassen sich verbessern, indem man sie im Herbst gründlich umgräbt und große Klumpen auf der Oberfläche liegenlässt, die dann durch Winterfröste aufgebrochen werden. Graben Sie große Mengen organischen Materials unter – egal, welches Ihnen zur Verfügung steht, ob gut verrotteter Kompost, Stallmist oder verrottete Laubblätter – und lassen Sie alles im Winter ruhen.

Sobald der Boden im Frühling abgetrocknet ist, wird er mit einer Grabegabel aufgelockert und anschließend geharkt. Im Ergebnis erhält man eine recht feine Krume.

Kalkboden

Kalkböden erkennt man leicht an der grauweißen Oberfläche, die besonders bei Trockenheit ins Auge fällt. Ist die ganze Gegend kalkhaltig, dann ist es Ihr Land vermutlich auch. Wasser versickert in Kalkböden meist schnell, dem begegnet man durch das Untergraben von reichlich organischem Material.

Torf

Torfböden stehen in relativ wenigen Gegenden an, sie sind das Ergebnis eines jahrhundertelangen Wechsels von Wachstum und Zerfall bestimmter Pflanzenarten. Generell sind diese Böden sehr reich an organischen Stoffen und – bei guter Durchlässigkeit – leicht zu bearbeiten sowie ausgesprochen fruchtbar. Dort, wo sich Torf über undurchlässigen Untergründen gebildet hat, ist er meist mit Wasser vollgesogen und für gewöhnlich sauer.

Der pH-Wert des Bodens

Neben dem Bodentyp gilt es zu bestimmen, ob die Erde basisch, pH-neutral oder sauer ist, da auch dies das Wachstum der Nutzpflanzen beeinflusst. Den Säuregehalt des Bodens bestimmt man an besten mit einem Bodentest aus dem Baumarkt oder Gartencenter.

Der pH-Wert des Bodens entspricht einer bestimmten Zahl. Bei pH-neutralem Boden liegt er bei 7, alles mit einer größeren Zahl ist basisch bzw. alkalisch, alles darunter sauer. Die meisten Gemüsearten wachsen am besten auf leicht saurem Boden mit einem pH-Wert

von 6,5. Kohlarten bevorzugen einen pH-Wert von 7 bis 7,5. Kürbisse, Kartoffeln und Tomaten mögen einen pH-Wert von 5 bis 5,5. Das meiste Obst gedeiht am ehesten auf neutralem oder leicht saurem Boden.

Grob verallgemeinernd lässt sich sagen, dass die meisten Böden eher zum Sauren hin tendieren, als stark alkalisch zu sein, Ausnahmen sind Kalkböden und einige tonige Böden. Übermäßig saure Böden lassen sich durch die Zugabe von Kalkdünger verbessern, den man so lange wie möglich vor dem Bestellen der Beete über die Erde streut, allerdings erst nach dem Umgraben im Herbst oder Winter. Dann lässt man alles ruhen, die winterlichen Niederschläge

waschen den Kalk in den Boden. Bei den meisten Böden hat sich eine solche Kalkdüngung zur pH-Wert-Regulierung im Abstand von drei Jahren bewährt.

Guter Boden ist fruchtbar und krümelig und enthält viel organisches Material. Er sollte sich glatt anfühlen, nicht körnig wie Sand oder Kies.

Bodentest: Nährstoffgehalt und pH-Wert bestimmen

Den Nährstoffgehalt und pH-Wert des Bodens bestimmt man am besten mit Hilfe eines Bodentests, der meist als Komplettset im Fachhandel fertig angeboten wird. Man füllt kleine Mengen Erde von unterschiedlichen Stellen eines Grundstücks in Reagenzgläser, fügt die verschiedenen Lösungen hinzu und bestimmt anhand der Tabellen den Gehalt der für gesundes Pflanzenwachstum wichtigsten drei Nährstoffe: Stickstoff, Phosphor und Kalium. So stellt man fest, ob und wie der pH-Wert des Bodens zu beeinflussen ist und ob Kalkdünger oder andere Dünger zuzuführen sind, um Nährstoffdefizite auszugleichen.

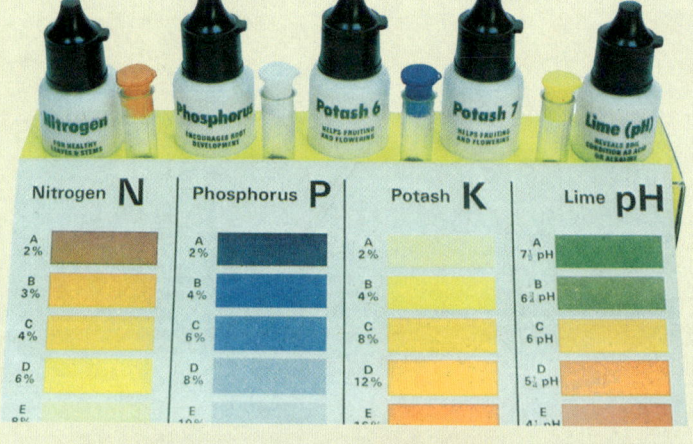

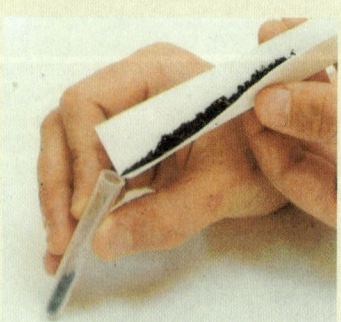

1 Sie brauchen verschiedene Bodenproben. Lassen Sie sie trocknen, entfernen Sie Fremdkörper und zerkrümeln Sie alles. Füllen Sie die Reagenzgläser je zu einem Viertel mit den verschiedenen Proben und beschriften Sie diese.

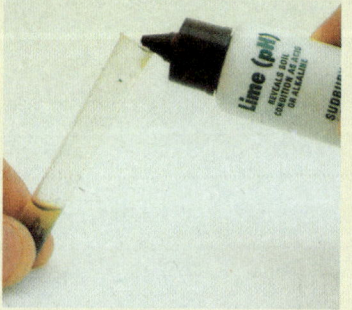

2 Je nach chemischem Stoff, nach dem Sie testen wollen, träufeln Sie vorsichtig ein paar Tropfen der entsprechenden Lösung in das Reagenzglas. Schütteln Sie die Mischung 30 Sekunden und lassen Sie sie 10 Minuten stehen.

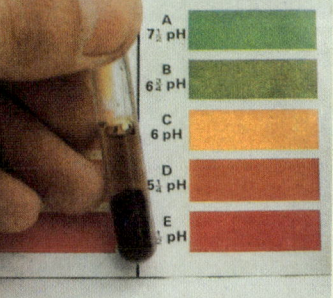

3 Wenn sich die Erde im Reagenzglas abgesetzt hat, vergleichen Sie die Farbe der Lösung mit der entsprechenden Farbtafel. So erfahren Sie den pH-Wert des Bodens und den prozentuellen Anteil der einzelnen chemischen Nährstoffe.

Kompost und Mist

Beim Wachsen entziehen alle Pflanzen dem Boden Nährstoffe. Werden diese nicht ersetzt, fallen darauffolgende Ernten schlecht aus. Der Boden sollte deshalb so oft wie möglich neu belebt und der in ihm enthaltene Vorrat an Pflanzennahrung mit organischen Düngern, Stallmist und vor allem mit selbst gemachtem Kompost wieder aufgefüllt werden.

Anorganische oder mineralische Dünger wirken im Allgemeinen schneller als Kompost oder Mist, in bestimmten Fällen können aber auch dauerhafte Schädigungen des Bodens die Folge sein. Der Boden lässt sind durchaus auf Dauer gesund erhalten, indem man kaum mehr als einmal pro Jahr gut verrotteten Stallmist und Gartenkompost untergräbt, gewöhnlich im Herbst. Eine Mulchschicht aus diesen Materialien – auf der Bodenoberfläche verteilt – verhindert das Austrocknen des Bodens bei heißem oder windigem Wetter.

Selbst gemachter Kompost aus Gartenabfällen

Kompost entsteht, wenn man alle möglichen organischen Abfälle dicht übereinanderschichtet – abgestorbene Pflanzenteile, Blumen, Obst- und Gemüseschalen und -reste, zerdrückte Eierschalen, Hecken- und Grasschnitt usw.

Die »Zutaten« sollten in einen geeigneten Behälter geschichtet werden, dazwischen ab und zu ein Aktivator, der den Verrottungsprozess beschleunigt, indem er den Bakterien Nahrung bietet. Der anorganische Stoff, der dies vermag, ist Stickstoff. Er wird auf organischem Wege, also an Kohlenstoff gebunden, in Form von Geflügeldung und Stallmist generell, Blutmehl, Fischmehl oder Klärschlamm eingebracht (Achtung: unterliegt z. T. behördlicher Genehmigung). Oder man kauft einfach Kompostierbeschleuniger im Gartenmarkt und streut von Zeit zu Zeit etwas davon auf die Rotte.

Was in den Komposthaufen gehört

Zuunterst schichten Sie gröbere Zweige und Äste, damit die Luft unter dem Haufen zirkulieren kann – Luft ist für den Verrottungsprozess unerlässlich. Darauf kommen Garten- und Küchenabfälle so, wie sie anfallen in gleichmäßigen Schichten. Drücken Sie die Schichten nach unten und befeuchten Sie sie, wenn sie sehr trocken sind.

Weder ausdauernde noch einjährige Unkräuter gehören in den Kompost, wenn sie voller Samen sind. Auch keine kranken Pflanzenteile wie zum Beispiel infizierte Kohlwurzeln und keine fettigen Speisereste. Die Samen würden aufgehen, die Krankheiten sich ausbreiten. Sehr dicke oder holzige Pflanzenteile sind vorher zu häckseln. Rasenschnitt ist mit anderen Materialien zu mischen, denn unter einer

Verschiedene Kompostbehälter

Kompost herzustellen ist unkompliziert und äußerst wichtig für den Gemüseanbau im Garten. Der Kompost sollte in einem Behälter entstehen oder ablagern, egal, ob in einem gekauften oder selbst gebauten. Beim Eigenbau die Löcher in den Seitenwänden für die Luftzirkulation nicht vergessen. Während der Verrottung decken Sie den Kompost mit einer Folie oder Gewebeplane ab, damit keine Wärme und Feuchtigkeit verlorengeht. Wenden Sie den Kompost jeden Monat. Sie brauchen mindestens zwei Komposthaufen – einen für den Kompostiervorgang und einen, der weiterhin befüllt wird.

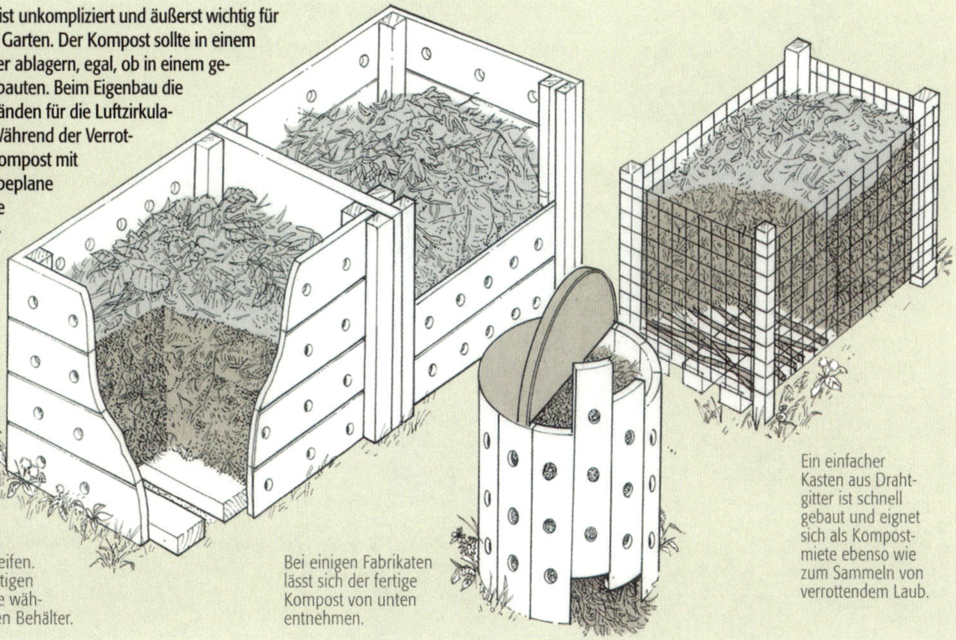

Sobald ein Kompostbehälter voll ist, lassen Sie die Rotte in Ruhe reifen. Verwenden Sie den fertigen Kompost und füllen Sie währenddessen den zweiten Behälter.

Bei einigen Fabrikaten lässt sich der fertige Kompost von unten entnehmen.

Ein einfacher Kasten aus Drahtgitter ist schnell gebaut und eignet sich als Kompostmiete ebenso wie zum Sammeln von verrottendem Laub.

Bodenverbesserung • Kompost und Mist

dicht gepackten Schicht Grasschnitt würde der Kompost unter Luftabschluss geraten, die Bakterien könnten nicht ihre Arbeit verrichten.

Bei heißer, trockener Witterung ist der Komposthaufen zu wässern, damit er feucht bleibt. Decken Sie ihn zur Isolierung und als Verdunstungsschutz mit einer Kunststoffplane oder einem alten Stück Teppich ab.

Warten, bis er »gar« ist
Einen Komposthaufen schichtet man möglichst schnell auf, am besten im Frühjahr und Sommer, wenn höhere Temperaturen den Verrottungsprozess beschleunigen. In diesen Jahreszeiten ist er innerhalb von ein bis zwei Monaten fertig, die Krume durchgängig braun, feucht und krümelig. Im Winter dauert es mindestens doppelt so lange.

Der Kompost kann als loser Haufen in einer Ecke des Gartens untergebracht werden, wo er nicht stört, oder in einer selbst gebauten Miete (s. S. 25) oder in Kunststoffbehältern aus dem Fachhandel, die in unterschiedlichen Formen angeboten werden. Kunststoffkompostierer sind meist die schnellste Variante, sie sind oft schwarz und absorbieren Wärme wirkungsvoll. Aber ihr Volumen ist begrenzt und man braucht daher meist mehrere. Da in ihnen alles recht schnell verrottet, muss der

Ein offener Komposthaufen in einem Holzgestell nimmt weitaus mehr auf als ein Kunststoffbehälter, aber der Verrottungsprozess dauert länger.

Kompost nicht zwischendurch gewendet werden wie bei einem offenen Haufen. Viele Kompostierer haben am Boden eine Klappe, sodass man fertigen Kompost entnehmen kann. Was darin bleibt, rutscht nach, und man kann oben weitere Abfälle einfüllen.

Stallmist

Stallmist stammt in den meisten Fällen von Pferden, Kühen, Schweinen oder Geflügel und besteht aus den Exkrementen der Tiere, vermischt mit Einstreu wie Stroh oder Holzspänen. Mist ist ein wertvoller Humuslieferant.

Für den Obst- und Gemüsegärtner ist Stallmist von großem Wert, auch wenn er an selbst gemachten Kompost nicht heranreicht. Das gilt besonders, wenn der Mist im Freien lagert, da Regen viele der löslichen Nährstoffe auswäscht. Geflügeldung gibt man besser in den Kompost als direkt in den Boden, da er meist ziemlich trocken ist.

Weitere organische Zusätze

Der Boden lässt sich auch verbessern, indem man einen der natürlichen Stoffe untergräbt, die im Folgenden aufgeführt sind. Man kann sie im Garten in Eigenregie gewinnen oder fertig kaufen.

Kompost aus abgestorbenem Laub
Abgestorbene Blätter von Büschen und Bäumen liefern dem Boden wertvollen Humus. Wer nicht genügend totes Laub hat (sich eine getrennte Kompostierung also nicht lohnt), gibt das, was anfällt, auf den normalen Komposthaufen. Wer über viel abgestorbenes Laub verfügt, schichtet es auf, presst es gut zusammen und befeuchtet es, falls es sehr trocken ist. Der Haufen sollte nicht über 1 m hoch sein und muss drei bis vier Mal im Jahr gewendet werden. Nach ca. 18 Monaten ist diese Rotte fertig und auf die Hälfte zusammengesunken.

Seetang
Wer am Meer wohnt, kann möglicherweise ans Ufer gespülten Seetang zur Bodenverbesserung einsetzen, denn Tang ist eine hervorragende Nährstoffquelle. Lassen Sie ihn während ein bis zwei Regenschauern im Freien liegen, damit sich das Salz auswäscht, und graben Sie ihn im Herbst oder Winter unter.

Torf
Dunkelbrauner oder schwarzer Torf reichert den Humusgehalt des Bodens an und verbessert damit dessen Durchlüftung und Entwässerung, enthält aber relativ wenig Pflanzennahrung. Je heller der Torf, umso weniger zersetzt ist die pflanzliche Substanz, und umso weniger Nährstoffe stehen zur Verfügung.

Horndünger und Co.
Horn- und Knochenmehl sowie Hornspäne (auf Zulassung achten!) werden auf den Boden gestreut oder in ein Pflanzloch gegeben, um den Boden im Moment des Pflanzens anzureichern. Diese Materialien sind nützlich, aber teuer. Sie verbessern den Nährstoffgehalt des Bodens, liefern aber weder Humus noch erhöhen sie sein Volumen.

Die ersten Schritte

Boden entwässern

Schlecht entwässerte, undurchlässige Böden lassen sich meist durch regelmäßiges Umgraben sowie Eingraben von größeren Mengen organischen Materials verbessern.

Wenn Sie den Humusgehalt des Bodens bereits verbessert haben, dieser jedoch immer noch mit Wasser vollgesogen erscheint oder tagelang Pfützen stehen bleiben, können Sie versuchen, das Niveau des Beetes anzuheben, indem Sie voluminöses organisches Material eingraben.

Eine bessere Durchlässigkeit erzielt man mitunter auch mit der Entwässerung des Bodens oberhalb des betroffenen Areals. Ziehen Sie einen schräg abfallenden Graben, der in einem tiefen, mit Grobkies o. Ä. gefüllten Sickerloch endet, dessen Boden unterhalb des Grundwasserspiegels liegt. Markieren Sie die Stelle des Sickerlochs, da es in regelmäßigen Abständen von Schlamm und anderem Unrat gereinigt werden muss.

Drainagegraben und Sickerschacht

Ein Entwässerungsgraben wird im Unterboden von der höchst- zur tiefstgelegenen Stelle gezogen und endet in einem Sickerloch oder

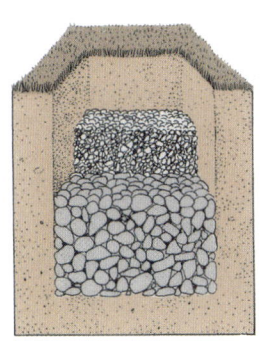

-schacht. Er muss so tief wie breit sein, den Grabenboden bedeckt eine Schicht Grobkies o. Ä., darüber kommen kleinere Stücke porösen Materials wie Schlacke. Unter- wie Oberboden werden dann wieder aufgebracht.

Drainagegraben und Drainagerohr

Damit das Drainagesystem mit Sickerloch noch besser funktioniert, legt man ein Drainagerohr in den Graben, bevor man diesen mit Grobkies und Schlacke auffüllt. Das Rohr kann aus Ton bestehen oder aus Kunststoff mit Schlitzen über die gesamte Länge. Das Wasser

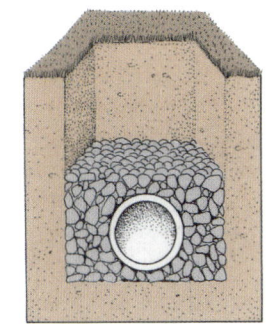

sickert durch den porösen Ton oder durch die Schlitze im Kunststoffrohr und läuft zum Sickerschacht hin ab.

Drainage im Fischgrätenmuster

Die Entwässerung funktioniert noch viel besser, wenn Sie professionelle Drainagerohre in die Gräben legen und diese zudem im Fischgrätenmuster (links) anordnen. Kürzere Rohre führen zu einem Hauptrohr und dieses in ein nahegelegenes Fließgewässer oder auf ein Stück Land, wo das Wasser ungestört versickern kann.

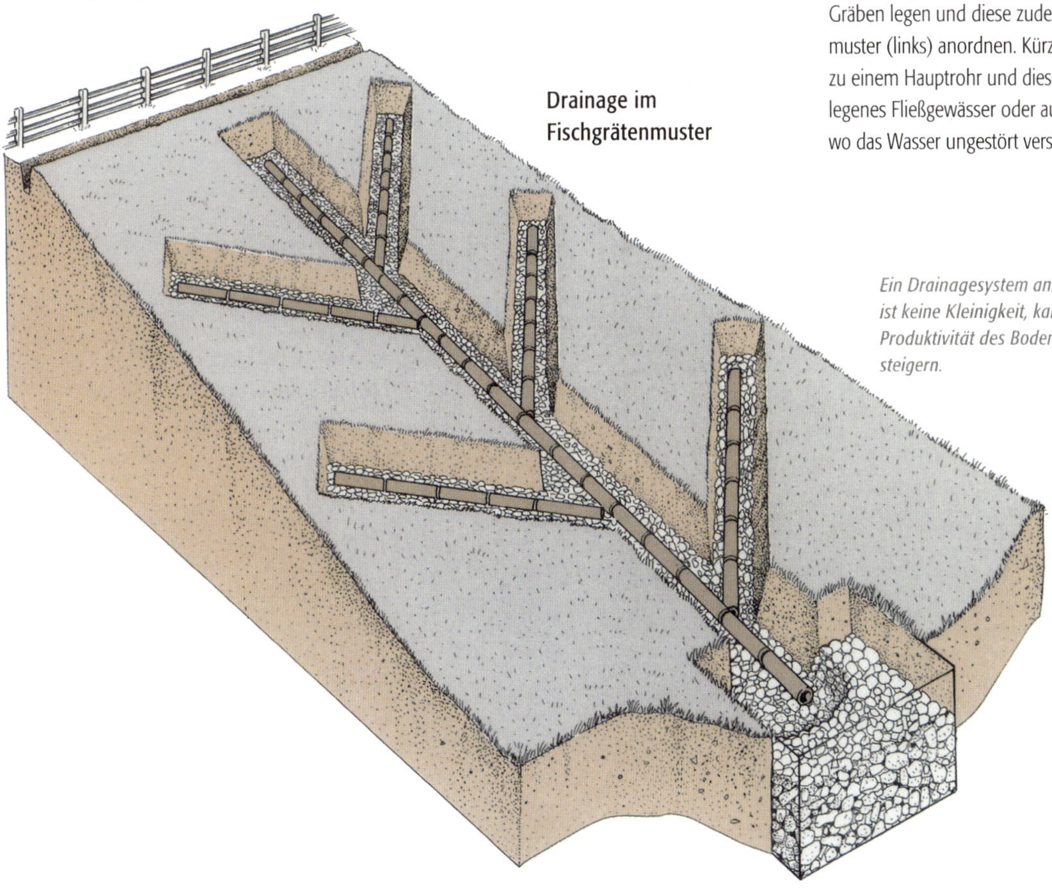

Drainage im Fischgrätenmuster

Ein Drainagesystem anzulegen ist keine Kleinigkeit, kann aber die Produktivität des Bodens erheblich steigern.

Bevor man eine größere Fläche umgräbt, braucht man das geeignete Werkzeug: einen Spaten in der richtigen Größe mit einem guten Griff. Tragen Sie Schuhe mit dicken Sohlen.

Umgraben

Diese Arbeit fällt jährlich an und gehört einfach dazu. Sie verbessert den Zustand des Bodens, da sie für Durchlüftung sorgt, eine Drainage kann besser wirken und Feuchtigkeit gelangt leichter zu den Wurzeln und wird so von den Pflanzen besser aufgenommen. Auch lassen sich dabei alte Wurzeln und Wurzelunkräuter entfernen und organisches Material untergraben, um verlorene Nährstoffe im Boden zu erneuern.

Schwere, tonige Böden werden im Herbst umgegraben, zu einer anderen Zeit wäre die Arbeit nicht nur schwerer, auch käme dem Boden nicht der Frost zugute, der im Winter große Schollen aufbricht. Ebnen Sie den Boden nach dem Umgraben nicht ein – je größer die Klumpen, die liegenbleiben, umso größer die Oberfläche, auf die der kommende Frost wirken kann.

Sollten Sie die Gelegenheit zum Umgraben im Herbst verpasst haben, dann warten Sie damit, bis der Wind im Frühjahr den Boden ausgetrocknet hat. Leichtere Böden können auch noch später im Jahr umgegraben werden.

Umgraben – ein oder zwei Spaten tief?

Der Boden, auf dem Sie Obst oder Gemüse anbauen möchten, sollte umgegraben werden – ob einen oder zwei Spatenstiche tief, entscheiden Sie selbst. Beide Methoden sind anstrengend, besonders, wenn man es falsch angeht. Folgen Sie der Darstellung unten oder gegenüber und nehmen Sie den Spaten nie ganz voll, im Gegenteil – weniger ist mehr! Stehen Sie gerade, strecken Sie sich zwischendurch immer wieder und arbeiten Sie langsam, besonders, wenn Sie regelmäßiges Umgraben nicht gewöhnt sind.

Das einfache, spatentiefe Umgraben ist die üblichere Methode und reicht für die meisten Zwecke aus.

Tief umzugraben bei gleichzeitigem Einarbeiten von organischem Material ist die bessere Wahl bei lange vernachlässigten Böden. Die Durchlässigkeit schwerer Tonböden lässt sich so verbessern. Ein neues Gemüsebeet bringt höhere Erträge, wenn es vorher tief umgegraben und Stallmist eingearbeitet wurde.

Entfernen Sie beim Umgraben die Wurzeln von ausdauernden Unkräutern. Einjähriges Unkraut kann dagegen untergegraben werden, es verrottet und erhöht damit den Humusgehalt.

Einfaches Umgraben

Arbeiten Sie systematisch und nehmen Sie sich nicht zu viel Fläche auf einmal vor, besonders, wenn Sie diese Arbeit nicht gewöhnt sind.

Teilen Sie die zu bearbeitende Fläche in zwei rechteckige Hälften auf, die Sie mit Gartenschnur markieren. Heben Sie auf der einen Hälfte einen Graben aus, spatentief und etwas mehr als spatenbreit. Den Aushub sammeln Sie

Einfaches Umgraben

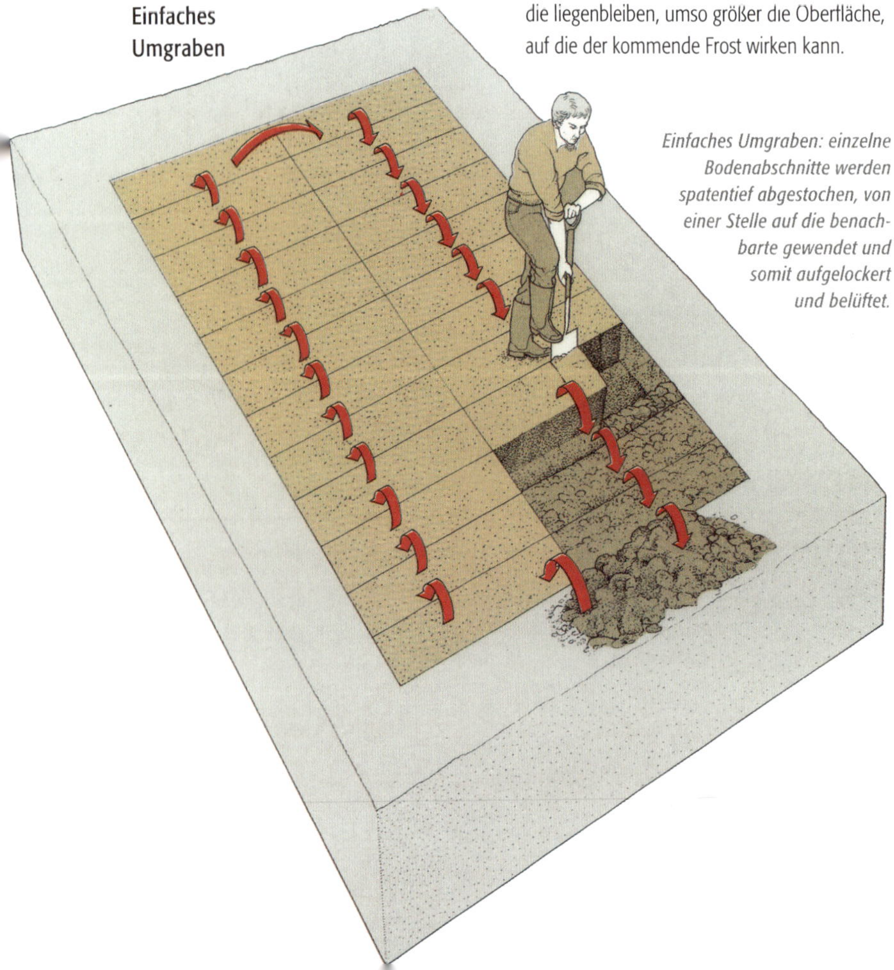

Einfaches Umgraben: einzelne Bodenabschnitte werden spatentief abgestochen, von einer Stelle auf die benachbarte gewendet und somit aufgelockert und belüftet.

in einer Schubkarre oder neben dem Graben. Sie brauchen ihn ganz zum Schluss.

Heben Sie die Erde auf der ersten Hälfte in schmalen Querreihen aus. Arbeiten Sie rückwärts, um nicht auf den frisch umgegrabenen Boden zu treten. Markieren Sie jedes Mal erneut die Linie, an der Sie entlanggraben wollen, mit der Spatenkante. Der Abstand zur bereits umgegrabenen Fläche sollte 10–15 cm betragen, es ist wichtig, dass die einzelnen Gräben alle gleich groß sind. Der Aushub kommt jeweils in den vorherigen Graben – kippen Sie einfach den Spaten zur Seite, sodass die Erde dabei gewendet wird.

Am Ende der ersten Hälfte füllen Sie den letzten Graben mit der Erde aus dem angrenzenden Graben der zweiten Hälfte. Arbeiten Sie hier genauso weiter, nur diesmal in entgegengesetzter Richtung. Den letzten Graben füllen Sie mit dem zur Seite gelegten Aushub aus dem allerersten.

Zwei Spaten tief umgraben

Wenn Sie die Grundstruktur oder den Nährstoffgehalt von vernachlässigtem Boden verbessern wollen, sollten Sie tief umgraben und organisches Material einarbeiten. Das ist schwere Arbeit, die jedoch mit einer reichen Ernte belohnt wird.

Teilen Sie die Fläche wie beim einfachen Umgraben in zwei rechteckige Hälften und markieren Sie diese mit Gartenschnur. Heben Sie den ersten Graben spatentief, aber doppelt spatenbreit aus. Legen Sie den Aushub zur Seite.

Graben Sie nun den Grabenboden um, ohne die Erde herauszunehmen. Fügen Sie eine gleichmäßige Schicht organischen Materials hinzu. Heben Sie den nächsten Graben zunächst spatentief und spatenbreit aus und werfen Sie den Aushub in den ersten Graben. Ein weiterer spatenbreiter Graben kommt daneben. Nun ist der Graben wieder zwei Spaten breit und Sie können wiederum organisches Material einarbeiten und so weiter.

Tiefes Umgraben zur Bodenverbesserung

Beim zwei Spaten tiefen Umgraben wird in vernachlässigten oder überbeanspruchten Boden Stallmist eingearbeitet. Das verbessert auch die Struktur und die Durchlässigkeit von Böden, die oft mit Wasser vollgesogen sind. Gehen Sie systematisch vor und arbeiten Sie rückwärts.

Schritt 1   Heben Sie den ersten Graben aus und sammeln Sie den Aushub am anderen Ende des Beetes.

Schritt 2   Graben Sie den Boden des Grabens noch einmal um und geben Sie reichlich Stallmist hinzu.

Schritt 3   Die nächste Reihe: Stechen Sie spatenbreit Erde ab und füllen Sie diese durch Kippen des Spatens in den ersten Graben. Arbeiten Sie Stallmist in den Boden des zweiten Grabens ein.

Schritt 4   Füllen Sie die zur Seite gelegte Erde aus dem ersten Graben in den letzten. Arbeiten Sie sich auf diese Weise über das gesamte Beet vor.

Umgraben

Zäune und andere Einfriedungen

Selbst die kleinste Parzelle kommt meist nicht ganz ohne Zaun aus – und sei es nur, um die Grundstücksgrenzen zu markieren. Vielleicht haben Sie Glück und stabile Mauern oder Zäune existieren bereits. Wenn nicht, treffen Sie die richtige Wahl und machen Sie beim Setzen von Zaun oder Mauer möglichst keine Fehler. Nur so kann viele Jahre lang Ruhe am Gartenzaun herrschen.

Ein Zaun ist weit mehr als nur eine simple Grenzmarkierung. Er kann Windschutz für empfindliche Obststräucher oder Gemüse sein, Sichtschutz für unschöne Gartenecken wie den Komposthaufen, er kann eigene oder fremde Tiere von bestimmten Bereichen fernhalten. Himbeeren, Reben oder andere Kletterpflanzen können an einem Zaun Halt finden. Und für Halter von Nutztieren wie Hühner, Ziegen oder Schweine ist ein Zaun zumindest rund um das Gehege sowieso unerlässlich.

Es gibt alle möglichen Varianten, einige werden umseitig vorgestellt. Man kann aber auch auf jene weitverbreiteten vorgefertigten Elemente bzw. fertige Zaunfelder zurückgreifen, die in Standardgrößen im Gartencenter oder Baumarkt erhältlich sind.

Die billigeren dieser Zaunelemente sind mitunter nicht allzu sturmsicher und für manch fluchtwillige Ziege wohl auch kaum ein Hindernis, aber als Einfriedung an geschützten Standorten sind sie einfach und schnell errichtet. Sie lassen sich an kräftige Holzpfosten schrauben oder in Betonpfosten mit Längsrillen schieben. Die Pfosten sollten jedenfalls einbetoniert bzw. auf einem ordentlichen Unterbau errichtet sein.

Ein Zaun hält vorwitzige Nutztiere auf, nicht aber hungrige Kaninchen vom Gemüsebeet fern.

Form und Funktion des Zauns

Bedenken Sie vorher, welche Funktion der Zaun haben soll und wählen Sie die Machart dementsprechend. Natürlich ist auch der Preis eine Überlegung wert, doch ist die billigste Lösung nicht immer die beste: Ein Zaun, der nicht lange hält, kostet am Ende mehr als ein von vornherein höherwertiger Zaun, weil er früher durch einen neuen ersetzt werden muss.

Die Aufgabe eines Zauns rund um das Grundstück besteht meist darin, Haustiere und Kinder vom Weglaufen ab- und fremde Tiere sowie zerstörerische Wildtiere wie Kaninchen fernzuhalten. Ein einfacher Weidezaun aus Pfosten und Querlatten ist eine effektive Barriere für Nutzvieh, hindert aber Kaninchen kaum daran, das Gemüsebeet zu plündern.

Bedenken Sie auch, dass ein dichter Zaun nicht nur Blicke, sondern auch Licht abhält und dahinterliegende Obst- und Gemüsebeete dauerhaft in Schatten hüllt. Vor allem aber ist der beste Zaun nur so gut wie sein schwächster Punkt – insofern muss jeder Zaun immer gut gebaut und an stabilen Pfosten befestigt sein.

Hecken und Mauern

Eine Hecke ist die hübscheste aller Grundstücksbegrenzungen. Lebende Zäune aus Weißdorn oder Stechpalmen beispielsweise sind wirkungsvolle Barrieren, Weißdornhecken wachsen zudem besonders schnell. Junge Heckenpflanzen müssen jedoch unbedingt vor gefräßigen Tieren wie Ziegen geschützt werden.

Während eine Hecke wächst, kann man sie bändigen und formen, indem man die Triebe zu einer noch undurchlässigeren Barriere verwebt. Man schneidet die Triebe unten ein und biegt sie um. In einigen Fällen sind keine zusätzlichen Stützen notwendig, ansonsten treibt man Stäbe senkrecht in den Boden und »webt« die lebenden Zweige und Äste der Hecke um diese herum.

Wenn es darum geht, menschliche und tierische Mitbewohner drinnen und unerwünschte Eindringlinge draußen zu halten, sind hohe Mauern unschlagbar – aber sie haben etwas Strenges, Bedrohliches. Ein hölzernes Spalier oder kräftige Drähte zwischen Schraubösen bieten Kletterpflanzen oder Spalierobst Halt und lassen eine steinerne Mauer gleich viel freundlicher wirken.

Mauersüdseiten sind geradezu geschaffen für empfindliches Obst wie Pfirsiche, Aprikosen und Feigen.

Der elektrische Weidezaun

Wenn man Schweine oder Ziegen hält, bietet sich ein elektrischer Weidezaun an. Dieser kann auch problemlos versetzt werden, um die Weidenutzung variabel zu gestalten.

Zu einem Zaun rund um ein Tiergehege gehört auch ein Gatter oder Tor, denn ab und zu muss man das Gehege betreten, um die Tiere zu füttern, zu reinigen und zu untersuchen. Bei einem elektrischen Weidezaun ist die Lösung einfach: Zwei Pfosten werden in ausreichendem Abstand in den Boden

geschlagen, der Draht dazwischen gekappt und ein isolierendes Griffstück aus Kunststoff über eins der Enden gestülpt. Dieses Drahtende wird zu einem Haken verdreht, das andere, das am anderen Pfosten hängt, wird zu einer Öse verzwirnt. Wenn Sie den Draht mit dem Haken am Kunststoffgriff fassen und in die Drahtöse einhängen, ist der Stromkreis wieder geschlossen.

Für Schweine benötigt man zwei parallele Drähte in gewissem Abstand, für Ziegen drei, wobei der unterste nicht unbedingt Strom führen muss. Der stromführende Draht sollte auf der Nasenhöhe der Tiere sein, die er festhalten soll. Sehr schnell lernen sie, sich fern zu halten, wiederholte Stromstöße möchte kein Tier riskieren. Lange Grashalme unter den Drähten müssen entfernt werden, da sie bei Berührung einen Teil der Spannung in den Boden ableiten.

Ein elektrischer Weidezaun hält Tiere wirkungsvoll auf den für sie vorgesehenen Flächen. Wenn ein öffentlicher Weg das Weideland kreuzt, ist unbedingt ein gut sichtbares Warnschild anzubringen.

Zäune und andere Einfriedungen

Der hölzerne Weidezaun

Herkömmliche hölzerne Weidezäune, aus Pfosten und Querriegeln bestehend, sind in vielen verschiedenen Varianten zu finden. Sie sehen nicht nur hübsch aus, sie stellen für Tiere auch eine sehr verlässliche Barriere dar. Einmal errichtet, lassen sie sich jedoch nicht mehr versetzen und einer veränderten Landnutzung anpassen. Auch sind sie recht teuer.

Weidezäune dieser Art setzen sich aus stabilen senkrechten Pfosten und daran befestigten waagerechten Riegeln zusammen. Diese können aus ganzen oder halben Baumstämmen bestehen oder auch nur dünne Bretter sein. Entweder sind sie immer auf ein und derselben Seite, oder abwechselnd auf beiden Seiten der Pfosten angebracht, was optisch unterschiedlich wirkt.

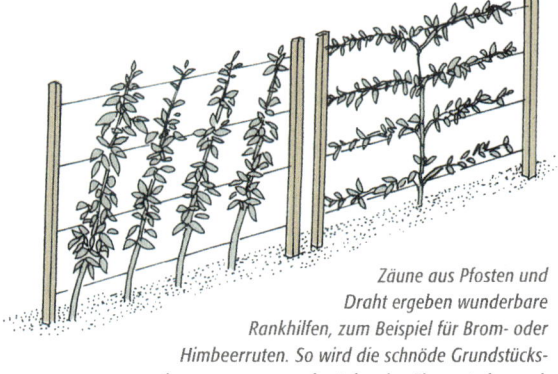

Zäune aus Pfosten und Draht ergeben wunderbare Rankhilfen, zum Beispiel für Brom- oder Himbeerruten. So wird die schnöde Grundstücksbegrenzung zum schmückenden Element, das noch dazu reiche Ernten hervorzubringen vermag.

Zäune und Einfriedungen – verschiedene Varianten

Praktische Überlegungen sind bei der Planung eines Zauns erstrangig, aber die Einfriedung soll sich auch in die Umgebung einfügen. In Stadtnähe wirkt eine Trockenmauer vielleicht etwas seltsam. Stacheldraht ist ausgesprochen hässlich und damit im Garten fehl am Platze.

Trockenmauerwerk

Mauerbau ohne Mörtel: Trockenmauern sind dekorativ und recht stabil, wenn sie gut gebaut sind. Eine Variante mit mittig versteckten Mörtelfugen ist die belastbarere Alternative, der Effekt derselbe – niemand sieht, dass es gar keine durchgehende Trockenmauer ist.

Flechtzaun

Einzelne Felder aus Weidengeflecht gibt es fertig zu kaufen. Ein Flechtzaun lässt sich aber auch selbst herstellen: Gespaltene Hasel- oder Weidenruten werden zwischen senkrechte Pfosten geflochten. So ein Zaun wirkt massiver als ein Gatter, wird aber genauso verwendet.

Hölzerner Weidezaun

Eine recht simple Konstruktion. Hübscher sieht sie aus, wenn man die Enden der Querstreben im Winkel von 45° zusägt und so zusammenfügt, dass alles wie eine einzige, durchgehende Strebe wirkt. Mitunter werden die Pfosten und Streben solcher Zäune auch verzapft.

Maschendrahtzaun

Schnell errichtete und billige Tiergehege: Grobmaschiges Drahtgitter ist sehr stabil, engmaschigeres Geflecht aus dünnerem Draht, landläufig Kaninchendraht oder Hasengitter genannt, lässt sich gut verarbeiten und ist auch für die Geflügelhaltung ideal.

Gatter

Sehr nützlich als schnell aufgestellter, nicht dauerhafter Zaun, z. B. für junge Nutztiere. Bei Nichtgebrauch werden die Elemente einfach hintereinander gegen die Wand eines Schuppens oder einer Garage gelehnt, wo sie nicht allzu viel Platz einnehmen.

Stacheldraht

Dafür gibt es wohl kaum einen Grund: Stacheldraht sieht furchtbar aus und kann bei Tieren zu unangenehmen Verletzungen führen. In den meisten Fällen ist ein ganz normaler Zaun Barriere genug.

Werkzeuge und Geräte

Die folgende Auswahl umfasst die Werkzeuge, die beim Obst- und Gemüseanbau wahrscheinlich am ehesten gebraucht werden. Zu Beginn schafft man ein paar unverzichtbare Dinge an, dabei sollte man bereit sein, so viel auszugeben, wie man sich leisten kann. Im Laufe der Zeit oder wenn man für eine bestimmte Arbeit ein Spezialgerät benötigt, kauft man dann weitere Werkzeuge nach.

Beim Kauf von Gartengeräten gilt gewöhnlich: Man bekommt das, wofür man bezahlt. Mit anderen Worten: Teurere Werkzeuge sind meist aus besserem, stabilerem Material gefertigt und halten nicht nur länger, sondern verrichten das, wofür sie gedacht sind, auch wirksamer. Schlecht verarbeitete Werkzeuge, die schnell kaputt gehen, können Sie als Selbstversorger nicht gebrauchen. Auch hier gilt: Wer billig kauft, kauft doppelt – falsche Sparsamkeit ist fehl am Platze.

Lassen Sie sich aber nicht dazu verleiten, eine allzu komplizierte Ausrüstung zu erstehen, wenn sich mit einfacheren Werkzeugen dieselbe Arbeit genauso gut erledigen lässt. Schauen Sie sich vor dem Kauf alles in Ruhe an, der Griff sollte gut in der Hand liegen und das Gewicht Ihren Körpermaßen entsprechen.

Wenn Sie erst einmal gutes Werkzeug gekauft haben, will es auch gut gepflegt werden. Entfernen Sie vor dem Wegstellen anhaftende Erde, lagern Sie das Werkzeug ordentlich – vorzugsweise hängend, Haken kann man an einer Schuppenwand anbringen. Ölen und fetten Sie metallene Scharniere und schleifen Sie alle Klingen mindestens einmal im Jahr.

Grundausstattung

Die folgenden Werkzeuge sind die Grundausstattung eines jeden Geräteschuppens, zu Anfang darf die Auflistung gerne als Einkaufsliste dienen. Mit zunehmender Erfahrung werden Sie sicherlich das eine oder andere nachkaufen.

- Spaten und Schaufel
- Grabegabel
- Rechen
- Handgrubber
- Schuffelhacke (Stoß- und Schiebehacke)
- Ziehhacke (Rübenhacke)
- Pflanzkelle und Handgrabegabel
- Gartenbesen
- Blumentöpfe
- Gartenschnur mit Stäben
- Pflanz- bzw. Setzholz
- Regner
- Gießkanne
- Gartenschlauch
- Gartenschere
- Baum- bzw. Astschere
- Fuchsschwanz (Säge)
- Astsäge
- Spitzhacke
- Schubkarre
- Eimer

Zäune und andere Einfriedungen • Werkzeuge und Geräte

Das Gewächshaus

Ein Gewächshaus ist keineswegs unentbehrlich für den Kleingärtner und Selbstversorger, aber es verlängert die Vegetationsperiode und erweitert die mögliche Auswahl an Nutzpflanzen erheblich.

Wer noch kein Gewächshaus hat, sollte die Kosten für die Anschaffung und gegebenenfalls für eine Heizung sorgsam gegen den Wert der dort zu erzielenden Erträge abwägen. Ein Gewächshaus hat zwei Hauptfunktionen: Es ermöglicht den Anbau vielfältiger Kulturen, zum Beispiel Kopfsalat und Buschbohnen, außerhalb der eigentlichen Saison. Und es erlaubt den Anbau von eher empfindlicherem Gemüse, das im Freien weniger gut gedeiht.

Es gibt drei Grundformen – wofür man sich entscheidet, hängt von der jeweiligen verfügbaren Stelle ab. Herkömmliche Gewächshäuser mit Satteldach werden nach wie vor von vielen für die beste Form gehalten. Kaufen Sie immer die größte Variante, die Sie sich leisten und unterbringen können – der Wunsch nach weniger Platz ist wohl eher unwahrscheinlich.

Gewächshaus mit Satteldach

Wer Gemüse anbauen möchte, greift am ehesten zu dieser Form, sie ist überaus praktisch und beliebt. Die Wände können vollständig aus Glas bestehen, der unterste Meter darf, je nach der Konstruktion des restlichen Gewächshauses, auch gemauert oder aus Holz oder Metall beschaffen sein.

Anbau mit Pultdach

Diese einfache Konstruktion hat den Vorteil, dass das Gewächshaus vor eine Steinmauer gesetzt wird, die tagsüber die Hitze aufnimmt, speichert und nachts ins Gewächshaus abgibt.

Ein solches Anlehngewächshaus kann man längs an einen Geräteschuppen bauen, dann sind Werkzeuge und Geräte immer gleich zur Hand. Ein Nachteil ist, dass das Licht nur von einer Seite kommt, die Wand, an der das Gewächshaus lehnt, sollte also nach Süden zeigen. Für Pfirsiche oder Nektarinen, aber auch für Weintrauben ist diese Art Gewächshaus ideal.

Schräge Wände plus Mansarddach

Schräge Seitenwände anstelle von senkrechten, ebenfalls aus großen Glasscheiben o. Ä. bestehend, lassen die maximale Lichtmenge ein.

Variationen der Grundformen

Selbst bei diesen drei Grundformen gibt es viele verschiedene Ausführungen, man kann sogar runde oder achteckige Gewächshäuser kaufen. Diese sehen toll aus und sind auch in vieler Hinsicht sehr praktisch, auch weil sie so viel Licht wie möglich hereinlassen – für den Anbau von Gemüse und Obst eignen sie sich jedoch nur bedingt, da ihre Größe meist begrenzt ist.

Der Rahmen eines Gewächshauses kann aus Holz bestehen oder aus Metall, beispielsweise aus feuerverzinktem Stahl oder Aluminium. Holzrahmen wirken dekorativ, das Holz muss jedoch, damit es sich nicht verzieht und nicht verrottet, qualitativ hochwertig sein und erfordert regelmäßige Pflege oder einen Anstrich, wenn es schön bleiben soll.

Gewächshäuser mit Metallrahmen sind leicht, die Rahmen schmal zugunsten einer möglichst großen Glasfläche.

Folientunnel bieten viel Platz für die Pflanzen. Sie mögen nicht ganz so schön aussehen, sind aber an geeigneter Stelle eine ausgezeichnete Wahl.

Gewächshäuser mit Metallrahmen brauchen im Allgemeinen kaum Pflege und sind leichter aufzubauen, aber das Metall fungiert, anders als Holz, als Kältebrücke.

Traditionell besteht die Eindeckung zwar aus Glas, spezielle Kunststofffolien oder -platten eignen sich aber genauso gut. Diese sind manchmal billiger und weniger zerbrechlich, zerkratzen aber leicht und wenn, dann heftig, und müssen in regelmäßigen Abständen erneuert werden. Folientunnel (s. gegenüberliegende Seite) bestehen aus einer Kunststofffolie, die über Rahmenbögen gespannt wird.

Der Boden eines Gewächshauses kann aus Erde, sprich aus Bodenbeeten bestehen, er kann aber auch gepflastert sein oder eine Kiesschüttung aufweisen. Wofür Sie sich auch entscheiden, ein solides Fundament für die Wände ist auf jeden Fall unerlässlich.

Pflanztische

Hat Ihr Gewächshaus keine Pflanztische, müssen Sie kreativ werden, um den Raum optimal auszunutzen. Entlang einer Wand empfehlen sich Pflanztische in Taillenhöhe, sie dienen als Arbeitsfläche und zweite Pflanzenetage über dem Boden oder einer niedrigeren Pflanzenebene.

Pflanztische lassen sich aus Holz oder Metall bauen, Lattenroste erlauben eine gute Entwässerung und beugen Staunässe vor. Eine Alternative sind Rahmen mit Einsätzen zum Wenden: Die flache Seite dient als normale Blumenbank, die Seite mit Vertiefung ist quasi ein riesiger Untersetzer, in dem die Pflanzen in Wasser oder Kies stehen können. Diese Einsätze sind mitunter sogar so tief, dass man sie als Anzuchtschalen verwenden kann.

Variable Regalsysteme, die schnell umgesteckt sind, erlauben den Anbau in mehreren Etagen: hochwachsende Pflanzen unten, andere Gewächse auf den Ebenen darüber, die man immer höher setzt, je größer die Pflanzen unten werden.

Pflanztische bieten Arbeitsflächen in bequemer Höhe und darunter Platz für ruhende Pflanzen, für noch mehr Sämlinge in Anzuchtschalen oder zur Aufbewahrung von Utensilien.

Der richtige Standort für das Gewächshaus

Meistens wird das Gewächshaus wohl dorthin gesetzt, wo Platz dafür ist. Jedenfalls muss der Standort sonnig sein und darf nicht allzu sehr von Bäumen überschattet werden.

Generell sollte das Gewächshaus praktischerweise recht nahe am Wohnhaus stehen und über einen befestigten Weg auch bei nassem Wetter und mit einer Schubkarre erreichbar sein. An der Frage, in welcher Richtung man den First ausrichten soll, scheiden sich die Geister. Bei Ost-West-Ausrichtung ist das Licht gleichmäßiger verteilt und erreicht das gesamte Gewächshausinnere, bei Nord-Süd-Ausrichtung gibt es eine wärmere und eine kältere Seite. Entscheiden Sie selbst – was kommt beim gewählten Platz überhaupt in Frage und den vorgesehenen Pflanzen am meisten zugute?

Das Gewächshaus

Automatische Fensteröffner verhindern eine Überhitzung des Gewächshauses – schließlich sollen zarte Pflanzen an heißen Tagen nicht »kochen«.

Heizung und Lüftung

Alle im vorliegenden Buch beschriebenen Gewächshauskulturen sind für unbeheizte Gewächshäuser gedacht. Sie benötigen Wärme lediglich zum Keimen, dazu genügt schon ein (beheizbares) Kleingewächshaus (s. S. 60). Wer in unseren Breiten Obst und Gemüse saisonunabhängig ziehen will, kommt um eine Heizung aber nicht herum.

Für die meisten bei uns kultivierten Anbaupflanzen braucht man kein ausgeklügeltes Heizungssystem wie beispielsweise für die Orchideenzucht. Einfache Heizer sind im Bau- oder Gartenmarkt erhältlich und reichen völlig aus.

Die Wahl des Brennstoffs

Heizgeräte werden mit Gas, Petroleum oder Strom betrieben. Für alle gilt: Diejenigen mit Thermostat sind die bessere Wahl. Eine Gasheizung ist einfach und wirkungsvoll, es gibt auch Geräte ganz speziell für Gewächshäuser, sie werden mit Propan/Butan aus Gasflaschen betrieben. Petroleum-Heizöfen arbeiten kostengünstig, solange man hochwertigen Brennstoff verwendet. Elektroheizgeräte sind

möglicherweise am wirtschaftlichsten. Es gibt verschiedene Formen: Heizlüfter, Konvektorheizung, Rippenrohrheizung oder Heizstrahler. Auch ist es möglich, Heizkabel im Boden zu verlegen, zur Erhöhung der Raumtemperatur im Gewächshaus trägt das jedoch nicht bei.

Luft muss zirkulieren können

Eine gute Luftzirkulation muss gewährleistet sein, sonst droht Schimmelbildung und Krankheitsbefall. Mindestens zwei Scheiben des Daches sollten zu öffnen sein, idealerweise auch einige entlang der Gewächshauswand. Belüftungsklappen sorgen für eine Lüftung bei minimaler Öffnung.

Einige Gewächshäuser sind mit einer Automatik ausgestattet, die die Scheiben je nach Innentemperatur öffnet oder schließt. Man stellt die Temperaturgrenzwerte nach Wunsch ein, den Rest erledigt die Technik.

Im Sommer lässt man die Fenster tagsüber offen und schließt sie nur nachts, wenn es zu kalt wird.

Gewächshausbeschattung

Der Grundgedanke eines Gewächshauses besteht zwar darin, eine warme Umgebung zu schaffen, dennoch ist eine Beschattung an sehr heißen, sonnigen Tagen unerlässlich, damit besonders Jungpflanzen nicht verbrennen.

Jalousien lassen sich auf der Innen- oder der Außenseite des Gewächshauses anbringen. Viel billiger ist es, das Glas zur Beschattung mit einem speziellen Anstrich zu versehen, der sich mit warmem Wasser (und gegebenenfalls Seife) wieder abwaschen lässt, wenn er nicht weiter gebraucht wird. Früher verwendete man dafür Weizenmehl, inzwischen wurden aber auch Fertigprodukte entwickelt, die bei Sonne undurchsichtig sind und bei feuchter Witterung glasig und damit lichtdurchlässiger werden.

Eine andere Möglichkeit bietet Gartenvlies oder spezielles Beschattungsnetzgewebe, das man von außen über das Glas breitet, bei stürmischem und böigem Wind kann die Befestigung allerdings zum Problem werden.

Das Frühbeet

Frühbeete sind zum Abhärten von im Haus vorgezogenen Sämlingen von unschätzbarem Wert. Sie direkt ins Freie zu setzen, wäre ein viel zu großer Schock für die kleinen Pflänzchen.

Bei gutem Boden im Frühbeet lässt sich dieses als geschütztes Saatbeet nutzen. Oder man zieht beispielsweise Kopfsalat oder Kohl und kann zeitig ernten. Weniger robuste Kulturen wie Gurken oder Melonen sind von der Aussaat bis zur Ernte gut im Frühbeet aufgehoben.

Frühbeete werden wie Gewächshäuser in allen möglichen Formen und Größen angeboten. Es gibt feste, die an ein und demselben Ort verbleiben (zum Beispiel direkt an das Gewächshaus angrenzend, so profitieren sie von dessen Wärme) oder transportable, die man je nach Bedarf versetzen und praktisch überall platzieren kann.

Warum nicht auch im Eigenbau?

Der Grundform nach ist ein Frühbeet eine viereckige Kiste, deren Rückwand ca. 15 cm höher ist als die Vorderwand, und deren Seiten schräg abfallen. Der Rahmen kann aus Holz, Ziegelsteinen oder Metall, die Seitenteile können auch aus Glas oder Kunststoff sein, auf jeden Fall muss der Deckel aus Glas bestehen und das Licht hindurchlassen. Idealerweise ist er an der Rückseite mit einem Scharnier befestigt und lässt sich an sonnigen Tagen aufstellen.

Viele bauen sich ihr Frühbeet selbst mit einem alten Fenster als Deckel, dabei lässt sich die Größe dem zur Verfügung stehenden Platz optimal anpassen. Mit etwas Geschick und ein paar Grundfertigkeiten in der Holzbearbeitung dürfte jeder ein einfaches Frühbeet hinbekom-

men – ein Rahmen und ein Glas- oder Acrylglasdeckel, mehr ist es schließlich nicht.

Zum Offenhalten der Klappe kann ein Fenstaussteller dienen oder eine verstellbare Arretiervorrichtung aus dem Fachhandel. Oder man nimmt einfach eine Holzlatte und klemmt sie je nach Öffnungsgrad in unterschiedlichem Winkel unter den Deckel.

Platzieren Sie ein Frühbeet immer so, dass die Glasfläche in geschlossenem Zustand nach Süden zeigt, und halten Sie das Glas sauber. Gießen Sie die Pflanzen darin sparsam, damit die Luftfeuchtigkeit nicht zu sehr ansteigt. Die Temperatur bleibt stabil, wenn Sie den Deckel je nach Wetter unterschiedlich

weit aufklappen. Härten Sie die im Gewächshaus vorgezogenen Pflanzen im Frühbeet ab: Setzen Sie sie den kühlen Außentemperaturen allmählich immer länger aus und pflanzen Sie sie erst dann ins Gemüsebeet im Freien.

Auch hier hängt die Größe vom verfügbaren Platz und von der geplanten Nutzung ab. Eine Mindestgröße von 1,2 x 1 m sollte ein Frühbeet in aller Regel jedoch haben.

In einem Frühbeet gewöhnt man Jungpflanzen langsam an kühlere Außentemperaturen, damit sie beim Umpflanzen keinen Kälteschock erleiden.

Gewächshaus-hygiene

Ein Gewächshaus bietet Kulturpflanzen ausgezeichnete Wachstumsbedingungen – Bakterien und Krankheitserregern aber auch! Und dann verkümmern Ihre schönen Pflanzen so schnell, wie sie anfangs gewachsen sind.

Hygiene und gute Pflege sind das A und O, damit sich Gewächshauskulturen und Jungpflanzen bester Gesundheit erfreuen. Eine äußerst einfache wie wichtige Vorsorgemaßnahme ist das Vermeiden von Überfüllung. Wenn Pflanzen zu nah beieinander wachsen, sammelt sich zwischen ihnen feuchte und abgestandene Luft, in der Krankheitserreger wunderbar gedeihen. Behalten Sie die Sämlinge im Auge und vereinzeln Sie sie zügig in Anzuchtschalen und Saatkisten oder stellen Sie Anzuchttöpfe weiter auseinander. Kneifen Sie unnötiges Blattwerk an gut entwickelten Pflanzen ab, zum Beispiel an Tomaten – reduziert man die Blattmenge größerer Gewächse, kann die Luft besser zirkulieren.

Früherkennung von Krankheiten

Öffnen Sie Türen und Fenster bei schönem Wetter und lassen Sie frische Luft ins Gewächshaus. Achten Sie beim täglichen Gießen immer auf erste Anzeichen von Krankheiten.

Entfernen Sie kranke, infizierte Pflanzen oder Blätter ohne Kompromisse. Entsorgen Sie sie außerhalb des Gewächshauses. Sobald Sie erste Anzeichen entdecken, behandeln Sie die Pflanzen unverzüglich und beobachten Sie sie für den Fall, dass die Krankheit sich weiter ausbreitet. Wenn notwendig, trennen Sie sich rigoros von Pflanzen, die ungesund aussehen – eine Kultur zu opfern ist besser, als alle Pflanzen zu verlieren, die im Gewächshaus stehen.

Lassen Sie nie abgestorbene Blätter, Pflanzen-abfall oder verschütteten Kompost im Ge-wächshaus herumliegen. Ein gepflasterter Boden ist in dieser Hinsicht die bessere Wahl, da er sich problemlos abkehren lässt. Besteht der Gewächshausboden aus Beeten, jäten Sie regelmäßig und lesen Sie herabgefallene Blätter und Pflanzenteile auf.

Gießen, sprühen, feucht halten

Pflanzen müssen gegossen werden. Doch wie leicht übertreibt man es und quält sie mit Staunässe! Weniger und dafür öfter ist weitaus besser, als die Pflanzen zu durch-tränken und dann lange gar nicht mehr zu gießen. In der Wachstumsphase müssen Pflanzen täglich gegossen werden, an sehr heißen Tagen vorzugsweise zweimal.

Eine andere Variante der notwendigen Feuch-tigkcitszufuhr an heißen Sommertagen ist die

Gießen Sie maßvoll und Sämlinge sowie Jungpflanzen immer mit der Brause – solch eine weiche Dusche beschädigt sie nicht.

Erhöhung der Luftfeuchtigkeit im Gewächs-haus. Dabei hilft ein Pflanzensprüher: Man befeuchtet die Blätter zusätzlich zum normalen Gießen der Wurzeln.

Darüber hinaus kann man einen gepflasterten Gewächshausboden regelmäßig überbrausen. Die in den Steinen gespeicherte Sonnenwärme lässt das Wasser verdunsten.

Herbst- und Frühjahrsputz

Einige Krankheitserreger werden unwei-gerlich den Weg in Ihr Gewächshaus finden, Sporen und Bakterien können überall schlummern und die Jahreszeiten über-dauern, um sich im nächsten Jahr über Ihre Kulturen herzumachen.

Im Herbst, wenn die Sommerkulturen abge-erntet sind und Sämlinge nicht mehr gezogen werden, sollte man im Gewächshaus einmal richtig gründlich sauber machen. Am besten an einem milden Tag, damit man alle Pflanzen, die den Winter im Gewächshaus verbringen sollen, vorübergehend aus dem Weg und ins Freie räumen kann. Schrubben Sie alle Blumentöpfe und Pflanzgefäße dieser Gewächse von außen ab, natürlich ohne die darin befindlichen Pflan-zen zu beschädigen.

Nehmen Sie sich alles vor: leere Töpfe und Gefäße, Werkzeuge, Schildchen und was man beim Umtopfen sonst noch gerne griffbereit hat. Machen Sie alles sauber, besonders auch die Ränder und Ecken der Gefäße, entfernen Sie Algen und Kompost- oder Düngerreste. Wenn alles trocken ist, verstauen Sie es ordent-lich bis zum nächsten Jahr. Reinigen Sie höl-zerne Saatkisten mit einem Desinfektionsmittel, lassen Sie auch diese vor dem Wegräumen gut durchtrocknen.

Kehren Sie nun den Boden, bürsten Sie Spinn-weben, Staub und Krümel von Rahmen, Pflanz-tischen und Glaseindeckung. Sollten Glas-scheiben oder Teile des Rahmens gesprungen oder beschädigt sein, merken Sie es sich vor und reparieren Sie es so bald wie möglich.

Waschen Sie das Glas von innen und außen mit einem weichen Tuch ab, geben Sie dazu etwas Spülmittel oder Haushaltsreiniger sowie für den Gartenbereich geeignetes Desinfektionsmittel in einen Eimer mit warmem Wasser.

Putzen Sie Rahmen und Pflanztische mit einer steifen Bürste und entfernen Sie Algen, die sich in den Ritzen zwischen überlappenden Glas-platten angesiedelt haben, indem Sie ein dün-nes Stück Kunststoff, ein Pflanzenschildchen o. Ä. dazwischenschieben und damit hin- und herfahren. Für eine besonders gründliche Reini-gung nehmen Sie die Glasscheiben ab.

Entfernen Sie Seifenrückstände, spülen Sie dazu alles mit einem Wasserschlauch oder Hochdruckreiniger ab. Vergessen Sie weder den Boden noch den Kies in den Pflanztisch-einsätzen. Schließen Sie am Abend Türen und Fenster und nebeln oder räuchern Sie zum Schluss das Gewächshaus mit einem geeigne-ten Räuchermittel aus.

Mühsam ist es wohl – doch das gründliche Reini-gen des Gewächshauses spart Ihnen, was Schäd-linge und Krankheiten auf Ihren Kulturen angeht, viel Zeit und Mühe in der nächsten Saison.

Pflanzenhauben

Ein wärmeres und feuchteres Klima beschleunigt das Wachstum der Pflanzen. Pflanzenhauben sind der einfachste Weg zu diesem gewünschten Klimawandel. Der Boden erwärmt sich vor der Aussaat und zarte Sämlinge werden geschützt.

Anfangs waren es Glasglocken, die man über eine oder mehrere Pflanzen gestülpt hat. Inzwischen sind ganze Tunnelsysteme daraus geworden, in denen aufkeimende Saat, junge Pflänzchen und sogar ausgewachsene Pflanzen wie etwa Erdbeeren gleich reihenweise schneller gedeihen. Sie sind auch insofern nützlich, dass sich der Boden unter ihnen im Frühjahr erwärmt, sodass man früher säen kann.

Solche Tunnel bestehen aus Glas, vorgeformtem Kunststoff oder aus Folie – Letztere sind sicherlich am billigsten und lassen sich problemlos selbst bauen. Man breitet einfach ein Stück durchsichtige Kunststofffolie über ein paar in den Boden gesteckte Bögen oder über ein Stück Hasendraht, das man in Tunnelform zurechtgebogen und im Boden eingebettet hat. Es lohnt sich, die Folie mit einem Netz vor Vögeln zu schützen.

Frische Luft im Inneren ist wichtig

Glashauben werden noch immer von vielen Gärtnern bevorzugt, da sie das meiste Licht hindurchlassen und weniger Kondenswasser verursachen. Sie sind aber teuer, zerbrechlich und es ist oft schwierig, sie in Gartenmärkten zu bekommen.

Welches Material Sie auch verwenden, die Tunnel müssen an den Enden verschlossen werden, sonst wirken sie nicht. Aber die Pflanzen wachsen, die Luft unter den geschlossenen Hauben wird schal und Kondenswasser sammelt sich im Inneren. Inzwischen findet man im Handel Kunststoffhauben mit Belüftungsöffnungen, die nach Bedarf geöffnet und geschlossen werden können.

Hauben mit offenen Enden sind ziemlich praktisch, wenn man mehrere zu einem einzigen langen Tunnel verbinden möchte: Hier verschließt man die Enden mit einer Glasscheibe oder einem Stück Kunststoff, das man mit einem Ziegelstein fixiert, sonst entweicht die warme Luft. Bei Folientunneln bindet man die Enden einfach zusammen und pinnt sie am Boden fest.

Die Pflanzen im Auge behalten

Schauen Sie regelmäßig unter die Pflanzenhauben. Vielleicht müssen die Pflanzen häufiger gegossen werden als diejenigen im Freien, da der warme Boden schneller austrocknet. Und Unkraut wächst unter dem Schutz der Haube ebenso schnell wie die Kulturen.

Wenn die Tunnel in erster Linie dem Schutz zarter Pflanzen wie Erdbeeren dienen, müssen sie geöffnet werden, um Insekten zur Bestäubung einzulassen: Bei festen Tunnelhauben entfernt man eine aus der Reihe und rückt die anderen auseinander, bei Folientunneln rollt man eine Seite auf.

Ob aus Folie oder aus Kunststoffformteilen: Pflanzentunnel schützen ganze Sämlingsreihen und sind ebenso wirkungsvoll wie wirtschaftlich.

Traditionelle Glashauben in Glocken- (vorn im Bild) oder größere, viereckige in Laternenform (im Hintergrund) sehen dekorativ aus, auch im Gemüsegarten. Da sie jeweils nur eine einzige zarte Jungpflanze schützen, ist der Nutzen für Selbstversorger jedoch begrenzt.

Fruchtfolge im Gemüseanbau

Oberstes Gebot des Gemüseanbaus: Jede Pflanzengruppe sollte möglichst jedes Jahr an eine andere Stelle des Gemüsegartens wechseln.

Ein Fruchtwechsel ist vor allem aus zwei Gründen wichtig: Erstens mögen verschiedene Kulturen verschiedene Bodenverhältnisse. Erbsen und Bohnen wollen zum Beispiel Erde, die frisch mit gut verrottetem Mist angereichert wurde. Wenn nun Wurzelgemüse wie Möhren und Pastinaken in solchen Boden gesetzt werden, erhält man lauter verdrehte, gegabelte und verästelte Gemüse, da die Wurzeln auf der Suche nach den organischen Stoffen im Boden recht abenteuerlich wachsen.

Zweitens verbleiben Schädlinge und Krankheitserreger, die eine Gruppe von Gemüse befallen im Boden, um aufs Neue zuzuschlagen. Eine andere Gemüsegruppe bleibt hingegen unbehelligt.

Weithin üblich ist der Dreijahresplan. Wer sein Land in vier Teile untergliedern kann und entsprechend einen Vierjahresrhythmus betreibt – umso besser.

Fruchtwechsel planen

Ein Fruchtwechsel ist im Gemüseanbau unerlässlich, da verschiedene Gemüse nach unterschiedlichen Böden verlangen und diesen jeweils andere Nährstoffe entziehen. Auch befallen Schädlinge und Krankheitserreger verschiedene Kulturen unterschiedlich stark und manche gar nicht.

Erstes Jahr

Wurzelgemüse

Hülsenfrüchte und anderes Gemüse

Kohlarten

Zweites Jahr

Kohlarten

Wurzelgemüse

Hülsenfrüchte und anderes Gemüse

Drittes Jahr

Hülsenfrüchte und anderes Gemüse

Kohlarten

Wurzelgemüse

Die Fruchtfolge planen

Bei einer dreijährigen Fruchtfolge ist das Land in drei Bereiche und die anzubauenden Kulturen in drei Hauptgruppen einzuteilen. Diese sind die Wurzelgemüse (s. S. 66, allerdings zählen auch Kartoffeln und Chicorée dazu), die Kohlarten (s. S. 62, plus Rettiche und Radieschen) und die Leguminosen bzw. Hülsenfrüchte wie Bohnen und Erbsen zusammen mit anderen Freilandkulturen wie Stangensellerie, Knollensellerie, Lauch, Zwiebeln, Zuckermais und Tomaten, hier als »Sonstige« bezeichnet.

Salatkulturen, die in diesen drei Gruppen nicht auftauchen, bieten sich als Zwischenfrucht an – also als schnelle Kultur zwischen der Ernte der einen und der Aussaat der nächsten Hauptgruppe, um das Land nicht brachliegen zu lassen –, können aber auch zwischen den Reihen länger reifender Gemüse stehen oder als Folgefrucht dienen.

Diverse Kürbis- und Zucchinisorten kann man dem Bereich Hülsenfrüchte und Sonstige zuordnen, besser wären sie jedoch auf einer separaten Fläche oder dem Komposthaufen aufgehoben, da sie sich gerne breitmachen

und dabei viel wertvolle Beetfläche im Gemüsegarten einnehmen.

Ausdauernde Gemüsepflanzen und Stauden wie Artischocken und Spargel brauchen einen festen Platz, da sie mehrere Jahre am gleichen Ort Ernte tragen. Topinambur passt zum Wurzelgemüse, die Pflanzen sind jedoch so dominant, dass man sie am besten auf einem kleinen, anderweitig nicht nutzbaren Fleckchen unterbringt: vielleicht vor dem Geräteschuppen oder als Sichtschutz vor dem Komposthaufen und anderen weniger schönen Garten- und Arbeitsbereichen.

Die ersten Schritte

Wenn Sie eine Dreijahresfolge planen und die Hauptfläche des Gemüsegartens in drei ungefähr gleich große Teile untergliedert haben, weisen Sie diesen die drei Hauptgruppen zu. Im nächsten Jahr rücken Sie jede Gruppe jeweils einen Abschnitt weiter. Wo im ersten Jahr die Wurzelgemüse standen, kommen nun die Kohlarten hin und im dritten Jahr die Hülsenfrüchte. Wo die Hülsenfrüchte und sonstige Freilandgemüse standen, kommen nun die Wurzelgemüse hin und im dritten Jahr die Kohlarten. Und wo die Kohlarten standen, kommen nun die Hülsenfrüchte und Sonstige hin und im dritten Jahr die Wurzeln.

Den Boden nähren

Alles wird noch besser wachsen, wenn Sie auch den Boden nach Plan nähren: Graben Sie viel gut verrotteten Stallmist oder Kompost unter, bevor Sie Hülsenfrüchte pflanzen. Düngen Sie mit einem Allround-Dünger, bevor Sie Wurzelgemüse pflanzen und geben Sie Dünger und Kalk in den Boden, bevor Sie Kohl pflanzen.

Wurzelgemüse profitieren von dem Mist, den Sie für die Hülsenfrüchte untergegraben haben. Wenn sie an der Reihe sind, ist er weitestgehend verrottet und vom Boden aufgenommen worden. Dadurch hält dieser die Feuchtigkeit viel besser, anstatt nur sehr gehaltvoll zu sein. Die Kartoffeln, die oft sehr schlecht auf Kalk reagieren, werden frühestens zwei Jahre nach der Kalkgabe gepflanzt, aber der Kohl, der auf basischem Boden besonders gut gedeiht, hat dann längst seinen Nutzen daraus gezogen.

Der Vierjahresplan

Wer vier Jahre lang wechselt, bevor er wieder von vorne beginnt, hat die Wahl: Er kann entweder die Erbsen und Bohnen als separate Gruppe behandeln oder die Kartoffeln – und diese mit Kürbissen, Zucchini und etwas Spinat kombinieren. Gliedern Sie die verfügbare Fläche in vier gleiche Teile und rücken Sie die Pflanzengruppen auch hier jedes Jahr einen Abschnitt weiter.

Goldene Fruchtfolgeregeln

Das Wichtigste beim Fruchtwechsel ist, nicht Kohl auf Kohl, oder Kartoffeln auf Kartoffeln folgen zu lassen – möglichst wachsen sie sogar jeweils nur einmal in drei Jahren auf ein und derselben Stelle. Ebenso sollte man nach der Ernte einer Hauptgruppe, wann immer möglich, eine schnellwüchsige Zwischenfrucht einschieben.

Wenn Kohl auf Kohl folgt, häufen sich im Boden leicht Kohlhernien (s. S. 148), und wenn diese Krankheitserreger erst einmal da sind, bleiben sie mehrere Jahre und machen den Anbau von Kohl gänzlich unmöglich. Ähnlich bei Kartoffeln: Hier riskiert man, sich Nematoden (s. S. 148) im Boden zuzuziehen, und auch diese Schädlinge bekommt man nicht so schnell wieder los.

Beachten Sie, dass manche Kulturen, die eigentlich eine Weile bis zur vollen Reife

Beete von gleicher Größe erleichtern den Anbau nach Fruchtfolgeplan. Bepflanzen Sie ein ganzes Beet mit Kohl, eins mit Wurzelgemüse und ein drittes mit Hülsenfrüchten.

brauchen, dann als schnellwüchsig gelten dürfen, wenn man sie als Folgefrucht anbaut. Möhren und Rote Bete beispielsweise, die normalerweise erst nach vier Monaten ihre volle Größe erreichen, können gleichwohl viel früher geerntet werden, wenn man sie als köstliches Zartgemüse, als Babymöhrchen und -Rübchen ansieht. Manchmal ist nach einer Ernte und vor der nächsten Pflanzung gemäß Fruchtwechselplan sogar genügend Zeit für ein schnellwüchsiges Gemüse, das in dieser Zwischenphase tatsächlich zur vollen Reife kommt.

Fruchtfolge im Gemüseanbau

Gießen, Bewässern und Wasser sparen

Selbst in Landstrichen, die für ihr regnerisches Wetter verschrien sind, gibt es jedes Jahr Hitze- und Trockenperioden. Dann muss gegossen werden, wenn die Kulturen gedeihen oder auch nur überleben sollen. Es gibt aber Wege, das Gießen auf ein Minimum zu reduzieren und sparsam mit sauberem, aufbereitetem Leitungswasser umzugehen.

Das Gießen mit dem Gartenschlauch ist leicht und schnell erledigt. Mit einem Rasensprenger geht es noch einfacher, und ist erst recht verlockend, wenn die Fläche, die gegossen werden muss, groß ist und man wenig Zeit hat. Durch einen Gartenschlauch laufen jedoch 17 Liter pro Minute, wenn der Regner also eine Stunde lang läuft, sind gut 1000 Liter Wasser fort.

Das Klima verändert sich, Wasser wird knapper und gleichzeitig immer begehrter, auch in Garten und Gemüsebeet. Ein sparsamer Umgang ist aber möglich: Man muss nur gut überlegen,

wie und wo man das kostbare Nass einsetzt, welche Kulturen man anbaut und wie man die Anbaufläche gestaltet und pflegt.

Auf den folgenden Seiten finden Sie Ratschläge zur Reduzierung des Leitungswasserverbrauchs. Das spart bares Geld und hilft auch noch, unsere wertvollen Vorräte an Trinkwasser zu erhalten und die Energie einzusparen, die für seine Aufbereitung und Bereitstellung aufgewendet werden muss.

Gießen ja – aber wann und wie?

Gießwasser sollte optimal genutzt werden. Gießen Sie an den richtigen Stellen und zur rechten Tageszeit. Niemals in der Mittagshitze, da verdunstet es zum Großteil sehr schnell und geht den Pflanzen verloren.

Gießen Sie stattdessen am Morgen oder am Abend. Zielen Sie mit einem weichen Strahl direkt auf den Wurzelansatz, damit das Wasser ohne Umwege die Wurzeln erreicht. Bei Kulturen, die sich großflächig ausbreiten wie beispielsweise Kürbisse, steckt man einfach einen Stab dort in die Erde, wo der Stängel herauskommt, und lenkt den Gießstrahl fortan immer an diese, die richtige Stelle.

Besonders durstige Pflanzen (auch hier sind Kürbisse ein gutes Beispiel) profitieren von einer Gießmulde. Häufen Sie rund um den Pflanzenstiel einen kleinen, ringförmigen Erdwall mit ca. 50 cm Durchmesser an, diese Mulde nimmt beim Gießen eine größere Menge Wasser auf, die dann langsam in den Boden einsickert. So wird die Pflanze gut gewässert und braucht bei mildem Wetter ein paar Tage lang nicht mehr gegossen zu werden.

Gießen Sie mit der Gießkanne (mit Brause). So können Sie die Pflanzen in Ruhe auf Anzeichen für Schädlingsbefall oder Krankheiten untersuchen.

Gießen Sie vorsichtig und direkt am Wurzelansatz der Pflanze, so kommt ihr jeder Tropfen zugute. Weiträumiges Beregnen ist ineffektiv und reine Verschwendung.

suchen. Drehen Sie beim Gießen der Sämlinge den Brauseaufsatz so, dass er nach oben zeigt.

Wenn am Gartenschlauch kein Weg vorbeiführt, dann verwenden Sie am besten eine Sprühpistole. So lässt sich das Wasser gezielt dorthin leiten, wo es hin soll, anstatt dass es permanent aus dem Schlauch rinnt.

Eine goldene Gießregel besagt, die Pflanzen nicht unnötig zu wässern. Auf dem Beet im Freien haben sie Zugang zu den im Boden gespeicherten Feuchtigkeitsreserven. Bei durchschnittlichen Temperaturen, besonders im Frühjahr und frühen Sommer, müssen Sie meist nur alle paar Tage gießen. Achten Sie auf Anzeichen von Trockenheit – welkendes Laub, Blätter, die sich kräuseln und wie sonnenverbrannt aussehen – und gießen Sie eine Zeit lang mehr und häufiger, bis sich das Wetter wieder abkühlt.

Wie Böden Wasser binden

Ist ein Boden schwer und neigt er zu Staunässe, bleiben nach heftigen Regenfällen Pfützen stehen. In diesem Falle hilft es, Gips unterzugraben oder ein Drainagesystem anzulegen (s. S. 27). In leichten Sandböden versickert Wasser sehr schnell, manchmal so schnell, dass die Pflanzen nichts davon abbekommen. Das ist allerdings gar nicht so leicht zu erkennen.

Um zu prüfen, wie gut ein Boden das Wasser speichert, gräbt man ein großes Loch, füllt es mit Wasser und beobachtet, wie lange es dauert, bis alles Wasser versickert ist. Eine Stunde? Hier können Pflanzen kaum gedeihen. Vier Stunden? Dann würde der Boden von mehr organischem Material profitieren: Graben Sie viel gut verrotteten Kompost ein – Sie werden generell weniger und seltener gießen müssen.

Automatische Bewässerungssysteme

Wenn die Anbaufläche für Obst und Gemüse recht groß ist, sodass alle Pflanzen nicht mehr täglich per Hand gegossen werden können, wäre eine automatische Tröpfchenbewässerung ein guter Kompromiss und die weniger verschwenderische Alternative zum großräumigen Beregnen.

Ein Großteil des mit einem breit streuenden Regner verteilten Wassers fällt unweigerlich auf nackte Erde, auf Wege oder andere Bereiche, die nun gerade keiner Wässerung bedürfen. Automatische Bewässerungssysteme sind da weitaus präziser. Der Aufbau macht viel Arbeit: Man muss Bewässerungsrohre oder -schläuche mit winzigen Löchern bzw. Düsen auf der gesamten Anbaufläche verlegen, eine Verbindung zum Wasserhahn herstellen, Verteiler- und Abzweigstellen installieren, von da aus zusätzliche Rohre oder Schläuche zu weiteren Anbaubereichen legen und Auslassdüsen einbauen, wo immer sie gebraucht werden. Im Ergebnis gelangt jedoch das Wasser direkt und gleichzeitig an jede Pflanze.

Elektronische Zeitschaltuhren und Ventile steuern Einschaltzeit und -dauer der Tropfbewässerung. Die ausgeklügelteren Systeme erlauben sogar, die Bewässerung der verschiedenen Anbauflächen unterschiedlich zu gestalten, bei Bedarf mehr Wasser zu geben und weniger durstige Pflanzen nur leicht zu besprenkeln.

Tropf-, Schwitz- bzw. Perlschläuche werden genauso verwendet wie Rohre mit Sprüh- oder Tropfdüsen. Sobald der Wasserhahn aufgedreht ist, dringt die Feuchtigkeit langsam auf der gesamten Länge durch das poröse Schlauchmaterial und führt dem Boden auf einem schmalen Streifen langsam und mäßig Wasser zu.

Solche kommerziellen Bewässerungssysteme sind auf einer großen Anbaufläche, die sich nicht mehr von Hand gießen lässt, durchaus praktisch. Denken Sie auch an eine programmierbare Zeitschaltuhr, damit das Wasser sinnvoll genutzt wird.

Regenwasser sammeln und nutzen

Das beste Wasser für Pflanzen ist Regenwasser. Und es kostet nichts, hat die richtige Temperatur – Leitungswasser ist zu kalt – und ist im Gegensatz zu aufbereitetem Leitungswasser naturbelassen.

Stellen Sie möglichst überall auf Ihrem Gelände an Fallrohren bzw. unter Dächern mit Gefälle Regentonnen und Wassersammelbehälter auf (s. S. 247). Sie werden überrascht sein, wie schnell eine Regentonne voll ist, selbst wenn sie nur vom Dach eines kleinen Schuppens gespeist wird. Wo Platz ist, kann man mehrere Tonnen miteinander verbinden und so noch mehr Wasser sammeln. Selbst wenn keine Gebäude mit entsprechender Dachfläche zur Verfügung stehen, kann man einen offenen Sammelbehälter an einem ansonsten ungenutzten Platz aufstellen und einfach das Wasser auffangen, das hineinfällt. Decken Sie Regenwasserbehälter immer mit einem gut befestigten Gitter oder stabilen Netzgewebe ab, damit weder Tiere noch Kinder hineinfallen und ertrinken.

Füllen Sie die Gießkannen mit dem Wasser aus der Regentonne. Oder erleichtern Sie sich die Arbeit und schließen Sie mit Hilfe einer elektrischen Tauchpumpe einen Gartenschlauch an die Tonne an. Auch gibt es schwerkraftbetriebene Bewässerungssysteme für Regenwasser, bei denen es analog zur automatischen Bewässerung über ein Netzwerk von Rohren und Düsen aus der Tonne zu den Pflanzen gelangt.

Vorausschauend pflanzen – Wasserverbrauch senken

Schon allein die durchdachte Anlage der Beete und die Auswahl trockenheitsverträglicher Sorten in Gegenden, die regelmäßig unter langen Trockenperioden und heißer Witterung leiden, kommt den Pflanzen zugute.

Bevor man zu pflanzen beginnt, sollte man unbedingt untersuchen, wie gut der anstehende Boden das Wasser binden und halten kann (s. S. 42). Ist der Humusgehalt zu gering, versickert das Wasser zu leicht und zu schnell – das meiste davon ungenutzt.

Bäume und Hecken sind hungrige und durstige Gesellen, sie entziehen dem Boden große Mengen Nährstoffe und viel Wasser. Wenn Sie das Gemüsebeet in zu großer Nähe anlegen, erhöhen Sie unweigerlich den Wasser- und Nährstoffbedarf der Kulturen, was für Sie selbst mehr Arbeit bedeutet und den Wasserverbrauch insgesamt belastet.

Regenwasser, in entsprechenden Behältern gesammelt und aufbewahrt, ist für Pflanzen ideal: Es enthält keine chemischen Zusätze, kommt nicht mit hohem Druck aus der Leitung und ist nicht so kalt wie Leitungswasser.

Schutz vor Sonne und Wind

Ausladende Bäume werfen Schatten auf die Anbaufläche, ebenso Hecken, Zäune, Mauern oder dergleichen, wenn sie nicht gerade im Norden des Beets liegen. Ein bisschen Schatten verringert zwar das Welken bei sehr heißem, sonnigem Wetter, in unseren Gefilden bedeutet es aber auch, dass die Pflanzen schlechter gedeihen und man mehr tun muss, um ordentliche Erträge zu erzielen, als bei sonniger Lage. Wählen Sie die Anbaufläche so, dass sie mindestens sechs Sonnenstunden pro Tag abbekommt – vorzugsweise am Vormittag, denn Morgensonne ist besser als Nachmittags- und Abendsonne.

In Gegenden mit häufigen Hitze- oder Trockenperioden und viel Sonne sollten Sie über den Bau einer einfachen Pergola über den Kulturen nachdenken, die gegen Trockenheit anfällig sind, zum Beispiel über dem Erdbeerbeet. Die hölzerne Rahmenkonstruktion gibt etwas lichten Schatten, ohne während der anderen Jahres-

zeiten das nötige Licht fernzuhalten, außerdem kann man an den Tagen, an denen ein stärkerer Schutz nötig ist, Gartenvlies oder Beschattungsgewebe darüberbreiten.

Andauernder Wind vermindert die Fähigkeit des Bodens, Wasser zu binden. Wenn sich die Gartenanlage an einer exponierten Stelle mit häufigem und kräftigem Wind nicht umgehen lässt, dann denken Sie bereits bei der Planung an entsprechende Windschutzmaßnahmen, die jedoch nicht zu viel Sonne und Licht schlucken dürfen. Das können jene aus Latten geflochtenen Rankgitter sein, die man als Fertigelemente im Baumarkt bekommt, oder ein lebender Windschutz wie eine Reihe Himbeerruten längs eines Beetrandes.

Vermeiden Sie große Flächen nackter Erde nahe den bepflanzten Bereichen. Sonne und Wind lassen Wasser über den kahlen Flächen verdunsten, und das nimmt auch den in der Nähe wachsenden Pflanzen wertvolle Feuchtigkeit. Dies lässt sich verhindern, indem man zwischen den Pflanzenreihen und auf brachliegenden Flächen mit Kompost oder gehäckseltem Baum- und Strauchschnitt mulcht. Zudem verrottet eine großzügige Mulchschicht aus Kompost mit der Zeit und nährt so den Boden.

Gründüngung

Wenn eine große Anbaufläche brachliegt, bietet es sich an, Gründüngerpflanzen zu säen. Das sind schnellwüchsige Pflanzen wie zum Beispiel Wicken, Erbsen oder Weidelgras, die eine Zeit lang den Boden bedecken. Wenn das Blattwerk anfängt, welk zu werden, wird es untergegraben und reichert den Boden mit Nährstoffen an, während es verrottet. Gartenmärkte und -kataloge bieten eine ganze Reihe von Gründüngerpflanzen und -mischungen an, viele sind auf spezielle Bedürfnisse einzelner Bodentypen abgestimmt.

Testen Sie den Boden (s. S. 24), ergründen Sie, woraus er sich zusammensetzt und welche Nährstoffe er in welchem Umfang besitzt – wählen Sie erst dann den entsprechenden Gründünger aus.

Die ersten Schritte

Gründüngerpflanzen bedecken vormals nackten Boden und tragen dazu bei, dass weniger Feuchtigkeit verloren geht. Wenn man sie später untergräbt, führen sie dem Boden auch noch Nährstoffe zu.

Die Wahl der richtigen Kulturen

Pflanzenzüchter sind sich bewusst, dass Gärtner und Kleinbauern sparsam mit Wasser umgehen müssen. Sie arbeiten deshalb ständig an der Entwicklung neuer, mehr und mehr trockenheitsresistenter Varietäten und Sorten. Halten Sie nach Gemüsearten und speziellen Züchtungen Ausschau, die heiße, trockene Bedingungen gut vertragen.

Wurzelgemüse wie Möhren halten Trockenheit im Allgemeinen besser aus als Gemüsearten mit anschwellenden und immer größer werdenden Fruchtkörpern wie Zucchini oder Tomaten. Wurzelgemüse dringen tief in den Boden vor und können dort noch Feuchtigkeit erreichen, die sich weit unterhalb der Oberfläche hält. Lauch übersteht trockene Bedingungen auch ganz gut, das Anhäufeln von Erde rund um die Stiele, das man macht, damit sie am Grunde schön weiß bleiben, trägt auch dazu bei, Feuchtigkeit einzuschließen. Blattreiche Gemüse nehmen Trockenheit eher übel, nur Mangold ist meist etwas toleranter.

Zwiebeln und Kopfsalat schießen bei heißem, trockenem Wetter gerne in die Höhe und setzen Samen an, hier sollte man also eher trockenheitsresistente Sorten wählen. Generell gilt: Wenn Ihr Grundstück in einer Gegend liegt, die häufig von hohen Temperaturen heimgesucht wird, dann sehen Sie sich nach Arten um, deren natürliches Verbreitungsgebiet in heißen Regionen liegt. Okra und Süßkartoffeln beispielsweise, die früher in nördlichen Breiten wie etwa den Britischen Inseln gar nicht wuchsen, sind dort heutzutage weithin erhältlich. Interessante Möglichkeiten für den Garten in Zeiten des Klimawandels!

Arbeitskalender für das Gartenjahr

Das Gartenjahr
Frühling
Sommer
Herbst
Winter

Das Gartenjahr

Der folgende Jahreskalender anfallender Gartenarbeiten ist nur als grobe Übersicht gedacht, als Leitfaden zu den wichtigsten Tätigkeiten wie Säen, Pflanzen und Ernten. Greifen Sie nur das heraus, was für Ihren Garten und Ihre Kulturen zutrifft. Kaum ein Selbstversorger wird tatsächlich alle hier aufgeführten Arbeiten verrichten.

Letztendlich bestimmt das lokale Klima, wann welche Arbeiten ausgeführt werden müssen, und das kann von Jahr zu Jahr unterschiedlich sein. Der Kalender folgt den Jahreszeiten, nicht den Monaten, denn in milderen südlichen Gefilden, zum Beispiel in Baden-Württemberg, kann man einen guten Monat früher oder sogar noch eher mit dem Pflanzen beginnen als in Gegenden mit niedrigeren Temperaturen und härteren, längeren Wintern.

Lassen Sie sich vom Wetter leiten, achten Sie auf die Zeichen der Natur. So zeigen Ihnen beispielsweise anschwellende Knospen an den Bäumen und austreibende Blumenzwiebeln, dass es warm genug für die erste Aussaat ist. An einem Maximum-Minimum-Thermometer können Sie Temperaturtendenzen ablesen und erfahren, wann es Zeit ist, empfindliche Kulturen für den Winter abzudecken.

Es braucht Zeit und Erfahrung, bis man den eigenen Garten und die eigenen Tiere versteht. Ein Tagebuch hilft, bestimmte Regelmäßigkeiten zu erkennen. Notieren Sie täglich das Wetter, was Sie erledigt und welche Pflanzen Sie geerntet, umgepflanzt, ausgesät, geschnitten haben etc. Vergleichen Sie die Aufzeichnungen mit denen des Vorjahres – allmählich wird sich bei Ihnen ein Gefühl für den Rhythmus der Jahreszeiten und den Kreislauf der Natur einstellen.

Anpassung des Kalenders an die eigenen Bedürfnisse

Viele Kulturen können regelmäßig den ganzen Frühling und Sommer über gesät werden. Wer sich dabei auf eine Gemüseart beschränkt, opfert allen Platz diesem einen Gemüse und wird dann zur Erntezeit davon überschwemmt. Säen Sie Gemüse entsprechend Ihrem Bedarf und Geschmack – und natürlich innerhalb der günstigsten Wachstumszeit für die entsprechende Sorte. Vermeiden Sie Überangebot und Mangel, sorgen Sie für Vielfalt in vernünftiger Menge.

Routinearbeiten

Neben den saisonalen Tätigkeiten darf man die Arbeiten nicht vergessen, die regelmäßig anfallen: Die ganze Vegetationsperiode hindurch muss man hacken und Unkraut jäten, bei trockener Witterung regelmäßig gießen.

Manche Pflanzen müssen, je größer sie werden, an Stäbe angebunden, auflaufende Saaten mit Hilfe von gespannten Schnüren oder Folien vor Vögeln geschützt und Jungpflanzen im Winter und zeitigen Frühjahr gegen Frost abgedeckt werden.

Kontrollieren Sie alle Kulturen regelmäßig auf Krankheits- und Schädlingsbefall. Handeln Sie im Ernstfall rasch (s. S. 143), damit es nicht noch schlimmer wird oder sich Krankheiten und Schädlinge auf andere Pflanzen ausbreiten. Vernichten Sie infizierte Pflanzen und Pflanzenteile. Graben Sie nicht befallene Pflanzen nach der Ernte aus. Reste gesunder Pflanzen können Sie nach der Ernte kompostieren und das Beet für neue (oder weitere) Kulturen vorbereiten. Lassen Sie keine Brachen im Gemüsegarten zu, besonders nicht während der Hauptwachstumszeit.

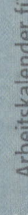

Frühling

Wenn die Blumenzwiebeln austreiben und die Knospen an den Bäumen anschwellen, ist es an der Zeit, sich wieder in den Obst- und Gemüsegarten zu wagen.

Vielleicht können Sie schon ein paar zeitige Frühlingskräuter, Rhabarber oder überwintertes Wurzelgemüse ernten. Beobachten Sie das Wetter, plötzlicher Frost kann Obstblüten und junge, sprießende Gemüsepflanzen schädigen.

Doch der Frühling schreitet mit aller Kraft voran, der Boden erwärmt sich und bald keimt, blüht und summt es überall. Vorfreude auf eine reiche Ernte durchweht den Garten.

Zeitiges Frühjahr

Im Gewächshaus
- Alle Gewächshauskulturen den ganzen Frühling über regelmäßig gießen.
- Paprika, Chili und Tomaten in einer (beheizbaren) Saatkiste oder Anzuchtschale aussäen.

Im Obstgarten
- Aprikosen, Feigen, Weinreben und Rhabarber pflanzen.
- Erdbeeren unter Glas oder im Haus aussäen.
- Obstbäume schneiden: Äpfel, Aprikosen, Sauerkirschen, Pflaumenarten wie Renekloden oder Zwetschgen.
- Aprikosen bestäuben.
- Neue Rhabarberpflanzen ziehen.
- Rhabarber ernten.

Im Gemüsegarten
- Saatbeete und endgültige Standorte für die Aussaat vorbereiten, sobald das Wetter es zulässt.
- Rote Bete (runde Sorten), Spargelerbsen, Lauch und Stangensellerie unter Glas oder im Haus aussäen.
- Brokkoli in Saatbeeten aussäen.
- Kohlrabi, Möhren (als Hauptfrucht), Pastinaken, Haferwurz und Schwarzwurzel, frühe Palerbsen, Zuckererbsen und Markerbsen, Winterkresse, Kopfsalat, Radieschen und Speiseretiche, Einmach- und Gemüsezwiebeln, Säzwiebeln und Sommerspinat an Ort und Stelle aussäen.
- Frühkartoffeln und Topinamburknollen pflanzen.
- Sommerkohl und Blumenkohl abhärten.
- Rotkohl an den endgültigen Standort umpflanzen.
- Brokkoli, Wirsing, Rotkohl, Grünkohl, Mangold, Kohlrüben, Rübstil, Chicorée, Kopfsalat, Stangensellerie, Lauch, Winterspinat ernten.
- Frühgemüse und Sämlinge wenn nötig mit Pflanzenhauben vor Kälte schützen.

Wenn laut Wetterbericht Frühjahrsfröste drohen, sollten Freilandkulturen mit Gartenvlies oder Pflanzenhauben geschützt werden.

Auf dem Kräuterbeet
- Bibernelle, Kerbel, Fenchel, Dill, Liebstöckel, Majoran, Petersilie, Rosmarin, Salbei und Thymian an Ort und Stelle aussäen.
- Liebstöckelwurzeln teilen, um neue Pflanzen zu gewinnen.
- Estragon pflanzen.

Tomatensetzlinge sollten möglichst früh in einer (beheizbaren) Saatkiste im Gewächshaus vorgezogen werden. Sobald das Wetter wärmer wird, bringt man sie ins Freie.

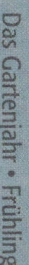

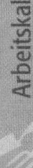

Frühjahrsmitte

Im Gewächshaus

- Auberginen- und Gurkensetzlinge an den endgültigen Standort umpflanzen.
- Melonen in einer (beheizbaren) Saatkiste aussäen.
- Ältere Obstbäume beschneiden; Weinreben beschneiden und neue Triebe an Drähten entlang erziehen (anbinden), die man am Gewächshausrahmen befestigen kann.
- Triebspitzen an den Weinreben abkneifen.
- Lüftungsklappen ab jetzt häufiger öffnen, um bei den nun steigenden Tagestemperaturen für Belüftung zu sorgen.
- Bei jedem Gießen den Gewächshausboden befeuchten, damit die Luftfeuchtigkeit steigt.

Im Obstgarten

- Walderdbeeren abhärten.
- Neue Triebe an Weinreben, Pfirsichen und Nektarinen erziehen (anbinden).
- Unter Äpfeln, Aprikosen, Sauerkirschen, Pfirsichen und Nektarinen, Birnen, Stachelbeeren, Weinreben, Himbeeren und Rhabarber mulchen; Erdbeerpflanzen mit Stroh unterfüttern.
- Rhabarber ernten.

Im Gemüsegarten

- Busch- und Stangenbohnen, Freilandtomaten, Stangensellerie, Zucchini und Kürbisse, Okra, Neuseeländer Spinat, Zuckermais unter Glas oder im Haus aussäen.
- Brokkoli, Rosenkohl, Sommerkohl und Grünkohl auf Saatbeeten aussäen.
- Kohlrabi, Möhren (als Hauptfrucht), Pastinaken, Haferwurz und Schwarzwurzel, Mangold, Speiserüben, Puffbohnen, mittelfrühe Palerbsen, Zuckererbsen und Markerbsen, Chicorée, Kopfsalat, Radieschen und Speiserettich, Lauch, Einmach- und Gemüsezwiebeln, Säzwiebeln, Knoblauch, Sommerspinat an Ort und Stelle aussäen, Steckzwiebeln auslegen.
- Mittelfrühe Kartoffeln und Artischockenableger einpflanzen.

- Brokkoli, Rote Bete (runde Sorten), Spargelerbsen, Freilandtomaten, Stangensellerie, Knollensellerie, Lauch, Säzwiebeln abhärten.
- Rote Bete (runde Sorten), Möhren, Speiserüben an den endgültigen Standort umpflanzen.
- Brokkoli, Frühkohl, Wirsing, Rotkohl, Grünkohl, Mangold, Kohlrüben, Rübstil, Kopfsalat, Gemüsezwiebeln, Lauch, Winterspinat ernten.
- Mit dem Anhäufeln austreibender Kartoffeln beginnen.

Auf dem Kräuterbeet

- Engelwurz, Melisse, Borretsch, Bibernelle, Kerbel, Koriander, Dill, Ysop, Dost (Oregano), Salbei und Bohnenkraut aussäen.

Spätes Frühjahr

Im Gewächshaus

- Paprika-, Chili-, Melonen- und Tomatensetzlinge an den endgültigen Standort im Gewächshausbeet, in Töpfe oder Pflanzbeutel bzw. -säcke umpflanzen.
- Unter allen Gewächshauspflanzen mulchen.
- Wenn notwendig, für Beschattung sorgen: mit einem Anstrich, Jalousien oder Gartenvlies.
- Obstbäume im Glashaus je nach Bedarf bestäuben.
- Höher wachsende Auberginen- und Gurkenpflanzen stützen und anbinden.

Im Obstgarten

- Walderdbeeren an den endgültigen Standort umpflanzen.
- Fruchtbehang bei Aprikosen und Stachelbeeren ausdünnen.
- Rhabarber ernten.

Im Gemüsegarten

- Gurken und Stangensellerie unter Glas oder im Haus aussäen.
- Herbst- und Winterkohl, Wirsing, Blumenkohl und Brokkoli im Saatbeet aussäen.

- Kohlrabi, Möhren (als Hauptfrucht), Haferwurz und Schwarzwurzel, Meerkohl, Kohlrüben, Speiserüben, Grünkohl, Puffbohnen, Busch- und Stangenbohnen, Feuerbohnen, späte Palerbsen, Zuckererbsen und Markerbsen, Gurken (unter Pflanzhauben), Gemüse- und Einlegezwiebeln, Säzwiebeln, Okra (unter Pflanzhauben), Neuseeländer Spinat, Zuckermais (unter Pflanzhauben) an Ort und Stelle aussäen.
- Kartoffeln (als Hauptfrucht) und Spargel-Rhizome anpflanzen.
- Busch- und Stangenbohnen, Feuerbohnen, Zucchini und Kürbisse, Okra, Neuseeländer Spinat, Stangensellerie, Zuckermais abhärten.
- Busch- und Stangenbohnen, Spargelerbsen, Stangensellerie, Knollensellerie, Säzwiebeln, Okra, Zuckermais umpflanzen (Zuckermais mit Pflanzhauben schützen).
- Möhren, Pastinaken, Speiserüben, Busch- und Stangenbohnen, Kopfsalat und alle Spinat-Varianten pikieren.
- Brokkoli, Frühkohl, Kohlrüben, Rübstil, Puffbohnen, sehr frühe Erbsen, Spargel, Kopfsalat, Rettiche und Radieschen, Gemüsezwiebeln, Lauch, Winterspinat ernten.
- Kartoffeln erneut anhäufeln.

Auf dem Kräuterbeet

- Kerbel, Dill, Dost (Oregano) und Salbei aussäen.
- Unter Glas gezogene Basilikum- und Majoransetzlinge in Töpfe oder ein paar Wochen später ins Kräuterbeet umpflanzen.

Sommer

Inzwischen dürfte es im Obst- und Gemüsegarten überall üppig wachsen und reifen. Der Sommer ist eine Zeit schwerer Arbeit, aber auch reicher Belohnung – was könnte besser sein, als einen Korb Gemüse und Obst für das Abendessen zu ernten, köstlich und frisch aus dem Garten?

Den Sommer über ist man im Obst- und Gemüsegarten vollauf beschäftigt. Man muss gießen, ausdünnen, ernten, zudem regelmäßig und gründlich nach Anzeichen für Schädlinge und Krankheiten ausschauen und, nicht zu vergessen, die Pflanzen regelmäßig mit Nährstoffen versorgen. Sehen Sie täglich nach den Pflanzen, auch wenn sie nicht jeden Tag gegossen werden müssen. Nur so erkennen Sie, wenn einzelne Früchte und Gemüse den optimalen Reifegrad erreicht haben und am allerbesten schmecken. Junge, zarte Zucchini verwandeln sich schnell in Kürbismonster, büßen über Nacht ihren köstlichen Geschmack ein, werden fade und bekommen eine harte Schale. Beeren und Tomaten werden schnell überreif und verderben schon am Busch, wenn man sie nicht rechtzeitig abnimmt.

Obst und Gemüse haltbar machen

Jetzt ist die Zeit des Überangebots. Der Selbstversorger wird überschwemmt mit Früchten und Gemüse, alles wird zur selben Zeit reif. Nutzen Sie den Überschuss, um sich für Gefälligkeiten erkenntlich zu zeigen oder sich das Wohlwollen von Freunden und Nachbarn auch in Zukunft zu sichern. Man könnte auch einen kleinen Tauschhandel mit anderen Kleingärtnern organisieren und so die Vielfalt auf dem eigenen Teller erhöhen. Alles, was nicht sofort gegessen, getauscht oder abgegeben wird, muss haltbar gemacht werden – Vorrat für die mageren Wintermonate.

Vieles, besonders Beerenobst, kann man frisch geerntet im natürlichen Zustand einfrieren. Anderes, Bohnen zum Beispiel, werden vorher kurz in kochendem Wasser blanchiert.

Wenn man Früchte oder Gemüse einzeln auf offenen Tabletts einfriert und erst danach verpackt, frieren sie nicht zu einem großen

Im Sommer ist der Gemüsegarten ein Paradies der Üppigkeit, täglich muss geerntet, ausgedünnt und gegossen werden.

Klumpen zusammen, sondern bleiben portionierbar (zum Einfrieren s. S. 210–211 und S. 222–223).

Manches muss auch erst gekocht und dann eingefroren oder gleich in Gläsern eingekocht werden. Verwandeln Sie einen Korb Tomaten in eine leckere Nudelsoße, in Ketchup, Chutney oder – zusammen mit Lauch, Zucchini und Gemüsepaprika – in die Basis für ein Ratatouille. Zaubern Sie Marmeladen, Konfitüren und Gelees, Chutneys oder Relishes (s. S. 214–217 und 226–229). Auch sauer Eingelegtes hält sich bei kühler Lagerung monatelang.

Möhren, Kartoffeln, Zwiebeln, Äpfel und anderes halten sich gesäubert und sorgsam verpackt an einem kühlen Ort über mehrere Monate (s. S. 207–208). Einige Wurzelgemüse belässt man am besten im Boden, sofern die Beetfläche nicht unverzüglich für etwas Neues benötigt wird.

Auch Früchte und Gemüse, die nicht mehr ganz frisch sind, weil sie nicht rechtzeitig gepflückt wurden oder weil sie bereits heruntergefallen sind, lassen sich verwerten – sie können immer noch zu Chutney verarbeitet oder an die Schweine verfüttert werden. Sollten Sie doch einmal eine Ernte verpassen und etwas kann wirklich nicht mehr verarbeitet werden, dann sollte es wenigstens auf dem Komposthaufen landen.

Frühsommer

Im Gewächshaus
- Alle Gewächshauskulturen den ganzen Sommer über regelmäßig gießen und düngen – bei Bedarf zweimal täglich, am Morgen und am frühen Abend.
- Weinreben und Melonen bestäuben.
- Obstbäume ausdünnen.
- Höher wachsende Chili-, Paprika-, Melonen- und Tomatenpflanzen stützen und anbinden.
- Gurken ernten.

- Für Beschattung sorgen, sofern dies nicht schon im Frühjahr erfolgt ist – in sengender Hitze verbrennen die Pflanzen jetzt leicht.

Im Obstgarten
- Feigen, Pfirsiche und Nektarinen, Stachelbeeren, Rote und Weiße Johannisbeeren schneiden.
- Fruchtbehang bei Apfelbäumen, Pflaumen und Renekloden, Pfirsichen und Nektarinen sowie Stachelbeeren ausdünnen.
- Gartenerdbeeren, Schwarze Johannisbeeren, Stachelbeeren und Rhabarber ernten.

Im Gemüsegarten
- Bei Trockenperioden regelmäßig gießen.
- Höher wachsende Pflanzen stützen und anbinden.
- Rotkohl im Saatbeet aussäen.
- Chinakohl, Kohlrabi, Rote Bete (runde und auch längliche Sorten), Busch- und Stangenbohnen, frühe Erbsen, Spargelerbsen, Kopfsalat, Radieschen und Rettich, Einmach- und Gemüsezwiebeln an Ort und Stelle aussäen.

Blattgemüse wie dieser rotstielige Mangold sollte regelmäßig gepflückt werden, damit immer wieder zarte junge Stängel nachwachsen.

- Gurken abhärten.
- Brokkoli, Rosenkohl, Winterkohl, Wirsing, Blumenkohl, Grünkohl, Feuerbohnen, Freilandtomaten, Gurken und Kürbisse an den endgültigen Standort umpflanzen.
- Chinakohl, Kohlrabi, Haferwurz und Schwarzwurzel, Sommerspinat, Neuseeländer Spinat, Mangold und Meerkohl pikieren.
- Triebspitzen rankender bzw. kriechender Kürbisse abkneifen.
- Artischocken, Sommerkohl, Kohlrabi, Rote Bete, Möhren, Puffbohnen, Busch- und Stangenbohnen, sehr frühe Palerbsen, Zuckererbsen und Markerbsen, Spargelerbsen, Frühkartoffeln, Spargel, Barbarakraut, Kopfsalat, Radieschen und Speiserettiche, Gemüsezwiebeln, Sommerspinat ernten.

Auf dem Kräuterbeet
- Kerbel und Dill im Saatbeet aussäen.
- Küchenkräuter nach Bedarf ernten.

Hochsommer

Im Gewächshaus
- Fruchtansätze bei Weinreben und Melonen ausdünnen.
- Auberginen, Gurken, Tomaten, Paprika und Chili sowie Baumobst ernten.
- Regelmäßig gießen und düngen, auf Anzeichen von Trockenheit achten.
- Täglich nach Anzeichen für Krankheitsbefall ausschauen, gegebenenfalls sofort handeln.

Im Obstgarten
- Erdbeeren pflanzen.
- Obstbäume beschneiden: Äpfel, Pfirsiche und Nektarinen, Birnen.
- Fruchtansätze bei Birnen (wenn notwendig) und Weinreben ausdünnen.
- Brombeeren und Himbeeren erziehen (anbinden).
- Neue Erdbeerpflanzen aus Ausläufern ziehen.

- Aprikosen, Sauerkirschen, Pfirsiche und Nektarinen, Garten- und Walderdbeeren, Schwarze Johannisbeeren, Heidelbeeren, Stachelbeeren, Sommerhimbeeren, Rote Johannisbeeren und Weiße Johannisbeeren ernten.

Im Gemüsegarten
- Rotkohl im Saatbeet aussäen.
- Kohlrabi, Rote Bete (runde Sorten), Mangold, Speiserüben, Busch- und Stangenbohnen, Einmach- und Gemüsezwiebeln, Sommerspinat an Ort und Stelle aussäen.
- Brokkoli, Rosenkohl, Winterkohl, Wirsing, Blumenkohl und Grünkohl an den endgültigen Standort umpflanzen.
- Grünkohl, Kohlrabi, Rote Bete (alle Sorten), Pastinaken, Haferwurz und Schwarzwurzel, Chicorée, Sommerspinat, Neuseeländer Spinat und Kohlrüben pikieren.
- Triebspitzen von Puffbohnen und Neuseeländer Spinat abkneifen.
- Tomaten ausgeizen.
- Gurken und Kürbisse bestäuben.
- Artischocken, Sommerkohl, Kohlrabi, Rote Bete, Möhren, Speiserüben, Puffbohnen, Busch- und Stangenbohnen, Feuerbohnen, sehr frühe und mittelfrühe Erbsen, Erbsen als Hauptfrucht, Zuckererbsen, Spargelerbsen, Frühkartoffeln und mittelfrühe Kartoffeln, Barbarakraut, Kopfsalat, Radieschen und Speiserettich, Knoblauch, Zucchini, Einmach- und Gemüsezwiebeln, Sommerspinat und Neuseeländer Spinat ernten.
- Blattsalate bei heißer Witterung beschatten, damit sie nicht schießen und Samen ausbilden.

Auf dem Kräuterbeet
- Kerbel, Dill und Petersilie an Ort und Stelle aussäen.
- Triebspitzen bei Kräutern wie Basilikum und Majoran abkneifen, um buschiges Wachstum anzuregen.

- Wenn Kräuter zu schießen und Samen anzusetzen drohen, die entsprechenden Triebe ausbrechen.

Spätsommer
Im Gewächshaus
- Auberginen, Gurken, Tomaten, Paprika und Chili sowie Baumobst ernten.

Im Obstgarten
- Früchte weiterhin ernten, sowie sie reif sind.
- Himbeerruten direkt über dem Boden abschneiden, wenn sie getragen haben und abgeerntet sind.
- Im Freiland wachsende Weinreben schneiden und erziehen (anbinden).
- Ableger von alten Erdbeerpflanzen absenken und daraus neue Erdbeerpflanzen ziehen.

Im Gemüsegarten
- Rotkohl und Kopfsalat im Saatbeet aussäen.

Ein Kirschbaum – im Frühling eine duftige Blütenwolke, im Sommer Quell leckerer Früchte. Wenn sie reif sind, sollten Kirschen baldmöglichst geerntet werden.

- Kohlrabi, Mangold, Kohlrüben, Speiserüben, Rübstil, Feldsalat, Endivien, Kopfsalat, Radieschen und Speiserettich, Winter-Rettich, Einmach- und Gemüsezwiebeln, Säzwiebeln (überwinternde Varianten), Sommer- und Winterspinat an Ort und Stelle aussäen.
- Blumenkohl und Sommerkohl an den endgültigen Standort umpflanzen.
- Chinakohl pikieren und die äußeren Blätter zusammenbinden, um ein kräftiges Wachstum der inneren zu fördern.
- Kohlrabi, Chicorée, Endivien, Sommerspinat, Blattmangold pikieren.
- Stangensellerie bleichen.
- Sommerkohl, Kohlrabi, Rote Bete, Möhren, Mangold, Meerkohl, Kohlrüben, Speiserüben, Puffbohnen, Busch- und Stangenbohnen, Feuerbohnen, Erbsen (sehr frühe Sorten), Erbsen als Hauptfrucht und Erbsen als späte Sorten, Zuckererbsen Spargelerbsen, mittelfrühe Kartoffeln, Freilandtomaten, Barbarakraut, Kopfsalat, Radieschen und Speiserettich, Knoblauch, Zucchini, Gemüsezwiebeln, Schalotten, Okra, Sommerspinat, Neuseeländer Spinat, Zuckermais ernten.

Auf dem Kräuterbeet
- Kerbel im Saatbeet aussäen.

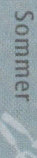

Herbst

Wenn die Luft klar ist und der Himmel blau, ist der Herbst mit seinen traditionellen Erntedankfesten einer der angenehmsten Zeitabschnitte im Gartenjahr. Genießen Sie zum Abschluss der Saison die späte Ernte der verbleibenden Obst- und Gemüsesorten.

Im Herbst werden Hof und Garten winterfest gemacht. Bis auf die Wintersorten von Kohl und Blumenkohl, Rosenkohl und anderem Wintergemüse müssen die meisten grünen, blattreichen Gemüse vor dem ersten Frost abgeerntet sein. Wenn sich der Appetit wandelt und man anfängt, Lust auf wärmende Schmor- und Eintopfgerichte zu haben, zieht man nun gerne Speiserüben, Möhren und Kohlrüben aus der Erde.

Äpfel und Birnen werden jetzt reif: Fallobst kann aufgelesen werden und in der Küche Verwendung finden, oder aber man lässt zu Saisonende ein paar Früchte für die Vögel liegen. Äpfel müssen vorsichtig gepflückt und einzeln in Papier eingewickelt und gelagert werden, damit sie sich länger halten.

Bei schönem Wetter sollte das Gewächshaus ausgeräumt und geputzt, auch muss der Beschattungsanstrich nun wieder abgewaschen werden. Einen weiteren schönen Tag kann man zum Umgraben brachliegender Flächen nutzen. Man sät Gründünger oder mulcht mit gut verrottetem Stallmist oder Kompost.

Frühherbst

Im Gewächshaus
- Alle Gewächshauskulturen regelmäßig gießen und besprühen.
- Auberginen, Gurken, Tomaten, Baumobst und Weintrauben ernten.

Im Obstgarten
- Den Boden für die Neupflanzung von Obstbäumen und -ruten vorbereiten.
- Unter Zwetschgen, Renekloden und sonstigen Pflaumen sowie unter Schwarzen Johannisbeeren mulchen.
- Fruchtansätze bei Feigen ausdünnen.
- Neue Pflanzen ziehen: Schwarze Johannisbeeren, Stachelbeeren und andere Johannisbeeren.
- Äpfel, Zwetschgen, Feigen, Birnen, Brombeeren, Heidelbeeren, Herbsthimbeeren, Weintrauben und Stachelbeeren ernten.

Im Gemüsegarten
- Blumenkohl und Kopfsalat zum Überwintern und als Treibkultur unter Glas oder im Haus aussäen.
- Feldsalat, Kresse und Winterspinat an Ort und Stelle aussäen.
- Feldsalat, Kopfsalat und Winter-Rettiche pikieren.
- Brokkoli, frühen Rosenkohl, Kopfkohl, Blumenkohl, Kohlrabi, Rote Bete, Möhren, Pastinaken, Mangold, Meerkohl, Kohlrüben, Speiserüben, Busch- und Stangenbohnen, Feuerbohnen, sehr frühe Erbsen, späte Erbsen, Zuckererbsen, Kopfsalat, Radieschen und Speiserettiche, Stangensellerie, Zucchini und Kürbisse, Okra, Sommerspinat, Neuseeländer Spinat, Gemüsezwiebeln und Zuckermais ernten.

Auf dem Kräuterbeet
- Engelwurz und Liebstöckel aussäen.
- Wurzelstecklinge vom Salbei entnehmen und unter Glas ziehen.
- Samenstände des Fenchels ernten und trocknen.

Spätherbst

Im Gewächshaus
- Auberginen, Tomaten, Baumobst und Weintrauben ernten.

- Wenn die Ernte beendet ist, Wurzeln und Kraut aller einjährigen Pflanzen aus der Erde ziehen und kompostieren.
- Alle Werkzeuge reinigen und desinfizieren (s. S. 38), einschließlich der Frühbeete, Pflanzenhauben, Töpfe und Anzuchtschalen.
- Wenn nötig isolieren, um empfindliche überwinternde Kulturen gegen Kälte zu schützen.

Im Obstgarten
- Obstbäume und -sträucher pflanzen: Äpfel, Aprikosen, Renekloden, Zwetschgen und sonstige Pflaumen, Pfirsiche und Nektarinen, Brombeeren, Loganbeeren, Schwarze Johannisbeeren, Stachelbeeren, Rote und Weiße Johannisbeeren.
- Schwarze Johannisbeeren und Himbeeren schneiden.
- Äpfel, Zwetschgen, Feigen, Birnen und Herbsthimbeeren ernten.
- Rhabarberwurzeln ausgraben, um sie zeitig vorzutreiben (s. Frühwinter).

Im Gemüsegarten
- Blattsalate zum Überwintern und als Treibkultur unter Glas oder im Haus aussäen.
- Puffbohnen und Knoblauch an Ort und Stelle aussäen.
- Feldsalat und Kopfsalat pikieren.
- Endivien bleichen und Chicorée treiben.
- Rotkohl mit Pflanzenhauben abdecken und Blumenkohlblüten schützen, indem die äußeren Blätter nach innen geknickt oder gebunden werden.
- Spargelblätter zurückschneiden.
- Brokkoli, Rosenkohl, Kopfkohl, Blumenkohl, Kohlrabi, Rote Bete, Möhren, Pastinaken, Haferwurz, Mangold, Meerkohl, Kohlrüben, Speiserüben, Kresse, Kopfsalat, Winter-Rettich, Knoblauch, Stangensellerie, Knollensellerie, Lauch, Spinat und Gemüsezwiebeln ernten.

Auf dem Kräuterbeet
- Kerbel unter Glas für den Winter aussäen.

Winter

Im Winter gibt es im Garten weniger zu tun. Nun ist es an der Zeit, Rückschau zu halten und die Erfolge und Misserfolge des vergangenen Jahres noch einmal in Gedanken durchzugehen und das nächste Jahr im Garten zu planen.

Nutzen Sie Schönwettertage, um restliche Wurzeln samt Kraut aus dem Boden zu ziehen bzw. die Pflanzen abzuschneiden, zu kompostieren oder zu verbrennen. Graben Sie Brachflächen im Frühwinter um, damit der Frost Schädlinge, die so an die Oberfläche kommen, abtötet und feste Erdklumpen aufbricht. Im Frühling brauchen Sie dann nur noch mit dem Rechen über die Erde zu gehen. Säubern Sie Werkzeuge und ölen Sie bewegliche Teile, bevor Sie alles wegstellen.

Wenn das Wetter selbst die dringendsten Aufgaben im Garten verbietet, blättern Sie durch Kataloge mit Sämereien und durch das vorliegende Buch und lassen sich inspirieren, was nächstes Jahr anzubauen wäre. Beginnen Sie jetzt mit der Planung, damit Sie fertig sind, sobald der Frühling ins Haus steht. Wenn sich der Winter dem Ende neigt, verschaffen Sie sich einen Vorsprung, säen Sie unter Glas oder im Haus schon das eine oder andere aus und ziehen Sie die Pflanzen soweit heran, dass sie ins Freie gesetzt werden können, sobald das Wetter mild genug ist.

Wurzelgemüse sollte bis Herbstende geerntet und an einem kühlen Ort sorgfältig eingelagert werden. Wenn sie im Boden verbleiben und Frost abbekommen, verderben die Wurzeln.

Frühwinter

Im Gewächshaus
- Weinreben und Obstbäume den ganzen Winter hindurch gießen.

Im Obstgarten
- Obstbäume und -sträucher pflanzen: Äpfel, Aprikosen, Sauerkirschen, Birnen und Himbeeren.
- Obstbäume und -sträucher schneiden: Äpfel, Aprikosen, Pfirsiche und Nektarinen, Birnen, Johannisbeeren, Heidelbeeren, Stachelbeeren und Weinreben.
- Neue Himbeersträucher heranziehen.
- Unter Roten und Weißen Johannisbeeren mulchen.
- Die im Spätherbst ausgegrabenen Rhabarberwurzeln in Pflanzgefäßen in feuchten Kompost einschlagen und vorziehen.

Im Gemüsegarten
- Chicorée treiben.
- Endivien bleichen.
- Sehr frühe Erbsen und Winterspinat unter Pflanzenhauben schützen.
- Topinambur, Rosenkohl (auch die Triebspitzen), Winterkohl, Wirsing, Rotkohl, Pastinaken, Kohlrüben, Speiserüben, Haferwurz und Schwarzwurzel, Mangold und Meerkohl, Chicorée, Barbarakraut, Kopfsalat, Winter-Rettich, Stangensellerie, Knollensellerie, Lauch, Zwiebeln und Winterspinat ernten.

Wintermitte

Im Gemüsegarten
- Blumenkohl unter Glas oder im Haus aussäen.
- Topinambur, Rosenkohl, Winterkohl, Wirsing, Rotkohl, Grünkohl, Pastinaken, Kohlrüben, Mangold, Chicorée, Feldsalat, Barbarakraut, Endivien, Stangensellerie, Knollensellerie, Lauch und Winterspinat ernten.

Spätwinter

Im Gewächshaus
- Die Erde in den Beeten austauschen.
- Auberginen und Gurken aussäen.
- Weinreben und Obstbäume beschneiden.

Im Gemüsegarten
- Rosenkohl, Sommerkohl, Blumenkohl, frühe Möhrensorten, Speiserüben, Kopfsalat, Radieschen und Speiserettich sowie Säzwiebeln unter Glas oder im Haus aussäen.
- Pflanzkartoffeln für das Auspflanzen vorbereiten: an einem kühlen Ort vorkeimen.
- Topinambur, Rosenkohl, Winterkohl, Wirsing, Rotkohl, Grünkohl, Pastinaken, Kohlrüben, Mangold, Chicorée, Feldsalat, Kopfsalat, Stangensellerie, Lauch und Winterspinat ernten.

Gemüse anbauen

Gemüse anbauen

Der Anbau von Gemüse im eigenen Garten spart Geld und ist oft der erste Schritt zur Selbstversorgung.

Bei sorgfältiger Planung kann auch auf einer kleinen Fläche genug Gemüse für die ganzjährige Versorgung von vier bis fünf Personen angebaut werden. Einige Gemüsearten lassen sich schnell und einfach lagern (s. S. 207–211) und können so fast das ganze Jahr über frisch oder unverarbeitet verzehrt werden. Andere werden getrocknet oder eingesalzen, und fast alle lassen sich gut einfrieren. Eigene Gefrierkost schmeckt auch besser als gekaufte, denn sie ist das Produkt Ihrer eigenen Arbeit, und das Erntegut kann ganz frisch gleich nach der Ernte konserviert werden.

Gesunder Menschenverstand und Instinkt

Der Anbau der meisten Gemüsearten ist einfach. Wenn Sie etwas besonders kompliziert finden, verzichten Sie darauf zugunsten von anderem Gemüse, das Ihren Methoden und Ihrem Boden besser entspricht. Betrachten Sie die folgenden Anleitungen immer mit gesundem Menschenverstand, oft müssen sie dem jeweiligen Boden und Ihren Gewohnheiten angepasst werden. Nur wenige Gemüse vertragen solche kleinen Änderungen nicht.

Das Wetter ist bei jedem Anbau ein entscheidender Punkt. Oft müssen Aussaat, Aus- und Verpflanzen und die Ernte wegen ungünstiger Bedingungen verschoben werden oder bei schnellerer Reife früher erfolgen.

Richten Sie sich nicht blind nach den Saat-, Pflege- und Erntterminen, die in diesem (oder einem anderen) Buch oder auf den Samentüten angegeben sind. Folgen Sie besser Ihrem Instinkt und Ihrer Erfahrung. Säen Sie lieber eine oder zwei Wochen später aus als in nassen, kalten Boden, in dem der Samen nicht keimt.

Als Anfänger beginnen Sie mit einfachen Kulturen wie diesen schnellwüchsigen, ausfallsicheren Salatarten. Erweitern Sie Ihre Palette, wenn Sie sicherer geworden sind und mehr Erfahrung haben.

Auch Angaben zu Reihen- und Pflanzabständen oder zum Ausdünnen sind immer Richtwerte. Genauigkeit ist gut, wenn Sie planen, was und wie viel auf der Fläche angebaut werden soll, doch beim Pflanzen selbst verlassen sich die meisten Gemüsegärtner auf ihr Augenmaß und auf ihre Erfahrung.

Schädlinge und Krankheiten

Die jeweils am Ende der einzelnen Gemüsegruppen angeführten Schädlinge und Krankheiten sind selten so problematisch wie sie scheinen. Sie hätten Pech, wenn die meisten bei Ihnen aufträten. Lassen Sie sich deshalb nicht davon abhalten, ein Gemüse trotz seiner möglichen Probleme anzubauen. Nur wenige fallen wegen Schädlingsbefall oder Krankheiten ganz aus, besonders wenn Sie schnell etwas dagegen tun. Ratschläge zur Erkennung und Behandlung von Pflanzenproblemen finden Sie in dem Kapitel zu Schädlingen und Krankheiten (s. S. 140–151).

Die wichtigsten Gemüsegruppen

Die meisten Gemüse lassen sich in bestimmte Gruppen kategorisieren. In diesem Buch stellen sich die Gruppen wie folgt dar:

- **Kohlgemüse**
  Brokkoli, Calabrese, Rosenkohl, Kopfkohl, Blumenkohl, Grünkohl und Kohlrabi.

- **Wurzelgemüse**
  Rote Bete, Möhren, Pastinaken, Haferwurz und Schwarzwurzel, Meerkohl und Mangold, Kohlrüben, Süßkartoffeln und Speiserüben.

- **Hülsenfrüchte**
  Puffbohnen, Busch- und Stangenbohnen, Feuerbohnen, Sojabohnen, Erbsen, Zuckerschoten und Petits-Pois-Erbsen, Spargelerbsen.

- **Kartoffeln**

- **Salatgemüse**
  Chicorée, Kresse, Endivien, Gurken, Salatarten sowie Rettiche und Radieschen.

- **Andere Freilandgemüse**
  Artischocken und Topinambur, Spargel, Stangen- und Knollensellerie, Lauchgemüse, Zucchini, Gartenkürbisse und Flaschenkürbisse, Okras, Zwiebeln, Spinat und Zuckermais.

- **Gewächshausgemüse**
  Auberginen (Eierfrüchte), Paprika und Chili, Gewächshaustomaten und -gurken.

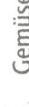

Gemüsesämlinge anziehen

Fast alle auf den folgenden Seiten beschriebenen Gemüse können aus Samen angezogen werden: im Freiland auf Saatbeeten oder am vorgesehenen endgültigen Standort auf der Gemüsefläche; im Haus in Töpfen, Schalen und Kästen.

Wie Sie dies tun, hängt von mehreren Faktoren ab: Wetter, Platz im Gewächshaus, Platz für spezielles Saatbeet, Saatgutart, gewünschter Erntezeitpunkt usw.

Spargel, Artischocken und Topinambur werden häufiger aus Ablegern, Jungpflanzen oder Knollen, Kartoffeln hingegen aus Saatkartoffeln gezogen. Sie alle werden an Ort und Stelle gesetzt, späteres Verpflanzen gelingt meist nicht.

Aussaat im Haus in Töpfen oder Schalen

In Anzuchterde gezogene Gemüsesämlinge entwickeln sich schneller – bei Gemüse mit langer Reifezeit eine gute Möglichkeit, den Platz auf dem Gemüsebeet für schnellwüchsigere Kulturen zwischen zu nutzen.

Das Verfahren eignet sich auch für Gemüsearten, die besser als Einzelpflanzen angezogen werden und für empfindliche Kulturen, die erst bei höheren Temperaturen keimen.

Die Samen kommen in spezielles Aussaat- oder Anzuchtsubstrat mit oder ohne Erde, das in allen Gartencentern angeboten wird. Diese Substrate sind das richtige Wachstumsmedium für die Samen. Gartenerde ist nicht geeignet – sie enthält zu viele Unkrautsamen, und ihre Textur ist in der Regel ungeeignet für kleine Aussaatgefäße. Sie können Ihre Substrate aus Lehm (sofern erhältlich),

Die Aussaat im Freiland

Das meiste Gemüse kann im Freiland angezogen, dann aber nicht so früh geerntet werden. Auf den Samentüten ist meist ein Zeitraum für die Aussaat angegeben. Doch lassen Sie sich lieber von den Bedingungen in Ihrer Gegend leiten! Um zu keimen, brauchen Samen Feuchtigkeit und Wärme, der Boden sollte nur feucht (mit krümeliger Oberfläche), nicht nass und kalt sein. Die Aussaat erfolgt überwiegend im Frühjahr. Wenn Sie den Sommer hindurch bis in den Herbst jeweils ein wenig säen, ernten Sie Ihr Gemüse in Etappen ohne ein zeitweiliges Überangebot.

1 Lockern Sie den Boden mit dem Kultivator, harken Sie und sammeln Sie alle großen Steine ab. Dann geben Sie Kopfdünger zu und harken die Oberfläche glatt.

2 Markieren Sie die richtigen Pflanzabstände im Beet und spannen Sie entlang der ersten Reihe eine Schnur als Orientierungslinie, die Ihnen dabei hilft, gerade zu arbeiten.

3 Ziehen Sie mit der Hacke eine Saatrille in der erforderlichen Tiefe. Verfahren Sie stoßweise, ziehen Sie nicht die gesamte Länge in einem Stück.

4 Wenn der Boden Anzeichen von Trockenheit zeigt, wässern Sie die Sohle der Saatrille gründlich. Geben Sie je nach zu säender Kultur den gewünschten Dünger zu.

5 Verwenden Sie ein Pflanzholz, säen Sie dünn aus. Auch kleine Samen werden am besten im Abstand von 2,5 cm gesät. Den Abstand markieren Sie mit Holzpflöcken.

6 Schieben Sie die Erde zurück über die Saatrille. Drücken Sie die Erde vorsichtig mit dem Rechenrücken an. Bringen Sie an beiden Enden der Reihe Pflanzetiketten an.

Anzucht im Kleingewächshaus

Elektrisch beheizte Kleingewächshäuser halten die Bodentemperatur auf dem für Keimung und Wachstum optimalen Stand. Aber jeder andere geschlossene Behälter kann ebenfalls für die Anzucht von Sämlingen verwendet werden, von der Saatschale mit durchsichtiger Abdeckung bis zum in einer Plastiktüte eingepackten Topf.

Sobald die Sämlinge gut entwickelt sind, wird die Abdeckung abgenommen und (beim beheizten Kleingewächshaus) der Strom abgeschaltet. Lässt man die Sämlinge in dem warmen und feuchten Milieu, vergeilen sie mit langen, schwachen Stängeln und gehen beim Umpflanzen ein. Ohne Abdeckung wachsen sie langsamer, entwickeln sich aber zu stärkeren Jungpflanzen.

1 Drücken Sie etwas Substrat zu einer Kugel: Es ist nass genug, wenn es aufreißt. Bei erdelosem Substrat sollte beim Drücken etwas Feuchtigkeit austreten.

2 Geben Sie das Substrat in eine Saatschale oder in ein Kleingewächshaus und drücken Sie es mit der Hand oder dem Kellenrücken bis 2,5 cm unter den Schalenrand an.

3 Streuen Sie die Samen im Abstand von 1 cm auf das Substrat; größere Samen werden einzeln ausgelegt. Bedecken Sie die Samen mit einer dünnen Schicht Substrat (gesiebt im Falle von Erdesubstrat).

4 Legen Sie einen Deckel, eine Glasscheibe oder eine durchsichtige Tüte auf die Schale. Stellen Sie sie an einen sonnigen Platz.

5 Entfernen Sie die Abdeckung, sobald die Sämlinge das Substrat durchbrechen. Das Ausdünnen erfolgt, sobald man sie anfassen kann, ohne sie zu beschädigen.

sterilisiertem Ton und Sand auch selbst herstellen, aber meistens ist es sinnvoller, sie zu kaufen.

Gefäße aus Kunststoff sind im Allgemeinen geeigneter als solche aus Holz oder Ton. Sie halten die Feuchtigkeit besser, sodass die Sämlinge seltener gewässert werden müssen. Verwenden Sie möglichst flache Gefäße, für die weniger Substrat erforderlich ist – die Sämlinge benötigen vor dem Topfen oder Auspflanzen nur wenig Wurzelraum.

Sämlinge ausdünnen und pikieren

Sobald die Sämlinge erscheinen, müssen sie möglicherweise ausgedünnt oder pikiert werden. Wenn sie zu dicht beieinander stehen, werden die Pflanzen schwach und vergeilen. Außerdem erhöht sich das Krankheitsrisiko.

Wenn Sie beim Aussäen im Freiland vorsichtig waren, dürfte danach nur minimales Ausdünnen erforderlich und eine Beeinträchtigung der wachsenden Sämlinge gering sein. Da Sie grundsätzlich immer so viel säen sollten, dass ein gewisser Ausfall zu verkraften ist, ist die Notwendigkeit des Ausdünnens unvermeidlich. Dies erfolgt in zwei oder drei Etappen.

Beginnen Sie mit dem ersten Ausdünnen auf etwa 5 cm Abstand, sobald Sie die Pflänzchen greifen können. Einige Wochen später wird im zweiten Durchgang auf etwa 15 cm ausgedünnt und im dritten Durchgang dann auf die endgültige empfohlene Standweite.

Die Sämlinge, die Sie als erstes ausgedünnt haben, geben Sie am besten auf den Komposthaufen, die aus der zweiten Runde können Sie verpflanzen, sofern Platz vorhanden ist. Die Sämlinge aus der dritten Etappe lassen sich wunderbar als Babyfrüchte – z. B. kleine Möhrchen oder Rübchen – ernten und für Salate oder zum Kochen verwenden.

Durch das Pikieren erhalten Sämlinge mehr Platz und entwickeln sich zu kräftigen Jung-pflanzen. Mit einem Pikierstab werden sie aus der Erde gehoben.

Das Ausdünnen erfolgt dann, wenn der Boden feucht ist. So minimieren Sie das Risiko, die übrigen Pflänzchen zu beschädigen. Wenn Sie Sämlinge verpflanzen wollen, ziehen Sie diese an den Blättern heraus, keinesfalls am Stängel – ein verletztes Blatt schädigt die Pflanze weniger als ein kaputter Stängel.

Pikieren

Sämlinge, die in Schalen oder Töpfen gepflanzt wurden, müssen pikiert werden, sobald sie anfangen, sich gegenseitig zu bedrängen. Greifen Sie vorsichtig ein Blatt und lösen Sie die Wurzeln mit einem Pikierstab oder einem Bleistift. Setzen Sie die Pflänzchen in andere Töpfe oder Behälter, wo sie mehr Platz haben. Bohren Sie mit einem Stock oder kleinen Pflanzholz ein kleines Loch und drücken Sie die Pflanzen bis zu den ersten Keimblättern in die Erde.

Auspflanzen in die Erde

Sobald die Jungpflanzen groß genug sind, werden sie aus dem Container oder Saatbeet genommen und am endgültigen Standort ausgepflanzt. Dabei ist Vorsicht geboten, um den Schock möglichst gering zu halten und übermäßige Schädigung von Stängeln oder Blättern zu vermeiden. Pflanzen Sie an einem kühlen Tag nicht direkt aus dem warmen Gewächshaus in die Erde! Jede Pflanze muss vor dem Auspflanzen einen kräftigen Vegetationspunkt haben, alle anderen werden ausrangiert.

1 Am Vortag werden die Jungpflanzen und der neue Standort gründlich gewässert. Wenn die Pflanzen ca. 10 cm hoch sind, heben Sie sie an einem milden, feuchten, windstillen Tag zusammen mit etwas Erde heraus.

2 Jungpflanzen in Saatschalen werden herausgehoben. Bei getopften Pflanzen wird der Topf umgedreht und die Pflanze dabei vorsichtig mit der Hand geschützt. Selbst hergestellte Töpfe aus Papphülsen (s. Foto) oder Zeitungspapier können direkt in die Erde gesetzt werden.

3 Drücken Sie mit dem Pflanzholz oder Handspaten im richtigen Abstand Pflanzlöcher in den Boden. Sie müssen etwas größer sein als der Wurzelballen mit der anhaftenden Erde.

4 Setzen Sie die Wurzeln vorsichtig in das Loch und füllen Sie die Seiten mit Erde auf. Die Pflanze soll im Boden etwas tiefer stehen als zuvor.

5 Drücken Sie jede Pflanze an. Ziehen Sie dann an einem Blatt, um festzustellen, ob die Pflanze wirklich fest sitzt. Nun wird gründlich mit dem Brausekopf der Gießkanne gewässert.

Gemüsesämlinge anziehen

Kohlgemüse anbauen

Obwohl nur sieben verschiedene Gemüse in diese Gruppe gehören – Brokkoli, Calabrese, Rosenkohl, Kopfkohl, Blumenkohl, Grünkohl und Kohlrabi –, gibt es eine enorme Vielfalt an Formen, Größen und Geschmack.

Es existieren so viele Typen von Kohl dass das ganze Jahr über geerntet werden kann. Die meisten sind sehr einfach anzubauen. Leicht gekocht oder roh geraspelt – Kohl hat seinen Ruf als geschmackloses, wässeriges Gemüse zu Unrecht. Brokkoli gibt es in zwei Grund-

typen: violetter Sprossenbrokkoli und weißer Brokkoli. Letzterer sieht mehr wie Blumenkohl aus und wird auf die gleiche Weise wie dieser angebaut. Er wird häufig als Winterblumenkohl bezeichnet.

Der Anbau von violettem Brokkoli mit seinen zahlreichen Sprossen ist ebenfalls einfach. Er ist aber eine beliebte Beute von Tauben! Geerntet wird im Spätwinter oder zeitigen Frühjahr, wenn anderes Frischgemüse aus dem Garten rar ist. Calabrese, sein naher Verwandter, bringt im Spätsommer und Frühherbst große Köpfe aus dicht gedrängten Blütenknospen hervor. Er ähnelt dem Brokkoli, hat aber eine kürzere Vegetationszeit und ist weniger winterfest.

Der Anbau von Blumenkohl ist am schwierigsten, doch mit etwas Sorgfalt und Erfahrung kann er ganzjährig geerntet werden. Blumenkohl gibt es in den verschiedensten Sorten. Der einzige, der sich deutlich von den klassischen weißen Sorten abhebt, ist der lila Blumenkohl.

Rosenkohl ist eines der zuverlässigsten Wintergemüse. Ausgesät im zeitigen Frühjahr ist er im Herbst erntereif. Wenn Sie ganzjährig Rosenkohl essen wollen, frieren Sie einen Teil der Winterernte ein und nutzen Ihr wertvolles Land für eine schneller reifende Kultur.

Grünkohl wird häufig übersehen und nur als Rinderfutter betrachtet. Ein Irrtum – und sein charakteristischer Geschmack wird nach Frost sogar noch besser! Er kann in den mageren Wintermonaten geerntet werden. Es gibt Sorten mit krausen und solche mit glatten, tief gezackten Blättern. Grün- oder Krauskohl ist extrem winterfest und übersteht auch sehr starke Fröste. Er bringt im Winter und zeitigen Frühjahr frisches Gemüse.

Kohlrabi ist ein weiteres schmackhaftes Gemüse. Die runden blauvioletten oder grünweißen Knollen mit ihren langstieligen Blättern stehen über dem Boden, bis sie gebraucht werden. Sie werden am besten tennisballgroß geerntet, bei zu später Ernte können sie holzig werden. Besser ist es, sie einzufrieren oder sie nach Entfernen der Blätter und Wurzeln an einem kühlen, trockenen Ort zu lagern. Sie schmecken wie Speiserüben und können wie diese gekocht oder roh in Salaten verzehrt werden.

Sortenwahl

Von jedem Kohlgemüse gibt es zahlreiche Sorten für unterschiedliche Bodenverhältnisse, Witterungen und Anbauzeiten. Lesen Sie vor dem Kauf die Beschreibung auf den Samentüten, dort erfahren Sie die Ansprüche der jeweiligen Sorte.

Probieren Sie aus, was für Ihren Garten und Ihren Geschmack am besten ist. Versuchen

Wachstumsdauer und Erntemonate

Viele Brassica-Typen – insbesondere Kopfkohl – können ganzjährig im Garten angebaut werden. Bei anderen kann die Ernteperiode durch Folgesaaten oder den Anbau von Sorten mit unterschiedlicher Reifezeit verlängert werden. Einige Sorten wurden speziell auf schnelle Reife gezüchtet.
In der Tabelle werden für jedes Kohlgemüse die kürzeste Zeit bis zur Vollreife und die jeweiligen Erntemonate angegeben.

Kohlgemüse	Kürzeste Wachstumszeit	Erntemonate
Violetter Sprossenbrokkoli	11 Monate	März – Mai
Calabrese	3 – 4 Monate	August – Oktober
Rosenkohl	8 Monate	September – Anfang März, am besten im November und Dezember
Kopfkohl		
Sommerkohl	4 Monate	Juni – September
Herbst- und Winterkohl	Mindestens 6 Monate	Oktober – Februar
Wirsing	Mindestens 5 Monate	September – Mai
Frühkohl	8 Monate	April – Mai
Rotkohl	8 Monate	September – Mai
Chinakohl	3 Monate	September – Oktober
Blumenkohl und weißer Brokkoli	Mindestens 4 Monate (bei den meisten Sorten länger)	Kann ganzjährig geerntet werden; am einfachsten für Herbst- und Winterernte
Grünkohl	8 Monate	Dezember – April
Kohlrabi	2 Monate	Mai – Oktober

Sie frühe und späte Sorten, und berücksichtigen Sie die vielen Hybridsorten, die jedes Jahr neu auf den Markt kommen.

Kultivierung

Umfassende Anleitungen zu Aussaat, Anbau und Ernte von Kohlgemüse finden Sie in der Tabelle auf der nächsten Seite. Alle Kohlarten lieben leicht alkalischen Boden. Sofern Sie also nicht hundertprozentig wissen, dass Ihr Boden alkalisch ist, schaffen Sie vor dem Auspflanzen vorsichtshalber ideale Voraussetzungen, indem Sie ihn kalken.

Fast alle Kohlgemüse gedeihen in gutem, fruchtbarem Boden, aber oft am besten nach einer Kultur, für die der Boden mit Mist gedüngt worden war. Da die Wachstumsphase sich meist über mehrere Monate hinweg zieht, empfiehlt sich die Aussaat auf Saatbeeten. Dadurch bleibt auf dem Gemüsebeet Platz für schneller wachsende Kulturen, die geerntet werden können, ehe die Kohlgemüsepflanzen soweit sind, sie dorthin zu versetzen.

Nach der Ernte müssen die Pflanzen ausgegraben und die Wurzeln entsorgt werden. Blätter und Strünke können Sie auf den Komposthaufen geben. Vorher sollten Sie alle holzigen Teile zerkleinern, denn dicke Strünke brauchen oft Jahre, bis sie verrottet sind. Wenn Sie auch nur geringste Anzeichen von Krankheiten entdecken, müssen Sie die betroffenen Pflanzen sicher entsorgen. Geben Sie sie keinesfalls auf den Komposthaufen – hier werden die Bakterien sich vermehren und verbreiten sich dann mit dem ausgebrachten Kompost.

Der Anbau von Kohlgemüse

1 Kohlgemüse brauchen lange bis zur Ernte. Deshalb wird zunächst auf ein Saatbeet gesät.

2 Die Sämlinge werden nach dem Auflaufen ausgedünnt. Wenn sie groß genug sind, werden sie vorsichtig verpflanzt.

3 Große Jungpflanzen kommen an einem milden, feuchten Tag an den endgültigen Standort. Verwenden Sie eine Gartenschnur zur Orientierung.

4 Hohe Pflanzen wie Rosenkohl (Foto unten) und Brokkoli werden mit großen Pfählen gestützt und angebunden.

5 Geerntet wird, sobald die Pflanzen erntereif, die Kohlherzen fest und die Röschen noch geschlossen sind – rechtzeitig vor dem Öffnen.

6 Kohlgemüse müssen im Winter eventuell mit Hauben gegen raues Wetter geschützt werden. Alle Kohlgemüse müssen mit Netzen vor Vögeln geschützt werden.

Kohlgemüse anbauen

Schädlinge und Krankheiten

Kohlgemüse sind anfällig für Schädlinge und Krankheiten. Krankheiten lassen sich in den meisten Fällen durch Behandlung des Bodens mit handelsüblichen Sprays oder Präparaten bekämpfen.

Kohlpflanzen, insbesondere Brokkoli, sind außerdem äußerst beliebt bei hungrigen Vögeln. Schützen Sie Ihre Jungpflanzen mit schwarzen Stoffbahnen entlang der Reihen. Später kann es auch notwendig werden, Brokkolipflanzen mit Netzen zu schützen. Schnecken fressen schnell eine ganze Reihe Sämlinge ab. Streuen Sie Schneckenkorn auf

die Erde. Da die Pellets für andere Tiere giftig sein können, legen Sie diese unter einem Blumentopf aus, den Sie an einer Seite etwas anheben, sodass die Pellets nur von den Schnecken erreicht werden. Noch besser: Versuchen Sie, Wildtiere wie Igel anzulocken, die dann die Schädlingsbekämpfung für Sie erledigen.

Der Anbau von Kohlgemüse

Kohlgemüse	Boden/Standort	Aussaat	Saattiefe
Violetter Sprossenbrokkoli und Calabrese	**Boden:** Fester, schwerer, lehmiger Boden, gut umgegraben und mit Mist versorgt. **Standort:** Offen und sonnig, aber mit etwas Schutz.	Aussaat im Saatbeet Mitte April bis Mai, Calabrese kann ab Ende März ausgesät werden.	1 cm
Rosenkohl	**Boden:** Schwerer, fester Lehmboden – gut mit Mist versorgt. **Standort:** Offener Standort bevorzugt, Halbschatten ist kein Problem.	Aussaat unter Glas im Februar für frühe Ernte, im Saatbeet Mitte März bis April.	1 cm
Kopfkohl	**Boden:** Jede Art von gut dräniertem, fruchtbarem, nicht saurem Boden, vorzugsweise nach einer mit Mist versorgten Kultur. Gedeiht auf den meisten gut vorbereiteten Böden. **Standort:** Offen und sonnig.	**Sommerkohl:** Aussaat unter Glas oder in Kästen Januar bis Februar, im Saatbeet Ende März/April bis Mai. **Winterkohl:** Aussaat im Saatbeet April bis Mai. **Frühkohl:** Aussaat im Saatbeet im Sommer. **Wirsing:** siehe Winterkohl. **Rotkohl:** Aussaat im Saatbeet April bis Anfang September. **Chinakohl:** Aussaat an Ort und Stelle Mitte Juni/ Anfang Juli.	1 cm
Blumenkohl und weißer Brokkoli	**Boden:** Tiefgründiger, gut dränierter, gut vorbereiteter , fruchtbarer Boden. **Standort:** Offen und sonnig, aber geschützt.	**Frühe Sorten** **Blumenkohl:** Aussaat unter Glas im September, in Saatkästen an geheiztem Standort im Januar. **Brokkoli:** Aussaat unter Glas Ende Februar bis März. **Sorten für Hauptkultur** Aussaat im Saatbeet in regelmäßigen Abständen im späten Frühjahr bis Frühsommer.	2 cm
Grünkohl	**Boden:** Fruchtbarer Lehmboden, aber auch die meisten anderen gut vorbereiteten Böden. **Standort:** Jeder, aber besonders gut in exponierter Lage.	Aussaat im Freiland an Ort und Stelle oder im Saatbeet April bis Mai.	1 cm
Kohlrabi	**Boden:** Fruchtbarer, gut dränierter Boden. **Standort:** Jeder, aber nicht zu schattig.	Aussaat im Freiland an Ort und Stelle, in monatlichen Abständen März bis August.	1 cm

Gute Gartenhygiene hilft, Krankheiten einzudämmen. Dazu werden abgestorbene Pflanzen vom Boden entfernt und sofort kompostiert. Sie dürfen nach dem Abernten niemals im Boden verbleiben. Außerdem werden alle infizierten oder kranken Pflanzen verbrannt, alle eingesetzten Werkzeuge und Geräte müssen sauber sein.

Einige der wichtigsten Schädlinge und Krankheiten, die Kohlgemüse befallen, sind hier aufgeführt. Weitere Hinweise zur Erkennung und Behandlung finden Sie auf den jeweiligen Seiten: Mehlige Kohlblattlaus (S. 147), Kleine Kohlfliege (S. 148), Kohlweißling (S. 144), Erdfloh (S. 144), Kohlgallenrüssler (S. 147), Kohlmottenschildlaus (S. 150), Kohlhernie (S. 148), Falscher Mehltau (S. 146), Stängelfäule (S. 148), Fadenwürmer (S. 145).

Auspflanzen/Verpflanzen	Abstände (zwischen Pflanzen/Reihen)	Pflege	Ernte
Regelmäßig ausdünnen; bei 10 – 15 cm Pflanzenhöhe (ca. 6 Wochen nach Aussaat) an endgültigen Standort setzen.	**Brokkoli:** 60 x 65 cm **Calabrese:** 45 x 60 cm Calabrese kann enger gepflanzt werden, das ergibt eine größere Ernte an kleineren Köpfen.	Unkrautbekämpfung durch regelmäßiges Hacken zwischen den Reihen. Netze als Schutz vor Vögeln anbringen. Bei Trockenheit reichlich wässern. Pflanzen stützen, bei Wind locker anbinden, anhäufeln für Extrastabilität.	In beiden Fällen schneiden, solange die Knospen noch fest geschlossen sind. Mittlere Blumen mit 10 – 12,5 cm Strunk schneiden. Knapp über einem Seitentrieb schneiden, damit weitere Ernten nachwachsen können. Seitentriebe sofort ernten.
Regelmäßig ausdünnen; bei 10 – 15 cm Pflanzenhöhe (ca. 6 Wochen nach Aussaat) an endgültigen Standort setzen.	65 x 65 cm Reihen versetzt anordnen	Für festen Stand etwa 1 Monat nach Auspflanzen anhäufeln. Pflanzen stützen und locker anbinden. Reichlich wässern. Untere Blätter ausbrechen, sobald diese gelb werden.	Ernten, wenn die Röschen noch klein und fest sind, am besten nach dem ersten Frost. Am unteren Ende des Strunks beginnen. Obere Blätter als Blattgemüse verwenden, dann wachsen Röschen bis zur Spitze nach.
Sommerkohl: Bei Aussaat unter Glas zum Abhärten im März ins Saatbeet auspflanzen. **Anderer Kohl:** bei 10 – 15 cm Pflanzenhöhe (ca. 6 Wochen nach Aussaat) an endgültigen Standort setzen. **Rotkohl:** Bei Aussaat im September kann er über Winter im Saatbeet bleiben, Schutz mit Hauben. **Chinakohl:** Sämlinge fortlaufend ausdünnen, sodass sie bei einer Höhe von 10 cm den richtigen Abstand haben.	**Sommerkohl:** 45 x 45 cm **Herbst- und Winterkohl:** 60 x 60 cm **Frühkohl:** 22 x 45 cm **Rotkohl:** 60 x 60 cm **Chinakohl:** 30 x 45 cm	**Alle Kopfkohlarten:** Unkrautbekämpfung durch regelmäßiges Hacken zwischen den Reihen. Reichlich wässern. Welkende Blätter sofort entfernen. **Chinakohl:** Vorsichtig alle nach außen fallenden Blätter um die inneren wickeln und locker festbinden, das fördert dickeres Innenwachstum.	**Alle Kopfkohlarten:** Schneiden, sobald die Köpfe fest sind. Strünke bleiben in der Erde (außer bei Frühkohl) für nachfolgende Ernte von Blattgrün (Greens). **Frühkohl:** Köpfe im März schneiden und als Frühlingsblattgrün (Spring Greens) verwenden.
Frühsorten von Blumenkohl: Jungpflanzen aus beheiztem Kleingewächshaus zum Abhärten ins Frühbeet pikieren. Alle Sorten bei 10 – 15 cm Pflanzenhöhe an den endgültigen Standort setzen, Pflanzholz verwenden.	**Frühsorten:** 45 x 45 cm **Sorten für Hauptkultur:** 60 x 75 cm in versetzten Reihen	Unkrautbekämpfung durch regelmäßiges Hacken zwischen den Reihen. Häufig wässern. Sobald sich die Blume ausbildet, Außenblätter darüber decken als Schutz vor Verfärbung durch Sonne, Frost und Verschmutzung.	Schnittreif, wenn die Blume gut ausgebildet, aber noch geschlossen ist. Blumenkohl möglichst am Morgen schneiden, solange er noch taufrisch ist. Wenn mehrere gleichzeitig heranreifen, herausziehen und an den Wurzeln an einem kühlen, trockenen Platz aufhängen. So halten sie bis zu 3 Wochen.
Ausdünnen bei Aufgang der Sämlinge. Im Alter von ca. 6 Wochen aus dem Saatbeet an den endgültigen Standort setzen. Bei Aussaat am endgültigen Standort auf empfohlenen Pflanzabstand ausdünnen.	60 x 60 cm	Unkrautbekämpfung durch Hacken zwischen den Reihen und Pflanzen. Für festen Stand Erde um die Pflanzen festtreten. Wenn notwendig, stützen und anbinden.	Ab Anfang Januar von der Pflanzenmitte aus schneiden, um weiteres Wachstum anzuregen.
Fortlaufend ausdünnen bis erforderlicher Pflanzabstand erreicht ist.	25 x 40 cm	Zwischen den Reihen hacken, gut wässern.	Knollen ziehen, wenn sie etwa 7,5 cm Durchmesser haben. Größere Knollen werden holzig.

Kohlgemüse anbauen

Wurzelgemüse anbauen

Der Begriff Wurzelgemüse umfasst eine Fülle von Arten. Hier werden Rote Bete, Möhren, Pastinaken, Haferwurz und Schwarzwurzel, Mangold, Meerkohl, Kohlrüben, Speiserüben und Süßkartoffeln behandelt.

Kohlrüben und Speiserüben sind eigentlich Kohlgemüse. Wegen ihrer Wuchsform und ihrer Bedürfnisse werden sie jedoch oft dem Wurzelgemüse zugeordnet.

Süßkartoffeln sind auch keine echten Wurzelgemüse. Sie sind nur sehr entfernt mit der gewöhnlichen Kartoffel verwandt, beide haben unterschiedliche Anbaubedürfnisse und werden selten zusammen angebaut. Es handelt sich vielmehr um ein mehrjähriges Rankengewächs, das aus Knollen oder Schnittlingen gezogen wird.

Rote Bete gilt meistens als Salatgemüse, das gekocht und kalt verzehrt wird, ist aber auch heiß, in Suppe, geraspelt und roh (jung am besten) köstlich. Es gibt sie in verschiedenen Formen, einige Sorten sind goldgelb.

Möhren gibt es in unzähligen Formen: rund, lang, kegelförmig, spitz zulaufend – viel interessanter als die Sorten aus dem Supermarkt. Wie die meisten Wurzelgemüse lassen sie sich gut für ganzjährigen Frischverzehr lagern (s. S. 207). Sie können auf vielfältigste Weise zubereitet werden, sogar zu süßen Desserts und saftigen Kuchen.

Pastinaken sind auch mehr als nur eine Gemüsebeilage. Sie gehören zu den häufigsten Zutaten bei der Hausweinbereitung. Kleinfrüchtige Sorten eignen sich besonders für kleine Anbauflächen.

Versuchen Sie etwas Besonderes

Haferwurz und Schwarzwurzel sind zwei außergewöhnliche Wurzelgemüse. Sie bereichern den Speisezettel durch ihren interessanten Geschmack. Beide bilden lange, dünne Wurzeln. Haferwurz ähnelt etwas einer verlängerten Pastinake, die Schwarzwurzel mit vergleichbarer Form hat eine schwarze Schale. Beide beanspruchen recht viel Land für sechs Monate oder länger, aber wer Platz im Gemüsegarten hat, kann mit ihnen für Abwechslung in der Küche sorgen.

Meerkohl und Mangold gibt es auch nicht so häufig. Beide sind Wurzelgemüse, werden aber wegen ihres Laubs angebaut. Meerkohl ist eine Form des Mangolds, mit breiteren Blattstielen und Mittelrippen. Die grüne Blattmasse kann vom Stiel gerissen und als Blattgemüse gekocht werden, während die weißen Mittelrippen eine eigene Mahlzeit ergeben.

Mangold, auch als ausdauernder Spinat bekannt, ist unter allen Spinatsorten am leichtesten anzubauen. Er ist ertragreicher und trockenresistenter, hat auch weniger Säure als echter Spinat und kann fast das ganze Jahr geerntet werden. Meerkohl und Mangold sind nicht lagerfähig, aber sie eignen sich gut zum Einfrieren.

Erdige Gemüse für wärmende Eintöpfe

Die Kohlrübe als sehr winterhartes Gemüse ist überraschend schmackhaft. Wenn Sie im Beet mehr Platz als im Keller haben, kann sie den ganzen Winter über problemlos in der Erde bleiben.

Speiserüben gibt es in den verschiedensten Formen, Größen und Farben: rund oder abgeflacht, weiß oder goldgelb, grün, rot oder mit lila Schopf. Sie wachsen schnell und sind eine ausgezeichnete »Zwischenfrucht« in

Rote Bete enthält viel Vitamin B, für den Rohverzehr wird sie in Salate geraspelt. Sie lässt sich an einem kühlen Ort gut lagern oder wird ganz oder in Scheiben mariniert.

Wachstumsdauer und Erntemonate

Fortlaufende Ernten erreicht man durch regelmäßige Aussaaten und Versuche mit den verschiedenen frühen und späten Sorten. Viele Wurzelgemüse werden in zwei Etappen ausgesät: einmal für die frühen, kleinen und süßen Früchte und später als Haupternte für den Winterbedarf.

Wurzelgemüse	Kürzeste Wachstumszeit	Erntemonate
Rote Bete	4 Monate	Juni – Oktober
Möhren	3 – 4 Monate	Juni – Oktober
Pastinaken	7 – 8 Monate	Ende September – Februar
Haferwurz und Schwarzwurzel	6 – 7 Monate	Oktober – November
Meerkohl	3 – 4 Monate	August – November
Mangold	4 Monate	August – April
Kohlrüben	Frühe Aussaaten etwa 3 Monate, spätere Aussaat im Mai/Juni etwa 5 Monate	Juli/August – April
Süßkartoffeln	4 – 5 Monate	September – Oktober
Speiserüben	Mindestens 2 Monate	Juli – November (als Blattgemüse November – April)

Kulturen mit längerer Wachstumszeit. Sie werden auch wegen ihrer Blätter angebaut, die im Winter und zeitigen Frühjahr als Blattgrün (Greens) auf den Tisch kommen.

Süßkartoffeln sind in kälteren Regionen kein sicheres Freilandgemüse, wobei Neuzüchtungen dies jedoch möglich machen. Alle anderen gedeihen aber in Töpfen oder im Grundbeet im Gewächshaus, in milderen Lagen auch im Freiland. Versuchen Sie nicht, Pflanzen aus Supermarktware zu ziehen, diese ist empfindlicher und stammt wahrscheinlich aus dem Ausland. Knollen oder Schnittlinge, die im Internet angeboten werden und für das hiesige Klima gezüchtet wurden, sind die bessere Wahl. Süßkartoffeln haben rosa oder orangefarbenes Fleisch und attraktive Blüten.

Tipps für den Anbau

Einzelheiten zum Anbau von dem Wurzelgemüse, das in diesem Kapitel behandelt wird, finden Sie in der Tabelle auf den Seiten 70 – 71. Die meisten bevorzugen einen ähnlichen Boden. Grundsätzlich gilt, dass der Boden nicht frisch mit Mist gedüngt sein darf, da die Wurzeln sonst platzen und sich spalten. Auch steinige Böden führen zu vergabelten Wurzeln, da sie um die Hindernisse herum wachsen.

Üblicherweise werden Wurzelgemüse im Beet direkt an Ort und Stelle gesät. Achten Sie darauf, dass der Boden sorgfältig hergerichtet, trocken und feinkrümelig ist. Im Zweifelsfall ist es besser, mit der Aussaat zu warten, statt in einen nassen, klebrigen, kalten Boden zu säen.

Doppelte Ernte
Die meisten Wurzelgemüse brauchen weniger Zeit bis zur Vollreife als Kohlgemüse. Trotzdem können Sie in der Anfangsphase der langsamer wachsenden Sorten eine schnellwüchsige Zwischenfrucht wie z. B. Salat zwischen die Reihen säen. Eine weitere Möglichkeit, Ihre Erträge zu verdoppeln, ist die Aussaat von Radieschen und Pastinaken in

Hacken Sie vorsichtig zwischen den Reihen, um das Unkraut in Schach zu halten. Die dicht an der Oberfläche stehenden Wurzelköpfe dürfen nicht beschädigt werden.

derselben Reihe. Radieschensamen keimen viel schneller und zeigen folglich an, wo die Pastinaken später aufgehen werden. Die Radieschen werden geerntet, ehe sie von den Pastinaken bedrängt werden.

Anbau von Wurzelgemüse

1 Harken Sie einen Mehrzweckdünger in den Boden. Säen Sie in flache Rillen wie auf der Samentüte angegeben. Achten Sie auf den richtigen Reihenabstand.

2 Wässern Sie gut, damit die jungen Pflanzen auf der Suche nach Wasser nicht beinig werden.

3 Achten Sie beim regelmäßigen Jäten zwischen den Reihen darauf, dass die wachsenden Wurzeln nicht beschädigt werden.

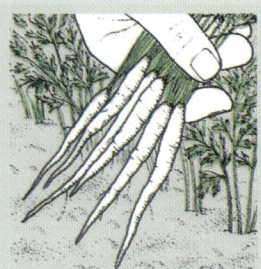

4 Dünnen sie laufend aus. Beim dritten Ausdünnen können Sie Babygemüse ernten.

Laufende Pflege

Alle Wurzelgemüse müssen beim nur kleinsten Anzeichen von Trockenheit reichlich gewässert werden, anderenfalls werden sie im Ergebnis holzig und faserig. Lässt man sie austrocknen und sie sind danach starken Regenfällen ausgesetzt, kann es auch passieren, dass sie sich spalten.

Um kein Unkraut aufkommen zu lassen, ist es unabdinglich, zwischen den Reihen zu hacken. Lassen Sie dabei aber besondere Vorsicht walten, um die wachsenden Gemüsepflanzen nicht mit der Hacke zu verletzen!

Ernte und Lagerung

Die meisten Wurzelgemüse können über einen ziemlich langen Zeitraum geerntet werden. Frühes Ernten bringt kleines, aber schmackhaftes, süßes Babygemüse ein, das mit der Hand herausgezogen wird. Das spätere Gemüse wird mit der Grabegabel geerntet – dabei müssen Sie sehr vorsichtig sein, um die Wurzeln nicht zu quetschen oder zu verletzen.

Einige Arten, z. B. Pastinaken und Kohlrüben, können im Boden bleiben, bis Sie Verwendung für sie haben (vorausgesetzt, Sie benötigen die Beetfläche nicht für etwas anderes). Tatsächlich ist ihr Geschmack oft noch besser, nachdem sie Frost bekommen haben. Andere Arten, z. B. Speiserüben, sind nicht so hart im Nehmen und sollten geerntet und eingelagert werden (s. S. 207). Wurzelgemüse gehören zu den Gemüsearten, die sich am besten lagern lassen. Darüber hinaus eignen sie sich auch gut zum Einfrieren.

Schädlinge und Krankheiten

Wurzelgemüse sind anfällig für Schädlinge und Krankheiten, die oft mit handelsüblichen Mitteln bekämpft werden können. Informieren Sie sich bei Ihrem örtlichen Gartencenter.

Säen Sie Zwischenfrüchte zwischen langsam wachsende Wurzelgemüse. Hier wächst Salat links neben den Möhren. Ehe die Möhren buschig werden, wird er geerntet.

Durch gute Gartenhygiene und sofortiges Vernichten befallener Pflanzen (s. S. 143) bleiben Ihre Kulturen gesund und stark genug, um Krankheits- und Schädlingsbefall abzuwehren.

Einer der virulentesten Schädlinge ist die Möhrenfliege (die auch Pastinaken befällt). Frühe Möhren werden nur selten befallen, denn sie werden geerntet, ehe die Maden schlüpfen und sich auf der Suche nach den schmackhaften Möhren in den Boden graben. Möhrenfliegen werden vom Geruch berührten Laubs angezogen. Berühren Sie deshalb die Pflanzen so wenig wie möglich. Ausgedünnte Pflanzen sind deshalb ebenfalls sofort zu beseitigen. Indem Sie Gartenvlies auflegen, verhindern Sie, dass die Fliegen ihre Eier auf die Pflanzen ablegen.

Erdflöhe sind die größte Gefahr für Kohlrüben und Speiserüben. Bauen Sie diese nicht auf Flächen an, die nach Ihrem Wissen noch mit Kohlhernie befallen sind. Das Gemüse wird sonst aufgebläht, deformiert und ungenießbar. Der Violette Wurzeltöter kann sowohl Rote Bete als auch Möhren befallen.

Einige der gängigsten Schädlinge und Krankheiten der Wurzelgemüse sind nachfolgend aufgeführt. Weitere Hinweise zur Erkennung und Behandlung finden Sie auf den jeweiligen Seiten.

Möhrenfliege (S. 151), Rübenfliege (S. 151), Drahtwurm (S. 151), Schnecken (S. 151), Selleriefliege (S. 145), Erdraupe (S. 147), Pastinakenkrebs (S. 151), Pflanzenrost (S. 146), Weißer Rost (S. 145), Kohlhernie (S. 148) und Violetter Wurzeltöter (S. 148).

Wurzelgemüse anbauen

Der Anbau von Wurzelgemüse

Wurzelgemüse	Boden/Standort	Aussaat	Saattiefe
Rote Bete	**Boden:** Leichter, aber tiefgründiger Lehmboden, gut gelockert und vorbereitet. **Standort:** Gedeiht an fast allen Standorten, stark schattige Flächen jedoch meiden.	**Runde Sorten:** Aussaat unter Glas im März. Vor dem Auspflanzen abhärten. Aussaat an Ort und Stelle April – Juli. **Zylindrische Sorten:** Aussaat an Ort und Stelle in regelmäßigen Abständen Mai – Juni. Rote Bete wachsen aus Bündeln von 3 oder 4 Samen, auf etwa 5 cm verziehen.	1 cm 2 – 2,5 cm
Möhren	**Boden:** Gut vorbereiteter und tief gelockerter sandiger Lehmboden, aber auch jeder andere leichte Boden ohne große Erdklumpen oder große Steine. **Standort:** Jeder Standort, aber nicht zu schattig. Frühe Möhren lieben einen offenen, sonnigen Standort.	**Frühe Sorten:** Aussaat im Februar unter Glas. **Haupternte:** Ende März – Juli Folgesaaten an Ort und Stelle. 2 Samen zusammen säen, 2,5 cm Abstand zwischen den Paaren.	0,5 cm
Pastinaken	**Boden:** Tief gelockerter, leichter Lehmboden ohne große Steine. **Standort:** Jeder Standort, aber nicht zu schattig.	Aussaat an Ort und Stelle Ende Februar/März bis April. Die Bodenoberfläche muss trocken und glatt sein.	2,5 cm
Haferwurz und Schwarzwurzel	**Boden:** Tief gelockerter, leichter Lehmboden. **Standort:** Offen und sonnig.	Aussaat an Ort und Stelle März/April bis Mai.	2 cm
Meerkohl und Mangold	**Boden:** Jeder gut vorbereitete Boden, Staunässe vermeiden. **Standort:** Jeder Standort, aber wenig Schatten.	**Mangold:** Aussaat an Ort und Stelle im April und nochmals im Juli und August. **Meerkohl:** Aussaat an Ort und Stelle im Mai.	2,5 cm
Kohlrüben	**Boden:** Leichter, fruchtbarer Lehmboden, der gut dräniert, aber nicht zu trocken ist. Nicht auf saurem Boden. **Standort:** Offen und sonnig. Reagiert stark auf Überschattung.	Für frühe Ernte Aussaat im zeitigen Frühjahr an Ort und Stelle, sonst im Mai/Juni an Ort und Stelle. 2 Samen zusammen mit 2,5 cm Abstand säen.	2 cm
Speiserüben	**Boden:** Gut bestellter, leichter Lehmboden. **Standort:** Wie Kohlrüben.	Aussaat unter Glas im Februar. Später regelmäßig Folgesaaten an Ort und Stelle März/April bis Juli/August. Späte Aussaat ergibt Winterernte. **Speiserüben als Blattgrün:** Aussaat an Ort und Stelle Ende August.	1 cm
Süßkartoffeln	**Boden:** Fruchtbarer und durchlässiger Boden, in den im vorhergehenden Herbst Stallmist oder Kompost eingearbeitet wurde. **Standort:** Geschützte Stelle in voller Sonne.	Knollen im Frühjahr/Frühsommer in Töpfe setzen. Schnittlinge bis zum Erscheinen von Wurzeln unter Glas oder im Kleingewächshaus halten, dann in separate Töpfe mit Kompost pflanzen.	1 cm

Ausdünnen/Verpflanzen	Abstände (zwischen Pflanzen/Reihen)	Pflege	Ernte
Sämlinge unter Glas auf 15 cm ausdünnen. Ende April an Ort und Stelle auspflanzen. Bei 2,5 cm Pflanzenhöhe ausdünnen, dann nochmals bei ca. 2,5 cm Knollendurchmesser auf Endabstand.	**Rund:** 12,5 x 30 cm **Zylindrisch:** 20 x 45 cm	Sämlinge vor Vögeln und Schnecken schützen. Später zwischen den Reihen hacken und die Pflanzen gut wässern.	Zunächst jede zweite Pflanze ziehen, die übrigen bei Bedarf. Runde Sorten nur bis 7,5 cm Knollendurchmesser wachsen lassen, sonst werden sie holzig. Alles vor dem Frost ernten. Blätter über der Knolle abdrehen, damit der Saft in der Bete bleibt.
Frühe Sorten: Auf 2,5 cm und dann auf 7,5 cm Abstand ausdünnen **Haupternte:** Auf 7,5 cm ausdünnen, sobald sich die ersten kräftigen Blätter gebildet haben. Später, bei Fingerdicke, auf Endabstand ausdünnen. Keine Pflanzen auf der Erde liegen lassen, sie ziehen die Möhrenfliege an!	**Früh:** 7,5 x 22 cm **Haupternte:** 15 x 30 cm	Keimung durch Wässern unterstützen. Nach Ausdünnen anhäufeln (Wurzelkrone muss bedeckt sein). Hacken zwischen den Reihen zur Unkrautbekämpfung.	**Frühe Sorten:** Jede zweite Pflanze ziehen. Junge Möhren von Hand ziehen. **Haupternte:** Spätestens im Oktober vorsichtig mit der Gabel ausgraben. Vor dem Einlagern (s. S. 207) Kraut abschneiden (sofort auf den Kompost!), Möhren von Erde befreien, vor der Einlagerung nicht waschen, andernfalls faulen sie.
Auf 5 cm, später auf den empfohlenen Endabstand ausdünnen. Verpflanzen ist selten erfolgreich.	15 x 40 cm	Hacken zwischen den Reihen zur Unkrautbekämpfung. Pflanzen wässern, wenn sie trocken sind.	Pastinaken nach Bedarf ausgraben – besserer Geschmack nach dem ersten Frost. Sie können bis zum Frühjahr in der Erde bleiben, andernfalls ausgraben und einlagern.
Zweimal auf empfohlenen Abstand ausdünnen.	**Haferwurz:** 20 x 30 cm **Schwarzwurzel:** 30 x 30 cm	Zwischen den Reihen hacken, Pflanzen bei Trockenheit wässern, damit sie nicht in Samen schießen. Anhäufeln.	Ab Mitte Oktober vorsichtig ziehen. Beide Arten sind winterfest und können in der Erde bleiben, besser ist es, zu ernten und einzufrieren. Bei genügend Platz einige Haferwurzpflanzen in der Erde lassen und im Frühjahr für Blattgrün (Greens) verwenden.
Etappenweise auf empfohlenen Abstand ausdünnen, sobald man die Pflanzen greifen kann. Später ausgedünnte Pflanzen sind zum Verzehr geeignet.	15 x 20 cm	Hacken zur Unkrautbeseitigung. Pflanzen gut wässern, wenn sie auszutrocknen drohen.	Frühaussaaten im Sommer ernten, die späteren im Herbst und Winter. Für eine reiche Ernte im Winter wird im Herbst wenig geerntet. Geerntet werden die äußeren Blätter, die Herzblätter wachsen weiter.
Regelmäßig auf den empfohlenen Abstand ausdünnen.	30 x 45 cm	In den Anfangsstadien Hacken zur Unkrautbekämpfung. Nicht mehr nötig, wenn der Bestand geschlossen ist.	Kleine, süße Kohlrüben werden 2–3 Monate nach der ersten Aussaat geerntet. Die meisten Pflanzen wachsen lassen, bis sie gebraucht werden. In der Erde überwintern lassen oder herausnehmen und einlagern.
Sämlinge unter Glas: Bei etwa 10 cm Pflanzenhöhe ausdünnen. **Andere Aussaaten:** Auf 10 cm Abstand ausdünnen, sobald die ersten echten Blätter erscheinen, dann auf 20 cm, wenn die Rüben die zum Kochen lohnende Größe erreicht haben. **Rüben für Blattgrün:** Ausdünnen nicht erforderlich.	20 x 30 cm **Blattgrün:** 20 cm Reihenabstand	Hacken zur Unkrautbekämpfung.	Frühaussaaten bei 5–7,5 cm Körperdurchmesser ziehen, bei Erntereife muss der Rübenkopf zu sehen sein. Haupternte Mitte Oktober bis November. Laub abdrehen, Rüben einlagern. **Blattgrün:** Blätter schneiden, wenn sie ca. 20 cm lang sind, ab Ende Oktober/Anfang November, meistens aber erst im Frühjahr.
Jungpflanzen bis Hochsommer an frostfreiem Ort wachsen lassen. 2–3 Wochen vor dem Auspflanzen abhärten. Weitere 2–3 Wochen mit Hauben oder Vlies schützen.	30 x 75 cm	Pflanzen gut wässern, aber nicht zu viel, da die Knollen sonst platzen. Das Kraut breitet sich über dem Boden aus und unterdrückt das Unkraut.	Blätter bei guter Größe schneiden und wie Spinat kochen. Knollen ab Ende August ernten, sie faulen in kaltem, nassem Boden. Ranken vor dem Ausgraben vorsichtig entfernen, die Knollen sind druckempfindlich. Erst vor dem Kochen waschen. Besserer Geschmack, wenn sie 2 Wochen nach der Ernte an einem feuchten Ort gelagert werden.

Wurzelgemüse anbauen

Hülsenfrüchte anbauen

Das Kapitel behandelt nur zwei Hauptgruppen – Erbsen und Bohnen –, doch diese gehören zu den am häufigsten verwendeten und vielseitigsten Kulturen im Gemüsegarten. Beide Gruppen reifen schnell. Ihre Wurzeln produzieren wertvollen Stickstoff, mit dem sie den Boden für das nächste Jahr anreichern.

Erbsen und Bohnen bringen den Hauptertrag im Sommer und Herbst. Sie können auch speziell zur Gewinnung von Trockenerbsen und -bohnen angebaut werden. Beide Typen

Wachsende Erbsen- und Bohnenpflanzen brauchen Stützen. Wenn sie erntereif sind, haben sie das Gerüst mit üppigem Blattwerk überzogen und liefern einen reichen Ertrag.

eignen sich zum Einfrieren, sodass sie ganzjährig zur Verfügung stehen.

Bohnen

Die Gruppe der Bohnen umfasst Puffbohnen, Stangenbohnen, Buschbohnen und Feuerbohnen. Die großen nierenförmigen Puffboh-

Bohnen mit blauen Hülsen sehen sensationell aus. Die Samen sind normal weiß, und die Hülsen verlieren ihre außergewöhnliche Farbe in der Regel beim Kochen.

nen gelten mitunter als zäh, doch jung und frisch aus dem Garten sind sie köstlich und zart. Wenig bekannt ist auch, dass die obersten Blattbüschel abgekniffen und wie Spinat gekocht werden können.

Es gibt unendlich viele Puffbohnensorten, die zu unterschiedlichen Zeiten ausgesät werden können. Dazu gehören auch Zwergsorten für kleine Gemüsebeete. Die meisten Typen sind widerstandsfähig und ertragreich.

Stangenbohnen und Buschbohnen sind praktisch dieselbe Spezies, wobei Buschbohnen etwas widerstandsfähiger und sehr ertragreich sind. Von beiden gibt es viele Sorten, von gelbhülsigen Wachsbohnen bis zu tiefblauen Sorten und solche mit runden oder mit breiten Hülsen. Die Körnerbohne wird speziell für die Gewinnung von Trockenbohnen angebaut, die weißsamigen sind dafür am besten geeignet.

Borlotti-Bohnen, Perlbohnen, Cannellini-Bohnen und einige Feuerbohnensorten – z. B. 'Tsar', die wie Butterbohnen genutzt

Wachstumsdauer und Erntemonate

Erbsen und Bohnen gibt es vor allem im Sommer und Herbst, doch alle Typen können während dieser ganzen Zeit reiche Erträge bringen. Es stehen viele verschiedene Sorten zur Verfügung, sowohl frühe als auch späte. Säen Sie ein gutes Sortiment für maximalen Ertrag, doch säen Sie die richtige Sorte zur richtigen Zeit!

Hülsenfrucht	Kürzeste Wachstumszeit	Erntemonate
Puffbohnen	5 Monate	Ende Mai/Juni – August
Busch- und Stangenbohnen	2 – 3 Monate	Juni – Oktober
Feuerbohnen	3 Monate	Juli – September
Sojabohnen	3,5 Monate	August – September
Erbsen Frühe:	2,5 Monate	Ende Mai – Juni und September – Oktober
Mittelfrühe:	3,5 Monate	Juli
Haupternte:	3 Monate	Juli – August
Späte:	3 Monate	August – September
Zuckererbsen	2,5 Monate	Juni – September
Spargelerbsen	3 Monate	Juni – August

und verzehrt wird – werden häufig auch speziell zur Gewinnung von Trockenbohnen angebaut. Eine lange Anbauzeit bedeutet höchsten Ertrag.

Feuerbohnen reifen in der Regel nach den Buschbohnen, das Anpflanzen für eine gleichzeitige Ernte ist auch möglich. Sie sind einfach anzubauen und so schön, dass sie auch in den Blumengarten passen, wenn man sie mit einem Wigwam-System stützt (s. S. 78). Buschartig wachsende Formen brauchen ebenfalls Stützen.

Sojabohnen sind eine ausgezeichnete Proteinquelle, besonders für Vegetarier. Sie lieben einen warmen Standort. Junge Hülsen können im Ganzen verzehrt werden. Zum Enthülsen reiferer Bohnen müssen diese zunächst fünf Minuten blanchiert und dann abgekühlt werden. Danach werden die Hülsen aufgebrochen, die Kerne herausgenommen und gründlich gekocht.

Erbsen

Auch bei Erbsen gibt es unendlich viele Sorten mit unterschiedlichen Wuchshöhen. Die vier Hauptgruppen – frühe, mittelfrühe, mit-

telspäte (für Haupternte) und späte Sorten – haben alle unterschiedliche Eigenschaften. Einige sind robuster und vertragen frühere Aussaat. Mit Folgesaaten können bis in den Herbst saftige junge Erbsen geerntet werden. Markerbsen haben runzlige Körner und sind schmackhafter, aber weniger robust als die Typen mit runden Samen.

Neben den normalen Gartenerbsen sind auch Zuckererbsen und Palerbsen sehr beliebt. Zuckerschoten werden gepflückt, solange die Körner noch sehr klein sind, sie werden mit der Hülse gegessen. Petit Pois sind sehr kleine, süße Erbsen. Sie können mit der Hülse gekocht und danach enthülst oder wie andere Erbsen zuerst enthülst werden.

Weniger bekannt ist die Spargelerbse. Sie ist auch als Flügelerbse bekannt wegen ihrer runzligen doppelten Hülsen. Spargelerbsen schmecken ähnlich wie Spargel und werden ebenfalls im Ganzen gekocht.

Anbau

Alle Hülsenfrüchte wachsen am besten nach einer reichlich mit Stallmist versorgten Vorfrucht. Andernfalls wird 1 oder 2 Monate vor der Aussaat, besonders von Erbsen und Feuerbohnen, gut verrotteter Mist mindestens einen Spaten tief in den Boden eingearbeitet. Auf der Suche danach wachsen die Wurzeln schnell nach unten und geben den Pflanzen festen Halt.

Erbsen und Bohnen werden in 5 cm tiefe Rillen, d. h. tiefer als die meisten anderen Gemüse, gesät. Der Boden wird mindestens 10 cm tief mit der Gabel gelockert, er soll krümelig und frei von groben Erdklumpen oder Steinen sein. Mit der Hacke werden 15 – 20 cm breite Saatfurchen gezogen, nach dem Säen wird die Erde locker über die Körner zurückgeharkt.

Oft werden die Körner von Mäusen ausgegraben und gefressen. Dagegen helfen einige Stechpalmenblätter in der Saatfurche, das Eintauchen der Körner in Paraffin, Fallen entlang der Reihen oder eine hungrige Gartenkatze.

Ausdünnen ist meist nicht nötig, wenn in den richtigen Abständen gesät wurde. Um sicherzugehen, werden jeweils 2 Körner ausgelegt, nach dem Auflaufen wird dann der schwächere Sämling herausgezogen. Man kann auch einige extra Körner am Ende der Reihen säen und mit den Sämlingen etwaige Lücken auffüllen.

Die Pflanzen der meisten Hülsenfrüchte müssen gestützt werden. Niedrige Sorten kann man ohne Stützen buschig wachsen lassen, sie breiten sich dann unregelmäßig aus. Nachteilig ist, dass die Hülsen schmutzig werden

Zuckererbsen werden gepflückt, solange die Körner noch sehr klein sind. Sie werden mit der Hülse gegessen.

Erbsen und Bohnen werden nur dann ausgedünnt, wenn vorsichtshalber mehr ausgesät wurde.

und in dem Blättergewirr schwer zu finden sind. Verschiedene Rankstützen sind auf Seite 78 abgebildet.

Alle Erbsen und Bohnen (mit Ausnahme der zum Trocknen vorgesehenen) werden jung geerntet, dann ist der Geschmack am besten. Je mehr gepflückt wird, desto mehr Hülsen werden produziert. Pflücken Sie deshalb viel und regelmäßig, frieren Sie den Überschuss ein!

Die Wurzeln von Hülsenfrüchten bilden wertvollen Stickstoff und können nach dem Abernten im Boden bleiben. Die Stängel mit dem Kraut werden am Boden abgeschnitten und kompostiert.

Schädlinge und Krankheiten

Mäuse gehören zu den gefährlichsten Feinden von Erbsen und Bohnen. Schnecken (s. S. 151) fallen ebenfalls über Samen und Sämlinge her. Wenn die Pflanzen – einschließlich des Blattwerks – nicht gut gewässert werden, setzen sie keine Blüten an, es gibt keine Hülsen, und die Pflanzen welken und sterben schnell ab. Bei feuchtem Wetter, und wenn es noch dazu kalt ist, sind Erbsen anfällig für Falschen Mehltau (s. S. 146).

Der Anbau von Hülsenfrüchten

1 Säen Sie Hülsenfrüchte immer in gleichmäßig gezogenen Reihen an Ort und Stelle. Der Boden muss gewässert sein.

2 Schützen Sie die auflaufenden Sämlinge mit feinmaschigem Drahtgeflecht oder Hauben vor Vögeln.

3 Wenn Sie jeweils 2 oder 3 Körner gesät haben, müssen Sie ausdünnen.

4 Die meisten Erbsen und Bohnen müssen gestützt werden. Lassen Sie sie an Stangen hochranken.

5 Kneifen Sie bei Puffbohnenpflanzen die obersten Blattbüschel ab, um der Schwarzen Bohnenlaus vorzubeugen.

6 Die meisten Erbsen und Bohnen werden in jungem und zartem Zustand gepflückt. Das regt weiteres Wachstum an.

Hier sind die gängigsten Schädlinge und Krankheiten von Hülsenfrüchten aufgeführt: Blattrandkäfer (S. 150), Erbsenwickler (S. 150), Rote Spinne (S. 146), Erbsen-Blasenfuß (S. 150), Erbsen- und Bohnenblattlaus (S. 144), Bohnenfliege (S. 150), Umfallkrankheit (S. 148) und Schokoladenfleckenkrankheit (S. 150). Im Verzeichnis der Schädlinge und Krankheiten ab Seite 140 finden Sie weitere Hinweise zur Erkennung und Behandlung der verschiedenen Probleme.

Der Anbau von Hülsenfrüchten

Hülsenfrucht	Boden/Standort	Aussaat	Saattiefe
Puffbohnen	**Boden:** Guter, fruchtbarer Lehmboden, aber auch jeder gut vorbereitete, gut dränierte Boden. **Standort:** Vorzugsweise gut geschützte Lage.	Aussaat an Ort und Stelle in den empfohlenen Abständen: Oktober/Anfang November Sorten mit langen Hülsen, Februar/April für Sommerernte, Mai für Herbsternte. Für kalte, exponierte Gärten Ende Januar/Anfang Februar im Haus mit 5 cm Abstand in Kästen oder einzeln in biologisch abbaubaren Töpfen aussäen.	5 cm
Buschbohnen, Stangenbohnen und andere Formen für Trockenbohnen	**Boden:** Leichter, gut dränierter, nicht saurer Boden. **Standort:** Offen und sonnig, aber geschützt.	Aussaat März – April im Haus in Kästen oder unter Glas, Mai (etwas eher, wenn mit Hauben geschützt) an Ort und Stelle, dann regelmäßig bis Anfang Juli. Körner paarweise mit 2,5 cm Abstand legen oder einzeln mit 7,5 cm Abstand.	4 – 5 cm
Feuerbohnen	**Boden:** Fruchtbarer, gut vorbereiteter, gut dränierter, tiefgründiger Boden. **Standort:** Offen und sonnig, aber geschützt.	Aussaat Ende April an Ort und Stelle, wenn mit Hauben geschützt. Sicherer ist die Aussaat Anfang Mai (in kalten Gebieten Mitte bis Ende Mai) oder im April im Haus. Aussaaten sind frostgefährdet.	5 cm
Sojabohnen	**Boden:** Gut vorbereiteter, gut dränierter Lehmboden. **Standort:** Offen und sonnig, vorzugsweise warm.	Aussaat im späteren Frühjahr an Ort und Stelle, in kälteren Gebieten bis zum Sommeranfang warten. Kerne im Abstand von 8 cm legen. Unter Glas 4 Kerne je Topf im späten Frühjahr auslegen.	2,5 – 5 cm
Erbsen	**Boden:** Durchschnittliche, gut vorbereitete Lehmböden, gut dräniert und nicht sauer. **Standort:** Offen und sonnig.	Bei Trockenheit Saatfurche mit Wasser füllen und nach Versickern Samen 7,5 cm tief im Abstand von 5 – 7,5 cm oder in versetzter Anordnung legen. **Frühe Sorten:** Aussaat Ende Oktober/Anfang November an Ort und Stelle (den Winter über mit Hauben schützen) oder im März/April und erneut im Juni. **Mittelfrühe Sorten:** Aussaat März/April an Ort und Stelle. **Mittelspäte und späte Sorten:** Aussaat im Mai an Ort und Stelle.	5 cm
Zuckererbsen	**Boden:** Siehe Erbsen. **Standort:** Siehe Erbsen.	Aussaat März – Juni an Ort und Stelle. Allgemeine Aussaatanweisungen beachten.	5 cm
Spargelerbsen	**Boden:** Siehe Erbsen, aber der Boden muss wirklich gut dräniert sein. **Standort:** Siehe Erbsen.	Aussaat Ende März/Anfang April oder Mai/Juni an Ort und Stelle. Im Abstand von 25 cm jeweils 2 Körner paarweise auslegen.	5 cm

Ausdünnen/Verpflanzen	Abstände (zwischen Pflanzen/Reihen)	Pflege	Ernte
Bei Freilandsaaten kein Ausdünnen erforderlich. Lücken mit Reservepflanzen füllen. Im Haus gezogene Jungpflanzen ab Ende März abhärten, und sobald es der Boden erlaubt (in der Regel im April), an Ort und Stelle pflanzen. Biologisch abbaubare Töpfe erst in Wasser stellen und dann so pflanzen, dass der Rand unter der Bodenoberfläche liegt.	**Hohe Sorten:** Doppelreihen mit 20 cm Abstand, dabei auch 20 cm zwischen den Pflanzen. Pflanzen versetzt anordnen. 60 cm zwischen Doppelreihen. **Niedrige Sorten:** 20 cm zwischen den Pflanzen, 45 cm zwischen den Reihen.	Sämlinge vor Vögeln schützen, Pflanzen stützen und zwischen den Reihen zur Unkrautbekämpfung hacken. Bei Vollblüte, Erscheinen der ersten Hülsen oder der ersten Läuse entspitzen (s. S. 144). Das hilft gegen die Schwarze Bohnenlaus, und die Pflanzen werden buschiger.	Beginnen, sobald die Bohnen kochreif sind oder früher, ehe die Samen voll entwickelt sind, wenn auch die Hülsen verzehrt werden sollen. Zuerst die unteren Bohnen pflücken. Ausgewachsene Bohnen sind hart, geben aber Saatgut für das nächste Jahr.
Sämlinge in Kästen oder unter Glas Anfang Mai abhärten und Ende des Monats auspflanzen. Bei Freilandaussaat die schwächeren Sämlinge sofort nach dem Keimen ziehen oder auf empfohlenen Abstand ausdünnen.	**Kleinere Sorten:** 15 x 40 cm **Größere Sorten:** 20 x 45 cm	Unkrautbekämpfung durch Hacken, anhäufeln für festen Stand. Wenn der Boden zu Trockenheit neigt, reichlich wässern und mit Kompost oder Mist mulchen. Größere Pflanzen stützen.	Bei 10 cm Bohnenlänge die Ernte beginnen. Regelmäßiges Pflücken regt weiteres Wachstum an. **Zum Trocknen bestimmte Bohnen:** Im Spätsommer ganze vollreife Pflanzen ernten und an den Wurzeln an einem trockenen, luftigen Ort zum Fertigtrocknen aufhängen. Enthülsen und volltrocken einlagern.
Aussaaten im Haus: Im Mai abhärten, im Juni auspflanzen. **Freilandsaaten:** Bei Aussaat an Ort und Stelle ist kein Ausdünnen erforderlich; Lücken mit Reservepflanzen füllen.	Abhängig von der Stützvorrichtung (s. S. 78). **Zwei gekreuzte Stangen:** 2 versetzte Reihen, Pflanzenabstand 25 cm, Reihenabstand 75 cm. Bei mehr als 2 Reihen 1,50 m Abstand. **Vertikale Stützen:** Einzelreihen 30 x 75 cm. **Bohnenzelt:** 6 Pflanzen um einen Kreis von 1 m Durchmesser.	Stützsystem vor der Aussaat festlegen (s. S. 78). Stangenhöhe 2,5–3 m. Ranken gleich nach Erscheinen um die Stangen legen. Zwischen den Reihen hacken und reichlich wässern. Bei drohender Trockenheit mulchen. Besprühen des Blattwerks stimuliert den Blütenansatz. Oberste Spitzen ausknipsen, um Seitenwachstum anzuregen.	Regelmäßig pflücken, solange die Hülsen noch jung und zart sind. Überschüssige Bohnen einfrieren oder einsalzen, sie werden sonst an der Pflanze hart.
Ausdünnen nicht erforderlich. Anfang Sommer unter Glas angezogene Jungpflanzen auspflanzen.	Einzelreihen, 8 cm Pflanzenabstand, 25–30 cm Reihenabstand.	Sämlinge mit schwarzem Garn, Drahtnetztunneln oder Hauben vor Vögeln schützen. Pflanzen stützen.	**Für Frischverzehr:** Im Spätsommer und Herbst ernten, wenn die Hülsen grün sind. Jede Pflanze gleich vollständig abernten. Wenn die Hülsen cremefarben werden, nur die Kerne essen. **Zum Trocknen:** Wenn das Laub abstirbt, Pflanzen herausnehmen und an den Wurzeln aufhängen. Enthülsen, wenn sie volltrocken sind.
Sämlinge werden nicht ausgedünnt. Lücken sofort mit Reservepflanzen schließen.	Pflanzenabstand 5–7,5 cm, Reihenabstand etwa wie die auf der Samentüte angegebene Pflanzenhöhe.	Sämlinge mit schwarzem Garn, Drahtnetztunneln oder Hauben vor Vögeln schützen (später entfernen). Zwischen den Reihen hacken, bis diese geschlossen sind. Reichlich wässern, bei drohender Trockenheit mulchen. Bei Aussaat Stützreiser setzen.	Pflücken, sobald die Erbsen in der Hülse dick geworden sind, sofort verwenden oder einfrieren. Einige Hülsen an der Pflanze zum Trocknen ausreifen lassen (s. oben: zum Trocknen bestimmte Bohnen).
Ausdünnen nicht erforderlich. Lücke mit Reservepflanzen schließen.	5–7,5 cm x 1 m	Siehe Erbsen.	Ernten bei 5 cm Hülsenlänge, ehe die Kerne voll entwickelt sind. Sofort verwenden.
Aussaat unter Glas: Abhärten zum Auspflanzen im Mai. **Aussaat an Ort und Stelle:** Schwächere Sämlinge sofort ziehen.	25 x 45 cm	Allgemeine Pflege wie bei den anderen Erbsen. Auflaufende Sämlinge stützen oder buschig über den Boden wachsen lassen.	Ernten, wenn die Hülsen etwa 2,5–5 cm lang sind.

Hülsenfrüchte stützen

Praktisch alle Erbsen- und Bohnensorten müssen gestützt werden, mit Ausnahme der niedrigen Sorten.

1 Üblicherweise erhalten Erbsen Stützreiser, die bei den wachsenden Pflanzen in die Erde gesteckt werden. Die dünnen Ranken legen sich um die Reiser.

2 Zum Stützen von Puffbohnen werden Schnüre zwischen zwei an den Reihenenden eingeschlagenen Pflöcken gespannt. Die Pflanzen werden dann lose an den Schnüren festgebunden.

3 & 4 Feuerbohnen können in Zeltform gezogen werden. Dazu werden vier oder mehr Stangen als Ring oder Quadrat in den Boden geschlagen und am oberen Ende zusammengebunden. Sie können die Bohnenranken auch an gereihten Stangen, die sich an den Spitzen kreuzen, klettern lassen. Zur Ernte haben sie das obere Ende der Stützen erreicht.

5 & 6 Das Blattwerk muss gründlich nach versteckten Früchten abgesucht werden. Vergessene Früchte werden hart.

Kartoffeln anbauen

Obwohl Kartoffeln beträchtlichen Raum im Gemüsegarten einnehmen, lohnt sich der Anbau. Sie sind nicht nur ein Grundnahrungsmittel in der Küche. Man sagt auch, dass sie das Land »reinigen«, vor allem auf einer neuen Gemüsefläche, und den Boden für den Anbau anderer Kulturen im folgenden Jahr bereiten.

Die »reinigende« Wirkung beruht darauf, dass der Boden tief umgegraben werden muss, ehe die Kartoffeln ausgelegt werden, sowie auf dem Anhäufeln der wachsenden Pflanzen, wodurch das Unkraut niedergehalten wird. Damit haben Sie dann einen gut vorbereiteten, unkrautfreien Boden.

Kartoffeln können rund, oval oder nierenförmig sein mit gelber, hellbrauner, roter oder weißer Schale und mehligem oder festem Fleisch. Auch wenn Sie bestimmte Vorlieben haben: Es ist ratsam, einen Lieferanten vor Ort zu konsultieren, um herauszufinden, welche Sorten sich für Ihren Boden eignen. Es gibt Frühkartoffeln, mittelfrühe Sorten und Spätsorten, je nach Pflanz- und Erntezeit.

Frische neue Kartoffeln sind köstlich im Frühsommer. Ernten Sie jedes Mal nur so viel, wie Sie für eine Mahlzeit brauchen. Vorsichtig gebürstet und in ihrer zarten Schale gedämpft, sind sie ein Genuss.

Boden und Standort

Alle Kartoffeln gedeihen am besten in einem fruchtbaren, gut dränierten und gut vorbereiteten Boden. Im Gegensatz zu den meisten anderen Gemüsearten bevorzugen sie ein saures Milieu (idealer pH-Wert: 5,5; s. S. 24). Im Idealfall wird der Boden zwei Spatenstiche tief umgegraben. Vor allem auf leichten, sandigen Böden sollte reichlich gut verrotteter Mist eingebracht werden. In die oberste Schicht können Sie auch etwas Knochenmehl einarbeiten.

Wählen Sie einen offenen Standort. Starke Beschattung kann zu spärlichem Krautwuchs und einem enttäuschend niedrigen Ertrag führen.

Kartoffeln auslegen

Kartoffeln werden aus Saatkartoffeln gezogen. Obwohl diese aus der Vorjahresernte stammen, ist es ratsam, neue zu kaufen und nicht auf die eigenen Knollen zurückzugreifen, die möglicherweise mit Krankheiten behaftet sind. Verwenden Sie deshalb auch keine Knollen, die es als Speisekartoffeln im Laden gibt. Kaufen Sie Saatkartoffeln, die als frei von Krankheiten zertifiziert sind. Im späten Winter ist dafür die beste Zeit.

Gute Kartoffelsorten

Früh
- **'Sieglinde':** Festkochend, hellgelb, unempfindlich gegen Kartoffelkrebs.
- **'Cilena':** Festkochend, tiefgelb, sehr gut als Salat oder Bratkartoffel, unempfindlich.

Mittelfrüh
- **'Agria':** Hellgelb, sehr schmackhaft, gut lagerfähig.

Spät
- **'Arran Victory':** Mehligkochend, violette Schale, weißes Fleisch, ertragreich, gut lagerfähig.
- **'Bamberger Hörnchen':** Festkochend, hellgelb, Liebhabersorte, würziger Geschmack, nicht sehr ertragreich.

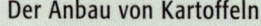

Der Anbau von Kartoffeln

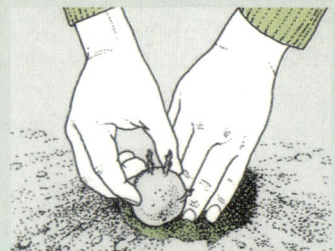

1 Legen Sie einzelne Knollen mit den Keimen nach oben in Pflanzlöcher und bedecken Sie diese vorsichtig mit Erde.

2 Alternativ ziehen Sie mit der Hacke Furchen und legen die Kartoffeln mit den Keimen nach oben hinein.

3 Wenn die ersten Blätter durchbrechen, bedecken Sie die Basis der Pflanzen mit weiterer Erde und wässern sie gut.

4 Wenn das Kraut hoch genug ist, häufeln Sie alle 2–3 Wochen weiter an.

5 Ernten Sie die ersten Frühkartoffeln von Hand, lassen Sie die kleinen weiterwachsen. Heben Sie die Knollen vorsichtig heraus, damit sie nicht von der Grabegabel verletzt werden.

6 Ernten Sie Spätsorten, wenn das Laub angestorben ist. Lassen Sie das Erntegut zum Abtrocknen auf dem Beet liegen, lagern Sie es dann kühl, frostfrei und dunkel ein.

Saatkartoffeln sollten etwa hühnereigroß sein. Für Frühkartoffeln werden die Knollen mit den Kronen nach oben in flache Kisten gelegt. Sie kommen für ein paar Wochen an einen hellen, warmen Platz, bis die Keime erscheinen. Dieser Vorgang wird »Vorkeimen« genannt. Zwei oder drei Knollen werden dann vielleicht fast zusammengewachsen sein. Belassen Sie zwei Keime und reiben Sie die anderen ab – alternativ können Sie die Saatkartoffeln unmittelbar vor dem Auspflanzen in zwei Hälften mit je zwei Keimen teilen. Kartoffeln, die an einen zu warmen oder dunklen Platz gestellt wurden, bilden mitunter lange, dürre Keime. Diese sind nicht so gesund oder lassen sich nicht einfach auslegen, ohne abzubrechen.

Ziehen Sie mit der gesamten Breite einer Hacke Furchen oder legen Sie die Kartoffeln einzeln mit einer Pflanzkelle aus (Pflanztiefen und -zeiten siehe unten) aus. Die Keime liegen oben. Dann ziehen Sie die Erde locker über die Saatkartoffeln und drücken Sie nicht zu fest, damit die Keime nicht verletzt werden.

Tipps für den Anbau

Kartoffeln werden anders als andere Pflanzen angebaut, doch ihre Bedürfnisse sind leicht zu befriedigen. Kartoffeln sind in der Regel eine einfache und unkomplizierte Kultur.

Hacken Sie gleich nach dem Auslegen zwischen den Reihen und ziehen Sie die Erde

Kartoffeln pflanzen: Termine, Tiefen und Abstände

	Pflanztiefe	Knollenabstand	Reihenabstand	Pflanztermin
Frühe Sorten	7,5 cm	25 cm	60 cm	Zeitiges Frühjahr
Mittelfrühe Sorten	10 cm	30 cm	70 cm	Mitte Frühjahr
Späte Sorten	12,5 cm	40 cm	75 cm	Ende Frühjahr

Das Vorkeimen von Saatkartoffeln regt das Keimwachstum an. Die Knollen werden zuerst mit der Krone nach oben ausgelegt und dann vorsichtig mit Erde bedeckt, damit die Keime nicht beschädigt werden.

sehr vorsichtig über die Knollen. Dieser Damm schützt sie gegen Spätfrost. Wenn die ersten Blätter durchbrechen, decken Sie die Pflanzen mit trockenem Stroh o. Ä. ab oder ziehen Sie weiter vorsichtig Erde heran, sodass nur die Blattspitzen am Licht sind.

Wenn das Kraut ca. 20–25 cm hoch ist, beginnen Sie mit dem Anhäufeln. Dabei wird Erde beiderseits der Reihen vorsichtig um die Pflanzen geschoben. Diese bilden dann mehr Wurzeln und Kartoffeln aus, und der Gefahr des Vergrünens durch Lichteinfluss wird vorgebeugt. Jederzeit sollen ca. 15 cm Blattwerk aus dem Damm ragen. Die Dammkrone wird eher breit gehalten und soll an den Seiten steil abfallen, denn in einem spitzen Damm sind die Knollen eher dem Licht ausgesetzt. Wiederholen Sie das Anhäufeln in mehrwöchigen Abständen. So entstehen tiefe Furchen zwischen den Reihen, die helfen, das Unkraut niederzuhalten und die Durchlässigkeit des Bodens zu verbessern.

Mit dem ersten Anhäufeln können Sie einen Mehrzweckdünger einbringen. Bei trockenem Frühlingswetter muss gut gewässert werden.

Ernte

Die Ernte von Frühkartoffeln beginnt im Frühsommer. Suchen Sie zunächst mit der Hand nach den größten Kartoffeln (selbst diese werden sehr klein sein) und lassen Sie die anderen gut mit Erde bedeckt weiter heranwachsen.

Spätere Frühkartoffel können Sie mit der Grabegabel ernten. Stoßen Sie diese in einiger Entfernung von der Pflanze in den Boden, heben Sie die Pflanze in die Furche und sammeln Sie alle Kartoffeln von Hand ein.

Im Hochsommer beginnt die Ernte der mittelfrühen Sorten, die bis zum Spätsommer Kartoffeln von guter Größe liefern.

Spätkartoffeln ernten Sie im Frühherbst an einem schönen, trockenen Tag. Lassen Sie vor allem Lagerkartoffeln einige Stunden auf dem Beet abtrocknen, dann reiben Sie grobe Erde ab und lagern die Ernte ein.

Räumen der Fläche nach der Ernte

Die abgestorbenen Pflanzenreste kommen gleich auf den Kompost, kranke Pflanzen werden entsorgt. Flächen, auf denen im Folgejahr Kartoffeln oder Tomaten angebaut werden sollen, dürfen nicht mit solchem Kompost verbessert werden. Er könnte noch Bakterien enthalten, die diesen Kulturen schaden.

Nachdem Sie sich vergewissert haben, dass Sie wirklich alle Kartoffeln aus dem Boden genommen haben, können Sie die Fläche sofort für die nächste Gemüsekultur nutzen.

Schädlinge und Krankheiten

An Kartoffeln können verschiedene Schädlinge und Krankheiten auftreten. Viele sind jedoch vermeidbar, wenn Sie zertifiziertes, gesundes Pflanzgut verwenden. Bei Einhaltung einer strengen Fruchtfolge ist ein Krankheitsbefall ebenfalls weniger wahrscheinlich.

Die häufigsten Probleme werden durch Kraut- und Knollenfäule (S. 151), Kartoffelnematoden (S. 151), Kartoffelschorf (S. 151), Kartoffelkrebs (S. 151), Schwarzblättrigkeit (S. 151) und Drahtwürmer (S. 151) verursacht.

Alternative Anbaumethoden

Eine Alternative zum traditionellen Anbau ist der Anbau unter schwarzer Plastikfolie, deren Kanten mit Steinen oder Erde beschwert werden.

Direkt über jeder auflaufenden Pflanze wird ein Schlitz in die Folie geschnitten. Achten Sie auf Schnecken! Zum Ernten wird die Folie zurückgeschoben.

Kartoffeln gedeihen auch in großen, tiefen Töpfen. Dazu werden die Saatkartoffeln auf ca. 20 cm Kompost gesetzt und die wachsenden Pflanzen mit weiterem Kompost bedeckt. Es gibt auch spezielle Kartoffeltöpfe, bei denen mit jeder Kompostgabe ein weiterer Plastikstreifen am oberen Topfrand angebracht wird.

Halten Sie auch Ausschau nach festen Plastiksäcken, Wellplastikkübeln, Verpackungsgewebe zum Verhüllen der Behälter und anderem Material, das Ihnen beim Kartoffelanbau nützlich sein könnte.

Kartoffeln anbauen

Salatgemüse anbauen

Salatgemüse bereiten Genuss im Sommer und in den zeitigen Herbstmonaten, viele können aber auch im Winter und Frühjahr angebaut werden. Oft finden sie in Gemüsepfannen Verwendung oder werden in einem herkömmlichen Salat roh verzehrt. In die Gruppe der Salatgemüse fallen viele Gemüsearten, aus dieser großen Vielfalt werden hier folgende behandelt: Chicorée, Feldsalat, Barbarakraut, Gurken, Endivien, Kopfsalate und Rettiche und Radieschen sowie einige der moderneren Blattsalate wie Rucola, Mizuna-Mischung und Pak Choi.

Chicorée ist ein nützliches Wintergemüse, das man als Rohkost oder gedünstet bzw. leicht angebraten verzehren kann. Der Anbau erfolgt in zwei Etappen: zunächst im Beet, dann in großen Blumentöpfen. Diese zweite Etappe ist bekannt als sogenannte Treiberei, in dieser Zeit wachsen die hellgrünen speerförmigen Blattschöpfe.

Feldsalat und Endivien liefern ebenfalls frische Blätter für Wintersalate zu einer Zeit, in der andere Salatgemüse eher rar sind. Natürlich können beide aber auch den ganzen Sommer über angebaut werden. Feldsalat hat kleine, dunkelgrüne Blätter und ist eine kleine Pflanze. Endivien sind viel größer. Es gibt Sorten mit tief geschlitztem, krausem Laub und solche mit breiten, ganzrandigen Blättern mit wachsartigem Belag. Um den bitteren Geschmack zu mildern, wird die Endivie während des Wachstums gebleicht.

Senf und Kresse

Senf und Kresse werden in der Regel im Haus angebaut. Streuen Sie die Samen auf mit feuchtem Löschpapier oder Küchenkrepp belegte Untertassen oder in flache, mit Kompost gefüllte Behälter. Beides bleibt bis zum Samenaufgang dunkel gestellt und kommt dann auf ein helles Fensterbrett. Nach ca. 2 bis 3 Wochen, wenn die Stiele etwa 4 cm lang sind, können Sie ernten.

Wachstumsdauer und Erntemonate

Einige Salatgemüse können ganzjährig im Garten angebaut werden, vorwiegend jedoch im Sommer und Herbst. Kopfsalate können ganzjährig angebaut werden, wachsen im Winter und Frühjahr aber weniger zuverlässig.
Wählen Sie Sorten, die Ihnen schmecken und die Sie am einfachsten anbauen können. Die Tabelle zeigt die jeweils kürzeste Zeit bis zur Vollreife und die entsprechenden Erntemonate. Beachten Sie die Abhängigkeit von Aussaatmonat und Witterungsbedingungen!

Salatgemüse	Wachstumszeit	Erntemonate
Chicorée	Bis zum Ausheben: 5 Monate Vom Treiben bis zur Ernte: 1 Monat	November – März
Feldsalat	4 Monate	Dezember und Januar
Barbarakraut	2 Monate	März – Dezember
Gurken	4 Monate	Ende Juli/August – September
Endivien	Bis zum Bleichen: 3 Monate Vom Bleichen bis zur Ernte: 2 – 4 Wochen	Oktober – November
Kopfsalat	2,5 Monate	Dezember
Blattsalat	4 – 6 Wochen	Ganzjährig: April – November und Januar – März
Rettiche und Radieschen	1 Monat	April – November
Winterrettiche	4 Monate	Oktober – Dezember

Barbarakraut ist eine unkomplizierte Alternative zu Brunnenkresse, die in einem Fließgewässer angebaut werden sollte. Barbarakraut hat kleinere, mehr symmetrisch angeordnete Blätter, der Geschmack ist sehr ähnlich.

Kopf- und Blattsalate

Die zwei Hauptformen – Kopfsalat und Römischer Salat – haben zahllose Unterformen: normalgroße Formen in allen Grüntönen, Zwergsorten, Sorten mit sehr festen, sich überlappenden Blättern und solche mit weichen Blättern und lockerem Herz. Im zeitigen Frühjahr bieten die Gartencenter eine reiche Palette, aus der Sie je nach gewünschter Art und Anbauzeit wählen können.

Viele Blattsalate werden als CCA-Salate (cut-and-come-again-crops) angebaut, die über eine lange Zeit nach Bedarf geerntet werden können. Sie können einen bestimmten Salat, z. B. Rucola, anbauen oder eine Samentüte mit einer Mischung aus verschiedenen For-

men wählen, diese Mischungen enthalten oft Rucola, Feldsalat, Ziersenf und andere farbige Varietäten. Sehr beliebt ist die Mizuna-Mischung, oder Sie experimentieren mit Ihrem eigenen Mix.

Pak Choi wird wie ein Kopfsalat geerntet, wird hier aber bei den nachwachsenden Salaten behandelt, weil er die gleiche Pflege wie diese braucht.

Anderes Salatgemüse

Rettiche und Radieschen sind eigentlich Kohl-gewächse. Sie werden aber hier aufgeführt, weil sie als Salatgemüse verzehrt werden. Rettiche und Radieschen können den ganzen Sommer über angebaut werden. Sie sind rund, walzenförmig oder konisch und leuch-tend rot, rot-weiß oder sogar reinweiß. Win-terrettiche haben die Form von Pastinaken, eine schwarze Schale und werden bis 15 cm lang.

Gurken gelten oft als Gewächshauskultur und viele Sorten gedeihen unter Glas am besten. Aber es gibt auch Freilandsorten, diese sind jedoch kürzer und haben eine festere Schale.

Tomaten werden aufgrund ihrer Vielfalt separat auf den Seiten 87 bis 90 behandelt.

Gestalten Sie Ihre Salate bunt und interessant. Ersetzen Sie die langweilige grüne Ware aus dem Supermarkt durch eigene Radieschen (links) und farbenfrohe Blätter von z. B. Radicchio, Roter Bete der Sorte 'Bull's Blood' und roten Blattsalaten (rechts).

Tipps für den Anbau

Details zum Anbau der hier beschriebenen Salatgemüse finden Sie in der Tabelle auf der nächsten Seite. Fast alle diese Kultu-ren gedeihen am besten in fruchtbarem Boden mit reichlich organischer Substanz.

Fruchtbarer Boden ist für Gurken besonders wichtig. Sie wachsen gut auf einem Hügel aus verrottetem Kompost oder Stallmist mit einer Deckschicht aus 7,5 – 10 cm guter Erde. Die Wurzeln müssen sehr feucht gehalten wer-den, doch Staunässe vertragen die Pflanzen nicht. Gurkenpflanzen können über den Boden ranken (großer Platzbedarf!) oder an einem vertikalen Spalier gezogen werden.

Salatgemüse als Zwischenfrucht

Fast alle Salatgemüse sind schnell erntereif und können als Zwischenfrucht, also zwischen Reihen mit langsamer wachsenden Kulturen, gesät werden. Kopfsalate können auch pro-blemlos in Lücken im Blumengarten oder sogar in Töpfen auf der Terrasse stehen. Säen Sie alle Salatgemüse sehr dünn und in schnel-ler Folge aus. Da sie nicht gelagert werden können, ist es sinnvoller, kontinuierlich kleine Mengen zu ernten, als auf einen Schlag von einem Überangebot von z. B. Radieschen und Salat regelrecht »erschlagen« zu werden.

Während der Wachstumsphase brauchen Salatgemüse ausreichend Wasser. Die meis-ten von ihnen müssen schnell wachsen: Zum einen führt dies zum besten Geschmack, zum anderen verhindert es die Samenbildung. Nach der Ernte werden die Wurzeln rasch herausgezogen und kompostiert. Die Fläche kann dann sofort für eine andere Kultur genutzt werden.

Wintersalate

Endivien und Feldsalat sind eigentlich typi-sche Herbst- und Wintergemüse, aber bei Bedarf können sie auch im zeitigen Frühjahr gesät und dann im Sommer geerntet werden. Vergessen Sie aber nicht, dass im Sommer für gewöhnlich große Mengen an Kopfsalat anfallen – bauen Sie deshalb Feldsalat und Endivien in dieser Zeit nur an, wenn Sie wirk-lich eine besondere Vorliebe dafür haben und sie anderen Salatpflanzen vorziehen.

Wintersalate müssen eventuell mit Hauben vor rauem Wetter geschützt werden. Und obwohl Unkräuter in dieser Jahreszeit nicht üppig wachsen, ist regelmäßiges Hacken eine gute Übung, um sie sich vom Leibe zu halten.

Der Anbau von Salatgemüse

Salatgemüse	Boden/Standort	Aussaat	Saattiefe
Chicorée	**Boden:** Tiefgründiger und gut vorbereiteter Boden. Liebt vor der Aussaat tief eingearbeiteten, gut verrotteten Mist oder Kompost. **Standort:** Jeder Standort, der nicht zu schattig ist.	Aussaat dünn an Ort und Stelle im April – Juni.	0,5 cm
Feldsalat	**Boden:** Jeder gut vorbereitete Boden. **Standort:** Offen und sonnig.	Aussaat dünn im August / September.	1 cm
Barbarakraut	**Boden:** Feucht, mit viel gut verrottetem Mist. **Standort:** Feucht und schattig.	Saatrillen gut wässern und im März dünn aussäen, dann wieder im September.	0,5 cm
Gurken	**Boden:** Guter Boden, der kurz vor dem Pflanzen großzügig mit Mist oder Kompost angereichert wurde. **Standort:** Sonnig und geschützt.	Ende April im Haus in einzelne Torftöpfe säen und an warme Stelle setzen. Aussaat unter Glas Mitte Mai an Ort und Stelle, im Freiland ab Ende Mai an Ort und Stelle. Jeweils 3 Samen in einer 10 – 15 cm Gruppe im Abstand von 60 cm auslegen.	1 – 2,5 cm
Endivien	**Boden:** Leichter, gut dränierter und fruchtbarer Boden. **Standort:** Jede Lage, vorzugsweise aber gut geschützt.	Aussaat Ende Juni bis Anfang August an Ort und Stelle oder im Saatbeet.	1 cm
Kopfsalat	**Boden:** Fruchtbarer, gut dränierter, leichter Boden. Knackige Sorten lieben Boden mit viel organischer Substanz zur Wasserspeicherung. **Standort:** Offen und sonnig. Verträgt keine Beschattung durch Bäume.	**Gewünschte Erntezeit:** *Mai – November:* Im Freiland an Ort und Stelle von März bis Anfang August alle 2 Wochen dünn aussäen. *Mai – Juli:* Im Haus im Januar/Februar in Kästen aussäen. *April – Mai:* Winterharte Sorten wählen und Ende September/ Oktober unter Hauben aussäen. *November – Dezember:* Treibsorten wählen, im August im Saatbeet mit 15 cm Reihenabstand aussäen. *März – April:* Treibsorten wählen und im Oktober im Frühbeet oder unter Hauben aussäen.	Alle Saatrillen 1 cm
Blattsalate und Pak Choi	**Boden:** Alle fruchtbaren, gut dränierten Böden; Töpfe aus Mehrzweckkompost. **Standort:** Offen und sonnig.	Dünn an Ort und Stelle aussäen im zeitigen Frühjahr bis Herbstmitte mit jeweils 3 – 4 Wochen Abstand.	0,5 cm
Rettiche und Radieschen	**Boden:** Jeder fruchtbare, gut vorbereitete Boden, vorzugsweise mit gut verrotteter organischer Substanz versorgt, besonders bei leichtem und sandigem Boden. **Standort:** Bei Frühjahrsaussaat: offen und sonnig, aber geschützt. Überschattung führt zu holzigen und scharfen Rettichen. Bei Sommeraussaat: kühl und schattig.	**Rettiche und Radieschen:** Ab März fortlaufend alle 2 Wochen bis August / September an Ort und Stelle sehr dünn aussäen. Für frühere Ernte (Ende März) im Januar / Februar unter Hauben aussäen. Zur Bodenerwärmung die Hauben 2 Wochen vor der Aussaat platzieren. **Winterrettiche:** Aussaat im Juli / August an Ort und Stelle. Bei trockenem Boden die Saatrille vor dem Säen wässern.	1 cm 0,5 cm 2 cm

Ausdünnen/Verpflanzen	Abstände	Pflege	Ernte
Fortlaufend auf empfohlenen Abstand ausdünnen.	20 x 40 cm	Zwischen den Reihen hacken, bei Bedarf wässern. Im Oktober/November nach Absterben des Laubs die langen Wurzeln ausgraben, Laub ca. 2,5 cm über Schulter abschneiden und Wurzel auf ca. 20 cm einkürzen. Sofort zum Treiben ansetzen (s. Ernte) oder in trockener Erde an dunklem Platz bis zur Verwendung lagern.	**Treiben:** Wurzeln in mit Kompost gefüllte Blumentöpfe setzen, sodass 2,5–5 cm Abstand zwischen ihnen ist und die oberen Enden aus der Erde ragen. Wässern und mit gleich großem umgestülptem Topf bedecken. Etwa 4 Wochen an warmen Platz stellen. Blattschöpfe nach Bedarf abschneiden, wenn sie 12,5–15 cm lang sind. Wurzeln kompostieren.
Auf empfohlenen Abstand ausdünnen.	10 x 15 cm	Gut wässern, zur Unkrautbekämpfung zwischen den Reihen hacken. Als Frostschutz Pflanzen in Stroh einpacken oder mit Hauben bedecken.	Erntebeginn, wenn mindestens 6 Blätter ausgebildet sind. Zuerst ältere Blätter ernten oder ganze Pflanze ziehen. Erntereif in der Regel Ende Dezember.
Fortlaufend auf empfohlenen Abstand ausdünnen.	20 x 30 cm	Gut wässern. Mulchen, wenn Gefahr der Austrocknung des Bodens besteht.	Zuerst Außenblätter ernten. Wenn diese hart werden, die Innenblätter ernten.
Im Haus kultivierte Pflanzen im Mai abhärten. Anfang Juni in empfohlenem Abstand auspflanzen. Bei Freilandsaat die schwächeren Sämlinge beim Auflaufen ziehen, jeweils nur 1 starke Pflanze pro Stelle behalten.	60 x 90 cm	Gut wässern. Anregen von Seitentrieben durch Abkneifen der Triebspitzen nach 4–5 Blättern. Weibliche Blüten durch Heranziehen der Pollen tragenden männlichen Blüten oder mit einem Pinsel bestäuben. Triebe ohne Gurkenbesatz über dem 7. Blatt auskneifen.	Gurken als junge Früchte ernten, weitere wachsen nach.
Bei Aussaat an Ort und Stelle: fortlaufend auf empfohlenen Abstand ausdünnen. Bei Aussaat im Saatbeet: an Ort und Stelle verpflanzen, wenn die Pflänzchen 5–7,5 cm hoch sind.	30 x 40 cm	Gegen Unkraut hacken, reichlich wässern. Wenn notwendig, Flüssigdünger geben. Mittelblätter nach ca. 3 Monaten bleichen (s. S. 86). Alternative: Pflanzreihe mit schwarzer Folie oder geweißten Hauben bedecken.	Dauer, bis Pflanzen gebleicht sind: bei Herbsternte 10 Tage, bei Winterernte 20 Tage. Alle Pflanzen vor Frostgefahr aufnehmen. Sie halten sich in Kisten mit Erde im dunklen Schuppen oder Keller einige Wochen, besser aber sofort verwenden.
Sämlinge aus frühen Saaten pikieren. Alle Bestände, die sich anfassen lassen, ausdünnen. Bei 10 cm Pflanzenhöhe an Ort und Stelle setzen, wenn im Saatbeet oder Kasten angezogen. Fortlaufend auf empfohlenen Abstand ausdünnen. Zweite Ausdünnpartie verpflanzen: dritte Partie verzehren, wenn es passt.	15–30 cm Pflanzenabstand (laut Samentüte). 30 cm Reihenabstand.	Sämlinge mit schwarzen Baumwollfäden oder Folientunnel vor Vögeln schützen. Sommersalat ständig wässern, da er sonst vorzeitig in Samen schießt. Wintersalat braucht weniger Wasser, aber gut vorbereiteten Boden. Damit Römischer Salat einen Kopf bildet, werden die äußeren Blätter locker um die Pflanze gebunden.	Kopfsalate sind erntereif, wenn das Herz gut ausgebildet ist (vorsichtig prüfen, nicht drücken); festere Sorten, wenn die Innenblätter übereinander geschlagen sind und sich fest anfühlen; Römischer Salat, wenn die Innenblätter gut ausgebildet sind. Alle Salate nach Bedarf schneiden, aber nicht schießen lassen!
Bei dünner Aussaat kein Ausdünnen erforderlich, aber Pflänzchen zum Verzehr ziehen, wenn sie groß genug sind.	20–30 cm Reihenabstand	Gut wässern, zwischen den Reihen hacken. In kalten Gebieten bei Frühkulturen und Spätsaaten Hauben aufsetzen. Einige bilden Samen, wenn sie zu lange stehen oder austrocknen.	Nach Bedarf ernten.
Rettiche und Radieschen: Bei dünner Aussaat wenig Ausdünnen erforderlich. **Winterrettiche:** Nach Auflaufen auf empfohlenen Abstand ausdünnen.	**Rettiche und Radieschen:** 2,5 x 25 cm **Winterrettiche:** 20 x 30 cm	**Rettiche und Radieschen:** Gut wässern für zügiges Wachstum. Bei Trockenheit werden sie holzig und sehr scharf. Sommersaaten schießen sehr schnell. Bei großer Hitze mit Plastiktunneln beschatten. **Winterrettiche:** Zur Unkrautbekämpfung zwischen den Reihen hacken.	**Rettiche und Radieschen:** Die größten zuerst ernten, beginnend bei 1 cm Durchmesser. In rascher Folge ernten. **Winterrettiche:** Erntebeginn im November. Kann den Winter über im Boden bleiben, aber besser ist eine Lagerung wie bei anderem Wurzelgemüse (s. S. 207).

Ernten Sie Salatgemüse in geringer Menge und häufig. Sie halten sich nicht und schmecken ganz frisch am besten. Viele Blattsalate wachsen nach.

Schädlinge und Krankheiten

Salatgemüse wachsen schnell und werden umgehend geerntet. Daher sind sie weniger anfällig für Schädlinge und Krankheiten als viele andere Kulturen.

Schnecken (S. 147) fressen die Blätter ab. Achten Sie auch auf Erdraupen (S. 147) und Falschen Mehltau (S. 146). Rettiche und Radieschen sind Kreuzblütler, wie Kohl, und damit anfällig für die Kohlkrankheiten (s. S. 65) – Erdflöhe sind am schlimmsten. Bauen Sie keine Rettiche oder Radieschen auf mit Kohlhernie befallenem Boden an. Am häufigsten treten Grauschimmel (S. 146), Mosaikvirus (S. 146), grüne Blattlaus (S. 144), Wurzelläuse (S. 148) und Wurzelbohrer (S. 151) auf.

Treiben von Chicorée

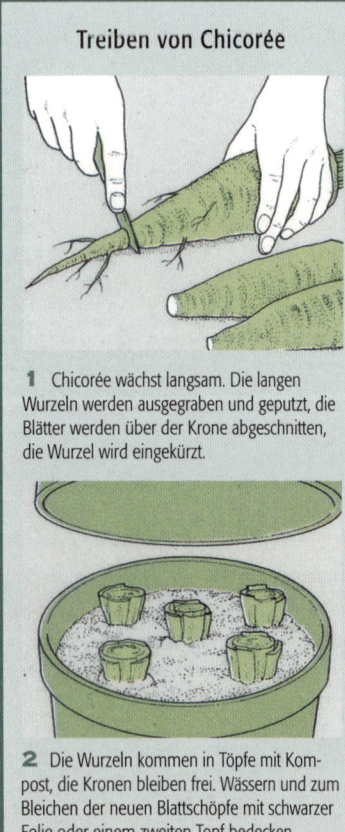

1 Chicorée wächst langsam. Die langen Wurzeln werden ausgegraben und geputzt, die Blätter werden über der Krone abgeschnitten, die Wurzel wird eingekürzt.

2 Die Wurzeln kommen in Töpfe mit Kompost, die Kronen bleiben frei. Wässern und zum Bleichen der neuen Blattschöpfe mit schwarzer Folie oder einem zweiten Topf bedecken.

Bleichen von Endivien

1 Raphiabast wird lose um die Stiele voll entwickelter Pflanzen gebunden. Die unteren Stiele bleiben so aufrecht und die Fäulnisgefahr wird verringert.

2 Zum Bleichen der inneren Stiele werden Blumentöpfe mit abgedeckten Abzugslöchern über die Pflanzen gestülpt. Auf Belüftung am Topfboden achten!

Pflege von Gurken

1 Alle neuen Seitentriebe werden ausgebrochen, wenn die Pflanze genügend Früchte gebildet hat.

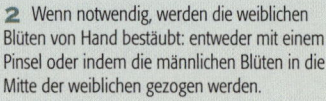

2 Wenn notwendig, werden die weiblichen Blüten von Hand bestäubt: entweder mit einem Pinsel oder indem die männlichen Blüten in die Mitte der weiblichen gezogen werden.

Tomaten anbauen

Mit den zahlreichen Hybridsorten ist es heute möglich, Tomaten in vielen Gegenden erfolgreich im Freiland anzubauen. Ein guter Ertrag lässt sich oft auch auf einer kleinen befestigten Fläche, auf dem Fensterbrett, im Gartenzimmer oder im Wintergarten, erzielen.

Es gibt unzählige Tomatensorten: runde in allen Größen (von solchen, die wenig größer sind als ein Stück Würfelzucker bis hin zu Exemplaren, die man kaum mehr in einer Hand halten kann) genauso wie pflaumen- oder birnenförmige. Und es gibt sie in den verschiedensten Farben, ob gelb, rot, grün oder sogar gestreift.

Freilandtomaten werden am häufigsten eintriebig als Stabtomaten gezogen. Es gibt aber auch Busch- und Zwergsorten. Zwergsorten werden nur etwa 15 cm hoch und breiten sich auf dem Boden aus. Sie eignen sich auch für Hängekörbe, wo sie über die Ränder herabfallen; dafür wurden spezielle Sorten gezüchtet.

Boden und Standort

Der Anbau von Tomaten erfolgt in gut vorbereitetem, gut dräniertem Boden, in den im Herbst zuvor gut verrottetes organisches Material (Lauberde ist ideal) eingearbeitet wurde. Auf frisch mit Mist gedüngtem Boden bilden die Pflanzen sehr viel Blattmasse und nur wenige Früchte. Tomaten wachsen auch gut in Pflanzerde und Pflanzsäcken, den Growing Bags, müssen dann aber in den späteren Stadien regelmäßig mit Flüssigdünger versorgt werden.

Sonne ist am wichtigsten für einen hohen Ertrag an saftigen Früchten. Wählen Sie deshalb den sonnigsten Platz, den Sie haben. Nach Süden ausgerichtete Wände oder Zäune dienen gleichzeitig als Windschutz.

Freilandtomaten schmecken in der Regel besser als Gewächshaustomaten. Die Auswahl an Sorten ist groß.

Aussäen und pflanzen

Tomaten lassen sich erfolgreich aus Samen ziehen, die es in zahlreichen Sorten gibt. Achten Sie darauf, dass Sie eine Freilandsorte kaufen, wenn der Anbau nicht im Gewächshaus erfolgen soll.

Säen Sie Tomaten im zeitigen Frühjahr in Handkisten oder Töpfe mit Aussaaterde im Abstand von 2,5 cm bzw. 2 Samen pro 7,5-cm-Topf. Befeuchten Sie die Erde gut und decken Sie diese mit Zeitungspapier ab. Stellen Sie die Gefäße an einen warmen, abgedunkelten Platz. Sobald die Samen aufgehen, entfernen Sie die Abdeckung und stellen die Sämlinge an ein warmes, sonniges Südfenster. Wenn das erste Laub erscheint, setzen Sie kräftige Sämlinge in Einzeltöpfe mit Pflanzerde. Bei Aussaat in Einzeltöpfen wird der schwächere der beiden Sämling entfernt.

Zum Abhärten kommen die Pflanzen ab Mitte April in das Frühbeet, andernfalls werden sie Mitte Mai unter Hauben gesetzt oder bis Anfang Juni im Haus behalten. Wenn erforderlich, wird erneut in größere Gefäße umgetopft. Halten Sie die Erde feucht, doch Staunässe ist schädlich!

Gute Tomatensorten

Stabtomaten
- **'Bonner Beste'**: Bewährte Sorte, mittelgroße rote Früchte, sehr ertragreich und aromatisch.
- **'Matina'**: Sehr beliebt im ökologischen Anbau, mittelgroße rote Früchte, sehr schmackhaft.

Buschtomaten
- **'Minibel'**: Kleine Früchte mit 2,5 – 3 cm Durchmesser.
- **'Rotkäppchen'**: Flachrunde rote Früchte, spät reifend, sehr guter Ertrag.

Flaschentomaten
- **'San Marzano'**: Längliche rote Früchte, festes Fleisch, sehr aromatisch, hoher Ertrag.

Der Anbau von Tomaten

1 Säen Sie Ende März/Anfang April in Handkästen mit Aussaaterde. Feuchten Sie die Erde an, decken Sie die Kästen mit Zeitungspapier ab und setzen Sie diese an eine warme, dunkle Stelle.

2 Sobald die Sämlinge anfangen zu wachsen, pikieren Sie die stärksten in mit Pflanzerde gefüllte Einzeltöpfe. Wässern Sie mäßig, aber regelmäßig.

3 Zum Abhärten setzen Sie die Jungpflanzen entweder Mitte April in den Frühbeetkasten oder im Mai unter Hauben. Falls erforderlich, müssen große Exemplare erneut umgetopft werden.

4 Pflanzen Sie die Jungpflanzen aus, sobald sie etwa 20 cm hoch sind. Dazu werden sie aus dem Topf geklopft, vorsichtig am Wurzelballen gehalten und in die Erde gepflanzt.

5 Der Pflanzabstand beträgt 45 cm. Später werden die Pflanzen mit Stäben gestützt und mit weichem Bindematerial locker angebunden.

6 Wässern Sie regelmäßig, damit die Pflanzen nicht welken. In Pflanzsäcken faulen die Wurzeln bei zu viel Wasser.

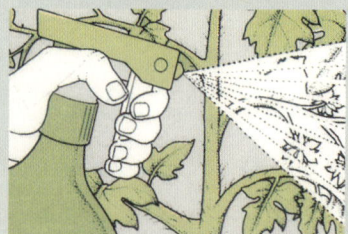

7 Sobald sich die ersten Früchte ausbilden, brauchen sie regelmäßig Flüssigdünger. Unregelmäßiges Düngen und Wässern führt dazu, dass sie ungleichmäßig wachsen und platzen.

8 Entfernen Sie alle gelben Blätter und binden Sie solche, die Früchte beschatten, hoch. Legen Sie Stroh aus, damit tiefer hängende Fruchtstände nicht verschmutzen.

Gesunde Jungpflanzen haben einen kräftigen Trieb und tiefgrüne, robuste Blätter. Alle schwachen und geilen Pflanzen werden verworfen. Von der Aussaat bis zum Auspflanzen ins Freiland vergehen ca. 7 Wochen.

Gemüse anbauen

Auspflanzen ins Freiland

Viele Gartenfreunde kaufen lieber Pflanzen aus einer Gärtnerei, als sie selbst aus Samen zu ziehen. Kaufen Sie Pflanzen, die ca. 20 cm hoch sind. Vergewissern Sie sich, dass Sie kräftige Pflanzen zum Freilandanbau kaufen, die dunkelgrünes Laub und eng stehende Blattquirle haben. Meiden Sie schwache Pflanzen und solche mit weiten Blattabständen und farnartigem Laub.

Beim Auspflanzen von Tomaten ist Sorgfalt geboten. Klopfen Sie die Jungpflanzen aus dem Topf und halten Sie diese dabei am Wurzelballen, nicht am Trieb. Pflanzen Sie mit intaktem Wurzel- und Erdballen so tief, dass das obere Ende des Ballens 1 cm unter der Bodenoberfläche liegt. Der Pflanzabstand beträgt 45 cm, der Reihenabstand 75 cm.

Tipps für den Anbau

Tomaten brauchen während der gesamten Wachstumsperiode Nährstoffe und Wasser. Unregelmäßiges Wässern kann zum Platzen der Früchte und zu geringem Ertrag führen.

Wässern Sie die Jungpflanzen sofort nach dem Pflanzen. Um sie gleichmäßig feucht zu halten, können Sie einen 10-cm-Blumentopf in Wurzelnähe in die Erde senken und diesen einmal wöchentlich bis oben mit Wasser füllen. Das Wasser gelangt so direkt zu den Wurzeln und sickert langsam und allmählich in den Boden. Unregelmäßiges oder übermäßiges Wässern kann den gleichen Schaden anrichten wie zu wenig Wässern.

Stecken Sie dicht an der Pflanze etwa 1,5 m lange Stützen in die Erde, an denen der Haupttrieb locker angebunden wird. Vorsicht, Wurzeln nicht beschädigen!

Ausgeizen

An den wachsenden Pflanzen entfernen Sie die Schösslinge, die in den Blattachseln austreiben (s. S. 90), da sie der Pflanze sonst

---

Tomatenanbau in Töpfen und anderen Gefäßen

Ein Anbau in Töpfen hat den Vorteil, dass die Pflanzen an den sonnigsten, meist geschützten Platz gestellt werden können.

Container

Jeder Container von angemessener Größe eignet sich für den Anbau von Tomaten. Container trocknen aber schneller aus als Gartenerde. Sie müssen stabil sein und eine breite Grundfläche haben, da sie sonst wegen der hohen Pflanzen und schweren Fruchtstände leicht kippen.

Hängekörbe

Kirschtomaten eignen sich dafür am besten. Die Früchte werden nicht so schwer, dass der Trieb bricht. Durch den Einsatz von Depotdünger und wasserhaltendem Gel muss an schwer zugänglichen Stellen nicht so oft gedüngt und gewässert werden. Sogenannte 'Thumbling'-Sorten, die flachbuschig wachsen, eignen sich für Körbe am besten.

Pflanzsäcke

Für Tomaten wurden spezielle Pflanzsäcke entwickelt: Die Pflanzen brauchen darin nicht so häufig Dünger, müssen aber gestützt werden. Man verwendet Drahtrahmen, die unter dem Sack entlang laufen und über der Pflanze zusammengebogen sind. Für einen sicheren Stand wird der Pflanzenstiel durch die Drahtvorrichtung geführt.

Pflanzen im Ring

Ringkulturen in Töpfen bringen kräftiges Wachstum und maximalen Geschmack. Man setzt die bodenlosen Ringtöpfe auf einen Pflanzsack oder ein Kiesbett und pflanzt die Tomaten in diesen erhöhten »Topf«, indem man sie mit ein paar Handvoll Topferde umschließt. Der Dünger kommt direkt in die obere Erde, er wird von den oberflächennahen Saugwurzeln aufgenommen. Gewässert wird im unteren Ring, das Wasser zieht in den Pflanzsack durch und wird von den nach unten wachsenden Wasserwurzeln aufgenommen. So kommen die Nährstoffe direkt zur Pflanze.

---

wertvolles Wasser und Nährstoffe entziehen. Auf diese Weise entwickeln sich kräftigen, Blütenrispen, die aus dem Trieb wachsen.

Wenn sich etwa vier Trauben entwickelt haben (gegen Ende Juli), entfernen Sie den Gipfeltrieb, um das Längenwachstum zu beenden. Die Pflanze leitet ihre Energie dann direkt in die sich entwickelnden Trauben.

Bei Buschtomatensorten ist Ausgeizen nicht erforderlich.

Von jetzt an wird regelmäßig Flüssigdünger verabreicht. Beim Anbau in Töpfen oder Pflanzsäcken müssen Sie damit früher beginnen, weil die wachsenden Pflanzen den Dünger in der Erde schnell aufbrauchen. Besprühen oder spülen Sie die Pflanzen mit

Alle zwei Wochen müssen die Schösslinge, die in den Blattachseln austreiben, entfernt werden. Anderenfalls entziehen sie den wachsenden Pflanzen wertvolle Nährstoffe.

Wasser und Flüssigdünger und bewässern Sie auch über den Boden.

Gute Pflege, gesunde Pflanzen

Entfernen Sie alle vergilbenden Blätter sofort. Bei beginnender Fruchtbildung binden Sie alle unteren Blätter, die Früchte beschatten, hoch. Laubreiche Pflanzen sind anfällig für Krankheiten, weil die Luft zwischen den Blättern nicht zirkulieren kann und verbleibende Feuchtigkeit die Schimmelbildung begünstigt. Schützen Sie Früchte im unteren Bereich mit Stroh vor Verschmutzung.

Ernte

Starten Sie mit der Tomatenernte, sobald die Früchte reif sind. Nehmen Sie dafür jede Frucht einzeln in die hohle Hand und knipsen Sie den Stiel genau darüber ab. Der Kelch bleibt an der Tomate.

Spätestens im Herbst sollten alle restlichen Früchte gepflückt werden, sind sie auch noch so grün. Warten Sie damit nicht zu lange, denn wenn der erste Frost kommt, werden die Tomaten nicht überleben und die ganze Arbeit war umsonst. Ziehen Sie die Pflanze aus der Erde und hängen Sie die ganze Pflanze oder nur die fruchttragenden Teile zum Nachreifen an einen warmen, vorzugsweise sonnigen Platz im Haus oder im Gewächshaus. Alternativ, wenn genügend Platz vorhanden ist, können die Pflanzen auch in der Erde bleiben: Dafür müssen Sie die Pflanzen von den Stützen abbinden, vorsichtig auf ein Strohbett legen und mit Hauben zudecken, bis die Tomaten reif sind.

Grüne Tomaten können ebenfalls gepflückt und dann sorgfältig in flache Kisten gelegt werden. Lagern Sie sie danach an einem kühlen, dunklen Platz. Sie reifen in den nächsten Monaten nach und nach – diesen Prozess können Sie optimieren, wenn Sie in jede Kiste zusätzlich eine reife Tomate legen. Grüne Tomate können auch zu Chutney oder Relish verarbeitet werden (s. S. 214–217).

Schädlinge und Krankheiten

Die Tomate ist eng verwandt mit der Kartoffel und somit für viele derer Probleme anfällig. Sie kann von Kartoffelnematoden (S. 151) befallen werden. Wenn man mit Kartoffel- und direkt danach mit Tomatenpflanzen arbeitet, können Kraut- und Braunfäule übertragen werden. Deshalb zwischen diesen Arbeiten immer die Hände waschen!

Abgesehen von den unten aufgeführten Krankheiten können zu früh ausgepflanzte Jungpflanzen Erschöpfungsanzeichen aufweisen. Wenn sie gleich nach dem Pflanzen langsam wachsen und kränklich aussehen, werden sie mit Hauben abgedeckt. Freilandtomaten sind aber in der Regel viel weniger anfällig als Gewächshaustomaten.

Zu achten ist vor allem auf Blütenendfäule (S. 150), Kraut- und Braunfäule (S. 150), Samtfleckenkrankheit (S. 150) und Aufplatzen (S. 150).

Die Ernte von Tomaten

1 Tomaten werden gepflückt, indem man jede einzelne Frucht behutsam in die hohle Hand nimmt und dann sehr vorsichtig den Stiel über dem Kelch abknipst.

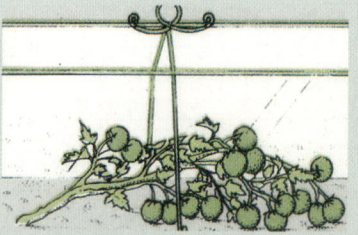

2 Wenn am Ende der Saison ganze Trauben mit grünen Tomaten geerntet werden, bindet man sie von den Stützen ab und lässt sie im Freien auf einem Strohbett unter Hauben reifen.

3 Alternativ können die Fruchtstände auch abgeschnitten und bis zur Reife an einem warmen, sonnigen Platz im Haus oder am besten in einem Gewächshaus aufgehängt werden.

Andere Freilandgemüse

Auf den folgenden Seiten werden weitere interessante Freilandgemüse behandelt: Artischocken und Topinambur, Spargel, Stangen- und Knollensellerie, Lauch, Zwiebeln und Knoblauch, Zucchini, Kürbisse, Okras, Spinat und Zuckermais.

Bei Stangensellerie gibt es zwei Typen: die selbstbleichenden Sorten und diejenigen, die gebleicht werden müssen. Der selbstbleichende Typ ist weniger arbeitsintensiv, übersteht aber keinen so starken Frost wie der Bleichsellerie und soll weniger schmackhaft sein. Knollensellerie mit seinem unteren essbaren knollenförmig verdickten Stängelteil ist leichter anzubauen und kann sowohl roh als auch in gekochter Form verzehrt werden.

Artischocken und Topinambur

Artischocken sind mehrjährige Pflanzen. Mit ihren silbriggrünen Blättern sind sie eine attraktive Bereicherung für jedes Beet. Jede Pflanze bringt im Jahr etwa sechs Köpfe (der essbare Teil) ein. Sie trägt ungefähr sechs Jahre lang Früchte, doch ist es besser, die Stauden nach drei oder vier Jahren zu ersetzen, weil die Köpfe mit der Zeit kleiner und härter werden. Wahrscheinlich brauchen Sie nur ein paar Pflanzen, aber diese werden sich lohnen – nicht umsonst gilt dieses schmackhafte Gemüse vielerorts als Delikatesse.

Der Topinambur wird wegen seiner Knollen, die einen deutlich erdigen Geschmack haben, angebaut. Die Pflanzen erinnern an Sonnenblumen, mit denen sie auch verwandt sind. Sie wachsen so hoch, dass sie einen effektiven Sichtschutz für einen Schuppen oder Komposthaufen abgeben und gedeihen in nahezu jedem Boden.

Artischocken sind eine Delikatesse in der Küche und ein Blickfang im Garten. Die stattlichen silbriggrünen Pflanzen tragen im Sommer fantastische purpurrote Blütenköpfe.

Wachstumsdauer und Erntemonate

In der Tabelle sind die kürzesten Wachstumszeiten bei Freilandanbau und die üblichen Erntemonate angegeben. Wie bei anderem Gemüse kann auch hier die Erntezeit durch eine zeitliche Staffelung der Aussaat oder den Anbau von Sorten mit unterschiedlicher Reifezeit verlängert werden.

Gemüseart	Kürzeste Wachstumszeit	Erntemonat
Stangensellerie: Selbstbleichend Bleichsellerie	5,5 Monate 6,5 Monate	Ende August – Ende Oktober Ende September – März
Knollensellerie	6,5 Monate	Oktober – November
Zucchini	2,5 Monate	Juli – September
Gartenkürbisse	3 Monate	Juli – Oktober
Lauch	8 Monate	Anfang Oktober – April
Salatzwiebeln	3 Monate	Juni – Mitte November
Küchenzwiebeln	6 – 10 Monate	September – November
Schalotten	4 Monate	Ende Juli – August
Okras	3 Monate	August – Anfang Oktober
Spinat: Sommerspinat Winterspinat	2 Monate 2,5 Monate	Mai – Oktober November – April
Neuseeländer Spinat	1,5 Monate	Mitte Juni – September
Zuckermais	3 Monate	August – September

Zucchini und Gartenkürbisse

Zucchini sind so beliebt geworden, dass viele Sorten speziell für die Erzeugung großer Erträge dieser kleineren Früchte gezüchtet wurden. Es gibt grüne und gelbe, ja sogar cremefarbene Sorten, die meisten sind lang und schlank. Alle Sorten von Zucchini werden auf die gleiche Weise angebaut. Es gibt buschig wachsende und rankende Formen. Letztere können auch an senkrechten Stützvorrichtungen gezogen werden, wenn wenig Platz vorhanden ist.

Neben den Zucchini gibt es noch viele weitere Gruppen an Gartenkürbissen, die alle leicht anzubauen sind, aber viel Platz benötigen. Zu Ihnen gehören bekannte Formen wie der Hokkaido, verschiedene Halloween-Kürbisse, die Spaghettikürbisse mit faserigem Fruchtfleisch sowie Patisson-, Rondini- und Eichel-Kürbisse.

Flaschenkürbisse gehören ebenfalls zu dieser Familie, die meisten sind allerdings Zierkürbisse und nicht zum Verzehr geeignet. Sie werden im Spätsommer geerntet und zum Trocknen an einen warmen, sonnigen Ort gelegt.

Die Zwiebelfamilie

Lauch, Zwiebeln und Knoblauch gehören alle zu derselben Familie. Lauch ist am einfachsten anzubauen und hält auch starken Frost aus. Beim Anbau von Lauch wird schwerer Boden aufgebrochen und dessen Struktur für andere Kulturen im nächsten Jahr verbessert.

Küchenzwiebeln können ganzjährig kultiviert werden, brauchen aber Schutz vor starken Frösten. Meistens werden sie im Herbst geerntet und dann eingelagert (s. S. 208). So stehen sie über den Winter zur Verfügung. Es ist einfacher und ertragreicher, Steckzwiebeln auszulegen, als Küchenzwiebeln aus Samen zu ziehen. Wenn das Laub gelb wird, werden die Schlotten umgeknickt, damit die Zwiebeln ausreifen. Nach der Ernte müssen die Zwiebeln trocknen. Dazu werden sie am besten in Bündeln oder Zöpfen in die Sonne gehängt.

Okra, Spinat und Zuckermais

Die Okra ist bei uns ein selteneres Gemüse, sie zählt zu den Malvengewächsen und wird zum Würzen von Suppen, Eintopf- oder Schmorgerichten und Currys oder als Gemüsebeilage verwendet. Okra stammt aus Afrika und gedeiht am besten unter heißen, sonnigen und feuchten Bedingungen. Daher gelingt der Anbau hierzulande fast ausschließlich im Gewächshaus.

Spinat ist eines der am schnellsten wachsenden Blattgemüse und eine gute Zwischenfrucht auf zeitweilig freien Flächen. Sommerspinat und Winterspinat sind die Haupttypen. Meistens wird hier auch der Neuseeländer Spinat zugeordnet, der jedoch nicht richtig zur Spinatfamilie gehört. Er hat kleinere, weniger glänzende Blätter und ist nicht frostfest. Er gedeiht unter trockeneren Bedingungen und ist damit eine gute Alternative auf sandigen, durchlässigen Böden. Ausdauernder Spinat bzw. Mangold wird in diesem Buch bei Wurzelgemüse behandelt (s. S. 66 – 71).

Zuckermais ist eigentlich ein Gemüse für sehr warme Gebiete, aber jetzt gibt es auch Sorten für gemäßigteres Klima. In ausreichend geschützter Lage bringt er einen ordentlichen Ertrag. Man sollte ihn versuchsweise für mindestens ein Jahr anbauen.

Okra ist in unserem Klima eine außergewöhnliche Pflanze, aber im Gewächshaus sollte man sie einmal als etwas Besonderes ausprobieren.

Spinat wird jung geerntet. Größere Blätter sind gröber, weniger schmackhaft und haben holzige, faserige Stiele.

Andere Freilandgemüse

Der Anbau anderer Freilandgemüse

Gemüseart	Boden/Standort	Aussaat	Saattiefe
Artischocken	**Boden:** Im vorangegangenen Frühjahr mit Mist gedüngter, fruchtbarer, gut dränierter Boden. Sauren Boden etwa 2 Monate vor dem Pflanzen kalken. **Standort:** Offen, sonnig, aber geschützt.	Aussaat März/April im Saatbeet im Freien, bei Vermehrung durch Ableger diese im April an einem freien Platz auspflanzen.	1 cm
Topinambur	**Boden:** Gedeiht in fast allen Böden: Je fruchtbarer der Boden, desto höher der Ertrag. Armen Boden im Winter vor dem Pflanzen mit Mist anreichern. **Standort:** Sonnig, verträgt Halbschatten. Kann als Sichtschutz angebaut werden.	Februar – März Knollen an Ort und Stelle auslegen.	10 – 15 cm
Stangensellerie	**Boden:** Tief umgegrabener, fruchtbarer, gut dränierter Boden mit viel verrotteter organischer Substanz. Selbstbleichende Typen wachsen auch in ärmeren Böden. **Standort:** Offen und sonnig.	**Beide Typen:** Aussaat unter Glas Mitte März und zwecks Staffelung der Ernte wieder Mitte April. An einem warmen Platz keimen lassen.	
Knollensellerie	**Boden:** Gut vorbereiteter und dränierter Boden. Gedeiht in ärmeren Böden als Stangensellerie, aber in fruchtbarem Boden wachsen größere Knollen. **Standort:** Sonnig.	Aussaat Mitte März unter Glas, bis zum Keimen warm halten.	
Knoblauch	**Boden:** Siehe Zwiebeln. **Standort:** Siehe Zwiebeln.	Zwiebel in Zehen teilen und gestaffelt März – Mai und wieder im Oktober mit der Spitze nach oben knapp unter der Oberfläche auspflanzen.	Siehe Zwiebeln.
Lauch	**Boden:** Im Winter zuvor mit Mist gedüngter, gut vorbereiteter und dränierter Boden. Die Anforderungen an den Boden sind nicht so hoch wie bei Zwiebeln. **Standort:** Jede Lage ohne starke Beschattung.	Aussaat im Haus: Februar/März; im Saatbeet im Freiland: März/April, 3 Samen alle 2,5 cm.	1 cm

Ausdünnen/Verpflanzen	Pflanzabstände	Pflege	Ernte
Sämlinge bei Auflaufen ausdünnen, schwächere entfernen. Im folgenden Frühjahr im empfohlenen Abstand an Ort und Stelle pflanzen. Zu dieser Zeit auch aus Ausläufern gezogene Pflanzen versetzen.	75 x 105 cm	1 Monat nach dem Auspflanzen mulchen. Bei Trockenheit gut wässern. Im ersten Jahr Blütenknospen sofort entfernen. In den Folgejahren 4–6 Köpfe stehen lassen, alle anderen entfernen. Anfang Winter den Haupttrieb bis zum Boden zurückschneiden, Herzblätter als Schutz stehen lassen. Als Frostschutz mit Stroh abdecken oder mit Erde anhäufeln.	Ab dem zweiten Jahr werden die Köpfe im Sommer geerntet, wenn sie voll entwickelt, aber noch grün sind und fest anliegende Schuppen ohne braune Spitzen haben. Die Köpfe werden mit der Gartenschere abgeschnitten, beginnend mit dem mittleren, größten Kopf. Nach der Ernte werden die Blütenstiele um die Hälfte eingekürzt.
In Saatkästen oder Töpfe vereinzeln, sobald die Sämlinge zu fassen sind. Jungpflanzen aus früher Aussaat Ende April abhärten und im Mai auspflanzen. Spätere Aussaaten im Mai abhärten und im Juni auspflanzen.	38 x 75 cm	Unkrautbekämpfung durch Hacken, Verhinderung von Blütenbildung durch Entfernen von Wachstumsspitzen. Bei Bedarf stützen, Stängel im frühen Winter abschneiden.	Knollen ab Oktober nach Bedarf ernten. Sie können in der Erde belassen oder ausgegraben und eingelagert werden. Einige Knollen als Pflanzgut für das nächste Jahr aufbewahren.
Bleichsellerie: Im April 40 cm breite und 30 cm tiefe Gräben ausheben, 30 cm breit für eine Doppelreihe bei paarweiser Pflanzung. Mist in die Grabensohle einarbeiten, sodass 15 cm Grabentiefe verbleiben. In diese die Pflanzen mit empfohlenem Abstand und Termin einsetzen. **Selbstbleichende Sorten:** Im Block statt in Reihen pflanzen. Die inneren Pflanzen bleichen so natürlich.	**Bleichsellerie:** 15 cm Pflanzenabstand **Selbstbleichende Sorten:** 25 x 25 cm	Nach Pflanzen und bei Trockenheit alle Pflanzen reichlich wässern. **Bleichsellerie:** Bei 30 cm Wuchshöhe Blattstiele mit Papier oder schwarzer Folie umhüllen, wässern und am Schutz vor Licht Erde um die Stiele ziehen. Die Blätter müssen frei bleiben. 6–8 Wochen regelmäßig weiter anhäufeln. **Selbstbleichende Sorten:** Seitentriebe sofort entfernen. Wenn die Pflanzen 30 cm hoch sind, Stroh um die äußeren Blattstiele schichten.	**Bleichsellerie:** Ernte ab Frühherbst, der Geschmack wird besser nach dem ersten Frost. Pflanzen ausgraben, an einem Ende des Grabens beginnen, Erde abschütteln, Wurzeln abschneiden. Die später zu erntenden Pflanzen müssen weiterhin gut angehäufelt sein. **Selbstbleichende Sorten:** Ernte ab Ende August bis zum ersten Frost. Nach einem Erntedurchgang außenstehende Pflanzen mit Stroh umlegen. Ernte wie Bleichsellerie.
Wie Jungpflanzen von Stangensellerie behandeln, pikieren und abhärten für Auspflanzung an Ort und Stelle Ende Mai/Juni. Die Wurzeln müssen gut bedeckt sein, damit die Pflanzen fest im Boden stehen.	30 x 20 cm	Unkrautbekämpfung durch Hacken, gut wässern. Für gleichmäßiges Wachstum alle 2 Wochen mit Flüssigmist düngen. Für kräftige Knollenentwicklung ab August alle Seitentriebe und vergilbenden Blätter entfernen.	Ernte meistens ab Ende Oktober, wenn die Knollen ausreichend groß sind. Bis Ende November sind alle Knollen zu ernten. Knollen, die nicht sofort benötigt werden, einlagern.
Ausdünnen nicht erforderlich.	15 x 30 cm	Unkrautbekämpfung durch Hacken, bei Trockenheit gut wässern. Sobald Blüten erscheinen, alle 2 Wochen flüssig düngen.	Ernten, sobald die Blätter gelb werden. Märzpflanzungen sind ab Oktober erntereif, Oktoberpflanzungen im folgenden Juli/August.
Im Haus gezogene Sämlinge pikieren, sobald sie zu fassen sind, Mitte März abhärten. Bei 15–20 cm Wuchshöhe in Saatbeet verpflanzen, dann auf ca. 5 cm ausdünnen. Juni/Juli an Ort und Stelle pflanzen. **Verpflanzen:** Oberstes Drittel der Blätter abschneiden. Im empfohlenen Abstand mit dem Pflanzholz Löcher stechen und die Pflanzen so einsetzen, dass nur die Spitzen zu sehen sind. Pflanzen nicht festdrücken, nur gut wässern. So werden sie im Boden festgehalten, wenn das Wasser versickert.	25 x 30 cm	Unkrautbekämpfung durch Hacken. Schäfte anhäufeln, so bleiben sie weiß. Vorsicht, es darf keine Erde zwischen die Blätter gelangen.	September – April nach Bedarf mit der Grabegabel vorsichtig ausheben. Im Frühjahr ernten, wenn die Fläche anderweitig benötigt wird. Stangen dann auf einer freien Fläche in einen flachen Graben setzen und Wurzeln und Schäfte mit Erde bedecken, Blätter bleiben unbedeckt. So wächst der Lauch nicht weiter und bildet keine Samen. Bei Bedarf herausnehmen.

Andere Freilandgemüse

Der Anbau anderer Freilandgemüse

Gemüseart	Boden/Standort	Aussaat	Saattiefe
Zucchini	**Boden:** Fruchtbar und Wasser speichernd, mit reichlich gut verrottetem Mist versorgt. **Standort:** Sonnig oder halbschattig. Kann auf dem Komposthaufen angebaut werden, rankende Sorten auch am Zaun.	Im Haus: Anfang April zwei Samen pro Topf stecken. Freiland: Mitte Mai an Ort und Stelle säen, in kalten Gebieten mit Hauben schützen. Saatabstand 15 cm, Samenspitze nach unten.	2,5 cm
Zwiebeln Wenn der Boden nach dem Winter noch nicht vollständig trocken ist, keine Zwiebeln aussäen oder pflanzen. Wenn die Erde an den Stiefeln kleben bleibt, ist der Boden noch zu nass. Erde festtreten und krümelig harken.	**Boden:** Gut vorbereiteter, tief umgegrabener Boden, der im vorangegangenen Herbst mit Mist versorgt wurde. Einmachzwiebeln werden besser auf leichterem, weniger fruchtbarem Boden angebaut, andernfalls werden sie zu groß. **Standort:** Sonnig und offen.	**Salat- und Einmachzwiebeln:** März bis September in einmonatigen Abständen an Ort und Stelle säen. **Säzwiebeln:** 1. Aussaat unter Glas Januar bis Februar. 2. Freilandaussaat in Saatbeet oder an Ort und Stelle Ende Februar bis Anfang April. 3. Überwinternde Sorten Mitte August in Saatbeet säen für Ernte im nächsten Sommer. **Steckzwiebeln:** Zwiebeln putzen und März/April im empfohlenen Abstand in die Erde stecken. Alternative: in flache Rillen säen.	1 cm 0,5 – 1 cm
Kürbisse	**Boden:** Sehr fetter Boden, reich an gut verrotteter organischer Substanz. **Standort:** Warm und sonnig. Wächst auch in leichtem Schatten, dann sind die Früchte aber kleiner.	Im Haus: zwei Samen pro Topf Anfang April. Freiland: Ende April/Mitte Mai direkt an Ort und Stelle säen. Mit Hauben schützen.	2,5 cm
Okras	**Boden:** Leichter Boden, gut vorbereitet und Wasser speichernd. **Standort:** Warm und geschützt, Südlage ist ideal.	Aussaat im Haus unter Glas im April. Direktsaat ins Freiland Mitte Mai, aber mit Hauben oder Plastiktunneln schützen.	1 cm
Spinat	**Boden:** Fruchtbarer, Wasser speichernder Boden (besonders wichtig für Sommerspinat). **Standort:** Sommerspinat: volle Sonne oder Halbschatten. Winterspinat: geschützter Standort.	**Sommerspinat:** Aussaat Anfang März bis Juli alle 2 Wochen direkt an Ort und Stelle. **Winterspinat:** Aussaat im August und erneut nach 1 Monat direkt an Ort und Stelle.	2,5 cm
Neuseeländer Spinat	**Boden:** Leicht und gut dräniert. **Standort:** Sonnig.	Aussaat im Haus Ende März/Anfang April. Aussaat an Ort und Stelle Anfang Mai. Alle 15 cm zwei Körner zusammen säen.	2,5 cm
Zuckermais	**Boden:** Gut vorbereiteter, fruchtbarer Boden. Leichte Böden müssen mit viel gut verrottetem organischem Material verbessert werden. **Standort:** Warm, sonnig und geschützt, aber nicht schattig.	Aussaat im Haus Ende April/Anfang Mai in einzelne Torftöpfe. Mitte Mai Aussaat an Ort und Stelle. 2 – 3 Körner je Pflanzstelle (siehe Pflanzabstände).	1 – 2 cm

Gemüse anbauen

Ausdünnen/Verpflanzen	Pflanzabstände	Pflege	Ernte
Schwächere Sämlinge beim Auflaufen entfernen. Im Topf gezogene Jungpflanzen im Mai abhärten und Ende Mai/Anfang Juni ins Freiland pflanzen.	**Zucchini:** 60 x 60 cm **Rankende Sorten:** 90 x 120 cm	Hacken, bis die Blätter das Unkraut unterdrücken. Gut wässern, auch die umgebende Fläche. Jungpflanzen vor Schnecken schützen. Bei rankenden Sorten die Triebspitzen ausbrechen, sobald sich 4 oder 5 Blätter entwickelt haben, um die Bildung von Seitentrieben anzuregen. Handbestäubung (s. S. 98).	Zucchini abschneiden, wenn sie 10 cm lang sind. Fortlaufendes Ernten regt weiteres Fruchtwachstum an. Großfrüchtige Formen ab Ende Juli ernten, wenn sie 20 cm lang und zart sind. Prüfen: eine Rippe nahe am Stiel drücken, sie soll leicht nachgeben. Mitte Oktober vor Frostgefahr alle ernten.
Salat- und Einmachzwiebeln: Ausdünnen nicht erforderlich. **Säzwiebeln:** 1. Ausdünnen, sobald Sämlinge handhabbar sind. Mitte März abhärten, Mitte April an Ort und Stelle pflanzen. 2. Auf 5 cm ausdünnen, sobald handhabbar. 1 Monat später auf 10 cm ausdünnen, gezogene Pflänzchen für Salat oder als Minizwiebeln verwenden. 1 Monat später auf Endabstand ausdünnen oder an Ort und Stelle auspflanzen. 3. Nicht ausdünnen. Im folgenden März so ins Freiland pflanzen, dass der Schaft zur Hälfte in der Erde steckt. **Steckzwiebeln:** Ausdünnen nicht erforderlich.	**Salat- und Einmachzwiebeln:** Reihenabstand 25–30 cm **Alle anderen:** 15 x 30 cm; bei großfrüchtiger Sorte den Zwiebelabstand auf 25 cm vergrößern.	**Salat- und Einmachzwiebeln:** Hacken zur Unkrautbekämpfung, Septembersaaten für Winterernte mit Hauben schützen. **Alle anderen:** Hacken zur Unkrautbekämpfung. Gut feucht halten. Eventuell blütenbildende Pflanzen ziehen und sofort verbrauchen. Wenn die Pflanzen ihre Endgröße erreicht haben und das Laub gelb wird, die Schlotten knapp über der Zwiebel umknicken.	**Salat- und Einmachzwiebeln:** Zwiebeln ab etwa März ziehen, wenn sie ca. 15 cm hoch sind. Einige zum Einmachen etwas größer werden lassen, dann ziehen und in der Sonne trocknen lassen. **Alle anderen:** 1 oder 2 Wochen nach dem Umknicken der Schlotten werden die Zwiebeln gelockert und dabei die Wurzeln abgerissen, sie bleiben aber noch 2 Wochen im Boden. Dann werden sie herausgehoben und zum Trocknen in der Sonne ausgelegt. Wie auf Seite 208 beschrieben lagern. Zwiebeln zur Einwinterung sollten bis Ende September geerntet sein.
Pro Topf schwächere Sämlinge nach Auflaufen entfernen. Abhärten zum Auspflanzen Ende Mai/Anfang Juni. Freilandsämlinge auf empfohlenen Endabstand ausdünnen.	90 x 120 cm	Gut wässern und alle 2 Wochen düngen, wenn die Früchte zu schwellen beginnen. Vegetationspunkte ausbrechen, sobald sich 3 Blätter ausgebildet haben. Bestäuben wie bei Zucchini. Junge Früchte zum Schutz vor Schnecken auf Holz oder Schiefer legen, sauber halten. Zum Ausreifen an der Pflanze belassen.	Kürbisse werden von der Pflanze geschnitten, wenn sie vollreif sind, d. h. im Frühherbst. Kleinfrüchtige Sorten sind im Spätsommer erntereif. Bei Frostgefahr werden die Pflanzen nachts mit einem Sack zugedeckt.
Im Haus gezogene Sämlinge nach Auflaufen in Töpfe pikieren. Anfang Mai abhärten, Ende Mai an Ort und Stelle pflanzen. An Ort und Stelle gesäte Pflanzen fortlaufend bis zum empfohlenen Abstand ausdünnen.	50 x 60 cm	Hacken zur Unkrautbekämpfung. Gut feucht halten. Wenn Blüten gebildet sind, Flüssigdünger in 14-tägigen Abständen geben.	Geerntet werden die 15–20 cm langen Früchte. Regelmäßiges Ernten regt weiteres Fruchtwachstum an. Die Pflanzen sind frostanfällig, deshalb alles rechtzeitig ernten. Überschuss einfrieren.
Beide Typen: Sämlinge auf 7,5 cm Abstand ausdünnen, sobald sie handhabbar sind. Einen Monat später auf Endabstand ausdünnen. Gezogene Pflänzchen in der Küche verwenden.	**Sommerspinat:** 30 x 30 cm **Winterspinat:** 15 x 30 cm	Hacken zur Unkrautbekämpfung. **Sommerspinat:** Gut wässern. Schießt bei heißem, trockenem Wetter. **Winterspinat:** Ab November mit Hauben oder Stroh schützen.	Pflücken, sobald die Blätter genügend groß sind, dabei Pflanzen am Stielgrund abbrechen. Von jeder Pflanze nur die Hälfte der Blätter (zuerst die großen) pflücken. Vom Sommerspinat kann jedes Mal mehr geerntet werden als vom Winterspinat.
Im Haus gezogene Sämlinge pikieren, sobald sie handhabbar sind. Anfang Mai abhärten, Ende Mai/Juni auspflanzen. Schwächere Pflänzchen der Freilandsaat entfernen, um empfohlenen Endabstand zu erreichen.	45 x 60 cm	In Trockenperioden kontinuierlich wässern. Mittlere Vegetationspunkte auskneifen, um das Wachstum blattreicher Seitentriebe anzuregen.	Junge Triebspitzen werden geerntet, wenn sie 2–3 ausgewachsene Blätter haben. Wie bei Sommer- und Winterspinat nicht alle Blätter gleichzeitig ernten.
Im Haus gezogene Sämlinge bei 15 cm Wuchshöhe an Ort und Stelle pflanzen, etwa 1 Monat mit Hauben schützen. Schwächere Pflänzchen der Freilandsaat nach Auflaufen entfernen. Zuckermais für gute Bestäubung auf quadratischer Fläche und nicht in Reihen anbauen.	45 x 60 cm	Hauben entfernen, wenn die Pflanzen ausgewachsen sind. Hacken zur Unkrautbekämpfung, für festen Stand die Pflanzen anhäufeln. Gut wässern, wöchentlich Flüssigdünger geben. Pflanzen bei Bedarf stützen. Seitentriebe an der Triebbasis entfernen. Nach 3 Kolben alle weiteren entfernen.	Wenn die seidigen Narbenfäden am Kolbenkopf dunkelbraun werden, wird die Reife der Körner geprüft: Drückt man ein Korn mit dem Fingernagel ein, sollte eine milchige Flüssigkeit austreten, die Körner sollten hellgelb sein. Die Kolben werden abgebrochen und sofort verwendet oder eingefroren.

Andere Freilandgemüse

Tipps für den Anbau

Die Tabellen auf den Seiten 94 – 97 enthalten die wesentlichen Ratschläge für den Anbau der hier behandelten Gemüse. Einige zusätzliche Tipps können nützlich sein, um einen guten Ertrag zu erzielen.

Artischocken können aus Samen gezogen werden, schneller geht es aber mit Ablegern, die man von vorhandenen Pflanzen abnimmt oder kauft. Topinambur wird aus Knollen gezogen. Es ist wichtig, jedes Jahr neue Knollen zu legen, um den Ausbruch von Krankheiten und Verwilderung zu vermeiden.

Bleichsellerie steht in tiefen Gräben. Selbstbleichende Sorten werden in Blockform angebaut, damit die Stangen (zumindest der innen stehenden Pflanzen) natürlich bleichen. Auch ein Frühbeetkasten ohne Abdeckung eignet sich dafür. Dabei beschatten die Kastenwände die Pflanzen und bleichen die Stangen.

Auch Zuckermais wird im Block angebaut. Das erhöht die Chancen für eine Bestäubung zwischen den oberen und den Kolben bildenden Blüten.

Anbau von Bleichsellerie

1 Vor dem Anhäufeln wird Zeitungspapier, Pappe oder schwarze Folie um die Stiele jeder Pflanze gewickelt, damit diese nicht beschmutzt werden und um sie, falls erforderlich, zu bleichen.

2 Jungpflanzen werden im erforderlichen Abstand in Gräben gesetzt und gut gewässert.

3 Dann wird angehäufelt, dabei bleiben die Blätter unbedeckt. Weiterhin gut wässern.

4 Bei der Ernte dürfen die Pflanzen nicht beschädigt werden.

Der Anbau von Zucchini

Pflanzen	Ausknipsen	Schutz	Bestäubung

Mit dem Pflanzspaten werden Löcher entlang der Gartenschnur in den Boden gegraben. Die Samenkörner werden einzeln eingelegt.

Die Wachstumsspitzen werden ausgeknipst, damit wird das Wachstum von Seitentrieben angeregt und die Pflanze verzweigt sich.

Zum Schutz vor Verschmutzung werden die Pflanzen auf Holz, Schiefer oder Folie gelegt.

Um Früchte auszubilden, müssen Zucchini bestäubt werden: Die Pollen werden entweder mit einem weichen Pinsel von der männlichen zur weiblichen Blüte gebracht oder die männliche Blüte wird auf die Mitte der weiblichen geführt (oben).

Zwiebeln werden aus Samen angebaut oder aus Steckzwiebeln, d. h. aus kleinen unreifen Zwiebeln, von denen jede zu einer großen Frucht heranwächst. Der Anbau aus Steckzwiebeln ist einfacher. Werden diese nicht sofort verwendet, müssen sie an einem kühlen, trockenen Ort aufbewahrt werden, damit sie nicht vorzeitig keimen. Schalotten zieht man ebenfalls aus Steckzwiebeln. In diesem Fall teilt sich jede Zwiebel und bildet etwa sechs neue. Heben Sie nach der Ernte einige Schalotten auf und pflanzen Sie diese im folgenden Jahr aus.

Schädlinge und Krankheiten

Im Garten können viele Schädlinge und Krankheiten auftreten. Einige der häufigsten Probleme sind hier aufgeführt.

Die Selleriefliege, die auch Pastinaken befällt (S. 145), ist ein häufiger Schädling an Stangen- und Knollensellerie. Befallene Pflanzen erholen sich schneller, wenn sie eine Flüssigdüngung erhalten.

Bei Trockenheit und nährstoffarmem Boden wachsen nur kleine, holzige und wenig schmackhafte Artischocken. Abhilfe schaffen die Verabreichung eines Mehrzweckdüngers und das Mulchen mit gut verrotteter organischer Substanz.

Bei Zucchini, denen Wasser fehlt, oder bei auf wenig durchlässigem Boden angebautem Spinat kann an den Blättern Mehltau auftreten. Wenn der Befall nicht zu stark ist, wird der Ertrag nicht beeinträchtigt. Infizierte Blätter können von den Spinatpflanzen entfernt werden. Mehltaubefall ist seltener, wenn Spinat wie empfohlen frühzeitig ausgedünnt wird. Zucchini können auch vom Mosaikvirus befallen werden (S. 146). Andere Probleme, auf die Sie bei Ihren Kulturen achten sollten, sind Lauchmotte (S. 146), Fritfliege (S. 145), Zwiebelfliege (S. 148), Nematoden (S. 145), Schnecken (S. 151), Blütenfäule (S. 145), Kragenfäule (S. 151), Weißfäule (S. 151) und Sellerie-Blattfleckenkrankheit an Sellerie (S. 146).

Spargel anbauen

Wenn Sie selbst Spargel anbauen, können Sie dieses oft teure Gemüse preiswert auf den Tisch bringen. Spargel, der aus Samen gezogen wird, braucht drei Jahre bis zur ersten Ernte, aber Sie können dann auch bis zu 20 Jahre von den Pflanzen ernten.

Sie haben die Wahl zwischen der Anzucht aus Samen und dem Pflanzen von Setzlingen. Wenn Sie zweijährige Setzlinge kaufen, können Sie bereits im zweiten Jahr nach dem Pflanzen die ersten Stangen ernten.

Boden und Standort

Die wichtigste Voraussetzung für den erfolgreichen Spargelanbau ist ein gut dränierter Boden, im Idealfall tiefgründiger, fruchtbarer, leichter Sandboden. Die Fläche wird über viele Jahre genutzt und muss deshalb gut vorbereitet werden. Im Herbst vor dem Pflanzen wird viel organisches Material in den Boden eingearbeitet, alle Wurzelunkräuter werden entfernt. Saurer Boden wird durch Kalken auf einen pH-Wert von 6,5 – 7 gebracht.

Legen Sie das Spargelbeet am besten an einem offenen, sonnigen und windgeschützten Platz an, möglichst in Südlage.

Aussaat und Pflanzen

Säen Sie im zeitigen Frühjahr auf dem Saatbeet in etwa 5 cm tiefe Rillen, die 30 cm Abstand voneinander haben. Die Samen keimen langsam, deshalb werden sie vor der Aussaat einen Tag lang in Wasser eingeweicht.

Die Sämlinge werden über den Sommer gut gewässert und bei ausreichender Größe (sobald Sie sie greifen können) auf 15 cm Abstand ausgedünnt. Im folgenden Frühjahr können sie wie nachfolgend beschrieben ausgepflanzt werden.

Spargel muss kein teurer Luxus sein. Wenn Sie Platz für ein Spargelbeet haben, können Sie Ihren eigenen ernten.

Meistens wird Spargel aus ein- oder zweijährigen Setzlingen kultiviert. Von zweijährigen kann früher geerntet werden, aber einjährige Setzlinge sind preiswerter und überstehen das Verpflanzen besser. Wenn Sie nicht sofort auspflanzen können, schützen Sie die Setzlinge mit feuchtem Kompost oder einem feuchten Sack, sie dürfen nicht austrocknen.

Heben Sie zunächst einen 20 cm tiefen und 30 cm breiten Graben aus. Verteilen Sie etwas groben Sand auf der Sohle, das verbessert die Belüftung und Entwässerung. Werfen Sie etwas Erde zurück in den Graben, sodass ein etwa 7,5 cm hoher Wall entsteht. Verteilen Sie die Setzlinge darauf und breiten Sie die Wurzeln seitlich aus. Dann bedecken Sie die

Setzlinge mit etwa 7,5 cm Erde. Der Abstand zwischen den Pflanzen beträgt 45 cm, der Reihenabstand 1,2 m.

Tipps für die Pflege

Gute Vorbereitung und Pflege der wachsenden Pflanzen zahlen sich in den folgenden Jahren in Form von reichen Ernten aus.

Mit fortschreitendem Wachstum der Pflanzen werden die Gräben allmählich mit Erde gefüllt, sodass die Kronen gerade bedeckt sind. Das im Frühjahr und Sommer wachsende Spargelkraut sollte gestützt werden, abschneiden verringert den Ertrag.

Das Spargelbeet wird stets gut gewässert und darf nicht austrocknen. Im ersten Jahr erfolgt die Unkrautbekämpfung durch Hacken, später jäten Sie am besten von Hand, weil die empfindlichen Wurzeln durch Hacken gestört würden. Wurzelunkräuter werden mit einem Herbizid bekämpft.

Nach dem ersten Frost schneiden Sie das nun gelbe Spargelkraut auf 7,5 cm zurück, ehe die Beeren auf die Erde fallen. Sammeln Sie abgefallene Beeren auf und vernichten Sie diese, andernfalls bedrängen sie nach dem Auflaufen die bereits angewachsenen Pflanzen.

Wenn Sie Bleichspargel ernten wollen, werfen Sie im Herbst und Frühjahr einen etwa 5 cm hohen Hügel um die Pflanzen auf. Der Boden wird in jedem Frühjahr gedüngt, im Herbst wird mit verrottetem Kompost oder Mist gemulcht.

Ernte

Wenn Sie einjährige Setzlinge gepflanzt haben, dürfen Sie im ersten Frühling (also ein Jahr nach dem Pflanzen) noch keinen Spargel stechen. Zweijährige Setzlinge geben im folgenden Jahr eine kleine Ernte – gehen Sie dabei jedoch sparsam vor und ernten Sie

---

Anbau von Spargel

1 Die Setzlinge werden auf einen Wall im Graben gepflanzt und sorgfältig mit Erde bedeckt.

2 Im ersten Jahr wird das Kraut nicht geschnitten, die Pflanzen werden weiter gut gewässert. Unkrautbekämpfung durch Hacken.

3 Nach dem ersten Frost wird das Kraut abgeschnitten, ehe die Beeren auf den Boden fallen.

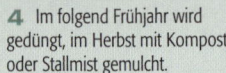

4 Im folgend Frühjahr wird gedüngt, im Herbst mit Kompost oder Stallmist gemulcht.

5 Wenn zweijährige Setzlinge gepflanzt wurden, dürfen im nächsten Frühjahr nur wenige Stangen gestochen werden.

6 Ausgewachsene Pflanzen müssen eventuell mit Pfählen gestützt werden, doch Vorsicht: die Kronen nicht beschädigen!

---

maximal eine Stange pro Pflanze. Wenn die Pflanzen vier Jahre alt sind, können Sie vier Wochen lang ernten, in den Folgejahren dann sechs Wochen lang. Sie wissen, dass die Pflanzen erntereif sind, wenn sich die ersten Spargelspitzen bilden.

Spargel wird mit einem speziellen Spargelmesser etwa 7,5 cm unter der Erde gestochen. Die Stangen sollten ca. 12,5 cm aus der Erde ragen, dann sind sie zart und saftig. Wenn sie noch länger wachsen, werden sie holzig und faserig. Beenden Sie die Ernte stets im späten Frühjahr, damit die Pflanzen ihre Reserven vor der nächsten Saison auffüllen können. Binden Sie das im Sommer gewachsene Spargelkraut zusammen und schneiden Sie es im Herbst ab.

Schädlinge und Krankheiten

Die häufigsten Probleme in Spargelbeeten sind Schwarze Nacktschnecken (S. 151), Gemeines Spargelhähnchen (S. 144) und Violetter Wurzeltöter (S. 148).

Achten Sie auf Veränderungen des Blattwerks: Verformtes, fleckig-braunes Laub ist ein Anzeichen für das Gemeine Spargelhähnchen, vergilbendes Blattwerk kann auf den Violetten Wurzeltöter hinweisen.

Gewächshaus-gemüse

Ein Gewächshaus ist nicht unbedingt erforderlich, wenn Sie Gemüse in Ihrem Garten anbauen wollen. Doch auch in wärmeren Regionen hilft es, den Ertrag und die Qualität einiger Kulturen zu steigern, die Zeit zwischen Aussaat und Reife zu verkürzen und die Palette des für den Anbau geeigneten Gemüses zu erweitern.

Ehe Sie ein Gewächshaus kaufen, wägen Sie den Preis (und eventuell die Heizkosten) gegen den Wert dessen, was Sie anbauen wollen, ab. Überlegen Sie gut, denn es könnte Jahre dauern, bis sich der Preis über Ihre Paprikafrüchte amortisiert hat. Beachten Sie dazu auch die Seiten 34–38.

Auberginen

Diese Mittelmeerpflanze lässt sich in einem großen Topf auf einer sonnigen Terrasse anbauen, wo sie geschützt ist oder sogar zeitweise ins Haus geholt werden kann. Ein besserer Ertrag wird allerdings unter Glas, im Gewächshaus oder sogar im Wintergarten erzielt.

Die Samen kommen im zeitigen Frühjahr zum Keimen in ein Kleingewächshaus, oder sie werden im Frühjahr ausgesät und an die sonnigste Seite des Gewächshauses gestellt. Die Sämlinge werden dann in kleine Töpfe mit Pflanzerde pikiert. Wenn sie 15 cm hoch sind, kommen sie an den endgültigen Standort: in große Töpfe, Pflanzsäcke oder direkt ins Grundbeet. Der Pflanzabstand beträgt 45 cm.

Bei 25 cm Höhe werden die Pflanzen entspitzt, um das Wachsen von Seitentrieben anzuregen. Sobald sich daran Früchte bilden, werden die Wachstumsspitzen entfernt,

Sie werden staunen, wie einfach es ist, exotische Früchte wie Auberginen anzubauen. Versuchen Sie es mit einigen außergewöhnlichen Sorten!

sodass an jedem Zweig höchstens zwei oder drei Früchte wachsen. Alle Nebentriebe werden entfernt. Wenn die Früchte schwer werden, müssen sie die Pflanzen stützen.

Wässern Sie die Pflanzen immer gründlich, denn sie trocknen schnell aus. Bessere Früchte erhalten Sie durch wöchentliche Flüssigdüngung. Spritzen Sie die Blätter bei warmem Wetter mit Wasser ab, das hält die Rote Spinne, den größten Feind im Gewächshaus, ab.

Die Früchte werden geerntet, wenn sie glänzend und ausgefärbt sind (dunkelviolett, gesprenkelt, cremeweiß gestreift). Sie werden

abgeschnitten und vorsichtig angefasst, denn sie sind druckempfindlich.

Gurken

Hinweise zum Anbau von Freilandgurken finden Sie bei Freilandgemüse (S. 82–86). Gewächshausgurken sind größer und haben eine zartere Schale.

Früchte, die sich aus männlichen Blüten entwickeln, sind bitter. Entfernen Sie die männlichen Blüten oder bauen Sie selbstbefruchtende Sorten an, die nur weibliche Blüten bilden. Hinter diesen sehen Sie winzige Gurken, daran sind sie leicht zu erkennen.

Sämlinge werden im Spätwinter im Kleingewächshaus angezogen und so wie Auberginensämlinge weiter getopft. Sobald die ersten Laubblätter erscheinen, pflanzen Sie die Jungpflanzen an Ort und Stelle, der Abstand zwischen den Pflanzen beträgt 60 cm.

Stützen und Rankhilfe
Gurkenpflanzen können auf zwei Arten gezogen werden:

1. Am Fuß der 25 cm hohen Pflanze wird eine Schnur lose angebunden, bis zur Gewächshausdecke geführt und an einem unter dem Dach geführten Spanndraht befestigt.

Spargel anbauen • Gewächshausgemüse

Pflanzsäcke und -ringe

Pflanzsäcke sind im Gewächshaus sehr nützlich. Die Pflanzen werden wie üblich angezogen und in die mit einer Mischung aus Kompost, Dünger und wasserhaltendem Material gefüllten Pflanzsäcke gesetzt.

Gewächshaustomaten können außer im Grundbeet oder in Pflanzsäcken auch in einem Ringsystem (s. S. 89) kultiviert werden.

Dazu verwenden Sie Ringe, die in einen Pflanzsack passen, oder bodenlose Töpfe bzw. Ringe, die mit Kompost gefüllt sind und auf ein Bett aus Kies oder Splitt gesetzt werden. Die Wurzeln wachsen auf der Suche nach Wasser in den Kies, dem Kompost im Ring wird Dünger zugeführt, der dann von den feinen Wurzeln aufgenommen wird.

An der wachsenden Pflanze werden die Seitentriebe ausgekniffen. Den Leittrieb lässt man an der Schnur hochranken, dabei wird er vorsichtig um diese gelegt. Die Schnur darf nicht zu straff sein. Vorsicht, der Leittrieb bricht leicht! Wenn die Pflanze oben angekommen ist, kann sie an dem Spanndraht weitergeführt werden.

2. Neben der Pflanze wird ein Stützpfahl gesetzt, an den der Leittrieb locker angebunden wird. In Abständen werden weitere Pfähle gesetzt und dazwischen Drähte gespannt. Hat der Leittrieb das obere Ende des Stützpfahls erreicht, wird die Triebspitze entfernt. Die Seitentriebe lässt man an den Drähten entlang ranken.

Laufende Pflege

Die Pflanzen werden gut gewässert und bei großer Hitze besprüht. Flüssigdüngung zu Beginn des Fruchtwachstums führt zu besseren Gurken, ist aber nur einmal in zwei Wochen erforderlich.

Gurken können ab Sommermitte geerntet werden, ehe sie vollreif, d. h., wenn sie schön glatt und lang sind, aber ihre maximale Länge noch nicht erreicht haben. Die Entwicklung weiterer Früchte wird dadurch angeregt.

Tomaten

Viele Tomaten werden erfolgreich im Freiland angebaut (s. S. 87 – 90). Ein höherer Ertrag und geschmackvollere Früchte werden wahrscheinlich im Gewächshaus erzielt.

Tomatensamen werden im zeitigen Frühjahr ausgesät und die Sämlinge so wie die anderen beschriebenen Gemüse angezogen. Wenn die Jungpflanzen etwa 10 cm hoch sind, werden sie mit 45 cm Pflanzenabstand und 60 cm Reihenabstand an den endgültigen Standort gepflanzt. Sie werden in der Reihe versetzt angeordnet, damit sie nicht direkt nebeneinanderstehen.

Tipps zum Anbau von Gewächshausgemüse

- Ausgesät wird dünn in Saatkästen, später wird in Einzeltöpfe pikiert.
- Die meisten Gewächshausgemüse müssen auf irgendeine Art und Weise gestützt werden, damit sie gerade wachsen.
- Bei vielen Gewächshauskulturen, insbesondere bei Tomaten, werden die Gipfeltriebe entfernt.
- Die Pflanzen müssen regelmäßig mit Wasser besprüht werden, um die Luftfeuchtigkeit zu erhöhen und Schädlinge abzuwehren. Verabreichen Sie außerdem Flüssigdünger.
- Sobald Gewächshausgemüse erntereif ist, wird es geerntet, um Platz für die übrigen Kulturen zu machen.
- Ernten Sie Früchte grundsätzlich, bevor sie ihre maximale Größe erreicht haben. Verwenden Sie dabei immer ein Messer!

Am einfachsten werden Gewächshaustomaten an Schnüren gezogen, die lose am Fuß der Pflanzen angebunden und zu einem Spanndraht unter dem Gewächshausdach geführt werden. Der Leittrieb wächst an der Schnur hoch und wird vorsichtig um diese gelegt, damit er nicht bricht. Die in den Blattachseln wachsenden Seitentriebe werden entgeizt (s. S. 90). Sobald die Pflanze an dem horizontalen Spanndraht angekommen ist, wird der Gipfeltrieb entfernt.

Düngen und Wässern

Beim Pflanzen werden die Tomatenpflanzen gemulcht. Anschließend werden sie einmal wöchentlich gewässert. Gerade bei Tomaten ist gleichmäßiges und regelmäßiges Wässern wichtig, denn wenn Sie sie erst austrocknen lassen und nachfolgend versuchen, dies durch kräftiges Gießen auszugleichen, werden die Früchte höchstwahrscheinlich platzen. Verabreichen Sie etwa alle zehn Tage Flüssigdünger, sobald die Pflanze Früchte ansetzt.

Mit fortschreitendem Wachstum färben sich die unteren Blätter gelb und sterben ab. In diesem Stadium ist es das Beste, sie zu entfernen. Diese Maßnahme erleichtert Ihnen sowohl das Ernten als auch das Wässern. Achten Sie aber darauf, nicht zu viele Blätter zu beseitigen, sonst können die Pflanzen keine Nährstoffe für die wachsenden Tomaten bilden.

Ernten und Nachreifen

Nicht nur reife Tomaten können geerntet werden. Alternativ können Sie auch grüne Früchte pflücken und sie auf dem Fensterbrett oder an einem anderen warmen, sonnigen Platz nachreifen lassen. Tomaten, die am Ende der Saison noch grün sind, reifen oft in einer Obstschale mit einigen Bananen nach. Zum Ernten nimmt man jede Tomate einzeln in die hohle Hand und knipst den Stiel vorsichtig oberhalb des Kelches ab.

Paprika und Chili

Das Klima in einem Gewächshaus ist ideal für den Anbau dieser Wärme liebenden Pflanzen. Paprika werden dann süßer und Peperoni schärfer.

Runde, süße Paprikaschoten und die dünneren, längeren und sehr viel schärferen Chilis können im Gewächshaus mit Erfolg angebaut werden. Sie werden so wie die anderen Gewächshausgemüse behandelt.

Aussaat und Pflege

Die Aussaat erfolgt im Frühjahr. Die Sämlinge werden im Kleingewächshaus angezogen und anschließend so wie die von Auberginen und Gurken behandelt. Wenn sie eine Größe von etwa 10 cm erreicht haben, werden sie an den endgültigen Standort gepflanzt. Im Grundbeet sollten Sie einen Pflanzabstand von 45 cm einhalten und neben jeder Pflanze einen kräftigen Stock einschlagen. Da die Früchte sehr schwer werden können, müssen die Pflanzen später eventuell gestützt werden.

Darüber hinaus brauchen die Pflanzen sehr wenig Aufmerksamkeit: Es reicht, wenn Sie regelmäßig wässern und ungefähr jede Woche Flüssigdünger verabreichen, sobald sich die Früchte zeigen. Werden diese zu schwer, stützen Sie die Pflanzen, indem Sie sie locker an den zuvor eingeschlagenen Stöcken festbinden.

Paprikafrüchte können entweder grün (Mitte Sommer) geerntet werden, oder man lässt sie zum Ausreifen an der Pflanze. Abhängig von der Sorte werden sie dann entweder gelb oder rot. Die Früchte werden wie Auberginen mit einer Schere oder mit einem scharfen Messer abgeschnitten.

Feurige Peperoni gedeihen im Gewächshaus. Sie können auch an einem sonnigen Fenster oder im Wintergarten angebaut werden.

Gewächshaushygiene

Die Bedingungen im Gewächshaus finden nicht nur bei Ihren Pflanzen großen Anklang – sie sind auch eine ideale Brutstätte für Schädlinge und Krankheiten. Schenken Sie deshalb den Kulturen, die hier gedeihen, besondere Aufmerksamkeit und ersticken Sie jedes Problem im Keim, ehe es außer Kontrolle gerät!

Im Gewächshaus können die Pflanzen im Grundbeet, in großen Töpfen oder in mit Dünger versehenen Pflanzsäcken angebaut werden. Für Tomaten gibt es ein spezielles System, die sogenannte Ringkultur (s. S. 89), bei der die Pflanzen tatsächlich in bodenlosen Töpfen wachsen, die mit Kompost gefüllt sind und auf einem Kiesbett oder sterilem Substrat stehen oder in einen Pflanzsack eingebettet sind.

Die einfachste Methode ist der Anbau im Grundbeet. Nutzen Sie das Gewächshaus jedoch hauptsächlich für den Anbau von Tomaten, müssen Sie die Erde entweder jedes Jahr auswechseln oder sie vor der Neupflanzung sterilisieren. Wenn Sie Tomaten zwei Jahre hintereinander in derselben Erde anbauen, sind sie sehr anfällig für verschiedene Krankheiten.

Sie können auf Tomaten ein Gemüse folgen lassen, das nicht von den gleichen Problemen

betroffen ist, wie z. B. Paprika oder Gurken. Stellen Sie sich jedoch darauf ein, dass links und rechts davon Tomatensämlinge sprießen werden. Wenn diese Kulturen abgeerntet sind, muss die Erde gewechselt werden, danach können auf der Fläche im folgenden Jahr wieder Tomaten angebaut werden.

Erdwechsel

Mit dem Frühsommer wird es im Gewächshaus Zeit für einen Erdwechsel: Dafür graben Sie die Erde in den Grundbeeten aus und tauschen Sie gegen Gartenerde. Mischen Sie dabei großzügig gut verrotteten Stallmist unter – so erhöhen Sie die Chancen, dass Ihre Tomaten im folgenden Jahr noch besser werden. Die alte Erde können Sie nach einem Jahr wieder in das Gewächshaus einbringen, aber erst, nachdem sie den Naturgewalten gründlich ausgesetzt war und vom Regen richtig durchgewaschen wurde. Um Erde zu sterilisieren, besprengen Sie sie mit einer Formalinlösung und decken sie mit Plastikbahnen ab, damit die Dämpfe nicht entweichen.

Schutz vor Schädlingen und Krankheiten

Halten Sie das Innere des Gewächshauses immer peinlich sauber und ordentlich (s. S. 38). Entfernen Sie aufkommende Unkräuter sofort, kontrollieren Sie alle Kulturen täglich! Regelmäßiges Wässern schützt nicht nur die Pflanzen vor dem Austrocknen, sondern kann auch das Auftreten von Schädlingen verhindern, die in einem heißen und trockenen Milieu gedeihen.

Anbau von Küchenkräutern

Der Anbau von Küchenkräutern ist nicht immer so kostensparend wie der Anbau von Gemüse. Doch sie machen unsere Speisen so interessant und schmackhaft, dass es sich durchaus lohnt, einige Ihrer Lieblingskräuter anzubauen.

Küchenkräuter sind einfach anzubauen. Größtenteils gedeihen sie auf fruchtbaren, gut drainierten Böden in sonnigen, geschützten Lagen am besten, aber sie wachsen auch in fast jedem Boden und Garten. Außerdem brauchen Kräuter nur wenig Platz und können sogar in Töpfen auf dem Fensterbrett, der Treppe oder der Terrasse stehen.

Man platziert sie am besten in der Nähe der Küche, damit sie schnell zur Hand sind. Wenn das nicht möglich ist, können sie an einem Ende des Gemüsegartens oder einzeln am Rand von Blumenbeeten stehen. Viele sind so dekorativ, dass sie gut in eine Rabatte oder ein Beet passen. Sie bringen nicht nur Farbe, sondern ziehen Bienen an und tragen zur Bestäubung der Blüten bei.

Viele Küchenkräuter können für den Winterbedarf konserviert werden. Dazu eignen sich Trocknen, Verarbeiten zu Gelees, Einfrieren sowie das Herstellen von Kräuterölen und -essigen. Siehe auch das Kapitel zur Haltbarmachung von Erzeugnissen (s. S. 204–236).

Planung des Kräuterbeets

Ein formal geplantes und gut gestaltetes Kräuterbeet fand sich früher in vielen Gärten. Aufgrund von Platzmangel ist dies heute seltener der Fall. Wenn genügend Platz ist, können Kräuterbeete aber eine charmante und lohnende Ergänzung der Gemüsefläche oder des Küchengartens sein.

Traditionell wurden Kräutergärten in geometrischen Mustern im Stil eines elisabethani-

Stecklingsvermehrung von Küchenkräutern

Viele Küchenkräuter können durch Stecklinge oder Wurzelteilung vermehrt werden.

1 Für Triebstecklinge werden Seitentriebe vom Haupttrieb abgenommen.

2 Die Schnittfläche wird in Bewurzelungspulver getaucht und in mit guter Erde gefüllte Töpfe gesteckt. Die Töpfe werden mit kleinen Hauben oder durchsichtigen Plastiktüten abgedeckt oder in ein Kleingewächshaus gestellt, bis die Stecklinge gut bewurzelt sind.

3 Durch Wurzelteilung erhält man rasch kräftige Pflanzen, da diese bereits über eigene Wurzeln verfügen, jedoch immer nur wenige neue Exemplare. Die Mutterpflanze wird dazu ausgegraben und der Wurzelballen vorsichtig auseinandergezogen, ohne die Wurzeln zu beschädigen. Nach Entwirren der Wurzeln werden die Teilstücke sofort eingepflanzt.

schen Knotengartens angelegt. Ob Dreieck, Kreis oder Quadrat – jede kleine Fläche erhält dafür eine akkurat geschnittene Einfassung aus Buchsbaum oder anderen kleinlaubigen immergrünen Gehölzen. Es dauert lange, bis die Kräuter an- und die Gehölze ausgewachsen sind. Leichter geht es mit einem hölzernen Rahmen zur Unterteilung des Beets oder mit einem freien Muster aus verschiedenen Kräutern ohne formale Einfassung.

Beachten Sie bei der Planung Ihres Kräutergartens, dass die höheren Arten hinten stehen, sodass sie die anderen nicht ständig überschatten. Einige Kräuter lieben Halbschatten und wachsen gut in der Nähe ihrer hohen Begleiter.

Wenn der Platz knapp ist, wachsen Kräuter auch gut in Wannen, Töpfen oder anderen Behältern, die dorthin gestellt werden, wo sie hinpassen: auf die Veranda, die Terrasse, das Küchenfenster oder eine Treppe. Einige Kräu-

ter wachsen sogar in schmalen Spalten zwischen Pflastersteinen auf einem Weg oder einer Terrasse, nicht aber auf stark begangenen Flächen.

Auswahl der Kräuter

Die Auswahl der Kräuter hängt wahrscheinlich von Ihrem persönlichen Geschmack ab. In der Küche werden am häufigsten Schnittlauch, Petersilie, Thymian, Rosmarin, Majoran und Salbei verwendet. Versuchen Sie es trotzdem mit einigen weniger üblichen Arten. Ihr Anbau ist in der Regel nicht komplizierter und sie können in der Küche viel interessanter sein.

Viele Küchenkräuter sind mehrjährig, doch in einigen Fällen sollten sie wie Einjährige behandelt und jedes Jahr neu angebaut werden. So haben Sie immer frische junge Blätter und Stängel. Nur wenige Kräuter überstehen massive Ernten im Winter, deshalb lassen Sie diejenigen im Winter ruhen, auf die Sie sich auch im nächsten Jahr freuen.

Pflege

Auf den Seiten 106 – 107 finden Sie Ratschläge für die Pflege einiger Küchenkräuter. Die meisten lieben ähnlichen Boden und eine ähnliche Lage und sollten deshalb zusammen in einem speziellen Kräuterbeet angebaut werden.

Die umseitig angegebenen Abstände beziehen sich auf die Abstände zwischen den Pflanzen. Für die meisten Haushalte wird es reichen, wenn man eine Reihe pro Kräuterart pflanzt. Tatsächlich wirft bereits eine Pflanze pro Art genug Blätter oder Samen für eine Familie ab.

Petersilie ist die bemerkenswerteste Ausnahme von dieser Regel: Sie wird in der Küche so oft und viel verwendet, dass viele Haushalte eine größere Menge anbauen müssen, um ihren Bedarf zu decken.

Säen Sie Kräuter sehr sparsam und dünn aus und dünnen Sie die schwächsten Pflänzchen fortlaufend aus – so lange, bis Sie die benötigte Pflanzenzahl erreicht haben. Wenn Sie im Haus aussäen, geben Sie zwei oder drei Samen in jeden Topf. Nach dem Auflaufen werden die schwächsten Sämlinge gezogen.

Schädlinge und Krankheiten

Für gewöhnlich sind Küchenkräuter nicht besonders anfällig für Schädlinge und Krankheiten. Mit einer normalen Gartenhygiene können Sie das Risiko auf ein Minimum reduzieren.

Sollte dennoch einmal der Fall eintreten, graben Sie die befallenen Pflanzen am besten aus, entsorgen sie und ersetzen sie durch neue.

Küchenkräuter sind so hübsch wie ertragreich – und sie sind wertvolle Verbündete im Kampf gegen Schädlinge. Thymian und Lavendel etwa verströmen einen herrlichen Duft und ziehen Insekten an, die bei der Bekämpfung von Blattläusen helfen.

Gewächshausgemüse • Anbau von Küchenkräutern

Der Anbau von Küchenkräutern

Küchenkraut	Boden/Standort	Aussaat	Abstände
Melisse (mehrjährig)	**Boden:** Jeder Boden. **Standort:** Sonnig, etwas Schatten möglich.	Im Haus in Töpfen oder im April/Mai an Ort und Stelle 1 cm tief säen.	45 cm
Basilikum (einjährig)	**Boden:** Jeder gut dränierte Boden. **Standort:** Sonnig und geschützt. Strauchbasilikum kann im Haus in Töpfen für Winterverbrauch kultiviert werden.	Im Haus in Töpfen oder im Mai an Ort und Stelle 0,5 cm tief säen.	30 cm
Lorbeer (immergrün, mehrjährig)	**Boden:** Jeder Boden. **Standort:** Sonnig und geschützt. Wächst sehr gut in einem großer Kübel oder Topf.	Jungpflanze kaufen oder im Frühjahr 15 cm lange Steck-linge schneiden und bis zum Anwachsen in Pflanzerde kultivieren.	1 Pflanze ist ausreichend
Borretsch (einjährig)	**Boden:** Jeder gut dränierte Boden. **Standort:** Sonnig.	Im April und wieder im August an Ort und Stelle 1 cm tief säen.	30 cm
Kerbel (zweijährig)	**Boden:** Jeder feuchte und Wasser haltende Boden. **Standort:** Geschützt, teilweise sonnig.	Von März bis August in regelmäßigen Abständen an Ort und Stelle 0,5 cm tief säen.	30 cm
Schnittlauch (mehrjährig)	**Boden:** Jeder feuchte Boden. **Standort:** Sonnig oder Halbschatten.	Bei Anzucht aus Samen im März an Ort und Stelle 0,5 cm tief säen.	30 cm
Koriander (einjährig)	**Boden:** Fruchtbarer, gut dränierter Boden. **Standort:** Sonnig, als Nachbarn Dill und Kerbel.	Im April und August an Ort und Stelle 0,5 cm tief säen.	30 cm
Dill (einjährig)	**Boden:** Gut dränierter Boden. **Standort:** Offen und sonnig.	Im März und April an Ort und Stelle 0,5 cm tief säen.	25 cm
Fenchel (mehrjährig)	**Boden:** Fruchtbarer und gut dränierter Boden, gedeiht auf gut vorbereiteten kalkhaltigen Böden. **Standort:** Warm und sonnig. Blüht nicht gut in der Nähe von Koriander.	Bei Anzucht aus Samen in regelmäßigen Abständen von März bis Mai 1 cm tief säen. Neue Pflanzen erhält man auch durch Teilen älterer Exemplare.	30 cm
Meerrettich (als einjährig behandeln)	**Boden:** Tief umgegrabener, gut dränierter leichter Lehmboden. **Standort:** Sonnig oder Halbschatten.	Im März 12,5 cm lange Wurzeln oder Wurzelschnittlinge 5 cm tief auslegen.	45 cm
Majoran oder Oregano (als einjährig behandeln)	**Boden:** Leichter und gut dränierter Boden. **Standort:** Sonnig, aber geschützt.	Im April und/oder Anfang September an Ort und Stelle säen oder neue Pflanzen aus Stecklingen kultivieren.	25 cm
Minze (mehrjährig)	**Boden:** Jeder Boden, am besten aber fruchtbar und feucht. **Standort:** Bestes Aroma in voller Sonne.	Jungpflanzen im März in einen Eimer o. ä. Gefäß pflanzen, um die wuchernden Wurzeln einzudämmen. Minze ist sehr schwer aus Samen zu ziehen.	15 cm
Petersilie (als einjährig behandeln)	**Boden:** Fruchtbarer und gut dränierter Boden, aber feucht. **Standort:** Sonnig.	Von Frühjahr bis Frühsommer in Abständen an Ort und Stelle 0,5 cm tief säen. Siedendes Wasser in die Saatrille eingießen, um die Keimung zu unterstützen. Anzucht in Töpfen im Haus.	20 cm
Rosmarin (immergrün, mehrjährig)	**Boden:** Leichter, sandiger oder kalkhaltiger, gut dränierter Boden. **Standort:** Sonnig, aber geschützt, in der Nähe von Salbei.	Im April an Ort und Stelle oder im Saatbeet aussäen oder aus im Frühsommer geschnittenen Stecklingen ziehen.	30 – 40 cm
Salbei (mehrjährig)	**Boden:** Gut dränierter Boden. **Standort:** Sonnig, aber geschützt.	April – Juni 0,5 cm tief in Saatbeet säen. Im Sommer aus Stecklingen ziehen.	2 Pflanzen mit 30 cm Abstand.
Estragon (mehrjährig)	**Boden:** Gut dränierter Boden. **Standort:** Sonnig und warm.	Jungpflanze kaufen und im März oder Oktober auspflanzen oder aus im Frühjahr oder Herbst geschnittenen Stecklingen ziehen oder Wurzelteilung.	Nur 1 Pflanze nötig.
Thymian (mehrjährig)	**Boden:** Leichter, sandiger, aber gut dränierter Boden. **Standort:** Sonnig.	April – Juli 0,5 cm tief an Ort und Stelle oder im Haus in Saatschalen säen. Neue Pflanzen aus im Mai/Juni geschnittenen Stecklingen vermehren oder durch Wurzelteilung.	25 – 30 cm

Ausdünnen/Verpflanzen	Pflege	Ernte
Im Topf gezogene Jungpflanzen im Frühherbst auspflanzen. Freilandsämlinge so bald wie möglich ausdünnen.	Bei Trockenheit gut wässern. Im Jahr nach der Pflanzung im Frühsommer zurückschneiden. Im Herbst bis kurz über Boden abschneiden.	Im ersten Sommer sehr sparsam ernten, dann Ende Frühjahr und im Sommer nach Bedarf. Im Frühsommer zum Trocknen ernten.
Im Mai abhärten und Anfang Juni ins Freiland pflanzen.	Bei Trockenheit gut wässern. Für buschigen, blattreichen Wuchs Vegetationspunkte abknipsen, Blüten sofort entfernen.	Den Sommer über nach Bedarf ernten. Freilandpflanzen erfrieren beim ersten Frost.
Freilandsämlinge so bald wie möglich ausdünnen.	Kann im Sommer zu verschiedenen Formen geschnitten werden. Containerpflanzen im Winter in einen hellen, luftigen Schuppen stellen.	Blätter nach Bedarf ernten. Zum Trocknen: Zweige an einem Sommermorgen schneiden.
Sämlinge so bald wie möglich ausdünnen.	Unkrautbekämpfung. Borretsch wächst sehr schnell und sät sich leicht selbst aus.	Nach Bedarf ernten. Zum Trocknen: unbeschädigte Blätter am Morgen nach dem Tau ernten.
Auflaufende Sämlinge auf empfohlenen Abstand ausdünnen.	Bei Trockenheit gut wässern, blühende Stängel sofort ausbrechen.	Nach Bedarf ernten. Zum Trocknen: an einem sonnigen Morgen Zweige von ausgereiften Pflanzen ernten.
Auflaufende Sämlinge auf empfohlenen Abstand ausdünnen.	Bei Trockenheit gut wässern, Blüten ausbrechen. Im Frühjahr oder Herbst ausgraben und teilen.	Nach Bedarf ernten. Blätter dicht am Boden schneiden. Ernte regt weiteres Wachstum an.
Sämlinge so bald wie möglich ausdünnen.	Unkrautbekämpfung durch Hacken, bei Trockenheit wässern.	Samenstände ernten, wenn sie würzig riechen und die grünen Samen hellbraun geworden sind. Samenstände in Behältern trocknen, die Samen fallen schnell aus.
So bald wie möglich ausdünnen. Gezogene Pflänzchen sind zum Verzehr geeignet.	Unkrautbekämpfung durch Hacken, bei Trockenheit wässern. Wachsende Pflanzen anbinden.	Vor dem Blühen die Blätter ernten. Zurückschneiden bis zum Boden regt weiteres Wachstum an. Einige Pflanzen zur Blüten- und Samenbildung stehen lassen.
So bald wie möglich auf empfohlenen Abstand ausdünnen.	Keine besonderen Maßnahmen erforderlich.	Siehe Dill.
Höchstens 3 oder 4 Stück pflanzen, sie wuchern.	Bei Trockenheit wässern, sonst keine besonderen Maßnahmen erforderlich. Jedes Jahr alle Pflanzen aufnehmen und durch neue ersetzen.	August – November Wurzeln ausgraben. Alle Pflanzen aufnehmen und Wurzeln wie auf S. 207 beschrieben einlagern.
So bald wie möglich auf empfohlenen Abstand ausdünnen.	Keine besonderen Maßnahmen erforderlich.	Im Sommer und Herbst vor Blütenbildung nach Bedarf ernten. Junge Herzblätter schonen.
	Nach dem Pflanzen gut wässern. Im Herbst einige Wurzeln ausgraben und für Winterbedarf in Töpfen kultivieren. Im Oktober bis über dem Boden abschneiden.	Im Frühjahr und Sommer nach Bedarf ernten. Junge Blätter sind am aromatischsten. Zum Trocknen: Stängel schneiden, sobald die ersten Blüten erscheinen.
Sämlinge 2-mal ausdünnen, um auf den empfohlenen Abstand zu kommen.	Bei Trockenheit gut wässern, im Winter mit Hauben schützen, damit bis zum folgenden Frühjahr geerntet werden kann.	Blühende Stiele abschneiden, um Blattwachstum anzuregen. Anfangs sparsam ernten, dann reichlich und nur die grüne Mitte stehen lassen. Zum Trocknen: ab Mitte Sommer ernten.
Schrittweise Sämlinge entfernen, bis 1 gesunde Pflanze verbleibt.	Keine besonderen Maßnahmen erforderlich.	Frisch nach Bedarf ernten (im Winter sparsam). Zum Trocknen: bei Blühbeginn ernten.
Auflaufende Sämlinge ausdünnen und im Herbst auspflanzen.	Für buschigen Wuchs Blüten und Wachstumspunkte entfernen. Nach der Blüte stark zurückschneiden.	Siehe Rosmarin. Im Hochsommer ist das Aroma am besten.
	Bei Trockenheit gut wässern. Pflanze stirbt im Winter ab, vor starkem Frost mit Stroh schützen. Im Frühjahr bis zum Boden zurückschneiden.	Im Sommer und Herbst frische Blätter nach Bedarf ernten. Zum Trocknen: am Morgen blattreiche Zweige von ausgewachsenen Pflanzen ernten.
Auf empfohlenen Abstand ausdünnen. Hausaussaaten in Einzeltöpfe pikieren und im Herbst auspflanzen.	Wachsende Pflanzen gut wässern, nach der Blüte zurückschneiden. Triebe ausbrechen für mehr Laubmasse und buschigen Wuchs.	Wie Rosmarin. Im Herbst nicht zu viel ernten, sonst überlebt die Pflanze den Winter nicht.

Anbau von Küchenkräutern

Obst anbauen

Obst anbauen

Obst lässt sich grob in zwei Kategorien einteilen: in Baum- und in Beerenobst. Man braucht keine Obstplantage, fast jeder Garten bietet Platz für den Obstanbau, und mit nur ein paar Bäumen ernten Sie mehr Obst, als Sie verbrauchen können. Züchter haben eine breite Palette an Sorten entwickelt, die sogar auf sehr wenig Raum Baumobstanbau ermöglichen.

Im Selbstversorger-Garten gilt Obst als weniger wichtig als Gemüse, doch ein paar Obstbäume und eine Handvoll Sträucher bescheren Ihnen eine erstaunliche Menge Obst, das Ihren Speiseteller erheblich bereichert. Die meisten Obstarten lassen sich sehr gut lagern oder einfrieren, sodass Sie auch im Winter etwas davon haben.

Himbeersträucher sind ein guter Windschutz für empfindlichere Pflanzen; ein Apfelbaum bereichert Ihren Garten und verbreitet Flair, und viele Obstbäume und auch Weinreben können als Spalier gezogen werden. Sie sind außerdem leicht in eine bestehende Gemüsefläche oder eine neue Gartenplanung zu integrieren.

Zwei Hauptgruppen von Obst

Die hier behandelten Baumobstarten beinhalten Äpfel, Birnen, Pfirsiche, Nektarinen, Pflaumen, Zwetschgen, Renekloden, Aprikosen, Kirschen, Feigen und Zitrusfrüchte. Die Beerenfrüchte umfassen Himbeeren, Loganbeeren, Brombeeren, Blaubeeren, Rote, Weiße und Schwarze Johannisbeeren, Stachelbeeren und Erdbeeren.

Weintrauben, Melonen und Rhabarber passen in keine dieser Kategorien: Weintrauben wachsen an mehrjährigen Weinstöcken, Melonen sind einjährige Pflanzen und Rhabarber treibt Jahr für Jahr aus Wurzelknollen (Rhizomen) aus. Doch bei allen handelt es

sich um beliebte Obstarten, weshalb Sie auf diesen Seiten alle benötigten Anbauhinweise finden.

Um in unserer Klimazone erfolgreich Melonen anzubauen, benötigen Sie ein Gewächshaus oder einen Wintergarten. Weinreben bringen unter Glas eine süßere und bessere Ernte, doch lässt sich dies auch durch Anbau an einer Südwand erreichen, insbesondere in wärmeren Gegenden.

Moderne und kompakte Baumobstsorten

Baumobst als Halb- oder Hochstamm kann eine Höhe und einen Umfang von sechs Metern und mehr erreichen, was die Ernte schwierig und sogar gefährlich machen kann. Selbst wenn ein Garten groß genug ist, um solche Bäume unterzubringen, nutgzt man damit den Platz selten effizient. Weitaus produktiver wäre es, wenn man stattdessen andere Obstarten und Gemüse anbauen oder Nutzvieh halten würde.

Die meisten Baumobstarten für den Hausgarten werden heute durch Veredeln verschiedener Sorten auf besondere »Zwergunterlagen« hervorgebracht. Dadurch wird das Baumwachstum eingeschränkt und die Fruchtbildung beschleunigt. Brauchten Bäume

Beeren – der Geschmack des Sommers! Meistens findet sich genug Platz für eine ganze Bandbreite, von Schwarzen oder Roten Johannisbeeren über Erdbeeren und Stachelbeeren bis hin zu Himbeeren und Brombeeren.

früher zehn oder mehr Jahre, bevor sie Früchte trugen, schaffen dies moderne Sorten nun schon ab dem dritten Jahr.

Kaufen Sie daher bevorzugt Obstbäume, die auf schwach wachsenden Unterlagen veredelt wurden; oft ist ihre Größe gekennzeichnet. Prüfen Sie das Etikett auf Hinweise auf die endgültige Baumhöhe im ausgewachsenen Zustand.

Obstbäume gesund erhalten

Damit Obstbäume gesund und ertragreich bleiben, müssen Sie diese regelmäßig beschneiden. Die Gefahr eines Krankheitsbefalls wird minimiert, wenn die Zweige nicht dicht gedrängt oder quer durcheinander wachsen. Lenken Sie die Kraft des Baumes in die Fruchtbildung und weniger in das vegetative Wachstum. Überlässt man Bäume sich selbst, tragen sie zwar oft viele Früchte, doch Geschmack und Qualität werden dann jedes Jahr schlechter.

Obst anbauen

Süßes Beerenobst

Bei Beerenobst gibt es keine Probleme mit der Größe bzw. Höhe. Die verschiedenen Arten wachsen entweder als Sträucher (Blaubeeren, Rote, Weiße und Schwarze Johannisbeeren sowie Stachelbeeren) oder an jährlich neu treibenden Ruten (Himbeeren, Loganbeeren und Brombeeren). Um volle Erträge zu erzielen, muss man auch bei ihnen regelmäßige Schnitt- und Erziehungsmaßnahmen vornehmen – die Durchführung ist im Vergleich zu Baumobst jedoch wesentlich unkomplizierter.

Erdbeeren wachsen weder als Sträucher noch als Ruten, sondern als niedrige, bodendeckende Pflanzen, die Ableger bilden, aus denen neue Pflanzen wachsen. Diese neuen Pflanzen kann man von der Mutterpflanze abtrennen und an anderer Stelle neu einpflanzen oder an Freunde bzw. andere Gärtner weitergeben. Behalten Sie einige Ableger, um Ihren Bestand alle paar Jahre zu erneuern.

Die passende Sorte auswählen

Bei Baum- und Beerenobst gibt es eine endlose Zahl an Sorten. Suchen Sie am besten eine örtliche Baumschule auf, um nach der Beratung zu entscheiden, was Sie in Ihrem Garten anbauen wollen. Die meisten Baumschulen führen eine begrenzte Anzahl an Sorten, denn über die Jahre haben sie für sich und ihre Kunden die erfolgreichsten Arten gefunden. Beschränken Sie sich auf das vorhandene Sortiment, sofern Sie nicht bestimmte Sorten bevorzugen.

Obstgehölze pflanzen

Die Mehrzahl der Obstgehölze wird als Baum, Strauch oder (bei Himbeeren) als Rute gekauft und nur selten aus Samen gezogen. Die Pflanzen sollten während der Winterruhe gepflanzt werden, jedoch nicht bei gefrorenem oder nassem Boden. Idealerweise pflanzt man zu Beginn oder Mitte des Herbstes, da die Pflanzen dann am besten anwurzeln. Man kann dies jedoch auch ab dem Frühjahr während der Saison tun. Am besten kaufen Sie zwei- oder dreijährige Obstbäume bzw. Beerenobststräucher oder einjährige Steckhölzer.

Ist die Pflanzung nicht innerhalb der nächsten paar Tage nach dem Kauf möglich, lassen Sie bei wurzelnackten Pflanzen die Wurzeln in der Schutzverpackung und bewahren die Pflanzen in einem kühlen Verschlag auf. Am Tag vor der Pflanzung dann die Wurzeln einige Stunden lang in Wasser tränken. Containergehölze können Sie direkt pflanzen.

Obststrächer pflanzen

Graben Sie ein ausreichend breites Pflanzloch und geben Sie etwas reifen Kompost hinein. Den Strauch in das Loch setzen, die Wurzeln ausbreiten und nach oben ragende Wurzeln abschneiden. Den Raum um den Wurzelballen herum mit Erde füllen und diese fest andrücken. Nach der Pflanzung sollte die Strauchbasis nur knapp mit Erde bedeckt sein. Mulchen Sie den Bereich um die Strauchbasis mit Kompost, Stroh oder Laubkompost.

Pflanzung eines Obstbaumes

1 Trockene Baumwurzeln vor dem Pflanzen in Wasser tränken. Eine Schicht Kompost in ein ausreichend großes Loch geben, den Baum hineinsetzen und die Wurzeln ausbreiten.

2 Wurzelbereich mit einem Erde-Kompost-Mix füllen. Den Baum schütteln, damit sich die Erde setzt. Boden festdrücken, Erde nachfüllen und erneut andrücken.

3 Den Bereich um die Wurzeln gut wässern und eine Mulchschicht aus Gartenkompost, Stroh oder Laubkompost auf den Boden geben. Den oberen Teil des Stammes mit einem Stützpfahl und einer festen Schnur oder mit einem elastischen Baumband befestigen.

Obst anbauen • Auspflanzen

Himbeerruten pflanzen

Himbeerruten anderer Obstarten sehen zunächst wie schlichte Stöcke aus, doch später entwickeln sie sich zu echten Sträuchern.

Geben Sie gut verrottetes organisches Material in einen Pflanzgraben. Die Ruten hineinsetzen, die Wurzeln ausbreiten und die Ruten gerade ausrichten. Für einen festen Stand die Wurzeln mit Erde bedecken, die restliche ausgehobene Erde wieder in den Pflanz-

graben füllen und fest andrücken. Die Ruten auf eine Höhe von ca. 25 cm kürzen und eine Mulchschicht aus Kompost, Stroh oder Laubkompost entlang der Pflanzreihen ausbringen.

Nach der Pflanzung die Ruten für kräftigen Neuaustrieb auf eine Höhe von knapp 25 cm zurückschneiden.

Die Ruten in einem Abstand von 45 cm in einen rund 10 cm tiefen Pflanzgraben setzen. Bei Pflanzung von mehr als einer Reihe einen Reihenabstand von ca. 1,8 m einhalten.

Pflanzenschutz

Da die beste Zeit für das Pflanzen von Bäumen, Sträuchern und Ruten der Herbst ist, erfordert dies im Pflanzjahr einen Schutz gegen raue Witterung und Frost. Hier kann zudem ein Windschutz helfen. Auch der Schutz durch Kunststoff-Netze gegen Frost oder Wind ist hilfreich. Insbesondere Beerenobst benötigt vor der Ernte Schutz vor Vogelfraß, weshalb der Anbau unter Netzen oder Maschendraht sinnvoll sein kann (s. unten).

Stützen von Ruten

An beiden Enden des Grabens, in den Sie Himbeerruten oder Stecklinge bzw. Absenker anderer Beerenobstarten gepflanzt haben, Pflöcke in den Boden schlagen. In gleichem Abstand zueinander drei Drahtstränge zwischen die Pflöcke spannen und die Triebe zum Wachstum an diesen Drähten ausrichten.

Einschlagen wurzelnackter Pflanzen

Pflanzen Sie einen Baum erst bei angemessener Witterung aus. Bis dahin bewahren Sie ihn in einem Verschlag auf, sofern es sich um wurzelnackte Ware handelt; Man kann die Wurzeln bis zur Pflanzung mit feuchtem Stroh bedecken. Besser ist es, sie in Erde an einem geschützten Platz im Garten einzuschlagen. Dies erfolgt durch Pflanzung in einer ungestörten Ecke (s. links), wobei das Wurzelwerk mit Erde abzudecken ist, um die Feuchtigkeit zu halten.

Obst anbauen

Äpfel anbauen

Fast jeder Garten hat Platz für ein oder zwei Apfelbäume. Frühe Sorten reifen im Spätsommer und späte Sorten gegen Herbstmitte, doch lassen sie sich zum Verzehr den ganzen Winter über bis Mitte des Frühjahr lagern, sofern man beim Pflücken, Verpacken und Lagern behutsam vorgeht.

Äpfel sind keine Selbstbestäuber, daher sind mindestens zwei (zur gleichen Zeit blühende) Bäume anzupflanzen, es sei denn, Sie haben Apfelbäume in Ihrer unmittelbaren Nachbarschaft. Wenn es jedoch nur Platz für einen Baum gibt, können Sie einen Baum anpflanzen, der zwei oder mehrere sich gegenseitig bestäubende Sorten vereinigt, die auf eine einzige Unterlage veredelt sind.

Es gibt viele Apfelsorten zweier Grundtypen: Tafeläpfel für den Frischverzehr und Äpfel zum Verwerten in der Küche. Vor dem Kauf sollten

Sie entscheiden, welchen Typ Sie anbauen möchten. Suchen Sie Sorten entsprechend Ihrem Geschmack sowie der Eignung für Fremdbestäubung aus und orientieren Sie sich an Sorten, die in Ihrer Region gut gedeihen. Vermeiden Sie beispielsweise den Anbau von empfindlichen Sorten wie 'Cox Orange' auf magerem Boden oder in kalten Regionen. Denn diese Sorte wurde im Süden Englands entwickelt und ist für ein raues Klima nicht geeignet. Für Gärten in kalten Gegenden eignen sich am besten spät blühende Sorten.

Boden und Standort

Apfelbäume mögen tiefgründige und fruchtbare Lehmböden, gedeihen jedoch auch auf den meisten gut gepflegte Böden, sofern diese nicht staunass oder zu sauer sind. Wählen Sie eine offene und sonnige Lage, die gut vor kaltem Wind geschützt ist, und pflanzen Sie nicht an Stellen bzw. in Mulden mit anhaltendem Frost.

Pflanzung und regelmäßige Kulturmaßnahmen

Der Boden sollte vor dem Pflanzen komplett frei von Unkräutern (insbesondere von mehrjährigen Arten) sein und rund um den frisch gepflanzten Baum unkrautfrei gehalten werden. Unkräuter durch vorsichtiges Hacken oder von Hand entfernen und darauf achten, dass junge Wurzeln nicht beschädigt werden.

Neu gepflanzte Bäume während des Anbaujahres ausgiebig wässern und alle ausgetrockneten Bäume wässern. Obstbäume sind gut im Auffinden von Wasser, leiden aber trotzdem in Trockenperioden; dies kann die Blüte sowie Qualität und Umfang der Obsternte beeinträchtigen. Den Boden rund um den Baum mulchen, bis dieser gut angewachsen ist.

Wenn Sie Apfelbäume kaufen, erkundigen Sie sich in der Baumschule nach den empfohlenen Pflanzabständen. Diese können je nach Sorte, Baumform, Bodenart und Unterlage, auf die der Baum veredelt wurde, so stark variieren, dass keine spezifischen Angaben hierzu möglich sind.

Um die besten Früchte zu bekommen, dünnen Sie in einem frühen Wachstumsstadium Büschel von Äpfeln auf nur ein bis zwei Früchte aus.

Wie viele Bäume Sie brauchen

Die vier verschiedenen Baumformen (s. S. 116 – 117) liefern bei voller Leistungsfähigkeit etwa folgende Erträge pro Baum:

- **Kordon:** Bis zu 4,5 kg, durchschnittlich jedoch 2 kg.
- **Spalierbaum:** Hängt von der Baumgröße ab. Etwa die Hälfte des Ertrages, den ein auf gleicher Unterlage gezogener Baum mit Pyramiden-/Hohlkrone erbringt.
- **Baum mit Pyramiden- bzw. Hohlkrone:** Bis zu 28 kg, durchschnittlicher Ertrag ca. 14 kg.
- **Spindelbusch:** 14 kg.

Pflegekalender für Äpfel

Winter bis Spätwinter	**Winterschnitt** Pflanzen zur Förderung des Neuwachstums zurückschneiden.
Frühsommer	**Fruchtausdünnung** Sich entwickelnde Früchte bis auf maximal zwei Äpfel pro Büschel reduzieren.
Hochsommer	**Sommerschnitt** Neu nachwachsende Triebe herausschneiden, um die Pflanzen in Form zu bringen und zu dichtes Triebwachstum zu verhindern.
Spätsommer bis Spätherbst	**Obsternte** In reifem Zustand ernten. Einwandfreie Früchte einzeln in Papier zur Lagerung für späteren Verzehr einpacken.

Erziehungs- und Schnittmaßnahmen

Die endgültige Form aller Obstbäume wird durch die in den ersten vier Anbaujahren durchgeführten Schnitt- und Erziehungsmaßnahmen bestimmt. Wenn Sie zwei oder drei Jahre alte Bäume kaufen, hat die Erziehung bereits in der Baumschule begonnen.

Ziel der Schnittmaßnahmen ist es, die bestehende Pflanzenform zu erhalten, Licht an alle Stellen des Baumes zu bringen und ein Gleichgewicht zwischen Wachstum und Fruchtbildung zu erreichen. Man braucht genügend junges Holz, das im nächsten Jahr zu Fruchtholz wird. Altes Holz sollte nach dem zweiten oder dritten Jahr herausgeschnitten werden.

Mutiger und großzügiger Rückschnitt

Die meisten Leute beschneiden ausgewachsene Obstbäume nicht stark genug – Buschbäume mit Pyramiden- oder Hohlkrone und insbesondere Spindelbäume sollten in jedem Winter um etwa ein Drittel zurückgeschnitten werden. Der Winterschnitt fördert das Wachstum: Je stärker Sie den Baum zurückschneiden, umso stärker wächst er danach. Ein Sommerschnitt wirkt sich wachstumshemmend aus, da neue Triebe herausgeschnitten werden.

Wo trägt welche Apfelsorte?

Apfelbäume tragen je nach Sorte entweder an Fruchtspießen (siehe Grafik S. 115) oder an den Triebspitzen. Die Früchte werden also entweder auf Fruchtholz gebildet, das aus den Leit- oder Seitenästen entsteht, oder die Bildung erfolgt an den Enden der Vorjahrestriebe.

Beim Beschneiden von an Fruchtspießen tragenden Sorten sollten die Leitäste jährlich um die Hälfte und die Seitenäste bis auf drei oder vier Blattknospen zurückgeschnitten werden. Auf diese Weise können Sie das Wachstum der Fruchtspieße anregen.

Alternativ kann in einem Dreijahreszyklus gearbeitet werden, der darauf basiert, dass zwei- und dreijähriges Holz die besten Früchte hervorbringt. Hierfür benötigen Sie ein Gerüst aus bis zu sechs kräftigen Ästen, die vom Hauptstamm abgehen. Die im zweiten und dritten Jahr tragenden Seitenzweige wachsen aus diesen dauerhaften Ästen. Nach ihrem dritten Jahr werden alle Seitenzweige zurückgeschnitten, sodass sich hier neue entwickeln können.

Tipps für an Triebspitzen tragende Sorten

Bei an Triebspitzen tragenden Sorten versteht es sich von selbst, dass Endknospen tragende Triebe nicht beschnitten werden dürfen, denn diese bringen ja im Folgejahr die Früchte hervor. Die Schwierigkeit liegt darin, den Baum buschig und kompakt zu halten, ohne das Fruchtholz herauszuschneiden.

Am besten alte, dicke Äste heraussägen, sobald diese keine Erträge mehr bringen. Dadurch erhalten die Bäume eine neue Form und können neue Zweige bilden. Nicht schnippeln, sondern großzügig zurückschneiden – geringer Rückschnitt hat wenig Wirkung!

Tipps zur Kultivierung

Wie auch andere Obstarten bringen Apfelbäume ohne Ihr Zutun Jahr für Jahr Früchte hervor, doch mit etwas Sorgfalt und Aufmerksamkeit lassen sich Qualität und Quantität Ihrer Ernte steigern.

Wenn sich nach einer Saison mit Rekordblüte große Büschel von Äpfeln bilden, sind diese auszudünnen. Es mag widersprüchlich erscheinen, Früchte herauszunehmen, aber wenn Sie alle bis zur Reife am Baum lassen, wird das Ergebnis geringer und saurer ausfallen, und die Früchte neigen auf Grund der übermäßigen Fruchtmenge zu Krankheitsbefall. Durch Ausdünnen bekommen Sie zwar weniger, aber weitaus schmackhaftere Äpfel.

Goldene Schnittregeln

Einfache Regeln helfen Ihnen, mit Schnittmaßnahmen die Gesundheit und Wuchskraft Ihrer Bäume zu verbessern, statt zu Krankheitsbefall oder Schäden an der Pflanze zu fördern oder zu verursachen.

- Klare Schnitte mit scharfen, sauberen Ast- oder Rosenscheren durchführen. Triebe nicht abreißen.
- Große Schnittstellen mit Wundverschlussmitteln versiegeln, um ein Eindringen von Krankheitserregern zu verhindern.
- Immer bis zu einer neuen Blattknospe oder aber bündig mit dem Zweig zurückschneiden.
- Nicht zwischen den Knospen oder so nahe an der Knospe schneiden, dass diese beschädigt wird.

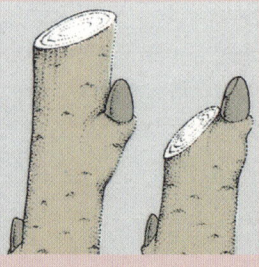

Begriffe aus dem Obstbaumschnitt

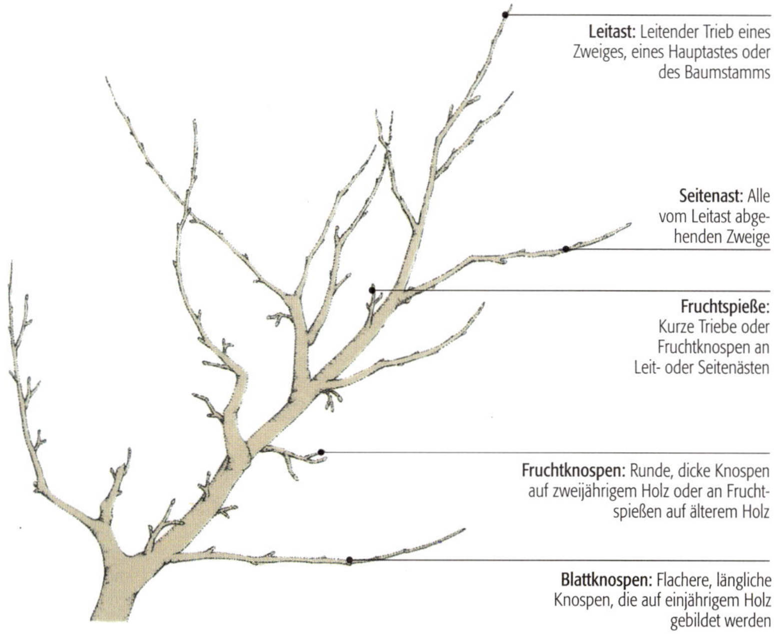

Leitast: Leitender Trieb eines Zweiges, eines Hauptastes oder des Baumstamms

Seitenast: Alle vom Leitast abgehenden Zweige

Fruchtspieße: Kurze Triebe oder Fruchtknospen an Leit- oder Seitenästen

Fruchtknospen: Runde, dicke Knospen auf zweijährigem Holz oder an Fruchtspießen auf älterem Holz

Blattknospen: Flachere, längliche Knospen, die auf einjährigem Holz gebildet werden

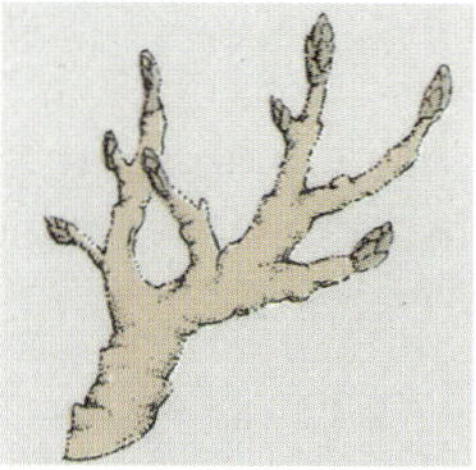

Fruchtspieß

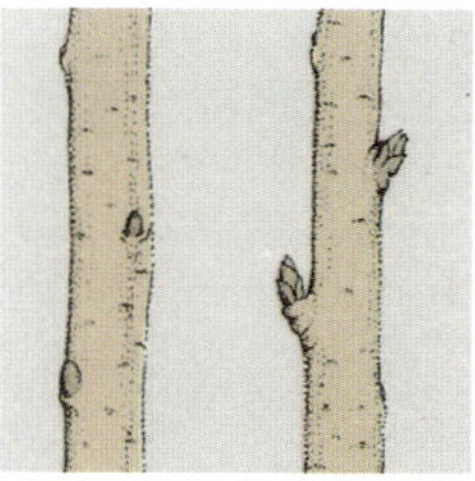

Blatt- und Blütenknospen

Bäume dünnen ihre Bestände im Frühsommer selbst aus – der sogenannte Juni-Abwurf. Untersuchen Sie den Baum danach, entfernen Sie (mit einer Schere) alle beschädigten oder unförmigen Früchte und lassen Sie eine bis maximal zwei an jedem Büschel hängen. Idealerweise ist ein Abstand von ca. 15 cm zwischen den Äpfeln anzustreben.

Ernte und Lagerung
Prüfen Sie den Reifegrad, indem Sie den Apfel in die Hand nehmen und sanft nach oben heben. Im Reifezustand löst er sich leicht vom Baum.

Behandeln Sie Äpfel immer sehr behutsam, insbesondere dann, wenn Sie diese für einen späteren Verzehr das Jahr über lagern möchten, denn sämtliche Makel führen zum Verderben des Obstes und können sich bei Lagerung auf die ganze Ernte ausweiten. Äpfel mit der Handinnenfläche und nicht

mit den Fingerspitzen pflücken, da die Frucht sonst gequetscht wird.

Einige Apfelsorten sind bei sachgemäßer Lagerung monatelang haltbar. Wichtig ist, nur einwandfreie Früchte zu nehmen und sie so zu lagern, dass sich die Äpfel nicht berühren, z. B. durch einzelnes Einpacken in Taschentücher oder Zeitungspapier. Weitere Hinweise zur Aufbewahrung von Äpfeln auf Seite 222.

Schädlinge und Krankheiten
Es gibt eine lange Liste von Schädlingen und Krankheiten, die an Apfelbäumen auftreten können. Die wichtigsten sind jedoch Apfelmehltau (S. 149), Apfelschorf (S. 149) und Obstbaumkrebs (S. 147).

Bewährte Schutzmaßnahmen wie das Anbringen von Leimringen im Sommer und Frühherbst können z. B. den Apfelwickler

fernhalten, der zur Eiablage am Baumstamm hochklettert.

Einige Gärtner empfehlen immer noch regelmäßiges Spritzen mit chemischen Präparaten. Dies dürfte in den meisten Hausgärten gar nicht erforderlich sein, insbesondere dann, wenn strikte Gartenhygiene eingehalten wird. Zudem unterliegen die Mittel für den Hausgarten strengen Zulassungsvorschriften.

Falls Ihre Bäume Krankheitsanzeichen aufweisen, lassen Sie sich in einem örtlich ansässigen Obstbaubetrieb beraten. Oder Sie holen sich Rat im örtlichen Gartenbauverein, einer Gärtnerei oder einem Gartencenter oder bei Nachbarn. Bedenken Sie, dass häufiges Spritzen dem Baum ebenso schaden wie nützen kann.

Wenn sich Vögel über Ihr Obst hermachen, ist Netzabdeckung die einzige Abhilfe. Lassen Sie dafür den Vögeln das Fallobst übrig.

Äpfel anbauen

Erziehung und Schnitt von Apfel- und Birnbäumen

Es gibt vier übliche Erziehungsformen für Obstbäume: als Kordon, Spalierbaum, Pyramiden- bzw. Hohlkrone und Spindelbusch.

Erziehung eines Kordons

Dies ermöglicht engeres Pflanzen und leichtere Pflege der Bäume.

1 Im Winter ein Gerüst aus Pfählen und Draht errichten. Junge Bäume in einem Winkel von 45° mit der Veredlungsstelle nach oben pflanzen. Den Stamm an einen an den Drähten befestigten Bambusstab binden. Sämtliche Seitentriebe bis auf drei Knospen einkürzen. Den Leitast nicht beschneiden (außer bei an Triebspitzen tragenden Sorten), dann den Leitast um die Hälfte zurückschneiden. Am besten einen jungen Baum mit Seitenästen kaufen.

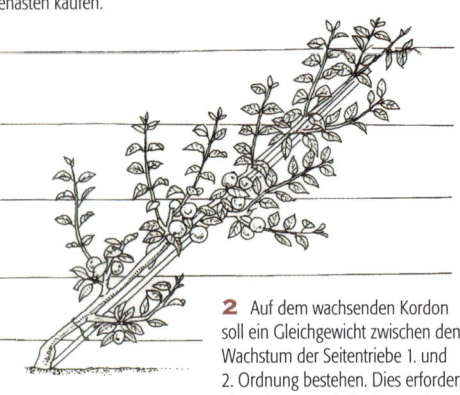

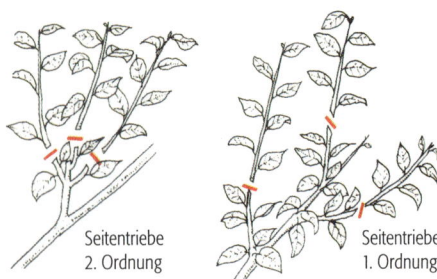

2 Auf dem wachsenden Kordon soll ein Gleichgewicht zwischen dem Wachstum der Seitentriebe 1. und 2. Ordnung bestehen. Dies erfordert einen Sommerschnitt (s. unten).

Seitentriebe 2. Ordnung

Seitentriebe 1. Ordnung

3 Beginn des Sommerschnitts: Die Seitentriebe 2. Ordung auf 2,5 cm bzw. auf ein Blatt zurückschneiden, um Fruchtspießbildung zu fördern. Rückschnitt der vom Hauptstamm abgehenden Seitentriebe (1. Ordnung) auf drei Blätter über dem ersten Blattbüschel. Zu dicht sitzende Fruchtspieße im Winter ausdünnen, indem man einige entfernt und andere einkürzt.

Erziehung eines Spalierbaumes

Ein Spalierbaum ist ein dekorativer Blickfang und wird oft gepflanzt, um verschiedene Gartenbereiche, etwa Obst- und Gemüsegarten, voneinander abzutrennen.

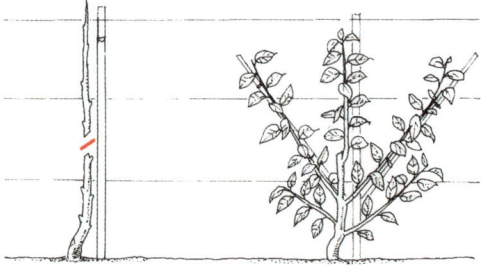

1 Ein Drahtrankgitter errichten und einen Pfahl einschlagen. Den jungen, unverzweigten Baum im Herbst pflanzen, bis auf eine gute Knospe und zwei nach außen zeigende Knospen darunter zurückschneiden. Höhe vom Boden: 30 cm..

2 Im Sommer den Haupttrieb am Pfahl hochziehen und Seitentriebe an Stäben im 45°-Winkel zum Hauptstamm befestigen. Die Bambusstäbe an den Querdrähten befestigen.

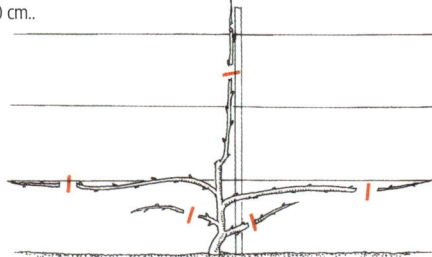

3 Die Seitentriebe im Winter nach unten biegen, an den Querdrähten befestigen und dann auf ein Drittel kürzen. Den Hauptstamm auf drei intakte Knospen zurückschneiden, von denen zwei entgegengesetzt nach außen zeigen sollen. Diese bilden die nächste Ebene in einem Abstand von 30 cm zur unteren. Seitentriebe bis auf drei Knospen einkürzen.

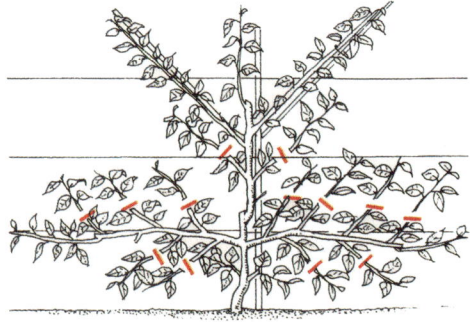

4 Im Sommer die Triebe der neuen Ebene im 45°-Winkel an Stäben festbinden. Beginn des Sommerschnitts an den unteren Ebenen: Rückschnitt der Seitentriebe auf die Queräste bis auf drei Blätter und der Triebe 2. Ordnung auf 2,5 cm bzw. auf ein Blatt. Vom Hauptstamm abgehende Triebe auf drei Blätter kürzen. Bei ausgewachsenen Spalierbäumen Hauptstamm und Queräste bis ins alte Holz zurückschneiden..

Obst anbauen

Erziehung einer Pyramiden- oder Hohlkrone

Diese Form wird für den Anbau von Äpfeln, Birnen, Pfirsichen, Pflaumen und Sauerkirschen verwendet. Es kann allerdings bis zu fünf Jahre dauern, bis die gewünschte Baumform erreicht ist.

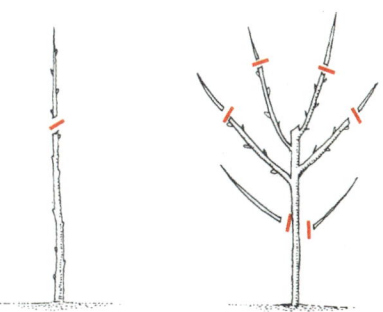

1 Im Herbst einen jungen Baum pflanzen und auf 60 cm kürzen, und zwar dort, wo sich vier gleichmäßig verteilte Knospen befinden.

2 Im nächsten Winter die vier Hauptleitäste um ein Drittel zurückschneiden, sodass jeweils eine nach außen gerichtete Knospe verbleibt. Alle übrigen Triebe entfernen.

3 Im folgenden Winter die Leittriebe erneut um ein Drittel auf eine nach außen gerichtete Knospe einkürzen und vier günstig sitzende Wuchsstellen auswählen, die die Hauptäste bilden sollen. Für Fruchtspießbildung weitere Seitenäste auf drei Knospen einkürzen und ungünstig sitzende Triebe wie z. B. stark aufrecht wachsende ganz entfernen. Einige äußere Seitenäste unbeschnitten lassen.

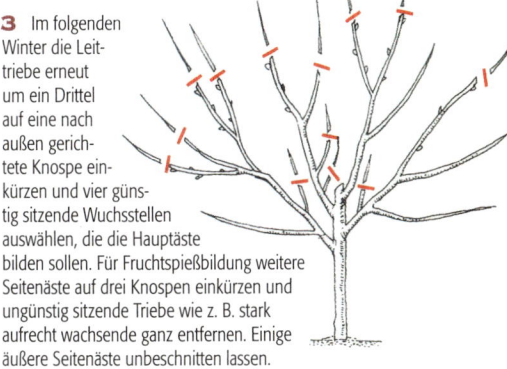

4 Leit- und Seitenäste anschneiden, um ein kräftiges Gerüst zur Unterstützung und Stärkung von Fruchtholzentwicklung zu schaffen. Seitenäste bis auf intakte Blütenknospen zurückschneiden. Die Baummitte offen lassen, sobald der Baum ausgewachsen ist. Ältere Leittriebe ersetzen, indem man diese ab einem Alter von ca. drei Jahren bis auf neue Seitentriebe zurückschneidet.

Erziehung eines Spindelbusches

Wenn Sie planen, einen Baum in dieser Form zu erziehen, kaufen Sie einen jungen Baum mit verzweigten Seitenästen. Das Triebwachstum erfolgt vom zentralen Leitast aus und bildet eine A-Form.

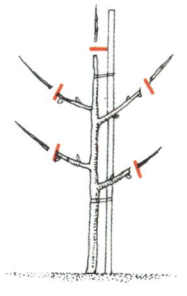

1 Im Herbst einen jungen Baum mit Seitenästen pflanzen. Drei bis vier Seitenäste um ein Drittel bis auf eine nach außen zeigende Knospen kürzen. Die Seitenäste sollten sich in einer Bodenhöhe von 60 cm befinden. Übrige Seitenäste zurückschneiden und den Leitast auf zwei Knospen oberhalb des obersten Seitenastes einkürzen.

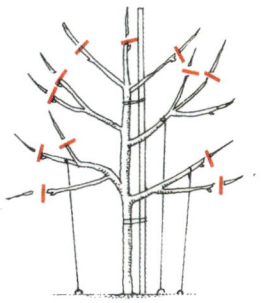 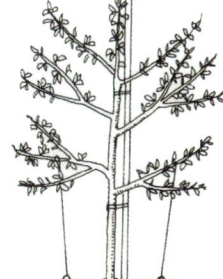

2 Sobald die Seitenäste gut entwickelt sind, wird jeder im 30°-Winkel zum Boden mit einer Schnur fixiert.

3 Im Winter den Leitast auf Knospe auf der entgegengesetzten Seite zurückschneiden. Störende Triebe entfernen. Restliche Seitenäste bis auf eine nach unten gerichtete Knospe einkürzen.

4 Schnüre entfernen, sobald sich Astwinkel fest ausgebildet haben. Binden Sie neue Seitenäste ein und stellen Sie sicher, dass die Schnur nicht einengend ist. Neue horizontale Seitenäste integrieren, aber diejenigen an der Baumspitze kurz halten, damit Sonnenlicht auch untere Zweige erreicht. Bei einer Baumhöhe von 2 m den Hauptast auf einen dünneren Seitenast zurückschneiden und diesen an einem Pfahl befestigen. Zur Erhaltung der A-Form üppige, aufrecht wachsende Triebe entfernen..

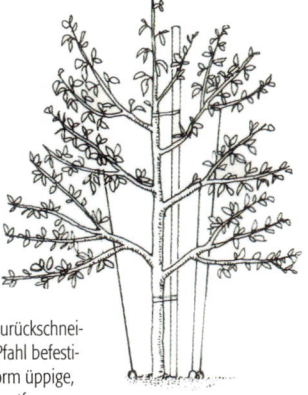

Birnen anbauen

Der Anbau von Birnen ist dem von Äpfeln sehr ähnlich. Sorten für den Gartenanbau werden auf Zwergunterlagen von Quitten veredelt, die größere Bäume hervorbringen als die kleineren Apfelunterlagen.

Birnen sind keine Selbstbestäuber, obwohl man auch Bäume bekommt, die zwei oder mehr Sorten auf einer Pflanze vereinen. Wahrscheinlich erzielen Sie jedoch bessere Ergebnisse, wenn Sie zwei oder mehr einzelne Bäume unterschiedlicher Sorten anbauen. Es gibt früh, mittelfrüh und spät reifende Sorten.

Boden, Standort und Anbau

Birnen mögen tiefgründig kultivierte und Wasser speichernde Lehmböden, insbesondere im Sommer, und benötigen eine geschütztere Stelle als Äpfel, die warm und sonnig sein sollte. Da sie früh blühen, dürfen sie nicht in frostgefährdeten Senken gepflanzt werden. Birnbäume wachsen nicht gut, wenn der Wurzelbereich mit Gras bewachsen ist, daher sollte der Boden um sie herum stets gut bearbeitet und von Unkraut frei gehalten werden.

Ideal zum Pflanzen ist der Frühwinter. Bei Pflanzung von mehr als einem Baum sollte der Pflanzabstand ca. 4 m betragen. Im Frühjahr den Bereich um die Wurzeln mulchen und bei trockenem Wetter ausreichend wässern. Birnen brauchen mehr Stickstoff als Äpfel, dieser ist mit der Frühjahrsdüngung zu verabreichen.

Ausdünnen

Ebenso wie Äpfel müssen auch Birnen ausgedünnt werden: Die Büschel sollten generell auf ein bis zwei Früchte beschränkt werden, sobald sich diese nach unten drehen. Entfernen Sie kleinere Früchte und solche, die von der Birnengallmücke befallen sind.

Erziehungs- und Schnittmaßnahmen

Birnen werden auf die gleiche Weise wie Äpfel gezogen und beschnitten (s. S. 117 – 118),

vertragen nach dem Anwachsen jedoch einen kräftigeren Rückschnitt.

Ernten

Früh reifende Sorten sind zu ernten, wenn die Birnen noch fest sind (im Spätsommer). Sie lassen sich nicht so leicht vom Baum ablösen und sind daher mit einer Rosenschere am Fruchtstiel abzuschneiden. Wenn man die Birnen am Baum lässt, reifen sie ungleichmäßig. Früchte in Körbe oder Kisten legen und bis zur Reife kühl halten.

Spätere Sorten pflücken, wenn sich die Früchte leicht vom Baum lösen und reifen lassen.

Schädlinge und Krankheiten

Birnen sind für wenige Schädlinge und Krankheiten anfällig. Achten Sie auf ausreichende Gartenhygiene und beschneiden Sie die Bäume sachgerecht, so vermeiden Sie Probleme.

Hauptschädling ist die Birnengallmücke (S. 149), doch kommt diese nur in bestimmten Gebieten vor. Birnenblattgallmilben (S. 145) können ebenfalls zu einem Problem werden. Halten Sie Ausschau nach verschrumpelten Blättern

Birnbäume gedeihen am besten an einem sonnigen, warmen und geschützten Standort. Eine Südwand ist der ideale Platz zum Erziehen eines Birnbaums als Spalier.

oder Blüten, diese können ein Hinweis auf Feuerbrand (S. 146) sein, eine ernsthafte und meldepflichtige Erkrankung!

Pflegekalender für Birnen

Winteranfang bis Winterende	**Winterschnitt** Pflanzen für neues Wachstum stark beschneiden.
Frühsommer	**Fruchtausdünnung** Sich entwickelnde Früchte bis auf maximal zwei pro Büschel entfernen.
Hochsommer	**Sommerschnitt** Neu nachwachsende Triebe herausschneiden, um Pflanzen in Form zu bringen und dichtes Triebwachstum zu verhindern.
Spätsommer bis Spätherbst	**Obsternte** Wenn das Obst noch fest ist, danach reifen lassen.

Andere Baumobstarten

Baumobst benötigt länger als Beerenobst, bis es Fuß fasst, und auch mehr Platz zum Wachsen. Die Obstsaison ist hier aber länger und Obstbäume können zu einem dekorativen Gartenbestandteil werden.

Zwetschgen, Renekloden, Pflaumen und Kirschen sind robust und gedeihen in vielen Gegenden und unter verschiedenen Bedingungen. Pfirsiche, Nektarinen und Aprikosen benötigen zur optimalen Fruchtbildung warme und geschützte Standorte.

Zwetschgen, Renekloden und Pflaumen

All diese Arten gehören zur selben Familie, variieren jedoch in Größe und Farbe, von kleinen, dunkel-violetten Zwetschgen bis hin zu saftigen Pflaumen, die rosa-gelb bis violett gefärbt sind.

Zwetschgen sind die kleinsten Vertreter dieser Gruppe und schmecken sauer, sodass man sie generell vor dem Verzehr kocht. Sie ergeben ausgezeichnete Konfitüre oder leckeres Kompott und lassen sich für Obstkuchen verwenden. Renekloden kann man frisch verzehren, doch werden auch sie häufig gekocht. Obwohl man sie gewöhnlich als grüne Renekloden kennt, gibt es auch gelbe Sorten.

Pflaumen bieten Sorten, die sich sowohl für Desserts als auch zum Kochen eignen. Nur wenige sind Selbstbestäuber; verwenden Sie eine solche Sorte, wenn Sie nur einen Baum anbauen möchten.

Boden, Standort und Anbau

All diese Arten gedeihen auf den meisten Böden, bevorzugt auf solchen mit guter Wasserdurchlässigkeit. Bei nassen und schweren

Böden viel gut kompostiertes organisches Material einarbeiten, wenn Sie den Boden zur Pflanzung vorbereiten. Vermeiden Sie frostgefährdete Stellen – insbesondere bei Pflaumen und Renekloden, die früh blühen. Diese Arten bringen den besten Ertrag bei Anbau an einer Südwand. Zwetschgen vertragen rauere Bedingungen.

Wichtiges zur Pflanzung

Alle drei Arten sollten möglichst zu Beginn der Pflanzzeit gepflanzt werden. Am Tag zuvor ist trockener Boden ausreichend zu wässern.

Halten Sie den Bereich um den Baum durch Hacken von Unkraut frei. Achten Sie darauf, die Wurzeln nicht zu beschädigen, sonst werden Ausläufer gebildet, die dem Fruchtholz Wasser und Nährstoffe entziehen. Etwaige Ausläufer ausreißen, denn Schneiden fördert die Bildung weiterer Ausläufer. Regelmäßiges Mulchen mit gut verrotteter organischer Substanz im Herbst verbessert den Ertrag.

Für eine große Vielfalt an leckerem Obst brauchen Sie weder viele Bäume noch eine Obstplantage.

Erziehung eines fächerförmigen Spalierbaumes

Vielen aus wärmeren Klimagebieten stammenden Arten kann ein Mauerwerk Wärme und Schutz für eine sichere und gute Fruchtbildung bieten. Die meisten Obstbäume lassen sich an einer Wand erziehen, die in kalten Nächten die gespeicherte Wärme langer, sonniger Tage abstrahlt. Aprikosen, Pfirsiche und Nektarinen eignen sich besonders hierfür. So kultivieren Sie Obstbäume auf wenig Platz, sofern Sie über eine passende Stelle an einer Wand verfügen. Viele andere Obst- und Gemüsearten gedeihen nicht so gut an einer hohen Wand, somit würde diese Stelle sonst frei bleiben und die Bäume nehmen so weniger Platz ein als bei Anbau in offener Lage.

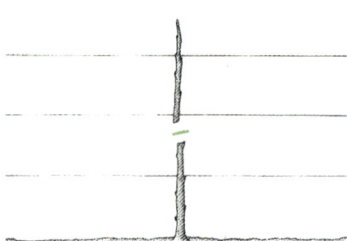

Erziehung eines Fächerspalieres: Drahtgerüst im Winter errichten. Junge Bäume pflanzen und in einem Bodenabstand von 30–45 cm auf drei Knospen zurückschneiden.

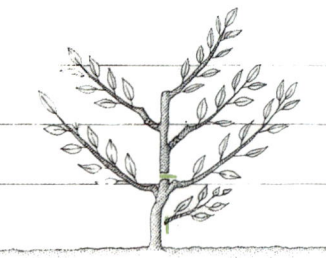

Im Sommer: Seitenäste im 45°-Winkel an Stäben festbinden, die an den Drähten des Gerüstes befestigt sind. Übrige Seitentriebe entfernen, Hauptstamm zurückschneiden und versiegeln.

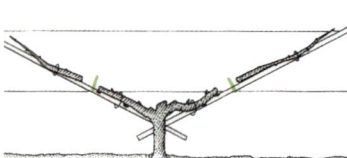

Im Winter: Zwei Seitenäste einkürzen, sodass am oberen Ende zwei intakte Knospen verbleiben, eine am Ende selbst und eine unterhalb davon.

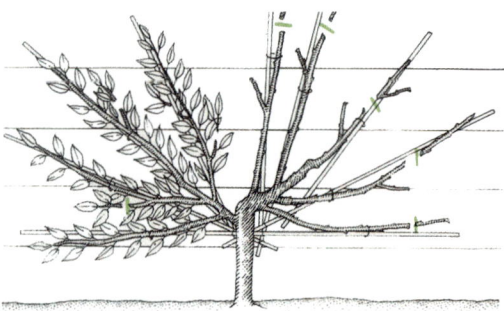

Im nächsten Sommer: Seitenäste zu gleichmäßigem Wuchsabstand erziehen. Jeden einzelnen Trieb an abgewinkelten Stäben befestigen. Sublaterale Zweige auf 7,5–10 cm kürzen.
Im Winter: Alle Leitäste um ein Drittel bis auf geeignete Knospen einkürzen.

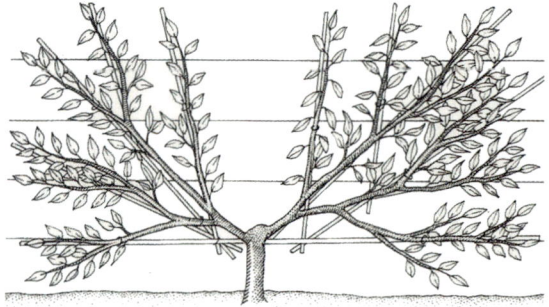

Ausgewachsener Baum: Der Wandbereich gilt dann als abgedeckt, wenn der Baum über ein gut ausgebildetes Astgerüst verfügt und jeder Rippenast im Abstand von 10 cm fruchttragende Seitenäste hat; jeder vierte Ast soll ein fruchttragender Seitenast sein.

Beschneiden eines Fächerspalieres:
Blattknospen auf Frucht bildenden Seitenästen auf zwei Blätter ausgeizen. Es verbleibt ein Ersatztrieb und, falls gewünscht, ein Reserve-Seitenast.

Im nächsten Sommer: Ersatz-Seitenäste auf zehn Blätter und fruchttragende Äste auf fünf ausgeizen, sofern diese nicht zur Gerüstbildung benötigt werden.

Nach der Ernte: Seitenäste, die Früchte getragen haben, bis auf den besten Ersatz-Seitenast zurückschneiden, sofern sie nicht zur Gerüstbildung benötigt werden. Alte oder unerwünschte Triebe unter Beibehaltung des Gleichgewichts zwischen neuem und Frucht bildendem Holz herausschneiden.

Obst anbauen

Sofern Sie nicht für Konfitüre, zum Einkochen oder Einfrieren jede Menge Obstarten benötigen, sollte von jeder Art ein Baum genügen.

Erziehungs- und Schnittmaßnahmen

Zwetschgen, Renekloden und Pflaumen lassen sich als Buschbäume mit offener Mitte, Spindelbüsche oder als Fächerbäume an einer Wand ziehen. Wie bei anderen Obstbäumen empfiehlt sich der Kauf von zwei- oder dreijährigen Bäumen. Für das Erziehen eines Buschbaumes mit offener Mitte und eines Spindelbusches gilt das Gleiche wie für Äpfel (s. S. 117). Für das Erziehen eines Fächerbaumes hingegen gilt das Gleiche wie für Aprikosen (s. S. 120).

Sind die Bäume einmal etabliert, benötigen diese Arten nur sehr wenig Rückschnitt, es sei denn, man will eine Überfrachtung vermeiden. Sehr altes, totes oder ungünstig sitzendes Holz entfernen. Rückschnitte im Frühjahr oder Sommer durchführen, um die Wahrscheinlichkeit eines Bleiglanzbefalls (s. S. 149) zu verringern; der Erreger gelangt über

Schnitt- und Wundstellen in den Baum und ist zu dieser Jahreszeit am wenigsten aktiv.

Ausdünnen und Ernten

Insbesondere Pflaumen sollten ausgedünnt werden, denn zu hoher Fruchtbesatz führt zum Abbrechen von Zweigen und damit zu offenen Wunden, die dann zu Eintrittspforten für Krankheiten werden. Dünnen Sie in zwei Phasen aus – das erste Mal im Spätfrühjahr und ein weiteres Mal innerhalb des Monats. Zu diesem Zeitpunkt sollte der Abstand zwischen den Früchten ca. 5 cm betragen.

Pflücken Sie Pflaumen, Zwetschgen und Renekloden am Stiel, um Quetschungen an der Frucht zu vermeiden (den Stiel beim Pflücken immer mit ablösen). Wenn Sie Pflaumen zum direkten Verzehr wünschen, lassen Sie diese vor dem Pflücken ganz reifen. Zum Einkochen können Pflaumen, Renekloden und Zwetschgen vor der Vollreife gepflückt werden. Bei viel Regen zum Erntezeitpunkt neigen Schalen von Renekloden zum Platzen vor der Vollreife.

Schädlinge und Krankheiten

Zwetschgen, Renekloden und Pflaumen locken hungrige Vögel an, sodass zum Schutz gegen hohe Ernteverluste der gesamte Baum mit einem engmaschigen Netz abzudecken ist – dies hält auch Wespen fern.

Netze sind nicht gerade schön, aber sehr effektiv. Netze mit langen Pfählen im Boden rund um den Baum anbringen – etwas höher als der Baum selbst – und Pfähle mit dem Netz umhüllen. Netze an den Pfählen befestigen. Engmaschige Netze verwenden, da sich in weitmaschigerem Material Vögel verfangen können.

Weitere Probleme sind Blattläuse (s. S. 144) und Bleiglanz (S. 149), der häufig an Pflaumen vorkommt.

Viele Obstbäume zeigen im Sommer, einer Zeit, in der der Gemüsegarten oft trostlos aussieht, eine herrliche Blütenpracht.

Andere Baumobstarten

Pfirsiche und Nektarinen

Sie stammen aus dem Mittelmeerraum, gedeihen aber auch bei kühlerem Klima.

Nektarinen sind eine Art Pfirsich, jedoch mit glätterer, weniger samtiger Schale. Beide sind Selbstbestäuber, doch können Sie die Bestäubung unterstützen, indem Sie an sonnigen Tagen mit einem weichen Farbpinsel gegen Mittag über die Blüten streichen.

Boden, Standort und Anbau

Beide Bäume lieben gut kultivierte und wasserdurchlässige Böden, die im Sommer Feuchtigkeit speichern. Am erfolgreichsten ist ein Anbau als Fächerbaum an einer Südwand, für Nektarinen ist dies ohnehin der einzig mögliche Ort zum Anbau. Pfirsichbäume lassen sich auch als Buschbäume in geschützten, sonnigen Gärten kultivieren.

Innerhalb des empfohlenen Pflanzzeitraumes so früh wie möglich pflanzen. Boden rund um die Wurzeln frei von Unkraut halten, doch nicht zu tief hacken, um nicht versehentlich Wurzeln zu verletzen. Bei trockenem Wetter ausreichend wässern und im Frühjahr eine Mulchdecke aus gut verrottetem Stalldünger ausbringen, um die Wasserhaltekraft des Bodes zu verbessern.

Erziehungs- und Schnittmaßnahmen

Ziehen Sie die Pflanzen als Fächerbaum an einer Wand (s. S. 120). Sobald sich die Baumform etabliert hat, ist so zurückzuschneiden, dass durchgängig einjähriges Holz gebildet wird, denn Pfirsiche und Nektarinen bilden Früchte an Vorjahresholz.

Ausdünnen und Ernten

Zur Bildung ausreichend großer Früchte sind bei beiden Obstarten die Bestände auszudünnen. Tun Sie dies in zwei Phasen: Dünnen Sie die Büschel auf Einzelfrüchte im Abstand von jeweils 10 cm aus, wenn die Früchte die Größe einer Murmel erreicht haben, und dann erneut, wenn die Früchte etwa walnussgroß sind. Reduzieren Sie den Bestand um die Hälfte, sodass der Fruchtabstand ca. 25 cm beträgt. Nektarinen sollten auf einen 15 cm-Abstand ausgedünnt werden. In beiden Fällen werden beim ersten Ausdünnen alle zur Wand wachsenden Früchte entfernt, die sich aufgrund von Platzmangel nicht richtig entwickeln.

Prüfen Sie den Reifegrad, indem Sie die Frucht in der Hand halten und den Fruchtstiel sanft zusammendrücken. Der Stiel sollte nachgeben und die Frucht sich beim Anheben leicht vom Baum lösen. Pfirsiche und Nektarinen sehr behutsam behandeln, denn sie zerquetschen leicht.

Nektarinen (oben) und Pfirsiche werden auf die gleiche Weise angebaut. Sie sind Selbstbestäuber, sodass Sie nur einen Baum benötigen.

Pflegekalender für Steinobst

Obstart	Boden und Standort	Rückschnitt	Fruchtausdünnung
Zwetschgen, Renekloden und Pflaumen	Meist gut wasserdurchlässige Böden. Frostgefährdete Stellen meiden.	Kaum erforderlich. Entfernen von altem, totem oder ungünstig sitzendem Holz im Frühjahr oder Sommer.	Im Spätfrühjahr und Frühsommer in 5 cm-Abstand.
Pfirsiche und Nektarinen	Gut kultivierte und wasserdurchlässige Böden. Am besten an einer nach Süden ausgerichteten Wand.	Zum Erhalten der Fächerform und für eine ausreichende Bildung einjährigen Holzes.	In zwei Phasen auf einen 25 cm-Abstand.
Kirschen	Tief gepflügte und gut wasserdurchlässige Böden. Alle Standorte.	Zur Formerhaltung und zur Förderung von kontinuierlichem Neuwachstum. Herausschneiden von altem Holz.	Kein Ausdünnen erforderlich.
Aprikosen	Gut wasserdurchlässige, fruchtbare Lehmböden an einem warmen, geschützten Ort.	Schnitt zum Erzielen einer Fächerform und Anbau an einer Wand.	Ausdünnen auf einen Abstand von 10 – 12,5 cm.

Kirschen

Es gibt zwei Arten: Süß- und Sauerkirschen. Erstere sind nur selten für den Gartenanbau geeignet, da sie nicht auf Zwergunterlagen veredelt werden und in ausgewachsenem Zustand zu groß werden.

Süßkirschen lassen sich als Fächerbaum an einer Süd- oder Westwand kultivieren, doch wachsen sie bis zu 6 m und mehr in alle Richtungen, und da es nur wenig selbst bestäubende Sorten gibt, brauchen Sie mehr als einen Baum. Außerdem werden Vögel die gesamte Ernte vor Ihnen in Beschlag nehmen, sofern die Bäume nicht mit einem engmaschigen Netz geschützt sind.

Sauerkirschen ('Morello' ist die beliebteste Sorte) sind die bessere Wahl und lassen sich als Büsche, Bäume oder an einer Wand kultivieren. Sie sind Selbstbestäuber und unterliegen nicht den gleichen Attacken hungriger Vögel wie Süßkirschen.

Boden, Standort und Anbau

Da Kirschen tief wurzeln, bevorzugen sie tief gepflügte, wasserdurchlässige Böden. Bei der Bodenvorbereitung viel gut kompostierte organische Substanz hinzugeben. Zu Beginn des Frühjahrs bei Austrocknungsgefahr den Wurzelbereich mulchen.

Erziehungs- und Schnittmaßnahmen

Sauerkirschen lassen sich als Busch oder fächerförmige Bäume kultivieren und wie auf den Seiten 117 bzw. 120 beschrieben erziehen.

Für ein kontinuierliches Triebneuwachstum ist in den nachfolgenden Jahren ein Rückschnitt erforderlich, denn Kirschen tragen nur an Vorjahrestrieben Früchte. Begrenzen Sie die Größe durch selektives Herausschneiden von altem Holz (drei Jahre und mehr) bis auf einen Neutrieb. Wie Pflaumen im Frühjahr beschneiden, um Gefahr von Bleiglanzbefall zu senken.

Zitrusfrüchte

Ein Orangen- oder Zitronenbaum ist hierzulande keine Neuheit mehr. Aber Vorsicht: Zitrusgewächse müssen bei uns im Winter eingeräumt werden, und selbst dann kann es sein, dass sie längere Kälteperioden nicht unbeschadet überstehen.

Am erfolgreichsten lassen sich Zitrusbäume in einem Gefäß (Topf oder Kübel) mit guter Kübelpflanzenerde anbauen. Den Kübel im Sommer an einen sonnigen, geschützten Platz stellen und für die kälteren Monate nach drinnen in einen frostfreien Wintergarten, einen kühlen Raum oder ein Gewächshaus bringen. Die Pflanzen können auch das ganze Jahr über drinnen bleiben, brauchen dann aber ausreichende Luftzufuhr. Das Substrat nie austrocknen lassen, sonst verliert die Pflanze nach und nach Blüten, Früchte und Blätter. Pflanzen regelmäßig über das ganze Jahr gießen.

Zitrusfrüchte brauchen generell 12 Monate bis zur Reife, manche Formen wie die Grapefruits sogar noch länger. Zum Ausreifen müssen die Pflanzen dabei für einen Zeitraum von mindestens sechs Monaten warm, bei einer ständigen Temperatur von über 16 °C, stehen, sodass selbst beim Anbau unter Glas zusätzliches Heizen notwendig sein kann. Dabei ist die tatsächliche Wärme wichtiger als die Sonneneinstrahlung.

Orangen, Zitronen und Mandarinen kann man normalerweise ganzjährig in guten Gartencentern kaufen. Man findet zuweilen auch ungewöhnliche Kreuzungen wie die Bergamotte, eine Kreuzung aus Orange und Limone.

Ernten

Ausdünnen ist nicht erforderlich. Die Ernte erfolgt im reifen Zustand durch Abschneiden der Fruchtstiele mit einer Schere. Wenn Sie Sauerkirschen durch Pflücken der Früchte ernten (was bei Süßkirschen möglich ist), können Rissstellen in der Rinde zu Eintrittspforten für Krankheiten werden.

Aprikosen

Man kann sie im Freien anbauen, doch überleben in sehr kalten Gegenden nur wenige Pflanzen, während sie bei Unterglasanbau ordentliche Erträge bringen. Sie werden gewöhnlich als Fächerbäume an einer Wand kultiviert (s. S. 120).

Boden, Standort und Anbau

Sie mögen gut wasserdurchlässige, fruchtbare Böden, vorzugsweise leichte Lehmböden. Eine warme, sonnige Lage ist entscheidend, idealerweise an einer Südwand. Aprikosen können Anfang oder Mitte des Winters gepflanzt werden. Bei früher Pflanzung müssen Schnittmaßnahmen bis zum folgenden Frühjahr warten.

Aprikosen sind Selbstbestäuber, aber da sie schon im Spätwinter blühen können, also bevor Insekten aktiv werden, empfiehlt sich eine Bestäubung von Hand. Schützen Sie die Blütenknospen durch Abdeckung des Baums mit einer dicken Schicht aus feinmaschigem Netz vor Frost.

Schädlinge und Krankheiten

Pfirsiche, Nektarinen, Kirschen und Aprikosen werden alle von denselben Schädlingen und Krankheiten befallen.

Untersuchen Sie die Bäume regelmäßig auf Krankheits- und Schädlingsbefall und behandeln Sie auftretende Probleme umgehend, um die Auswirkungen gering zu halten. Achten Sie insbesondere auf Triebfäule (s. S. 148), Bakterienbrand (S. 144), Gewächshaus-Spinnmilben (S. 146) und Kräuselkrankheit bei Pfirsichen (S. 145).

Feigen und Wein anbauen

Beide Arten stammen aus dem sonnigen Mittelmeerraum und gedeihen am besten an einer warmen und geschützten Stelle.

Weinreben brauchen ein paar Jahre, bis sie ausgewachsen sind. Mit der Zeit bringen sie aber genügend Trauben hervor, sodass sich ein Versuch lohnt, Ihren eigenen Wein herzustellen (s. S. 230–233).

Feigen

In kälteren Gegenden mag ein Anbau unter Glas erforderlich sein, doch gibt es in milderen Gebieten oder in einem von Mauern geschützten Garten keinen Grund, warum Feigen hier nicht gedeihen sollten.

Feigen wachsen am besten auf mageren Böden, idealerweise an einer Südwand. Alternativ kann man sie auch als Buschbaum in

Feigen sind erntereif, wenn ihre Schale braun ist und zu platzen beginnt; die Früchte fühlen sich weich an.

einer geschützten Ecke kultivieren. Anders als andere Baumobstarten werden Feigen nicht auf fremde Wurzelunterlagen veredelt, sodass sich das Hervorbringen einer guten Ernte auf ihre eigenen Wurzelstöcke beschränkt. Sie erreichen dies durch Umsäumen des Pflanzloches mit Steinen, Betonplatten, Ziegelsteinen oder Platten aus verzinktem Eisen oder mittels Pflanzung in einen großen Kübel mit gelochtem Boden für den Wasserabfluss. Als ideales Pflanzsubstrat gilt eine Mischung aus Erde, Kies und Knochenmehl.

Pflanzen Sie die Bäume im Frühjahr. Lassen Sie bei Pflanzung von mehr als einem Baum einen Abstand von 5–5,5 m; aber normalerweise reicht ein Baum aus.

In den ersten paar Jahren ist kein Mulchen oder Düngen nötig, denn dies würde ein zu starkes Wachstum fördern. Sobald der Baum fest steht, wirkt sich Mulchen mit gut verrottetem Dünger bei trockenen Bedingungen günstig aus.

Erziehungs- und Schnittmaßnahmen

Ein fächerförmiger Baum lässt sich wie auf Seite 120 beschrieben erziehen, für einen Buschbaum gilt die Beschreibung auf Seite 117. Sobald sich der Baum etabliert hat, sind im Frühjahr die Seitentriebe auf 10 cm bzw. auf fünf verbleibende Blätter zu kürzen. Einen

Obst anbauen

Monat später Ausläufer sowie unerwünschte Triebe entfernen und, falls nötig, zur Erhaltung der Form neue Triebe mit einbinden.

Ernten

Früchte bilden sich auf drei Ebenen entlang eines Feigenzweigs. Die Früchte unten am Zweig reifen, die in der Mitte schaffen dies vor dem Frost nicht mehr, und die an der Zweigspitze bilden die Frucht des nächsten Jahres, sodass diese den Winter über am Zweig bleiben müssen.

Größere Früchte sind reif zu ernten (August bis Oktober) – der Fruchtstiel wird weich, die Frucht braun, und die Schale beginnt zu platzen. Kleinere Früchte aus der Zweigmitte aussortieren und die Ernte des Folgejahres durch Einhüllen in Stroh oder trockenes Laub schützen.

Weinreben

Weinreben lassen sich sowohl draußen als auch im Gewächshaus anbauen (s. S. 127). Es gibt Sorten Tafeltrauben und für die Weinherstellung – jeweils weiße und blaue.

Sie erzielen dann eine gute Ernte, wenn Ihre Reben viel warme Sommersonne abbekommen. Wählen Sie für kältere Gegenden früh reifende Sorten. Ideal sind sandige, steinige oder kieshaltige Böden mit neutralem oder leicht alkalischem pH-Wert, die gut wasserdurchlässig sind.

Weintrauben benötigen eine sonnige, geschützte Lage, in der sich kein Frost hält. Ideal sind eine Wand oder ein Zaun an der Südseite. An der Pflanzstelle gut verrotteten Kompost einarbeiten. Einjährige Rebstöcke kaufen und im Frühjahr im Abstand von ca. 1,5 m pflanzen. Halten Sie den Boden feucht. Richten Sie sich bei der Anbaumenge nach dem verfügbaren Platz. Ein ausgewachsener Kordon an einer Wand kann bis zu 9 kg und mehr an Früchten bringen.

Erziehungs- und Schnittmaßnahmen

Reben im Freien lassen sich am einfachsten als Einzel-Kordon an einer Wand kultivieren und sollten erst ab einem Alter von drei Jahren Früchte tragen (die Blüten somit vorher entfernen!); die Trauben werden an Trieben des laufenden Jahres gebildet.

Schneiden Sie nach dem Pflanzen alle Triebe bis auf den kräftigsten heraus und befestigen Sie diesen an einem Pfahl. Im Sommer auftretende Blüten ausgeizen, Seitentriebe bis auf fünf Blätter beschneiden und an Draht befestigen. Zwischen den Drahtreihen wachsende Seitentriebe entfernen.

Vorgang im nächsten Jahr wiederholen. Im Folgejahr sollen sich drei Traubenrispen an der Rebpflanze entwickeln, im Jahr danach dann vier oder fünf. Hat sich der Rebstock etabliert, muss er nach Abwurf der Blätter beschnitten werden (s. unten). Faule Beeren entfernen und die Trauben mit einer Schere ernten.

Schädlinge und Krankheiten

Feigen und Reben kennen nur wenige Probleme. Am häufigsten sind Pilzkrankheiten, besonders unter Glas.

Achten Sie auf Hallimaschbefall (S. 148) und Rotpustelkrankheit (S. 147), bevor diese sich ausbreiten. Hallimaschpilze können Rebstöcke absterben lassen: befallene Pflanzen ausgraben und vernichten, Erde austauschen oder sterilisieren, bevor Sie etwas anderes pflanzen.

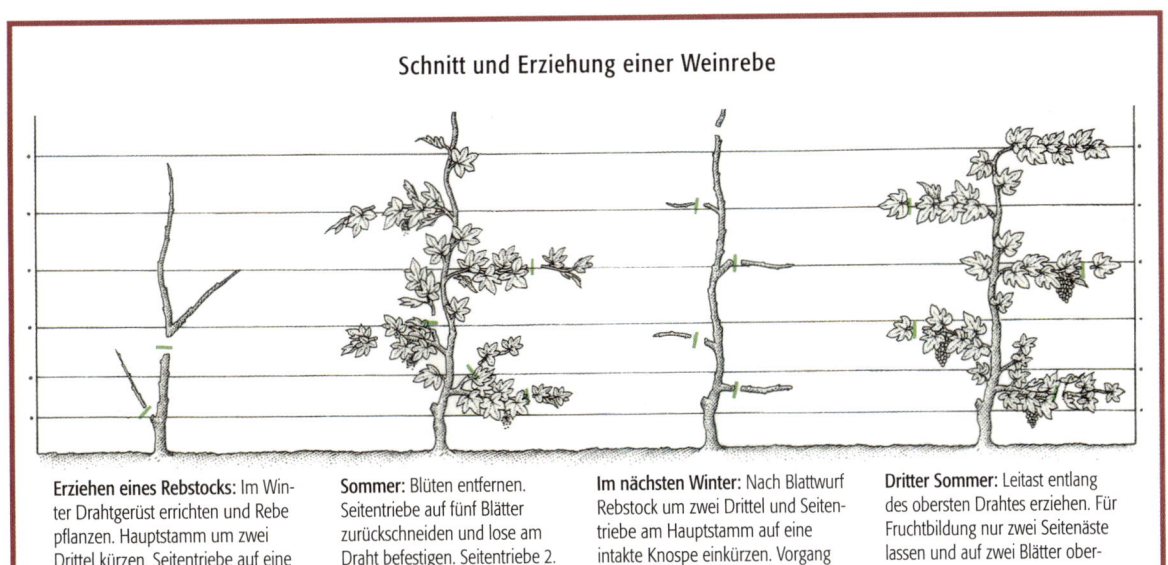

Schnitt und Erziehung einer Weinrebe

Erziehen eines Rebstocks: Im Winter Drahtgerüst errichten und Rebe pflanzen. Hauptstamm um zwei Drittel kürzen. Seitentriebe auf eine Knospe zurückschneiden.

Sommer: Blüten entfernen. Seitentriebe auf fünf Blätter zurückschneiden und lose am Draht befestigen. Seitentriebe 2. Ordnung auf ein Blatt ausgeizen.

Im nächsten Winter: Nach Blattwurf Rebstock um zwei Drittel und Seitentriebe am Hauptstamm auf eine intakte Knospe einkürzen. Vorgang im nächsten Jahr wiederholen.

Dritter Sommer: Leitast entlang des obersten Drahtes erziehen. Für Fruchtbildung nur zwei Seitenäste lassen und auf zwei Blätter oberhalb des Fruchtansatzes ausgeizen.

Feigen und Wein anbauen

Obst im Gewächshaus ziehen

In einem Gewächshaus kann man bei empfindlichen Obstarten wie Melonen, Weintrauben, Pfirsichen und Nektarinen eine bessere und zuverlässigere Ernte erzielen.

Wer früher etwas auf sich hielt, der hatte an seiner Villa einen Wintergarten, der auch für den Anbau von exotischen Früchten und Weinreben genutzt wurde. Wer heute mediterranes oder tropisch/subtropisches Obst selbst ziehen möchte, sollte einen gewissen Anteil des Gartens als Gewächshausfläche einplanen.

Melonen

Sie lassen sich in einem kühlen Gewächshaus anbauen, müssen aber regelmäßig kontrolliert werden, um sicherzustellen, dass mehr Früchte und nicht zu viel Grün gebildet werden.

Sofern Sie Melonen gut wässern und Seitentriebe ausgeizen, gibt es nichts, das gegen einen Anbau Ihrer eigenen Früchte spricht. Halten Sie Ausschau nach Sorten, die in ungeheizten Gewächshäusern gedeihen.

Aussaat und Auspflanzen

Saatgut sollte man in einem Kleingewächshaus heranziehen. Ausgesät wird im April – im geheizten Gewächshaus auch schon früher. Setzlinge in kleine Töpfe pikieren und mit vier bis fünf Blättern an ihren endgültigen Platz pflanzen, in einem Abstand von 60 cm. Ein Stützgerüst errichten, ähnlich dem für Gurkenanbau (s. S. 102). Triebspitzen ausgeizen – der Haupttrieb sollte nicht mehr als sechs große Blätter aufweisen – und Seitentriebe entlang den Querdrähten erziehen. Spitzen der Seitentriebe entfernen, sobald diese eine Länge von 30 cm haben.

Melonen müssen von Hand bestäubt werden: Übertragen Sie Pollen von einer männlichen Blüte (solche ohne Fruchtembryo hinter den Blütenblättern) auf weibliche Blüten, indem Sie mit einem feinen Pinsel männliche Staubblätter (bzw. Pollen) in die weiblichen Blüten bringen.

Regelmäßige Pflege

Immer ausreichend gießen und bei beginnender Fruchtbildung Flüssigdünger einsetzen. Wenn die Pflanzen mit Früchten überladen scheinen, entfernen Sie sehr kleine und sehr große Exemplare, damit die restlichen gleichmäßig groß werden. Gießen und Düngen einstellen, sobald die Früchte nicht weiterwachsen.

Feigen, Weintrauben und andere Wärme liebende Obstarten bringen größere und zuverlässigere Erträge, wenn man sie unter Glas anbaut.

Melonen während der Reifephase stützen, indem Sie sie auf ein Brett oder in einen Netzbeutel legen und in einer angemessenen Höhe aufhängen. Reifetest: Sie fühlen sich leicht weich an, wenn man sanft am Fruchtstiel drückt – und sie duften köstlich.

Wassermelonen

Sie lassen sich in einem geheizten Gewächshaus auf die gleiche Weise kultivieren wie andere Melonenarten. Die Früchte enthalten rund 95 % Wasser, daher sind regelmäßige, reichliche und gleichmäßige Wassergaben für erfolgreichen Anbau entscheidend – Gießen erst beim Reifen der Früchte einstellen.

Die Früchte sind schwer, doch wächst die Pflanze durch Ausbreiten über den Boden und nicht durch Hochklettern am Stützgitter. Heben Sie die Früchte auf Holzbretter, niedrige Stühle oder legen Sie sie in an einem stabilen Dreiecksgerüst hängende Netzbeutel; so hält man sie von nassem Untergrund fern und verhindert Fäulnis. Gießen Sie Wassermelonen von unten und nicht von oben, da sonst Mehltau begünstigt wird.

Weintrauben

Auch wenn Weinreben unter Glas angebaut mehr Früchte tragen dürften als bei Freilandkultur, lohnt sich dieser bei uns durchaus. Dabei sollte man auf die Wahl einer guten Sorte achten, die im lokalen Klima robust genug ist und gut gedeiht.

Sollten Sie über ein angebautes Gewächshaus an einer Südwand verfügen, können Sie Weinreben an der von der Hauswand am weitesten entfernten Gewächshauswand kultivieren und die Hauswand selbst für den Anbau von Obstbäumen reservieren. Halten Sie das Wachstum der Reben unter Kontrolle, damit sie nicht zu viel Licht wegnehmen.

Pflanzung und Erziehung

Weinreben lassen sich entweder in Randbeeten im Gewächshaus oder außerhalb davon durch Heranziehen über ein kleines Loch in der Wand kultivieren. Am einfachsten baut man Weintrauben im Gewächshaus als einstämmigen Kordon oder an einem Stab an – dasselbe System wie beim Freilandanbau (s. S. 125).

Weinreben werden als einjährige Pflanzen gekauft und im Oktober gepflanzt. Die Pflanzung erfolgt in fruchtbare, feuchte und mit gut verrottetem Kompost angereicherte Böden. Zum Heranziehen einer einstämmigen Pflanze wird der Stamm an einem Pfahl befestigt. Seitenäste ausgeizen, sobald sie fünf bis sechs Blätter haben, und dann entlang von Drähten oder Schnüren erziehen.

Aus den Blattachseln wachsende Seitentriebe entfernen und den Leitast stutzen, wenn dieser die gewünschte Höhe erreicht hat bzw. auf gleicher Höhe wie der untere Rand des Gewächshausdaches ist. Pflanzen sollen erst ab dem Alter von drei Jahren Früchte tragen. Doch auch danach ist das Wachstum auf zwei Traubenrispen je Seitenast zu beschränken. Weinreben in jedem Winter durch Kürzen der Seitenäste auf eine neue Knospe nahe am Hauptstamm kräftig beschneiden.

Ausdünnen und Düngen

Mit Entwicklung der Trauben kleine Früchte aus jeder Rispe herausschneiden. Dadurch entwickeln sich die größeren besser, und man vermeidet ein Schimmeln der kleineren Früchte, wenn diese von größeren zerdrückt werden.

Denken Sie daran, die Weinreben im Winter gelegentlich zu gießen und den Boden mit Kopfdünger bzw. im Sommer mit gut verrottetem Kompost zu versorgen.

Baumobst

Pfirsiche, Nektarinen, Aprikosen und Feigen gedeihen sowohl unter Glas als auch an einer Südwand.

Obwohl sich diese Obstarten im Freien anbauen lassen (s. S. 122 – 125), bringen sie im Gewächshaus sicherere Erträge. Im Gewächshaus gelten die gleichen allgemeinen Pflege- und Kulturmaßnahmen für Obstanbau wie im Freiland, doch sind die Bäume in einen sehr gut wasserdurchlässigen Boden zu pflanzen, der selbst in größerer Tiefe noch fruchtbar ist – Wurzeln von Pfirsichbäumen wachsen bis in eine Tiefe ca. 60 cm. Bäume das Jahr über ausreichend wässern, auch im Winter, wenn es scheinbar sehr wenig bzw. gar kein Wachstum gibt. In jedem Frühjahr den Boden mit reichlich Mulch aus gut verrottetem Stalldung versorgen.

Gleichgewicht zwischen Wärme und Frischluft

Im Winter am frühen Nachmittag alle Lüftungsfenster schließen, um Wärme im Gewächshaus zu halten. Morgens lüften, damit Frischluft zugeführt wird. Mit zunehmend wärmerem Wetter das Gewächshaus durch Schattiergewebe oder -farbe abdecken, um sengende Sonneneinstrahlung zu verhindern.

Natürliche Bestäubung ist im Gewächshaus weniger wahrscheinlich, da Insekten keinen ungehinderten Zugang zu Blüten haben, so muss dies von Hand erfolgen. Mit einem weichen Pinsel über die Blüten streichen und den Pollen von Blüte zu Blüte übertragen, vorzugsweise um die Mittagszeit.

Regelmäßige Pflege

Drinnen kultivierte Obstbäume müssen mit Wasser besprüht oder besprenkelt werden, um Rote Spinnen (s. S. 146) abzuwehren und die Fruchtbildung der Blüten zu fördern: einmal am Tag, wenn die Blüten herausgekommen sind, und zweimal täglich bei beginnender Fruchtknospenentwicklung. Pflanzen nie bei direkter Sonneneinstrahlung besprühen und das Sprühen mit beginnender Fruchtreife einstellen.

Bei Erziehungs- und Schnittmaßnahmen gilt das Gleiche wie für den Freilandanbau. Bäume zur optimalen Platzausnutzung als Fächer an einer Wand ziehen und im Frühjahr großzügig beschneiden, sodass Früchte nicht durch dichtes Blattwerk verdeckt werden. Binden Sie ansonsten dichtes Laub zurück, damit Licht an die reifenden Früchte gelangt.

Rhabarber anbauen

Rhabarber kann ab dem zeitigen Frühjahr und – wenn man ihn vortreibt – auch früher geerntet werden, also zu einem Zeitpunkt, wo es praktisch kein anderes frisches Obst gibt. Er ist vielfältig in Desserts verwendbar.

Nur die Rhabarberstängel sind essbar. Alle Blütentriebe frühzeitig entfernen und Blätter wegwerfen.

Rhabarber wächst praktisch auf allen Gartenböden, am besten allerdings an offenen, sonnigen Stellen. Er wird kaum von Schädlingen und Krankheiten befallen.

Pflanzung und regelmäßige Pflege
Da Rhabarber mehrjährig ist und fünf Jahre und länger an einer Stelle bleiben kann, lohnt sich eine gute Beetvorbereitung. Boden umgraben und alle mehrjährigen Unkräuter entfernen. Gut verrottete organische Substanz tief in den Boden einarbeiten, denn Rhabarber bildet tief wachsende Pfahlwurzeln.

Pflanzen Sie Rhabarberrhizome im zeitigen Frühjahr im Abstand von ca. 1 m. Die Pflanz-

Pflegekalender für Rhabarber

Pflanzen	**Zeitiges Frühjahr:** Nach Bodenvorbereitung im Winter.
Vortreiben	**Im Spätwinter:** im Freiland. **Im Frühwinter:** innen.
Ernten	**Ab dem zeitigen Frühjahr:** Auspflanzen von innen vorgetriebenem Rhabarber für eine weitere Ernte.

löcher müssen breit genug für das gesamte Wurzelwerk sein. Tief genug pflanzen, sodass nur kleinere Wurzeln aus der Bodenoberfläche ragen. Boden um den Wurzelstock gut andrücken und bei Trockenheit wässern.

Pflanzen in Trockenphasen gut gießen und im Frühjahr mulchen. Im Sommer Flüssigdünger verabreichen. Blühende Triebe herausschneiden und erst ab dem zweiten Jahr ernten.

Wie viele Pflanzen man anbauen soll
Eine ausgewachsene Rhabarberstaude dürfte um die 4,5 kg Ertrag im Jahr bringen, verteilt über fast sechs Monate.

Ernten
Ziehen Sie die Stängel von der Pflanze ab, wenn sie sich rosa verfärben: am unteren Ende festhalten und mit einer leichten Drehbewegung von der Staude ablösen. Rhabarber kann vom Spätwinter an über den ganzen Sommer gepflückt werden; ernten Sie aber im zweiten Jahr nicht zu viel und lassen Sie stets einige intakte Triebe und Blätter an der Pflanze, die dadurch neue Kraft zieht.

Heranziehen neuer Pflanzen
Neue Rhabarberpflanzen lassen sich durch Ausgraben der alten Staude und Teilen der Wurzeln gewinnen, wobei jede Teilpflanze

Vortreiben von Rhabarber

Rhabarber ist im Allgemeinen im Frühjahr erntereif, lässt sich jedoch für eine frühere Ernte vortreiben. Hierfür die austreibenden Blätter mit einem Kübel oder großen Blumentopf abdecken und Lichtzufuhr verhindern. Sie können auch spezielle Gefäße aus Ton oder Terrakotta verwenden (unten), ihre schöne Form ist eine attraktive Ergänzung für Obst- und Gemüsebeete. Sie sind allerdings teuer, wenn man bedenkt, dass Kübel das Gleiche bewirken.

Die Pflanzen können auch ausgegraben und im Frühjahr nach drinnen gebracht werden, sodass bereits zur Mitte des Winters geerntet werden kann. Sie werden danach wieder ausgepflanzt und mit einem Kübel oder Topf abgedeckt, um weiteres Wachstum anzuregen. So beschert Ihnen eine Pflanze gleich zwei Ernteperioden.

Vorgetriebene Rhabarberstauden sind blass und empfindlich. Sie wachsen rasch nach oben, um ans Licht zu gelangen.

eine Wuchsknospe aufweisen soll. Tun Sie dies im zeitigen Frühjahr und verwenden Sie zwei- bis dreijährige Stauden.

Erdbeeren anbauen

Erdbeeren unterscheiden sich von anderem Beerenobst insofern, als es sich um niedrige Beetpflanzen und nicht um Sträucher oder Ruten handelt. Obwohl Erdbeeren als eine der größten Obstköstlichkeiten gelten, sind sie leicht anzubauen, und man kann ab dem späten Frühjahr über den gesamten Sommer bis kurz vor dem ersten Frost Früchte bekommen.

Man kann drei Typen von Erdbeeren unterscheiden: Einmaltragende Sorten mit nur einer hohen Ernte, gewöhnlich im Sommer; mehrmalstragende Sorten mit mehreren Ernten von Sommer bis Herbst; und Walderdbeeren (Monatserdbeeren), die im Sommer kleinere, besonders schmackhafte Früchte tragen. Alle Erdbeersorten sind ausgezeichnete Vitamin C-Lieferanten.

Obwohl Erdbeeren mehrjährig sind, sollten sie nach zwei oder drei Jahren ausgegraben und durch neue Pflanzen ersetzt werden. Ältere Pflanzen bringen geringere Erträge und sind krankheitsanfälliger.

Erdbeeren lassen sich praktischerweise sehr leicht vermehren, sodass man keine neuen Pflanzen kaufen muss. Walderdbeeren lassen sich am einfachsten als einjährige Pflanzen anbauen und werden im Frühjahr aus Saatgut oder Jungpflanzen aus Baumschulvermehrung gezogen.

Boden und Standort
Sie gedeihen auf allen gut kultivierten Gartenböden, jedoch am besten auf gut wasserdurchlässigen und humusreichen Böden. Einen Monat vor Pflanzung reichlich gut verrottete organische Substanz in den Boden einarbeiten. Ein offener, sonniger Standort bringt die höchsten Erntemengen, doch gedeihen die Pflanzen auch in leichtem Schatten.

Pflegekalender für Erdbeeren

Sorte	Pflanzung	Erntemonate
Sommertragend	Spätsommer bis Mitte Herbst: Wenn die Pflanzung erst im Frühjahr möglich ist, Blüten ausgeizen und Fruchtbildung um ein Jahr verschieben, während sich die Pflanze entwickelt.	Schutz der Früchte ab Spätfrühjahr durch Strohunterlage. Ernte in den Sommermonaten.
Immertragend	Spätsommer: Pflanzung im Abstand von 45 cm.	Schutz der Früchte ab Spätfrühjahr durch Strohunterlage. Ernte von Frühsommer bis Herbst.
Wald-/Monatserdbeeren	Herbst bis Mitte Frühjahr: Aussaat über Winter und Umpflanzen der Setzlinge im späteren Frühjahr im Abstand von 30 cm.	Ernte von Sommer bis Herbst.

Bei Platzproblemen lassen sich Erdbeeren in Kübeln, Kästen, Fässern, speziellen Töpfen oder auch am Rand eines Blumenbeets anbauen. Erdbeertöpfe verfügen zur Wasserabfuhr über Löcher im Boden, und vor dem Befüllen mit Substrat sollte man unten eine Schicht aus grobem Kies hineingeben.

Pflanzung und regelmäßige Pflege
Achten Sie beim Kauf neuer Erdbeerpflanzen darauf, dass alle als krankheitsfrei zertifiziert sind. Sie können von Hoch- bis Spätsommer gepflanzt werden, um im folgenden Sommer Früchte zu tragen; je früher gepflanzt wird, desto besser.

Wenn das Pflanzen auf das nächste Frühjahr verschoben werden muss, sind auftretende Blüten auszugeizen. So wird die ganze Kraft in gutes Pflanzenwachstum vor der Fruchtbildung im Folgejahr gelenkt.

Erdbeeren gedeihen sehr gut in Töpfen auf einer sonnigen Terrasse, solange man sie ausreichend gießt. Ein vom Boden entfernter Anbau kann vor gefräßigen Gartenschädlingen schützen.

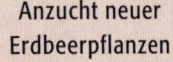

Anzucht neuer Erdbeerpflanzen

1 Im Juni an jeder Pflanze ein bis zwei gesunde Ausläufer aussuchen und restliche Ausläufer dort entfernen, wo sie an der Mutterpflanze ansetzen. So gewinnen die Pflanzen wertvolle Energie.

2 Je Ausläufer einen kleinen, mit Substrat gefüllten Blumentopf nah an der Mutterpflanze in den Boden einsenken und Ausläufer in den Topf drücken. Weitere Triebe ausgeizen, damit die Kraft des Ausläufers in die Wurzelbildung und nicht in weiteres Wachstum gelenkt wird.

3 Bei ausreichender Bewurzelung Ableger von der Mutterpflanze abtrennen und an neuer Stelle einpflanzen.

Anbau von Erdbeeren

1 Ausreichend tiefes und breites Pflanzloch graben und einen flachen Hügel auf dem Grund des Lochs errichten. Pflanze einsetzen und Wurzeln über gesamten Erdhügel ausbreiten.

2 Pflanzen mit Stroh oder speziellen Erdbeermatten (s. oben) vor feuchtem Schlamm schützen, der Fäulnis hervorrufen kann.

3 Bei beginnender Fruchtbildung mit Netzabdeckung vor Vogelfraß schützen.

Direkt nach der Pflanzung und während der folgenden Wochen ausreichend wässern und auch nachher einem Austrocknen entgegenwirken. Unkraut durch flaches Hacken bekämpfen und dabei die Wurzeln schonen. Bei Anbau im Gewächshaus täglich von Hand bestäuben, sobald sich die Blüten öffnen. Verwenden Sie zur Pollenübertragung einen kleinen, weichen Pinsel.

Pflege der sich entwickelnden Früchte

Bei beginnender Fruchtbildung eine 5 cm dicke Schicht sauberes Stroh zwischen den Pflanzreihen und um jede einzelne Pflanze herum ausbringen. Dies trägt zum Schutz der Früchte vor Erde, die bei feuchtem Wetter nach oben spritzt bei, sowie vor Verschimmeln. Alternativ spezielle Erdbeermatten verwenden, die man in Gartencentern bekommt. Sie können auch schwarze Polyethylenfolie auf dem Boden auslegen oder leere Marmeladengläser über die Früchte setzen. Bei Verwendung von Folie auf ausreichende Bodenfeuchtigkeit achten.

Sich entwickelnde Früchte mit an niedrigen Stäben befestigten Netzen vor Vogelfraß schützen. Flüssigdünger verabreichen, um das Fruchtwachstum zu fördern. Unerwünschte Ausläufer entfernen, sofern Sie diese nicht zum Heranziehen neuer Pflanzen benötigen. Streben Sie eine frühe Ernte an, sind die Pflanzen im späten Winter mit einer Folie oder Glas abzudecken. Für späte Ernten bei immer tragenden Sorten muss die Abdeckung im Frühherbst erfolgen. Man kann Früchte mindestens bis Herbstmitte ernten.

Am Ende der Saison

Nach der Ernte können Erdbeerpflanzen vielfältig behandelt werden. Bei Pflanzen mit nur einer Ernte das Stroh wieder entfernen und alles verbrennen (sofern erlaubt und möglich) oder vernichten. Dadurch werden alte Blätter, Schädlinge sowie anderer Unrat, der sich im Stroh angesammelt hat, vernichtet. Die Pflanze selbst (das Herz) bleibt verschont. Die für mehrmals tragende Sorten beste Methode besteht darin, die Erdbeer-

Schutz von Erdbeeren

Eine der besten Methoden zum Schutz der sich entwickelnden Früchte ist der Anbau auf Strohunterlagen. So faulen die Wurzeln nicht in nassem Untergrund und am Ende der Saison können etwaige Erdbeerschädlinge durch Entfernen der Strohschicht mit entsorgt werden.

pflanze auf etwa 10 cm Höhe über dem Herz abzuschneiden, sodass neue Triebe wachsen können. Außerdem auch hier das alte Stroh und alte Pflanzenreste entfernen und vernichten.

Als dritte Möglichkeit können Sie von jeder Pflanze einen Ableger nehmen und bewurzeln lassen (s. gegenüberliegende Seite), um neue Pflanzen zu erhalten. Danach den alten Bestand untergraben oder ausgraben und verbrennen. Ein leichter Weg, alle ein bis zwei Jahre neue Erdbeerpflanzenreihen zu produzieren.

Zur Anzucht von Walderdbeeren im Spätsommer drinnen Saatgut in Blumenerde aussäen und Sämlinge im Frühherbst auspflanzen. Sie können die Sämlinge auch gegen Frühjahrsmitte unter Glas anziehen. Im Spätfrühjahr Jungpflanzen in einem Abstand von 30 cm auspflanzen, der auch als Reihenabstand gilt. Danach sind die Pflanzen wie alle anderen Erdbeersorten zu behandeln.

Ernten
Erdbeeren bei trockenem Wetter und bei voller Reife ernten, und zwar durch Abkneifen am Fruchtstiel, um ein Anfassen und Quetschen der leckeren Früchte zu vermeiden. Walderdbeeren sind die ganze Saison hindurch zu ernten, um die Pflanze zu kontinuierlicher Fruchtbildung anzuregen.

Um die Früchte vor feuchtem Untergrund zu schützen, wird eine Strohschicht unter die Pflanzen gegeben – so bleiben die Früchte sauber und die Fäulnisgefahr wird minimiert.

Schädlinge und Krankheiten
Blattläuse können zu einem Problem werden (s. S. 144). Schnecken und Nacktschnecken haben eine Vorliebe für junge Früchte und lassen sich am besten durch Auslegen von Schneckenkorn vor Bedecken des Bodens mit der Schutzschicht aus Stroh oder Folie bekämpfen. Achten Sie auf Anzeichen von Viruskrankheiten (s. S. 146), Mehltau (S. 146) und Botrytis oder Grauschimmel (S. 146).

Erfolgreiche Erdbeersorten

Sommertragende Sorten

- **'Elvira'** einmaltragend, robust und bewährt, für Frischgenuss
- **'Ostara'** mehrmalstragend, großfrüchtig, wohlschmeckend, frisch oder zum Einfrieren
- **'Florika'** mehrmals und sehr reich tragend, aromatisch, sehr wüchsig, nur für Frischverzehr

Walderdbeeren

- **'Mara de Bois'** kleine, sehr aromatische Früchte, gesund, sehr lange fruchtend
- **'Rügen'** aromatisch, aromatisch, auch für Topf und Kasten

Erdbeeren anbauen

Strauchbeerenobst anbauen

Die meisten gängigen Beerenobstarten gehören entweder zur Familie
der Rosengewächse, wie etwa Brombeeren, Erdbeeren und Himbeeren,
oder zur Familie der Stachelbeer-
gewächse (Stachelbeeren und
Johannisbeeren).

Pflegekalender für Himbeeren

Sorten	Schnittmaßnahmen	Ernte
Sommerhimbeeren: 'Malling Promise', 'Meeker', 'Schönemann'	Nach der Ernte Ruten bis zum Boden zurückschneiden. Die kräftigsten Triebe für die Bildung von neuem Fruchtholz im Folgejahr stehen lassen und jede Rute im zeitigen Frühjahr bis auf eine Knospe kürzen.	Juli und August
Herbsthimbeeren: 'Autumn Bliss', 'Zefa Herbsternte'	Rückschnitt der Ruten im Februar.	September bis November

Himbeeren

Sie lassen sich leicht kultivieren und gehören zu den beliebtesten Beerenobstarten.
Es gibt verschiedene Sorten – darunter
auch welche mit gelben Früchten – aber
alle lassen sich in zwei Typen einteilen:
Sommerhimbeeren, die im Juli und August tragen und Früchte an Ruten aus dem
Vorjahr bilden, sowie Herbsthimbeeren,
die geringere Ernten von September bis
November hervorbringen und Früchte an
Ruten aus dem laufenden Jahr tragen.

Boden und Standort

Himbeeren gedeihen auf allen gut kultivierten
Böden, bevorzugen jedoch solche, die leicht
sauer und gut wasserdurchlässig sind und
zugleich Wasser halten. Sie wachsen im Halbschatten, mögen aber am liebsten sonnige,
windgeschützte Stellen.

Pflanzung und Pflege

Ein bis zwei Monate vor Pflanzung reichlich
gut verrotteten Dung in den Boden einarbeiten und dafür sorgen, dass die Pflanzstelle
frei von mehrjährigen Unkräutern ist. Die Ruten
können acht Jahre lang am selben Standort
bleiben, bereiten Sie den Boden daher gut vor.
Die Pflanzung erfolgt im November, wie auf
Seite 112 beschrieben, und zwar in einem Abstand von 45 cm zwischen den Pflanzen und
von 1,5 – 1,8 m zwischen den Reihen. Nur als
krankheitsfrei zertifizierte Pflanzware kaufen
– sonst besteht Gefahr von Virusbefall.

Ruten im Sommer ausreichend wässern und
jährlich im Frühjahr mulchen. Unkraut durch

flaches Hacken bekämpfen und Beschädigung der nah an der Oberfläche verlaufenden Wurzeln vermeiden – ein Herbizid oder eine dicke Mulchschicht sind hier vielleicht sogar die bessere Wahl. Pflanzen mit einer Netzabdeckung oder durch Anbau unter einem Gittergestell vor Vögeln schützen.

Ausgewachsene Ruten können pro Jahr ca. 450 g Ertrag bringen. Unterbinden Sie im ersten Jahr die Fruchtbildung durch Ausgeizen sämtlicher Blüten.

Ruten durch Festbinden an Querdrähten stützen, die an Pfählen entweder an den Reihenenden oder auch innerhalb der Pflanzreihen befestigt sind (s. Kasten rechts).

Bei Sommerhimbeeren die fruchttragenden Ruten im zweiten Jahr nach der Ernte bis kurz über dem Boden abschneiden. Die acht kräftigsten Ruten am Draht befestigen und alle schwächeren herausschneiden. Unerwünschte Ausläufer zwischen den Reihen entfernen. Gleich zu Frühjahrsbeginn die Ruten auf eine maximal 15 cm oberhalb des Drahts sitzende Knospe zurückschneiden. Einige Ruten etwas

Sommerhimbeeren: Schneiden Sie Ruten, die Früchte getragen haben, bis auf den Boden ab. Erziehen Sie die kräftigste neue Rute für die Ernte im nächsten Jahr an Drähten.

Stützen von Himbeerruten

Himbeeren lassen sich nur mit Stützhilfen anbauen. Die Methode hängt von der Gartengröße sowie vom Standort der Ruten ab; probieren Sie eine dieser drei bewährten Möglichkeiten aus.

- An beiden Enden der Pflanzreihen Pfähle in den Boden schlagen und parallele Drahtreihen dazwischen spannen. Unterste Drahtreihe in einer Bodenhöhe von etwa 30 cm anbringen. Wachsende Ruten am Draht befestigen.

- In die Mitte einer jeden Rutengruppe Pfähle einschlagen und Ruten mit zunehmendem Wachstum lose daran befestigen. Wird beim Anbau von Himbeeren in Töpfen angewendet.

- Eine Gehäusestruktur durch Einschlagen von Pfählen jeweils am Ende einer Reihe errichten. An jedem Pfahl zwei Querstreben anbringen. Dazwischen Drähte ziehen, sodass die Pflanzenreihen von einem Drahtgerüst umgeben sind.

Himbeerruten lassen sich leicht mit Querdrähten, die zwischen Pfählen gespannt sind, stützen. Neue Triebe sind knapp über einem Stützdraht zurückzuschneiden.

stärker kürzen, damit sich auf verschiedenen Ebenen Früchte bilden. Herbsthimbeeren werden im folgenden Frühjahr beschnitten.

Ernten
Reife Beeren behutsam abpflücken, sodass Fruchtstiel und -kern an der Pflanze bleiben. Die Früchte sollten sofort weiterverwendet werden.

Anzucht neuer Pflanzen
Neue Ruten lassen sich leicht aus Ausläufern gewinnen, die sich an ausgewachsenen Pflanzen bilden. Verwenden Sie nur Ruten von als krankheitsfrei zertifizierten Pflanzen. Graben Sie die Ausläufer aus und pflanzen Sie sie im November um. Generell am besten alle acht Jahre neue Pflanzen kaufen.

Schädlinge und Krankheiten
Die Maden des Himbeerkäfers (s. S. 149) fressen sich in die Früchte, die dadurch deformiert und ungenießbar werden. Daher auf Käfer achten und diese entfernen, denn sie legen ihre Eier, aus denen braune Larven schlüpfen, an Blüten ab.

Himbeeren sind zudem für verschiedene Pilzkrankheiten anfällig, darunter die Rutenfleckenkrankheit (s. S. 147), die zur Bildung violetter Flecken führt. Diese Flecken färben sich später weiß, und die Rute platzt schließlich. Auch die Himbeerrutenkrankheit kann violette Flecken und anschließend welke Blätter verursachen. In besonders schlimmen Fällen können die Ruten abknicken. Aus diesem Grund befallene Ruten unbedingt herausschneiden und im Anschluss sicher entsorgen, um dem Ausbreiten der Krankheit vorzubeugen.

Strauchbeerenobst

Blaubeeren

Blaubeeren sind Gebirgs- und Moorpflanzen, die in den USA weit verbreitet sind. Sie sind eng verwandt mit der wilden Heidelbeere und Schwarzbeere, die in Großbritannien wachsen, und gelten als ideal für Marmeladen und Gelees sowie für Torten- und Muffinfüllungen.

Boden und Standort

Blaubeeren mögen saure Böden und gedeihen nicht unter alkalischen Bedingungen, doch in diesem Fall lassen sich die Pflanzen in Töpfen mit saurem Substrat kultivieren. Wasser speichernde Moorböden bringen die besten Erträge. Obwohl die Sträucher Kälte vertragen, benötigen sie Schutz gegen heftige, kalte Winde. Offene, sonnige Standorte eignen sich am besten für gute Ernten.

Pflanzung und regelmäßige Pflege

Einen Monat vor Pflanzung etwas torfhaltigen Kompost in den Boden einarbeiten und Sträucher wie auf Seite 111 beschrieben pflanzen. Blaubeersträucher am besten als dreijährige Pflanzen bei einer hiesigen Baumschule kaufen und im Abstand von 1,8 m ausplanzen. Jedes Jahr im Frühsommer mulchen.

Pflegekalender für Blaubeeren	
Pflanzung	**Spätherbst bis Frühjahrsbeginn:** Pflanzung im Abstand von 1,8 m.
Fruchtbildung	**Spätherbst bis Frühjahrsbeginn:** Rückschnitt alter Triebe bis auf Bodenhöhe bzw. bis auf einen kräftigen Trieb.
Ernte	**Sommer bis Herbst:** Sträucher mehrmals abernten und nur reife Beeren pflücken.

Für eine zuverlässige Kreuzbestäubung mindestens zwei Sträucher kaufen, die in Abhängigkeit von Wetter- und Anbaubedingungen jeweils bis zu 4,5 kg Ertrag bringen.

Blaubeeren müssen erst im Alter von vier Jahren beschnitten werden, und zwar bis auf Bodenhöhe bzw. bis auf einen kräftigen Neutrieb. Schneiden Sie an der Pflanzenbasis wachsende Ausläufer heraus.

Schädlinge und Krankheiten

Blaubeeren sind erstaunlich unanfällig für Schädlinge und Krankheiten.

Schwarze Johannisbeeren

Sie sind reich an Vitamin C und kulinarisch vielseitig verwendbar – für Getränke (einschließlich Wein), Desserts, Marmeladen und Gelees. Es gibt verschiedene Sorten mit jeweils unterschiedlichen Erträgen. Greifen Sie beim Kauf von Neupflanzen auf renommierte Quellen zurück und kaufen Sie zweijährige, zertifizierte Sträucher. Diese sind weniger krankheitsanfällig.

Boden, Standort und Anbau

Sie gedeihen auf den meisten Böden, am besten aber auf solchen, die gut kultiviert, wasserdurchlässig und fruchtbar sind. Ideal sind sonnige Lagen, doch tolerieren die Pflanzen auch halbschattige Standorte; allerdings brauchen sie eine geschützte, nicht frostgefährdete Stelle.

Rund einen Monat vor dem Pflanzen reichlich gut verrotteten Dung in den Boden einarbeiten – am besten im Herbst. Die auf der gegenüberliegenden Seite beschriebenen Pflanzhinweise befolgen und einen Pflanzabstand von ca. 1,5 m einhalten. Alle Triebe auf 5 cm über dem Boden kürzen und Mulchmaterial um die Wurzeln geben.

Ausreichend wässern und im Frühjahr jährlich eine Mulchschicht auftragen. Den Boden um

Schwarze Johannisbeeren müssen nach Erreichen der Dunkelfärbung noch mindestens eine Woche am Strauch bleiben. Ernten Sie die Früchte nicht zu früh, sonst bleiben sie sauer.

die Pflanzen herum durch flaches Hacken frei von Unkraut halten. Falls nötig, Unkraut besser durch Mulchen als durch Roden bekämpfen, damit die Wurzeln nicht beschädigt werden.

Die Zahl der anzubauenden Pflanzen ist sortenabhängig, doch dürfte ein ausgewachsener Strauch mittlerer Größe rund 4,5 kg Früchte im Jahr bringen.

Erziehungs- und Schnittmaßnahmen

Die Fruchtbildung erfolgt jeweils am neuen Holz eines jeden Jahres. Da aber neues Holz an altem entsteht, ist auf regelmäßigen Rückschnitt zu achten, um den Anteil von neuem Holz ausgeglichen zu halten, wobei die Pflanzen buschig bleiben sollen und überall genügend Licht hinkommen muss. Im Herbst nach der Pflanzung die schwächsten Triebe auf Bodenhöhe einkürzen – die verbleibenden Triebe tragen im folgenden Sommer. Entfernen Sie danach jährlich ein Viertel bis ein Drittel des Holzes, und zwar zunächst das älteste, das sehr dunkel ist. Dieses Holz ist auf ein bis zwei Knospen über der Erde zu kürzen, damit sich neue Triebe bilden.

Ernten

Ernten Sie Schwarze Johannisbeeren nur im reifen Zustand – also mindestens eine Woche, nachdem sich die Früchte dunkel gefärbt haben. Bei zu früher Ernte bleiben sie sauer. Wenn die Trauben sowohl reife als auch unreife Beeren tragen, müssen Sie die Früchte einzeln abpflücken. Das ist zwar eine etwas mühsame Angelegenheit, aber die Beeren halten an den Trauben kaum länger. Generell sollten die Beeren bald nach dem Pflücken gegessen, verbraucht oder eingefroren werden.

Anzucht neuer Pflanzen

Entnehmen Sie im Herbst Stecklinge von Trieben desselben Jahres. Schneiden Sie die Triebenden kurz hinter einem Knospenansatz, sodass die Stecklinge ca. 25 cm lang sind und stecken Sie diese in den Boden. Falls der Boden sehr schwer ist, ziehen Sie eine etwa 15 cm tiefe Furche, deren Grund Sie mit Sand bestreuen. Die Stecklinge sollten etwa 15 cm tief in den Boden gesteckt werden, und zwar mit je zwei Blattknospen über der Bodenoberfläche und in einem Abstand von 25 cm. Bis zum folgenden Herbst sind sie angewurzelt und können dann an ihren endgültigen Platz verpflanzt werden.

Schädlinge und Krankheiten

Die Johannisbeergallmilbe verursacht Knospengallen (s. S. 149), eine ernsthafte Erkrankung, bei der die Knospen anschwellen und sich nicht weiterentwickeln. Befallene Knospen entfernen und Pflanzen behandeln. Knospengallen können auch zu einer Viruserkrankung namens Brennnesselblattvirus (s. S. 145) führen, die Blattverformungen sowie eine stark reduzierte oder sogar ganz ausbleibende Ernte mit sich bringt. In diesem Falle müssen befallene Pflanzen ausgegraben und vernichtet werden. Kaufen Sie grundsätzlich als krankheitsfrei zertifizierte Pflanzen, um das Risiko, dass Ihr Bestand durch Krankheiten vernichtet wird, so gering wie möglich zu halten.

Pflegekalender für Schwarze Johannisbeeren

Sorten	Schnittmaßnahmen	Ernte
Resistente Sorten wie 'Ometa' und 'Titania' sind widerstandsfähig gegen verschiedene Blattkrankheiten, reichtragend und robust	Der Rückschnitt ist bei allen Sorten gleich. Im ersten Herbst die schwächsten Triebe in Bodennähe abschneiden. Danach jährlich zwischen Spätsommer und Herbst altes Holz um ein Viertel bis ein Drittel an der Strauchbasis herausschneiden, um Neuwachstum zu fördern.	Johannisbeeren im reifen Zustand ernten, und zwar von Früh- bis Spätsommer. Beeren bei unterschiedlichem Reifegrad innerhalb des Fruchtstandes einzeln ernten.
Klassiker wie 'Silvergieters Schwarze' sind anspruchslos, reichtragend und wohlschmeckend, können aber etwas anfällig sein		
Großfrüchtige Sorten wie 'Rosenthals Langtraubige Schwarze' sind oft etwas spätfrostgefährdet, aber mit sehr gesunden Früchten		

Anbau von Schwarzen Johannisbeeren

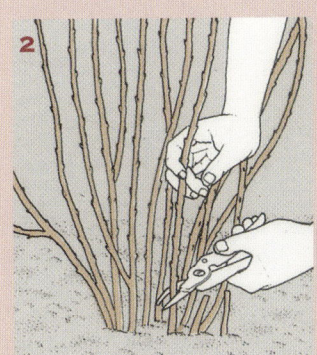

1 Ruten im Herbst an sonnige, geschützte Stelle pflanzen, wenn der Boden noch warm ist. Schwarze Johannisbeeren erhält man gewöhnlich als Ballenware im Container. Zum Halten von Feuchtigkeit Boden gut mulchen.

2 Bei neu gepflanzten Sträuchern alle Triebe bis auf Bodenhöhe zurückschneiden, und zwar knapp über einer nach außen zeigenden Knospe. Im ersten Jahr tragen die Sträucher noch nicht, sondern bilden kräftige, robuste Triebe.

3 Im Herbst Stecklinge nehmen. Die unteren Knospen entfernen und Stecklinge in eine V-förmige Furche stecken. Stecklinge erst nach ausreichender Bewurzelung an ihren endgültigen Standort verpflanzen.

Strauchbeerenobst

Rote und Weiße Johannisbeeren

Trotz Verwandtschaft mit der Schwarzen Johannisbeere werden diese beiden Arten anders angebaut, und zwar ähnlich wie Stachelbeeren (s. S. 138), also als Buschbaum mit offener Mitte oder als Kordon.

Weiße Johannisbeeren sind eine Unterart der roten und werden frisch z. B. als Nachtisch gegessen. Rote Johannisbeeren hingegen werden häufiger für Marmeladen und Gelees verwendet, können aber auch frisch verzehrt werden. Beide Arten gedeihen am besten auf

Böden, die wasserdurchlässig sind und zugleich gut Feuchtigkeit halten. Ideal ist eine sonnige, vor kaltem Wind geschützte Stelle ohne Frostgefahr für die frühe Blüte.

Ein ausgewachsener Strauch bringt zwischen 1,8 und 2,2 kg Ertrag, manche gar das Doppelte und Kordons weniger.

Pflanzung und regelmäßige Pflege

Einige Wochen vor der Pflanzung reichlich gut verrottete organische Substanz in den Boden einarbeiten und einen kalihaltigen Universaldünger ausbringen. Zweijährige Sträucher kaufen und so früh wie möglich innerhalb des empfohlenen Zeitraums pflanzen.

Neben den Kordons Stützpfähle in den Boden einbringen und Querdrähte ziehen. Bei Buschbäumen sollten die Zweige eine Höhe von maximal 25 cm über dem Boden aufweisen.

Pflanzen vor Vögeln schützen und bei sehr trockenem Wetter wässern. Alle am Boden oder am Hauptstamm wachsenden Ausläufer entfernen. Unkraut mit Herbiziden oder durch Mulchen und weniger durch Hacken, das die Wurzeln schädigen könnte, bekämpfen. Jährlich Wintermulch ausbringen und zugleich mit Kaliumsulfat düngen.

Erziehungs- und Schnittmaßnahmen

Nach der Pflanzung die Zweige auf nur jeweils vier Triebe zurückschneiden. Im zweiten Winter alle Zweige um die Hälfte bis auf eine nach außen gerichtete Knospe, und die Seitentriebe auf zwei Knospen kürzen. Dadurch soll ein Buschbaum mit offener, lichtdurchlässiger Mitte erzielt und die Bildung von Fruchtholz gefördert werden. Bei ausgewachsenen Sträuchern sind die Triebe des laufenden Jahres auf ca. 2,5 cm zu kürzen und altes Holz

Weiße Johannisbeeren haben eine zarte Farbe und einen köstlichen Geschmack. Ihre stark glänzenden roten Verwandten sind robuster und stellen eine hervorragende Beilage zu Fleisch, z. B. zu Lammbraten und Wild, dar.

Anbau von Roten und Weißen Johannisbeeren

1 Sträucher an eine sonnige, geschützte Stelle pflanzen. Durch Pfähle stützen und jährlich zurückschneiden.

2 Bei beginnender Fruchtbildung den Bestand mit Netzen vor Vögeln schützen und bei trockenem Wetter gießen.

3 Alle am Hauptstamm in Wurzelnähe wachsenden Ausläufer entfernen und Unkraut durch vorsichtiges Hacken oder von Hand bekämpfen.

herauszuschneiden, um Platz für neue Triebe zu schaffen. Dann im Sommer Seitenzweige oberhalb von fünf Blättern zurückschneiden.

Johannisbeeren werden auf die gleiche Weise wie Stachelbeeren erzogen und beschnitten (s. S. 138).

Ernten
Ernten Sie die Früchte, sobald sie reif sind – im Idealfall als ganze Trauben. Ist dies nicht möglich, müssen Sie die Beeren einzeln abpflücken.

(s. S. 138).

Rote und Weiße Johannisbeeren pflanzen

Pflanzen Sie Rote und Weiße Johannisbeeren als Einzelsträucher oder Hecke in den folgenden Pflanzabständen und beachten Sie dabei die Wuchskraft der Sorte

Busch, schwachwachsend: 1,5 m

Busch, starkwachsende: 1,8 – 2 m

Hochstamm: 1,3 m

Heckenpflanzung: 0,75 – 1,5 m

Brombeeren und Loganbeeren

Viele Menschen denken bei Brombeeren an Obsthecken, allerdings sind Früchte von Kultursorten größer, saftiger und aromatischer als die ihrer wilden Verwandten. Sie finden vielfache Verwendung beim Kochen sowie bei der Herstellung von Konfitüre und Wein, sodass es sich lohnt, ein paar Ruten im Garten zu haben.

Loganbeeren sind das Ergebnis einer zufälligen Kreuzung zwischen Brombeeren und Himbeeren im Kalifornien des späten 19. Jahrhunderts. Die Beeren sind dunkelrot und lassen sich roh verzehren oder zum Kochen verwenden. Anbau, Erziehung und auch Vermehrung erfolgen auf die gleiche Weise wie bei Brombeeren.

Boden und Standort
Brombeeren gedeihen auf allen Böden, doch erzielt man die besten Erträge auf leicht saurer, humusreicher Erde. Die Pflanzen wachsen so gut wie überall, selbst an einer Nordseite, und können an einem Schuppen oder entlang eines Zauns als Hecke gezogen werden. Für einen optimalen Ertrag ist eine offene, sonnige Lage zu wählen.

Pflanzung und regelmäßige Pflege
Wie auf Seite 112 beschrieben, werden Brombeerruten im Spätherbst gepflanzt. Etwa einen Monat vor der Pflanzung reichlich gut verrottete organische Substanz in den Boden bringen. Eine sorgfältige Vorbereitung lohnt sich, denn Brombeeren können zehn Jahre und länger an einem Ort bleiben. Ruten in einem Abstand von ca. 2 m pflanzen (etwas weniger bei kleineren Ruten und etwas mehr für kräftigere Sorten) und zum Stützen Querdrähte dazwischen ziehen.

Bei trockenem Wetter ausreichend gießen und den Boden um die Wurzeln frei von Unkraut halten. Mulchen Sie jeweils im Frühjahr mit gut verrottetem Dung oder Kompost.

Die Pflanzenzahl hängt von der Sorte ab – eine Rute einer kräftigen Sorte kann mehr als 9 kg Früchte bringen.

Erziehungs- und Schnittmaßnahmen
Wachsende Ruten an Stützdrähten nach einer der unten beschriebenen Methoden befestigen. Die Früchte werden an einjährigen Ruten gebildet; neues und altes Holz also möglichst getrennt halten. Nach der Ernte müssen alle fruchttragenden Ruten des betreffenden Jahres bis auf Bodenhöhe zurückgeschnitten werden. Falls nötig, müssen neue Triebe des

Wie auf Seite 112 beschrieben,

Erziehung von Brombeeren

Wellenförmig ziehen
Diesjährige Triebe locker und in Wellen von außen nach innen über die Drahtreihen ziehen. Bilden sich neue Jungtriebe, zieht man diese über den »Wellen« am höchsten Draht.

Fächerförmig ziehen
Diesjährige Ruten fächerförmig in eine Richtung entlang der Drahtreihen ziehen. Die später erscheinenden, neuen Jungtriebe zieht man in die Gegenrichtungerziehen.

Pflegekalender für Brombeeren

Pflanzung	**Spätsommer – zeitiges Frühjahr:** Rückschnitt aller Ruten auf 25 cm.
Erziehung	**Sommer:** Kontinuierliches Befestigen neuer Triebe während der Saison.
Ernte	**Sommer – Frühherbst:** Reife Beeren pflücken und umgehend verwenden.
Rückschnitt	**Herbst:** Fruchtruten bis auf Bodenhöhe abschneiden.

betreffenden Jahres, die im Folgejahr Früchte tragen, neu ausgerichtet und festgebunden werden.

Ernten

Brombeeren reifen von Hochsommer bis Herbst, abhängig von der jeweiligen Sorte und natürlich den Wetterbedingungen. Beeren in reifem Zustand pflücken und behutsam behandeln, um sie nicht zu zerquetschen. Früchte umgehend verwenden, da sie schnell weich und matschig werden.

Anzucht neuer Pflanzen

Im Hochsommer neue Triebe nach unten biegen und in einer Länge von 10 – 15 cm in den Boden drücken. Mit einem Stein beschweren. Diese Triebe im Frühwinter von der Mutterpflanze abtrennen, wenn sie gut bewurzelt sind, und im folgenden Frühjahr an ihren endgültigen Platz verpflanzen.

Schädlinge und Krankheiten

Untersuchen Sie Ihre Ruten regelmäßig auf folgende häufige Schädlinge und Erkrankungen: Himbeerkäfer (S. 149), Rutenfleckenkrankheit (S. 147) und Himbeerrutenkrankheit (S. 147).

Stachelbeeren

Die verschiedenen Sorten ermöglichen eine Ernte vom späten Frühjahr bis zum Ende des Sommers. Tafelsorten kann man frisch essen, andere eignen sich nur zum Kochen.

Stachelbeeren lassen sich ausgezeichnet für Marmeladen, Chutneys und für Stachelbeerwein verwenden sowie auch einfach frisch als Nachtisch genießen. Obwohl man sie gewöhnlich als buschförmigen Strauch zieht, lassen sich Stachelbeeren auch als Hochstämmchen oder als Hecke pflanzen. Bei der Heckenpflanzung unterscheidet man zwischen 1-, 2- und 3-triebigen Varianten, jeweils am Drahtgestell.

Boden und Standort

Sie gedeihen auf fast allen Böden, bevorzugen jedoch gut wasserdurchlässige und zugleich feuchte Standorte mit hohem Gehalt an organischer Substanz. Sie mögen sonnige Plätze und sollten nie an frostgefährdeten Stellen gepflanzt werden, denn sie blühen zeitig, sodass Frost die Blüten schädigen kann.

Pflanzung und regelmäßige Pflege

Sorgen Sie dafür, dass der Boden frei von mehrjährigen Unkräutern ist, und geben Sie vor der Pflanzung Universaldünger (vorzugsweise mit hohem Kaligehalt) auf die Pflanzstelle. Im Herbst zwei- bis dreijährige Sträucher in einem Abstand von 1,5 m pflanzen. Die untersten Zweige sollten sich in einer Höhe von 25 cm über dem Boden befinden. Bei 1-triebigen Hecken soll der Pflanzabstand 30 cm, bei 2-triebigen 60 cm und bei 3-triebigen 1 m betragen. Die Pflanzen benötigen ein Drahtgerüst, an dem die Zweige ausgerichtet werden.

Durch flaches Hacken (ohne Beschädigen der Wurzeln) oder mit einem Herbizid den Boden frei von Unkraut halten. Bei sehr trockenem Wetter gießen und eine jährliche Sommermulchdecke aus gut verrottetem Kompost mit geringer Beimischung von Kalisulfat ausbringen.

Sträucher mit einer kompletten Netzabdeckung oder durch Umwickeln der Zweige mit schwar-

zem Baumwollgewebe vor Vögeln schützen. Alle aus dem Boden wachsenden Triebe ausreißen.

Ausgewachsene Sträucher bringen einen Fruchtertrag von rund 3,5 kg pro Jahr.

Erziehungs- und Schnittmaßnahmen

Bei Stachelbeersträuchern strebt man die Erhaltung eines kelchförmigen Wuchses mit deutlich offener Mitte an. Daher im Winter die Sommertriebe etwa um die Hälfte bis um zwei Drittel auf eine Knospe zurückschneiden. Falls der Strauch zuvor von Vögeln attackiert wurde, warten Sie mit dem Rückschnitt bis zum Anschwellen der Knospen – so können Sie sicher sein, dass die verbliebenen Knospen intakt sind. Wenn es sich um Sorten mit Hängewuchs handelt, ist auf eine nach oben zeigende Knospe zurückzuschneiden; bei aufrecht wachsenden Sorten muss man auf eine seitwärts ausgerichtete Knospe kürzen. Lassen Sie ca. acht in gleichmäßigem Abstand angeordnete Zweige am Strauch und schneiden Sie die restlichen bis auf eine Knospe oberhalb der Basis zurück.

Danach im Winter kontinuierlich neue Triebe um die Hälfte bzw. Seitentriebe auf rund 7,5 cm zurückschneiden, um die Fruchtspießbildung zu fördern. Wenn der Strauch richtig eingewachsen ist, zur Erhaltung der Form und einer gleichmäßigen Lichtzufuhr altes Holz herausschneiden. Kürzen Sie in jedem Jahr die Leittriebe auf ca. 2,5 cm und entfernen Sie schwache Triebe.

Im Sommer Seitentriebe auf etwa fünf Blätter zurückschneiden (bei allen Typen von Stachelbeersträuchern einschließlich Kordons), so wird die Bildung von Fruchtknospen angeregt.

Pflanzen für die Heckenerziehung (als »Kordon«) lassen sich aus Stecklingen gewinnen. Für 1-triebige Hecken sind alle Triebe bis zum Hauptstamm zurückzuschneiden, wobei der kräftigste Trieb bleibt. Dieser wird an einen Pfahl gebunden und Triebe aus der laufenden Saison werden jedes Jahr um die Hälfte zurückgeschnitten. Kürzen Sie zur Bildung von Frucht-

spießen die Seitentriebe ein. Erziehen und stützen Sie 2- und 3-triebige Hecken auf dieselbe Weise, doch wählen Sie zu Beginn zwei bzw. drei Triebe aus. Bei der 2-triebigen Hecke sollten die Triebe zunächst horizontal gezogen und dann an einer nach oben zeigenden Knospe abgeschnitten werden, sodass ein Trieb senkrecht wächst. Bei der 3-triebigen Hecke werden zwei Triebe ebenfalls waagerecht und der mittlere Trieb senkrecht gezogen.

Ernten
Bei sehr üppigem Fruchtbestand sind die Früchte auszudünnen, wenn sie groß genug sind, und zwar auf einen Abstand von rund 2,5 cm. Falls gewünscht, kann erneut ausge-

dünnt werden: auf 5–7,5 cm Abstand, sodass Sie bei der letzten Ernte große Früchte bekommen. Zum Kochen müssen die Beeren vor der Ernte nicht völlig reif sein – für frischen Verzehr hingegen wohl, wenn sie nicht zu säuerlich sein sollen.

Anzucht neuer Pflanzen
Neupflanzen lassen sich auf die gleiche Weise gewinnen wie Schwarze Johannisbeeren (s. S. 135), allerdings bewurzeln sie schwerer. Entnehmen Sie im Herbst ca. 40 cm lange Stecklinge von Trieben der laufenden Saison, wenn noch etwas Laub vorhanden ist. Schneiden Sie oben 7,5 cm des weichen Holzes ab und entfernen Sie alle Knospen am unteren Ende; lassen Sie drei bis vier Knospen nahe

Stachelbeeren sind üblicherweise grün, aber mittlerweile gibt es auch Sorten mit gelben und roten Früchten. Manche Sorten sind zu sauer, um sie frisch zu essen. Halten Sie also nach »Dessert-Stachelbeeren« Ausschau, wenn Sie nicht vorhaben, sie vor dem Verzehr zu kochen.

der Spitze stehen. Behandeln Sie danach die Stecklinge genauso wie die von Schwarzen Johannisbeeren.

Schädlinge und Krankheiten
Es gibt zwei spezifische Erkrankungen bei Stachelbeeren: Amerikanischen Stachelbeermehltau (s. S. 149) und Stachelbeerblattwespe (S. 144).

Schnitt von Stachelbeeren

1 Im Winter die Sommertriebe auf eine Knospe zurückschneiden und dabei die Kelchform erhalten.

2 Im Sommer jede zweite Frucht entfernen. Seitentriebe auf fünf Blätter kürzen.

3 Im Winter ausgewachsene Sträucher zur Erhaltung der Kelchform beschneiden. Leittriebe um die Hälfte und Seitentriebe auf 7,5 cm zurückschneiden.

Strauchbeerenobst

Schädlinge und Krankheiten

Schädlingen und Krankheiten vorbeugen

Es lässt sich nicht vermeiden, dass Ihre Obstgehölze und Gemüsepflanzen irgendwann einmal von Schädlingen befallen werden oder Krankheiten erliegen, doch mit etwas gesundem Menschenverstand und regelmäßiger Pflege können Sie dazu beitragen, Probleme fernzuhalten. Das ist weitaus leichter als die Beseitigung eines Problems, das sich bereits festgesetzt hat.

Der erste Schritt zur Gesunderhaltung Ihrer Pflanzen ist eine strikte und sorgsame Gartenhygiene. Räumen Sie regelmäßig Ihre Gartenabfälle weg, sodass sich keine abgestorbenen oder infizierten Blätter, Früchte und Zweige auf dem Boden ansammeln und so in der Nähe wachsende Pflanzen anstecken können.

Untersuchen Sie beim Säubern Ihrer Obst- und Gemüsebeete und auch bei jedem Gießen der Pflanzen Ihre Bestände auf erste Anzeichen von Schädlings- oder Krankheitsbefall.

Graben Sie grundsätzlich solche Pflanzen aus, die von Viruskrankheiten befallen sind, und vernichten Sie diese, um so das Problem schnell in den Griff zu bekommen. Bekämpfen Sie regelmäßig das Unkraut auf Ihrem Grundstück, um es auf diese Weise unter Kontrolle zu halten, da sich dort Schädlinge aufhalten können.

Treffen Sie eine kluge Pflanzenwahl

Kaufen Sie Pflanzen, Saatgut, Sets oder Knollen nur bei seriösen Anbietern und halten Sie immer Ausschau nach Pflanzensorten, die als krankheitsfrei zertifiziert sind. Entscheiden Sie sich für krankheitsresistente Züchtungen, wenn Sie wissen, dass eine bestimmte Krankheit in Ihrer Gegend vorkommt. Macht eine Baumschule oder ein Gartencenter einen verunkrauteten oder verwahrlosten Eindruck, kaufen Sie Ihre Pflanzen lieber woanders.

Engen Sie Pflanzen nicht ein

Es ist genau wie bei Menschen: Auch bei Pflanzen breiten sich Krankheiten schneller an überfüllten Orten aus. Halten Sie sich daher beim Auspflanzen immer an die empfohlenen Pflanzabstände. In vollgestopften Pflanzenbeständen kann die Luft aufgrund der Enge häufig nicht ungehindert zirkulieren, und so kommt es leicht zum Verfaulen, zu Pilzkrankheiten, Mehltau und anderen Problemen. Außerdem konkurrieren die Pflanzen um Wasser sowie um Nährstoffe und werden sehr wahrscheinlich schwach und stakig, da sie versuchen, ihre Nachbarn im Wachstum zu übertreffen, um so an Licht zu gelangen. Dadurch werden sie noch anfälliger für Schädlinge und Krankheiten. Hinzu kommt,

dass es für Sie schwieriger wird, Probleme schnell zu finden, wenn Sie Pflanzen nur mit Mühe untersuchen können, weil diese eng ineinander verschlungen sind.

Gewächshaushygiene

Penible Sauberkeit im Gewächshaus ist wichtig, denn gute Wachstumsbedingungen bedeuten auch, dass Schädlinge und Krankheiten so rasch gedeihen wie Ihre Pflanzen. Schrubben und desinfizieren Sie Blumentöpfe und Anzuchtschalen vor und nach dem Gebrauch, räumen

Nützliche Gartenbewohner

All diese Lebewesen jagen Schadinsekten und können diese auf Ihrem Grundstück dezimieren, auch wenn sie sie nicht komplett ausrotten.

- Tausendfüßler
- Frösche, Kröten und Molche
- Laufkäfer
- Igel
- Schwebfliegen
- Netzflügler
- Marienkäfer
- Kurzflügler
- Blindschleichen
- Wespen

Sie sofort auf und säubern Sie Ihr Gewächshaus jeden Herbst gründlich (s. Seite 38). Lüften Sie ausgiebig, um Schimmel- und Pilzbefall entgegenzuwirken.

Natürliche Schädlingsbekämpfung

Viele Insekten und andere Lebewesen ernähren sich von Schädlingen, die sich gerne an Ihren Kulturpflanzen zu schaffen machen. Wenn Sie diese Nützlinge in Ihrem Garten bzw. in Ihren Obst- und Gemüsebeeten begünstigen, werden sie einen großen Teil der Schädlingsbekämpfung übernehmen.

Es ist einfacher, Tiere in einen Hausgarten zu locken, als in ein Gemüsebeet, denn oft ist dort die Pflanzenvielfalt größer. Versuchen Sie, Schwebfliegen und andere Raubinsekten mit pollenreichen Pflanzenarten anzulocken, damit sie bei der Bekämpfung von Blattläusen helfen. Laufkäfer befallen die Eier der schädlichen Möhrenfliege und der Kohlfliege, wenn Sie ihnen tagsüber Schutz in Form von Bodenbedeckung bieten.

Links: *Marienkäfer sind gefräßige Läusejäger. Locken Sie sie mit blühenden Pflanzen an.*
Mitte: *Wenn Sie einen Teich haben, jagen darin lebende Frösche eine Reihe von Gartenkäfern.*
Rechts: *Käfer fressen die Eier vieler Schadinsekten, so z. B. die der Möhrenfliege.*

Probleme bei Pflanzen behandeln

Wachsamkeit und sofortiges Handeln sind der Schlüssel zu erfolgreicher Schädlingsbekämpfung oder Krankheitsbehandlung. Untersuchen Sie Ihre Pflanzen regelmäßig, um frühe Anzeichen einer Infektion oder eines Befalls zu erkennen.

Pflanzenschutzmittel sind gefährlich und sollten nur als letzte Möglichkeit eingesetzt werden. Viele Insektizide töten alle Insekten ab, Schädlinge wie Nützlinge. Wenden Sie daher die Mittel nur bei Pflanzen an, bei denen der Schädling oder die Krankheit sichtbar ist.

Die folgenden Seiten werden Ihnen helfen, Probleme an Ihren Pflanzen zu erkennen und zeigen Wege zur Behandlung sowie Vorbeugung auf. Es ist aber auch eine gute Idee, sich an örtliche Baumschulen oder Gartencenter zu wenden, um sich Rat zum Umgang mit bestimmten Schädlingen oder Krankheiten zu holen. Man wird Sie dort gerne über Behandlungsmaßnahmen beraten und, wo immer möglich, chemiefreie Methoden empfehlen.

Sicherer Umgang mit Spritzmitteln

Zuweilen kann die einzige Lösung im Spritzen eines geeigneten Insektizids bzw. Fungizids oder in einer anderen Behandlung bestehen. Befolgen Sie Packungsanweisungen sorgfältig und wenden Sie eine Methode nur für den vorgesehenen Zweck an. Benutzen Sie ein kleines Spritzgerät, um das Mittel gezielt anzuwenden. Bringen Sie Spritzmittel nicht an windigen Tagen aus, da sie weggeblasen werden oder gar in Ihr Gesicht gelangen können.

Seien Sie vorsichtig bei der Behandlung von Pilzkrankheiten: Eine zu hohe Fungiziddosis kann bei vielen Pflanzen genauso viel Schaden anrichten wie der Pilz selbst. Überprüfen Sie Flaschen auf Warnhinweise oder testen Sie Präparate erst an ein bis zwei Blättern, bevor Sie die ganze Pflanze oder den gesamten Bestand damit behandeln.

Auswahl von Insektiziden

Systemisch wirkende Insektizide werden von der Pflanze aufgenommen und eingesetzt, um Pflanzensaft saugende Insekten wie Blatt- und Wollläuse zu bekämpfen. Die Insekten nehmen den insektizidhaltigen Pflanzensaft auf und sterben ab. Kontaktinsektizide werden auf Blatt- und Stängel- bzw. Stammflächen gespritzt und töten Schadinsekten ab, die mit den Mitteln in Kontakt kommen. Auf diese Weise werden Blatt fressende Schädlinge wie Raupen bekämpft. Spritzmittel aus Fertigmischungen sind die teuersten, jedoch am einfachsten anzuwenden.

Obwohl es das Beste ist, nur befallene Pflanzen mit Insektiziden zu spritzen, verbreiten sich Pilzkrankheiten mittels Sporen, sodass Sie auch die Pflanzen in der Nähe behandeln sollten.

Gehen Sie gründlich und vorsichtig vor. Stellen Sie sich darauf ein, die Behandlung einige Wochen später zu wiederholen, um Schädlinge zu erfassen, die erst nach dem ersten Spritzen geschlüpft sind. Tragen Sie Schutzausrüstung und -kleidung: Lange Ärmel, lange Hose, Schutzhandschuhe, festes Schuhwerk, Schutzbrille und, wenn Sie wollen, auch eine Schutzmaske.

Lassen Sie niemals Chemikalienreste im Spritzgerät – Sie werden später nicht mehr wissen, was Sie verwendet haben, und könnten diese beim nächsten Gebrauch des Spritzgeräts falsch anwenden. Spritzen Sie sämtliche nicht aufgebrauchte Chemikalien auf einen befestigten Weg oder die Straße und reinigen Sie das Spritzgerät.

Lagern Sie Pflanzenschutzmittel auf einer hohen Ablage in einem verschlossenen Schuppen. Führen Sie Aufzeichnungen über Verfallsdaten und sorgen Sie für rotierende Bestände, sodass Sie zuerst die ältesten Mittel verwenden. Bringen Sie halb gefüllte Flaschen, die Sie nicht mehr benötigen, zum örtlichen Recyclinghof und lassen Sie sich hinsichtlich der sicheren Entsorgung beraten.

Sichtbare Schädlinge

Problem	Erkennung	Betroffene Arten	Behandlung
Blattläuse	Kleine Insekten, die vor allem in warmen und trockenen Zeiten vorkommen und in großer Zahl Blätter, Triebe und junge Früchte befallen, wo sie zu deformiertem Wachstum führen.	Viele Pflanzenarten	Handelsübliche Spritzpräparate verwenden: entweder im Winter zum Abtöten der Eier oder kurz vor Beginn der Obstbaumblüte zum Abtöten der Insekten.
Gemeines Spargelhähnchen	Orangefarbene Käfer und graue Larven, die sich gefräßig von Laub ernähren und dort zu braunen Flecken und Verformungen führen.	Spargel	Zurückschneiden des Laubs im Herbst zur Vernichtung der Eier. Spritzen oder bestäuben Sie die Pflanzen mit empfohlenen, handelsüblichen Präparaten.
Erbsen- und Bohnenblattlaus	Befall mit winzigen Läusen, die sich an Stängeln festklammern und Pflanzensaft saugen. Pflanzen welken und wachsen verformt, die Pflanze stirbt schließlich ab.	Erbsen, Ackerbohnen, aber auch Schnitt- und Stangenbohnen	Frühe Kulturen bleiben gewöhnlich verschont, da die Hülsen vor Auftauchen der Läuse geerntet werden. Geizen Sie die wachsenden Triebspitzen aus, sobald Sie Läuse entdecken. Entfernen und vernichten Sie alle befallen Blätter. Spritzungen mit handelsüblichen Präparaten oder Abspritzen der Pflanzen mit Wasser helfen bei der Bekämpfung.
Weiße Fliege im Gewächshaus	1,5 mm lange, weiße Fliegen und schuppenartige Larven an Blättern von Gewächshauskulturen. Blätter sind durch Rußpilze und Honigtau verschmutzt.	Tomaten und Gurken im Unterglasanbau	Regelmäßige Spritzbehandlungen mit handelsüblichen Präparaten.
Grüne Blattläuse	Ansammlungen von kleinen Insekten, die im Sommer Salatpflanzen befallen. Man findet sie auf den Blättern, wobei die Pflanzen schließlich verkrüppeln und absterben.	Kopfsalat sowie andere Salatarten	Große Sorgfalt bei der Gartenhygiene und sofortiges Vernichten von befallenen Beständen tragen zur Bekämpfung des Schädlings bei. Der Befall kann durch ausreichende Bewässerung von Sommerpflanzungen vermindert werden.
Woll- und Schmierläuse	Rosafarbene Insekten (4 mm lang) mit wolliger, wachsartiger Behaarung an Stielen und Blättern.	Gewächshauskulturen	Spritzbehandlungen mit empfohlenen, handelsüblichen Präparaten.
Schildläuse	Flache, schildförmige Insekten, 1–6 mm lang und von brauner, gelber oder weißer Farbe. Auf der Blattunterseite an Stängeln und Blattadern.	Gewächshauskulturen	Wischen Sie die Schildläuse mit einer weichen Zahnbürste ab oder spritzen Sie mit empfohlenen, handelsüblichen Präparaten.

Weitere mögliche Schädlinge: **Kleiner Kohlweißling** (unten), **Erdraupen** (S. 147), **Erdflöhe** (unten)

Durchlöcherte Blätter

Problem	Erkennung	Betroffene Arten	Behandlung
Bakterienbrand	Krankheitsflecken auf Zweigen sondern eine klebrige Substanz ab. Betroffene Zweige bringen kleine, welke und verfärbte Blätter hervor und sterben schließlich ab.	V.a. Pflaumen-, Pfirsich-, Zwetschgen- und Kirschbäume.	Befallenes Holz herausschneiden und Schnittflächen mit Baumschutz versiegeln. Im Spätsommer und Frühherbst mit handelsüblichen Präparaten spritzen..
Kleiner Kohlweißling	Die Raupen fressen sich durch die Blätter und verursachen viele Löcher.	Kohlarten.	Gelbe Eiergelege zerdrücken oder diese von den Blättern absuchen. Alle Raupen beseitigen und vernichten.
Blindwanzen	Gezackte Löcher an jungen Blättern, die von ausgewachsenen Wanzen und Nymphen, die sich vom Pflanzensaft ernähren, verursacht werden. Triebe können verformt und zerstört werden, erhabene braune Flecken auf Früchten, Blüten und Knospen von Apfelbäumen können auftreten.	Äpfel, Bohnen, Johannisbeeren und andere Arten.	Im Frühjahr, Sommer und Frühherbst handelsübliche Präparate zur Abwehr spritzen. Wenn Symptome entdeckt werden, sind die Wanzen gewöhnlich schon fort. Im Winter alle Gartenabfälle wegräumen, um eine Überwinterung der Schädlinge in Pflanzennähe zu verhindern.
Erdfloh	Befallen insbesondere Jungpflanzen und hinterlassen kleine, klar geformte Löcher.	Kohlgewächse, Rettiche und Speiserüben.	Eher am Abend als tagsüber gießen, um die Schädlinge fernzuhalten.
Stachelbeerblattwespe	Grüne Raupen mit schwarzer Fleckung, die Blattfraß verursachen und Blattgerippe hinterlassen.	Stachelbeeren.	Pflanzen beim ersten Auftreten von Symptomen oder im Spätfrühjahr mit handelsüblichen Präparaten spritzen. Eier und Raupen von den Blattunterseiten absuchen.
Schrotschusskrankheit	Die Blätter bekommen braune Flecken, die zu Löchern werden. Ursache hierfür sind entweder eine pilzliche Blattfleckenkrankheit oder Bakterienbrand.	Kirschen, Pflaumen und Pfirsiche.	Jährliche Düngung der Pflanzen, Mulchen im Frühjahr und gute Wasserversorgung wirken vorbeugend. Pflanzen im Sommer und Herbst mit empfohlenen Fungiziden spritzen.

Weitere mögliche Ursachen: **Schnecken und Nacktschnecken** (S. 147)

Schädlinge und Krankheiten

Blattverformungen

Problem	Erkennung	Betroffene Arten	Behandlung
Selleriefliege	Die Maden minieren in den Blättern, fressen also äußerlich sichtbare Gänge innerhalb der Blätter, und hinterlassen Spuren von braunen Bläschen. Das Wachstum gerät ins Stocken und die Pflanze stirbt schließlich ab.	Sellerie, Pastinaken und andere Wurzelfrüchte	Untersuchen Sie die Blätter und zerdrücken Sie Bläschen, sobald Sie welche entdecken. Befallene Blätter entfernen und vernichten, um die Ausbreitung des Schädlings zu verhindern.
Fadenwürmer (Nematoden)	Befallen Nutzpflanzen und führen zu Verdickungen und Verformungen der Blätter.	Viele Gemüsekulturen sowie Erdbeeren	Saatgut bei seriösen Händlern kaufen, da dieses in der Regel gegen Nematodenbefall vorbehandelt ist.
Fritfliege	Die Larven fressen sich in die wachsende Pflanze und verursachen Kümmerwuchs sowie verformte, gezackte Blätter. Befall in der Regel im Frühsommer.	Zuckermais	Empfohlene handelsübliche Präparate bereits bei Bildung der ersten Blätter spritzen. Wenn ein Befall in Ihrer Gegend häufig vorkommt, sollten Sie die Aussaat besser unter Glas als direkt in den Boden vornehmen und so dem Schädling den Zugang zu den Pflanzen erschweren.
Zwiebelnematoden	Verdickungen und Verformungen der Blätter, die Zwiebeln werden weich.	Schnittlauch, Knoblauch, Zwiebeln und Schalotten	Befallene Pflanzen ausreißen und vernichten. Aus Samen gezogene Zwiebeln sind weniger anfällig als solche, die aus Steckzwiebeln gezogen werden. Strikten Fruchtwechsel befolgen und keine Zwiebeln auf einem Feld anbauen, das drei Jahre oder länger befallen war.
Kräuselkrankheit	Befall von Pfirsichblättern zunächst in Form von großen, roten Bläschen, die sich dann weiß und später braun verfärben. Die Blätter kräuseln sich und zerknittern, bevor sie absterben und abgeworfen werden.	Pfirsiche	Empfohlene handelsübliche Präparate gegen Ende des Winters spritzen, wenn sich die Knospen zeigen. Behandlung nach 10–14 Tagen wiederholen und dann erneut im Herbst kurz vor dem Blattfall.
Birnengallmilbe	Winzige Insekten, die sich von Blättern ernähren und kleine, rosa-braune Gallenbläschen bilden.	Birnen	Erstes Auftreten der Milben im Frühjahr; befallene Blätter daher erst danach entfernen und vernichten. Starken Befall mit handelsüblichen Präparaten eindämmen.
Blütenfäule	Große, schwarze Flecken an Artischockenherzen.	Artischocken	Handelsübliche Präparate spritzen, sobald sich die Knospen entwickeln. Die Behandlung alle 14 Tage wiederholen.
Brennnesselblattvirus	Schwerwiegende Viruserkrankung, verursacht durch die Johannisbeergallmilbe (s. S. 149). Es kommt zu Blattverformungen und – falls überhaupt – zu einer schwachen Ernte.	Schwarze Johannisbeeren	Befallene Sträucher ausgraben und vernichten. Nur als krankheitsfrei zertifizierte Pflanzen kaufen.
Klemmherzigkeit	Die Blätter beginnen, in Richtung der Hauptblattader einzuschrumpfen.	Blumenkohl, Brokkoli, Kohlrabi	Sorgen Sie dafür, dass der Boden nicht zu sauer ist. Behandeln Sie ihn gegebenenfalls entsprechend.
Weißer Rost	Die Blätter sind mit weißen Pusteln bedeckt.	Kohlgewächse, Bocksbart, Garten-Schwarzwurzeln	Blätter entfernen und vernichten. Bei Befall in der frühen Wachstumsphase dürften die Pflanzen nicht ernsthaft in Mitleidenschaft gezogen werden.

Weitere mögliche Ursachen: **Schnecken und Nacktschnecken** (S. 147)

Links: Die Larven des Kohlweißlings sind bunt und daher leicht zu entdecken: Suchen Sie diese ab und vernichten Sie sämtliche Eiergelege, die Sie finden.

Rechts: Blattläuse gehören zu den häufigsten Schädlingen an Obstgehölzen und Gemüsepflanzen sowie im Ziergarten. Sie führen zu Wuchsverformungen und vernichten die Ernte. Begünstigen Sie Raubinsekten wie Marienkäfer, Netzflügler und Schwebfliegen in Ihrem Garten, um das Problem zu mindern und weniger spritzen zu müssen.

Schädlinge • Probleme an Blättern

Blattverfärbungen

Problem	Erkennung	Betroffene Arten	Behandlung
Sellerie Blattfleckenkrankheit	An den Blättern treten braune Flecken mit schwarzer Mitte auf.	Sellerie	Pflanzen mit handelsüblichen Präparaten spritzen und Saatgut von seriösen Anbietern kaufen. Dort wird das Saatgut entsprechend vorbehandelt.
Falscher Mehltau	Befällt manchmal Jungpflanzen unter Glas. Gelbe Flecken auf der Blattoberseite sowie graubrauner, pelziger Belag an der Blattunterseite.	Kohlgewächse, Zucchini, Zwiebeln	Für eine trockene Atmosphäre und erhöhte Gewächshaushygiene sorgen.
Feuerbrand	Schwarze Verfärbung und Verkümmern von Blüten, Braunverfärbung und Welken von Blättern sowie Absterben von Trieben.	Äpfel und Birnen	Das Auftreten und sogar der Verdacht des Auftretens von Feuerbrand ist der zuständigen Behörde (Pflanzenschutzdienst) unverzüglich zu melden. Dort wird man Sie bezüglich des weiteren Vorgehens beraten.
Gewächshaus-Spinnmilben, z. B. Rote Spinne	Winzige Insekten, die sich (insbesondere bei Obstbäumen) von Pflanzensaft ernähren und Blattsprenkelungen verursachen. Die Blätter färben sich gelblich-braun und sterben ab. Auftreten im Sommer und Frühherbst.	Gewächshauskulturen einschließlich Obstgehölze unter Glas	Empfohlene handelsübliche Präparate spritzen. Pflanzen mit Wasser besprühen und benachbarte Wege befeuchten.
Grauschimmel (Botrytis)	Braune Flecken auf den Blättern mit anschließender Bildung von grauem Schimmel. Früchte beginnen zu verfaulen und sind von grauem Schimmelbelag bedeckt. Die Pflanzen welken und sterben ab.	Viele Kulturpflanzen, insbesondere Salate aus Winteranbau und Erdbeeren	Anbau von Pflanzen unter kühlen und feuchten Bedingungen vermeiden. Unter Glas und Folie kultivierte Pflanzen regelmäßig untersuchen und für ausreichende Belüftung sorgen. Bei Winteranbau resistente Sorten verwenden.
Lauchmotte	Unregelmäßige weiße Linien auf den Blättern, die von den Maden beim Fressen hinterlassen werden.	Lauch und Zwiebeln	Gabe von handelsüblichen Spritzpräparaten.
Mehltau	Die gesamte Pflanze ist von einem mehligen Belag bedeckt, die Blätter kräuseln sich.	Viele Pflanzenarten	Empfohlene handelsübliche Präparate spritzen und Wassergaben erhöhen. Für eine ausreichende Luftzirkulation sorgen.
Mosaikkrankheit (Mosaik-Virus)	Blätter und Früchte vergilben und werden fleckig. Es kommt zu Krüppelwuchs, die Früchte entwickeln sich nicht richtig.	Viele Pflanzenarten, insbesondere jedoch Gurken	Übertragung durch die Grüne Blattlaus. Bekämpfen Sie daher diesen Schädling durch ausreichende Gartenhygiene.
Rote Spinne	Winzige Lebewesen, die sich von Blättern ernähren, welche sich schmutzig-rot verfärben. Die Tiere spinnen sehr feine Netze zwischen den Blättern.	Hülsenfrüchte und Obstgehölze	Die Tiere befallen gewöhnlich nur Pflanzen, die in sehr warmer, trockener Umgebung wachsen. Pflanzen daher regelmäßig wässern und mulchen, um den Feuchtigkeitsgrad hoch zu halten.
Pflanzenrost	Bräunliche Flecken auf den Blättern, welche sich verbiegen und verformen.	Rote Bete, Mangold, Lauch, zuweilen auch Minze	Blätter entfernen und vernichten. Spritzen von handelsüblichen Präparaten.
Viruskrankheiten	Verfärbung und häufig auch Verformung der Blätter.	Viele Pflanzenarten	Befallene Pflanzen ausgraben und vernichten. Nur als krankheitsfrei zertifizierte Pflanzen anbauen, um das Risiko eines Befalls zu minimieren.

Weitere mögliche Ursachen: **Bakterienbrand** (S. 144), **Möhrenfliege** (S. 151)

Ganz rechts: Die Rote Spinne befällt Hülsenfrüchte wie z. B. Erbsen und Bohnen. Die Gewächshaus-Spinnmilbe (Rote Spinne) ist ein häufiges Problem bei allen Unterglaskulturen.

Rechts: Rostig-braune Flecken auf Blättern sind ein Zeichen für die Rostkrankheit. Entfernen und vernichten Sie sämtliche befallenen Blätter, um die Krankheit einzudämmen.

Deformierte oder verwelkte Triebe

Problem	Erkennung	Betroffene Arten	Behandlung
Kohlgallenrüssler	Hohle Verdickungen an den Wurzeln und Wachstumshemmung.	Kohlgewächse.	Befallene Pflanzen ausgraben und vernichten.
Mehlige Kohlblattlaus	Massenhaftes Auftreten winziger, runder Insekten, die Kolonien auf Blättern und Stängeln bilden und zu verkrümmtem Pflanzenwachstum führen.	Kohlgewächse	Empfohlene Insektizide spritzen und Raubinsekten zur Eindämmung des Schädlings anlocken.
Schnecken und Nacktschnecken	Unregelmäßig geformte Löcher an Blättern und Schleimspuren auf umliegenden Wegen und Steinen. Vernichtung von ganzen Jungpflanzen.	Viele Pflanzenarten, insbesondere Jungpflanzen.	Pflanzenabfälle regelmäßig entfernen, damit sich Schnecken und Nacktschnecken nicht ansiedeln. Schädlinge von den Pflanzen absuchen und vernichten. Wildtiere in Ihren Garten locken, damit diese die Schädlingsbekämpfung übernehmen. Schneckenkorn nur dort verwenden, wo es keine anderen Tiere oder Wildtiere gefährdet.

Weitere mögliche Ursachen: **Birnengallmilbe** (S. 145), **Wurzellaus** (S. 148)

Probleme an Stängeln, Rinde und Zweigen

Problem	Erkennung	Betroffene Arten	Behandlung
Rutenfleckenkrankheit	Pilzkrankheit, die zur Bildung von purpurfarbenen Flecken auf den Ruten führt. Die Flecken färben sich später weiß und die Ruten reißen schließlich auf.	Brombeeren, Himbeeren und Loganbeeren	Erkrankte Ruten herausschneiden und vernichten. Pflanzen mit empfohlenen, handelsüblichen Präparaten spritzen.
Obstbaumkrebs	Kleine Vertiefungen aus abgestorben aussehendem Holz auf Zweigen und Trieben. Bei Nichtbehandlung werden sie immer größer, bis schließlich der gesamte Zweig abstirbt.	Äpfel	Erkranktes Holz herausschneiden und vernichten. Schnittflächen mit Baumschutzwachs versiegeln. Für schweren Befall stehen handelsübliche Spritzpräparate zur Verfügung.
Rotpustelkrankheit	Massenhafte Entwicklung von roten Flecken, gewöhnlich auf altem Holz.	Obstbäume und Johannisbeeren	Alle betroffenen Bereiche bis mindestens 15 cm hinter der Infektionsstelle zurückschneiden und vernichten. Alle Schnittflächen mit Baumschutzfarbe versiegeln.
Erdraupen	Die grünlich-grau gefärbten Raupen fressen sich durch die Stängel im Bodenbereich.	Viele Wurzelgemüsearten	Dämmen Sie Unkrautwachstum ein, damit sich die Schädlinge nicht von Pflanze zu Pflanze fortbewegen.
Himbeerrutenkrankheit	Pilzkrankheit, die zur Bildung von purpurfarbenen Flecken auf den Ruten führt. Die Blätter welken, in schweren Fällen brechen die Ruten.	Brombeeren, Himbeeren und Loganbeeren	Befallene Ruten herausschneiden und vernichten. Die übrigen Ruten mit empfohlenen, handelsüblichen Präparaten spritzen.
Blutlaus	Büschel aus wachsartiger Wolle auf Ästen und Zweigen, die sich zu Pflanzengallen (unförmigen Deformationen aus pflanzlichem Gewebe) entwickeln.	Äpfel	Die Bekämpfung ist schwierig. Verabreichen Sie empfohlene handelsübliche Spritzpräparate, sobald Sie erste Symptome feststellen.

Weitere mögliche Ursachen: **Feuerbrand** (S. 146)

Ganz links: *Apfelbäume sind besonders durch Blutlausbefall gefährdet. Dieser kann zu schwerwiegenderen Erkrankungen führen.*

Links: *Zerfressene Blätter und sogar das Verschwinden ganzer Pflanzen über Nacht können das Ergebnis von Schneckenfraß sein. Diese schleimigen Schädlinge können ganze Bestände vernichten.*

Verzeichnis der Schädlinge und Krankheiten

Welkende oder verwelkte Pflanzen

Problem	Erkennung	Betroffene Arten	Behandlung
Schwarz-beinigkeit	Schwarzfäule am Stängelgrund, der dann weich wird. Die Blätter verfärben sich gelb und schließlich stirbt die Pflanze ab.	Kartoffeln	Ausschließlich als krankheitsfrei zertifizierte Saatkartoffeln verwenden.
Kleine Kohlfliege	Kleine, weiße Maden, die sich in Wurzeln einfressen (insbesondere bei frisch umgepflanzten Setzlingen) und zu einer blaugrauen Verfärbung der Blätter führen. Die Pflanzen welken und fallen zusammen.	Kohlarten und andere Kohlgewächse	Die Kleine Kohlfliege legt ihre Eier auf der Bodenoberfläche ab und die Maden graben sich in den Boden, wo sie Stängel und Wurzeln anfressen. Verhindern Sie dies durch Anbringen einer Scheibe aus Kunststoff oder Gummi um den Stängel der Jungpflanze. Die Scheibe knapp unter die Bodenober-fläche drücken, um eine physische Barriere zu errichten.
Kohlhernie	Gehört zu den häufigsten Krankheiten bei Kohlgewächsen. Unangenehm riechende Verdickungen an Wurzeln und Hemmung des Pflanzenwachstums. Die Blätter verfärben sich gelb und welken.	Kohlarten, Speiserü-ben und Retticharten	Pflanzen lieber ausgraben als ausreißen, damit keine Wurzeln im Boden bleiben. Der Erreger kann jahrelang im Boden überdauern. Befallene Pflanzen vernichten, als Alter-native den Boden kalken. Falls möglich, den Boden vollstän-dig brach liegen lassen und dort ein bis zwei Jahre nach Befall nichts anbauen. Bei schlecht wasserdurchlässigen Böden die Pflanzen auf Hochbeeten kultivieren, um das Befallsrisiko zu mindern. Resistente Sorten verwenden.
Umfall-krankheit (Keimbrand oder Fußfäule)	Pilzkrankheit, die zu Fäulnis der Setzlinge am Stängelgrund und zum Absterben der Jungpflanzen führt.	Jungpflanzen, die unter Glas oder eng stehend unter feuch-ten Bedingungen herangezogen wer-den. Pflanzen sind anfällig, bis sie das dritte Blattpaar gebildet haben.	Befallene Jungpflanzen vernichten. Auf weite Saatabstände achten, behutsam gießen und für ausreichende Belüftung sorgen, um vorzubeugen. Nur saubere Anzuchtschalen, keimfreie Aussaaterde und sauberes Wasser zum Gießen (kein Wasser aus Regentonnen) verwenden.
Triebfäule	Pilzkrankheit, die zum Welken und schließlich zum Absterben von jungen Zweigen und Trieben führt.	Meistens Obstbäume	Eindringen von Pilzsporen durch Versiegelung aller Bruch-/Schnittstellen mit Baumschutzfarbe verhindern. Befallenes Holz herausschneiden und Schnittstellen versiegeln.
Wurzelfäule	Verkümmern von Wurzeln, das zur Gelbfärbung von Blättern und zu einer rot-braunen Färbung von Stängeln führt, bevor es zu Fäulnis kommt.	Hülsenfrüchte und Tomaten	Strikten Fruchtwechsel einhalten und eine Wiederbe-pflanzung auf befallenem Boden vermeiden. Für Container-kulturen nur keimfreie Substrate verwenden.
Hallimasch (Honigpilze)	Welken von Blättern und Absterben von Trieben, Auftreten von Pilzwachstum. Die Pflanze stirbt schließlich ab.	Weinreben, Feigen	Abgestorbene Pflanzen ausgraben und vernichten. Erde austauschen oder vor einer erneuten Bepflanzung an gleicher Stelle sterilisieren.
Erdschnaken-larve	Dicke, graue Raupen, die im Boden leben und die Wurzeln befallen. Dadurch bewirken sie eine Gelbfärbung und ein Welken der Pflanzen, die schließlich absterben.	Einige Gemüsearten, insbesondere Kohlgewächse	Den Boden umgraben und die Raupen an die Oberfläche bringen, wo sie von Vögeln gefressen werden. Die Schäd-linge sind Larven von Erdschnaken, halten Sie also Ausschau nach ausgewachsenen Schnaken und bekämpfen Sie sie.
Zwiebelfliege	Die Maden schlüpfen aus Eiern, die an der Bodenoberfläche abgelegt werden, und fressen sich in die wachsende Zwiebel. Diese wird weich und unansehnlich. Der Befall lässt sich an lila-grauen Streifen erkennen, die auf den Blättern auftreten.	Zwiebeln	Setzzwiebeln werden gewöhnlich nicht befallen. Der Schäd-ling kommt vorrangig auf trockenen Böden vor. Befallene Pflanzen ausgraben und vernichten. Ein Befall ist weniger wahrscheinlich, wenn die Pflanzen während der Entwick-lungsphase wenig angefasst werden, denn der Geruch nach Berührung lockt die Zwiebelfliege an.
Wurzellaus	Weiße oder gelbe Läuse, die im Sommer die Wurzeln von Salatpflanzen befallen. Die Pflanzen verkümmern und welken.	Salatpflanzen	Tritt eher selten auf, kann im Allgemeinen vollständig durch den Anbau resistenter Sorten verhindert werden.
Violetter Wurzeltöter	Das Laub verfärbt sich gelb und die Wurzeln werden von einem violetten Pilz bedeckt. Obwohl der Befall gewöhnlich an älteren Pflanzen beginnt, breitet sich die Krankheit schnell auf andere Bestände aus.	Meistens Möhren, Pastinaken und Spargel sowie einige Obstarten	Betroffene Pflanzen ausgraben und vernichten.
Stängelfäule	Die Stängel von jungen Pflanzen färben sich braun und beginnen einzuschrumpfen.	Kohlgewächse	Jungpflanzen in keimfreiem Substrat anziehen, und den Boden mit empfohlenem Kopfdünger behandeln.

Schädlinge und Krankheiten

Schädlinge und Krankheiten an Obstgehölzen

Problem	Erkennung	Betroffene Arten	Behandlung
Apfelmehltau	Neue Frühjahrstriebe und Blätter sind von einem puderartigen, weiß-grauen Belag überzogen.	Äpfel.	Spritzungen mit empfohlenen, handelsüblichen Präparaten helfen die Krankheit einzudämmen. Schneiden Sie auch alle stark befallenen Pflanzenteile heraus und vernichten Sie sie. Entfernen Sie im folgenden Herbst alle erkrankten Triebe und wässern Sie Bäume ausreichend bei trockenem Wetter.
Apfelsäge-wespe	Winzige, ameisenähnliche Fliegen legen während der Frühjahrsblüte Eier ab. Die Raupen schlüpfen, graben sich in die sich entwickelnden Früchte und führen zu Narbenbildung auf der Schale und zum Abwerfen vor der Reife.	Äpfel und Pflaumen.	Bei beginnendem Blütenfall Spritzungen mit empfohlenen, handelsüblichen Präparaten vornehmen.
Apfelschorf	Grüne, braune oder schwarze schorfige Pusteln auf der Schale, die oftmals zu einer Deformierung der Frucht führen. Blätter und Triebe können betroffen sein. Pusteln auf Blättern und Trieben durchbrechen die Rinde und verursachen Risse und Schorfstellen, die andere Infektionen nach sich ziehen können.	Äpfel.	Alle befallenen Pflanzenteile entfernen und vernichten. Bei Erscheinen der ersten Blütenknospen Spritzungen mit empfohlenen, handelsüblichen Präparaten vornehmen.
Knospengallen	Ernstzunehmende Erkrankung, verursacht durch die Johannisbeergallmilbe. Anschwellen der Knospen, die sich nicht mehr weiterentwickeln; verminderte oder gänzlich ausbleibende Ernte.	Schwarze Johannis-beeren.	Befallene Knospen entfernen und Sträucher mit empfohlenen, handelsüblichen Präparaten spritzen.
Stippigkeit	Auf Äpfeln entwickeln sich braune Flecken, die bis ins Fruchtfleisch hineinreichen.	Äpfel.	Austrocknen des Bodens unter dem Baum durch Mulchen verhindern. Empfohlene handelsübliche Präparate spritzen.
Apfelwickler	Die Raupen fressen sich in die Früchte von Apfel- und Birnbäumen. Unter Umständen sind Eintrittslöcher an der Außenseite der Frucht sichtbar, doch wird der Schaden meist erst entdeckt, wenn man sie aufschneidet.	Äpfel und Birnen.	Im Frühsommer mit empfohlenen, handelsüblichen Präparaten spritzen und die Behandlung nach drei Wochen wiederholen, um alle sich entwickelnden Raupen abzutöten.
Amerikani-scher Stachel-beermehltau	Weißer, puderartiger Belag auf Blättern, Trieben und Früchten. Wuchsverformungen an den Triebspitzen.	Stachelbeeren.	Befallene Triebe herausschneiden und vernichten. Sträucher mit empfohlenen, handelsüblichen Präparaten oder einer schwachen Waschsoda-Lösung spritzen und ausreichend beschneiden, um für genügend Lichtzufuhr zu sorgen. Anbau resistenter Sorten.
Europäischer Stachelbeer-mehltau	Weißer, puderartiger Belag auf der Blattoberseite und zuweilen auch auf der Blattunterseite sowie auf den Beeren. Kommt am häufigsten an alten Sträuchern vor.	Stachelbeeren sowie Schwarze und Rote Johannisbeeren.	Befallene Triebe herausschneiden und vernichten. Sträucher mit empfohlenen, handelsüblichen Präparaten oder einer schwachen Waschsoda-Lösung spritzen und ausreichend beschneiden, um für genügend Lichtzufuhr zu sorgen. Weniger schädlich als Amerikanischer Stachelbeermehltau.
Gelbe Stachelbeer-blattwespe	Die Raupen (grüne Färbung mit schwarzen Flecken) fressen die Blätter bis auf das Skelett ab.	Stachelbeeren.	Ab dem Spätfrühjahr sämtliche Raupen absuchen und vernichten. Sträucher mit einem empfohlenen, handelsüblichen Präparat spritzen.
Birnen-gallmücke	Nur an bestimmten Orten, doch sobald ein Baum betroffen ist, breitet sich der Befall aus, bis der Baum gründlich mit einem empfohlenen, handelsüblichen Präparat gespritzt wurde. Die Maden bohren sich durch die Schale, ernähren sich von den Birnen und führen zu Wachstumsverzögerung sowie Fruchtverformungen. Betroffene Früchte fallen frühzeitig vom Baum ab.	Birnen.	Befallenes Obst entfernen und vernichten. Den Boden unter dem Baum gut pflegen, sodass Räuber die Schädlinge vertilgen können, bevor diese auf den Baum gelangen.
Himbeerkäfer	Die Maden fressen sich in die Früchte, die sich verformen und ungenießbar werden.	Himbeeren.	Pflanzen mit empfohlenen, handelsüblichen Präparaten spritzen, sobald sich die Früchte verfärben.
Bleiglanz	Die Blätter bekommen eine silbrige Färbung und das innere Holzgewebe der Zweige verfärbt sich lila-braun. Schließlich sterben die Zweige ab.	Viele Pflanzenarten einschließlich Pflaumen.	Sämtliches befallene Holz bis 15 cm hinter den verfärbten Bereichen herausschneiden und die Wunden mit Baumschutzfarbe versiegeln. Alle Schnittstellen müssen gut versiegelt sein, denn die Krankheit dringt über Schnittstellen und offene Stellen am Holz ein.
Erdbeerkäfer	Fraßschäden während der Fruchtreife (ähnlich wie bei Vogelfraß), jedoch finden sich unterhalb der Pflanzen glänzende, bis zu 2 cm lange Käfer.	Erdbeeren.	Den Boden um die Pflanze herum frei von Pflanzenabfällen und Unkraut halten, um den Käfern keine Verstecke zu bieten. Außerhalb der Blütezeit Pflanzen mit empfohlenen, handelsüblichen Präparaten spritzen.

Weitere mögliche Ursachen: **Obstbaumkrebs** (S. 147), **Blindwanzen** (S. 144)

Welkende Pflanzen • Schädlinge und Krankheiten an Obst

Schädlinge und Krankheiten an Hülsenfrüchten, Tomaten und Blattgemüse

Problem	Erkennung	Betroffene Arten	Behandlung
Brennfleckenkrankheit	Hülsen und Stängel entwickeln eingesenkte, dunkelbraune Stellen. Auf den Blättern entstehen braune Flecken.	Meistens an Buschbohnen und rankenden Schnittbohnen, manchmal auch an Stangenbohnen	Alle infizierten Pflanzen ausgraben und vernichten. Samen von betroffenen Pflanzen nicht trocknen und als Saatgut für das nächste Jahr verwenden. Strikten Fruchtwechsel einhalten, um den Anbau auf infiziertem Boden im Folgejahr zu vermeiden, da die Erreger im Boden überwintern.
Bohnenfliege	Die im Boden befindlichen Larven fressen frisch gesäte Samenkörner.	Bohnen und andere Hülsenfrüchte	Saatfurchen mit handelsüblichen Präparaten behandeln.
Braunfäule	Braune Flecken auf der Blattoberseite und pelziger Belag auf der Unterseite. Die Blätter färben sich braun und verfaulen, auch die Früchte entwickeln braune Fäule.	Tomaten und Kartoffeln	Anfällige Pflanzen mit empfohlenen, handelsüblichen Präparaten spritzen, sobald Früchte angesetzt werden. Anbau von Tomaten unter feuchtkalten Bedingungen vermeiden, die das Auftreten von Braunfäule begünstigen. Pflanzen im Gewächshaus nicht zu dicht pflanzen. Alle befallenen Blätter abschneiden, sobald erste Krankheitsanzeichen auftreten.
Blütenendfäule	Braune oder schwarze kreisförmige Verfärbungen an der Unterseite von jungen, in der Entwicklung befindlichen Früchten.	Tomaten, Paprika und Auberginen	Pflanzen gleichmäßig feucht halten, denn die Krankheit entsteht häufig durch Austrocknen und anschließendes übermäßiges Gießen. Geben Sie insbesondere Acht auf Containerkulturen, die schnell austrocknen und oft mehrfache Wassergaben am Tag benötigen.
Fleckenreife	Harte grüne oder gelbe Flecken auf den Früchten, insbesondere an den unteren Rispen.	Tomaten	Pflanzen immer gleichmäßig feucht und Temperaturen nicht zu hoch halten. Pflanzen nicht auf magerem Boden anbauen und zu schnelles Wachstum unter Lichtmangel vermeiden. Resistente Sorten verwenden, um dem Problem vorzubeugen.
Kraut- und Braunfäule bei Tomaten	Braune, ringförmige Flecken auf Tomaten, die an den unteren Rispen wachsen.	Tomaten	Achten Sie darauf, dass beim Gießen der Pflanzen kein Spritzwasser auf die Früchte gelangt.
Sellerieherzfäule	Nasse und schleimige braune Fäule in der Mitte der Sellerieknollen.	Sellerie	Schneckenfraß oder Frostschäden ermöglichen das Eindringen von Bakterien. Schützen Sie daher den Bestand vor beidem. Strikten Fruchtwechsel einhalten und einen erneuten Anbau auf infiziertem Boden vermeiden.
Kohlmottenschildlaus (Weiße Fliege am Kohl)	Kleine, weiße Fliegen, die auf der Blattunterseite saugen und zu klebrigen Verfärbungen führen. Das Blattwachstum ist verzögert.	Kohlgewächse	Pflanzen mit handelsüblichen Insektiziden spritzen.
Schokoladenfleckenkrankheit	Dunkelbraune Flecken auf den Blättern.	Insbesondere bei Puffbohnen, aber auch bei anderen Kulturpflanzen	Meist keine schwerwiegende Krankheit, doch sollte man vorbeugen, indem man den Boden ausreichend kalkt und mit Pottasche behandelt. Vor der weiteren Aussaat befallene Blätter entfernen und vernichten.
Samtfleckenkrankheit	Gelbe Flecken auf Blattoberseiten und Schimmel an den Blattunterseiten.	Tomaten im Unterglasanbau	Warmes und feuchtes Klima bietet beste Bedingungen für Entwicklung und Ausbreitung der Krankheit. Daher für ausreichende Belüftung der Gewächshäuser sorgen und die Krankheit durch Spritzungen mit Kupferpräparaten eindämmen. Resistente Sorten anpflanzen und alle befallenen Blätter sofort entfernen und vernichten.
Blattrandkäfer an Erbsen und Bohnen	Kleine, hellbraune Käfer, die nachtaktiv sind und dann die Blätter fressen. Es sind nur Jungpflanzen betroffen.	Erbsen, Bohnen sowie andere Hülsenfrüchte	Den Boden zwischen den Pflanzenreihen durchhacken, um inaktive Insekten aufzuscheuchen und durch Vögel vertilgen zu lassen.
Erbsenwickler	Aus den auf den Blättern abgelegten Eiern schlüpfen Maden, die sich in die Hülsen fressen, um sich dort von den Erbsen zu ernähren. Oft anhand kleiner Löcher in den Hülsen zu erkennen.	Erbsen	Da die Eier im Hochsommer abgelegt werden, lässt sich ein Befall durch frühen und späten Anbau umgehen. Bekämpfung durch Spritzbehandlungen mit handelsüblichen Präparaten möglich.
Erbsen-Blasenfuß	Winzige, geflügelte Insekten, die sich von Erbsenblättern ernähren. Wenn man nichts gegen sie unternimmt, können sie zu Kümmerwuchs und mangelhafter Blütenentwicklung führen.	Erbsen und andere Hülsenfrüchte	Pflanzen ausreichend feucht halten und außerdem gründlich besprühen.
Aufplatzen	Horizontales oder vertikales Aufplatzen der Fruchtschale.	Tomaten	Pflanzen regelmäßig wässern und düngen. Für gleichmäßige Feuchtigkeit im Substrat sorgen..

Schädlinge und Krankheiten

Schädlinge und Krankheiten an Wurzelgemüse

Problem	Erkennung	Betroffene Arten	Behandlung
Rübenfliege	Maden, die auf den Blättern der Roten Bete schlüpfen und sich dann hineinfressen.	Rote Bete	Blätter regelmäßig kontrollieren und beschädigtes Laub entfernen und vernichten.
Schwarzblättrigkeit	Tritt auf nasskalten Böden auf. Der Stängelgrund beginnt zu faulen, die Wurzeln verkümmern, der gesamte Stängel wird weich, die Pflanze gelb und verkümmert. Die Knollen zeigen Nassfäule und werden weich bzw. schleimig.	Kartoffeln	Strikten Fruchtwechsel einhalten, um die Befallsgefahr zu minimieren. Umgehend alle betroffenen Pflanzen vernichten.
Schwarze Nacktschnecken	Schnecken, die sich bis in die Wurzeln hineinfressen.	Viele Pflanzenarten einschließlich Wurzelfrüchte	Nacktschnecken lassen sich schwer bekämpfen, da sie im Boden leben und erst entdeckt werden, wenn man die Pflanzen erntet. Versuchen Sie, die Schädlinge mit Fallen zu bekämpfen, wie bei Drahtwürmern (s. unten).
Möhrenfliege	Die Maden fressen sich in die Wurzeln, die Blätter verfärben sich rötlich und später gelb und welken schließlich.	Möhren, Pastinaken, Sellerie und Petersilie	Saatgut so dünn wie möglich aussäen, um späteres Ausdünnen gering zu halten. Berühren der Pflanzen und Ausdünnen der Pflanzreihen vermeiden, da sich sonst ein Duft freisetzt, der die Fliegen anlockt. Frühe und späte Aussaaten vornehmen, um den Zeitraum der höchsten Aktivität der Fliegen zu umgehen. Pflanzen unter Vlies anbauen. Mischkulturen mit Zwiebeln oder Dill als Maßnahme zur Abschreckung ausgewachsener Fliegen.
Kragenfäule	Befällt Lagerzwiebeln und tritt in Form einer weichen, braunen Fäule auf, die die gesamte Zwiebel erfasst und diese ungenießbar macht.	Zwiebeln	Zwiebeln vor Einlagerung vollständig trocknen, bei feuchten Erntebedingungen nach drinnen bringen und dort trocknen. Die Bestände lassen sich mit handelsüblichen Präparaten behandeln, die zur Eindämmung beitragen. Nicht überdüngen: große Zwiebelknollen zeigen eine höhere Anfälligkeit.
Pastinakenkrebs	Befällt Pastinaken und verursacht rostbraune Verfärbungen am oberen Wurzelende.	Pastinaken	Resistente Sorten aussäen und strikten Fruchtwechsel einhalten. Möhrenfliegen fernhalten, da diese die Ausbreitung fördern.
Kraut- und Knollenfäule bei Kartoffeln	Tritt unter feuchtkalten, herbstlichen Bedingungen auf, sodass frühe Sorten nicht betroffen sein dürften. Die Blätter entwickeln braune Flecken, und das untere Laub verfärbt sich gelb. An den Knollen bilden sich ähnliche braune Flecken, und die Knollen faulen anschließend.	Kartoffeln	Handelsübliche Präparate spritzen.
Kartoffelnematoden	Kleine Bläschen an den Wurzeln. Erheblich verminderte Ernte sowie Welken und Absterben der Pflanzen. Durch frühen Anbau lässt sich ein Befall eventuell vermeiden, da die Nematoden meist nicht vor Mitte des Sommers aktiv werden.	Kartoffeln	Als krankheitsfrei zertifizierte Saatkartoffeln verwenden und strikten Fruchtwechsel einhalten.
Kartoffelschorf	Tritt auf stark gekalkten Böden bzw. auf Böden mit wenig organischer Substanz auf. Es kommt zu schorfigen Stellen auf der Kartoffelschale.	Kartoffeln, aber auch bei Roter Bete, Rettichen, Speiserüben und Steckrüben	Befindet sich der Befall in der Anfangsphase, lassen sich die Schorfstellen vor dem Kochen entfernen. Später ist ein zu hoher Anteil des Bestandes betroffen. Bei schwerem Befall die Pflanzen ausgraben und vernichten.
Wurzelbohrer	Weißliche Raupen, die sich von Pflanzenwurzeln ernähren und sich beim Umgraben oder Durchhacken des Bodens finden.	Möhren, Pastinaken und Chicorée	Auf sorgfältige Gartenhygiene achten. Alle Raupen, die Sie finden, aus dem Boden heraussuchen und vernichten. Ggf. mit handelsüblichen Präparaten behandeln.
Kartoffelkrebs	Eine der schwerwiegendsten, heute jedoch nicht mehr so verbreiteten Erkrankungen bei Kartoffeln. Wird durch einen bodenbürtigen Pilz verursacht, der zur Bildung von großen, warzenartigen Auswüchsen an der Oberfläche führt. Die Kartoffel selbst zerfällt schließlich.	Kartoffeln	Eine Erkrankung, die Sie bei Auftreten in Ihren Beständen an die örtlichen Behörden bzw. den Pflanzenschutzdienst melden müssen. Nur neue, krankheitsfreie Saatkartoffelsorten verwenden und alle befallenen Kartoffeln vernichten.
Weißfäule	Befällt Lauch sowie Zwiebeln und führt zu Gelbfärbung der Blätter, die dann welken und absterben. An der Basis der Pflanze zeigt sich weißer Schimmel.	Zwiebeln, Lauch und Knoblauch	Infizierte Pflanzen ausgraben und vernichten. Strikten Fruchtwechsel einhalten. Saatgut sehr dünn aussäen. Zur Abwehr mit handelsüblichen Präparaten behandeln.
Drahtwurm	Die Larven fressen sich in die Wurzel. Die kleinen, wurmähnlichen Tiere finden sich häufig in großen Mengen beim Umgraben des Bodens oder beim Hacken zwischen den Pflanzreihen.	Wurzelfrüchte, Kartoffeln, Salatpflanzen	Errichten Sie Fallen, indem Sie einen kurzen Stock in eine Kartoffel stecken und diese damit in den Boden drücken. Die Larven fressen sich dann in die Kartoffel. Ziehen Sie diese danach am Stock heraus und vernichten Sie sie.

Weitere mögliche Ursachen: **Kleine Kohlfliege** (S. 148), **Erdschnakenlarven** (S. 148)

Nutztiere halten

Schweine
Ziegen
Hühner
Enten, Gänse, Truthühner
Bienen

Nutztiere halten

Nutztiere sind etwas Wunderbares. Sie versorgen uns mit nahrhaften und wohlschmeckenden Naturprodukten. Gleichzeitig können sie einen mehr kosten, als man durch den Verkauf der Erzeugnisse einnimmt oder gegenüber dem Einkauf im Laden einspart. Versuchen Sie, sich einen nüchternen Blick zu bewahren – Ihre Nutztiere sind keine Kuscheltiere!

Wer Nutztiere hält, trägt eine große Verantwortung. Diesen wichtigen Punkt muss man sich immer wieder bewusst machen. Das Wohlergehen der Tiere liegt in Ihren Händen, und selbst wenn sie letzten Endes als schmackhafter Braten auf dem Tisch landen sollen, haben Sie doch die Pflicht, ihnen ein glückliches Dasein zu ermöglichen. Viele Kleinbauern glauben zwar, die Tiere blieben bei ihnen von den Bedingungen der Massentierhaltung verschont, quälen sie aber dennoch – ohne Absicht und aus purer Unkenntnis über ihre Lebensgewohnheiten.

Futter und Schutz
Grundsätzlich sollten die Ställe fertig und bezugsbereit sein, ehe die Tiere eintreffen. Schweine- oder Hühnerställe müssen nicht neu gekauft oder extra gebaut werden, sofern bereits Nebengebäude oder Schuppen vorhanden sind, die sich anpassen und nutzen lassen. Die Tiere fühlen sich am wohlsten, wenn die Bedingungen denen, die sie in der Natur vorfinden würden, am nächsten kommen. Und Tiere, die sich wohlfühlen, sind meist auch gesund!

Es ist schwierig, Regeln für das Füttern aufzustellen, da Tiere genau wie Menschen verschiedene Vorlieben und Abneigungen haben und ihr Appetit ebenso schwankt. Nehmen Sie sich Zeit, beobachten Sie Ihre Tiere. So finden Sie heraus, was sie mögen und was nicht.

Gesundheit der Tiere
Dieses Buch beschäftigt sich nicht mit der Behandlung kranker Tiere. In so einem Falle müssen Sie immer die professionelle Hilfe eines Tierarztes einholen. Aber bei einer richtigen kleinbäuerlichen Tierhaltung in einer sauberen, gesunden Umgebung dürften die Tiere ohnedies selten krank werden. Falls doch einmal etwas nicht stimmt, isoliert man unverzüglich die fraglichen Tiere und ruft schnellstens den Tierarzt.

Einnahmen und Ausgaben
Kaum einer wird behaupten, die eigenen Erzeugnisse seien erheblich billiger als gekaufte. Bei der Eigenproduktion geht es weniger um Geld, als um die erheblich bessere Qualität, die man so nicht im Laden bekommt.

Buch zu führen ist immer gut – wie viel Honig haben die Bienen produziert und wann, wie viel Milch geben die Ziegen jeweils morgens und abends, wie viele Eier legen die Hühner jeden Tag und so weiter. So fallen Unregelmäßigkeiten sofort auf und man gewinnt einen sachlicheren Blick auf die ganze Unternehmung.

Wer noch keine Nutztiere gehalten hat, fängt am besten mit Hühnern an. Sie brauchen kaum mehr als einen sicheren Hühnerstall.

Klein anfangen
Versuchen Sie nicht, Hühner-, Bienen-, Ziegen- und Schweinezüchter auf einmal zu werden. Gehen Sie es langsam an, mit jeweils einer Tierart, und sehen Sie zu, dass und wie sich die anfallenden Arbeiten in Ihre tägliche Routine einfügen lassen. Wer alles gleichzeitig schaffen will, scheitert schneller und muss aufgeben.

Bevor Sie auch nur eins der im Folgenden besprochenen Tiere anschaffen, müssen Sie sich bei den örtlichen Behörden und beim zuständigen Landwirtschaftsministerium erkundigen: Welche Gesetze und Verordnungen sind einzuhalten? Welche Genehmigungen brauchen Sie? Können Sie den Behörden Ihre ausreichende Sachkenntnis über Pflege, Fütterung und verhaltensgerechte Unterbringung nachweisen?

Schweine

Wenn die Bedingungen stimmen, sind Schweine recht problemlos zu halten und aufzuziehen. Die täglich anfallenden Arbeiten sind jedoch schwer und es sind große, starke Tiere – der physische Aspekt ist keinesfalls zu unterschätzen, wenn man sich für Schweine entscheidet.

Das Ausmisten des Schweinestalls fällt täglich an und ist schwer. Die Tiere müssen davor hinaus in den Hof getrieben werden und zeigen sich nicht immer kooperativ. Ein ausgewachsenes Schwein wiegt deutlich über 100 kg und ist kräftig genug, einen Menschen über den Haufen zu rennen.

Wer seine Schweine zu Geld machen will und seine Sau decken lässt, steht danach jedes Mal

Damit Schweine sich bei heißem Wetter abkühlen können, darf eine feuchte, schlammige Suhle in ihrem Gehege auf keinen Fall fehlen.

mit acht bis zehn Ferkeln da. Dass ein Kleinbauer alle behält, ist eher unwahrscheinlich. Auch schwankt der Preis für Schweinefleisch stärker als der für andere Nahrungsmittel. Um ein Schwein einigermaßen rentabel zu vermarkten, müsste das Schlachtfleisch zu Schinken, Wurst und anderen Produkten weiterverarbeitet werden, die sich mit größerem Gewinn verkaufen lassen.

Anforderungen an den Lebensraum

Es gibt in erster Linie zwei Arten der Schweinehaltung: in einem festen Schweinestall mit der Möglichkeit, sich im Freien aufzuhalten (Auslaufhaltung) oder als frei laufende Schweine in einem großen eingezäunten Bereich des Grundstücks (Freilandhaltung).

Schweine ausschließlich in einem Stall aus bloßem Beton zu halten ist keine Option. In älteren Büchern wird das zwar empfohlen, aber Schweine suchen mit dem Rüssel nach Nahrung – es ist ihre Natur, ein Leben lang mit der

Vorschriften und Genehmigungen

Besonders bei Schweinen gibt es strenge Auflagen (auch bei einem Kleinstbestand), z. B. ein ausbruchsicherer Doppelzaun bei Freilandhaltung. Auch allerlei Formalitäten sind einzuhalten, Bücher zu führen, die Tiere mit Ohrmarken zu kennzeichnen. Erkundigen Sie sich vorab bei den örtlichen Behörden, beim Veterinäramt, beim Landwirtschafts- und Umweltministerium Ihres Bundeslandes. Informieren Sie sich über Besonderheiten, notwendiges Fachwissen und materielle Voraussetzungen.

Schnauze im Boden zu wühlen. Inzwischen ist man sich größtenteils einig, dass es grausam und nicht artgerecht wäre, sie auf nacktem Betonboden zu halten und ihnen somit ein Ausleben dieses Grundbedürfnisses zu verweigern.

Platzbedarf und Einfriedung

Wer Schweine frei laufen lassen möchte, braucht viel Land – empfohlen wird ca. 1 Hektar für 10 Schweine. Diese Art der Haltung wäre jedoch für Mensch und Tier das Beste. Schweine sind die besten Bodenbearbeiter und -auflockerer, die man sich vorstellen kann, besser als alle Maschinen und Geräte, die dazu neigen, kaputtzugehen. Schweine stöbern alle Wurzeln auf, nicht nur vom Unkraut, graben den Boden um und düngen ihn mit ihren Ausscheidungen. Und man wird das köstlichste Schweinefleisch bekommen, das man je gegessen hat.

Schweine lehnen sich gegen den Zaun, der ihr Gehege begrenzt, und scheuern sich an Pfosten und Querlatten, die sich bald darauf lockern. Die gesamte Konstruktion ist in Gefahr, wenn sie nicht wirklich stabil gebaut ist. Am Boden sollte wenigstens ein Strang Elektrozaun verlaufen, damit sie sich nicht unter dem Zaun hindurchwühlen. Dieser sollte mindestens 1 m hoch sein, denn Schweine können niedrigere Zäune überspringen, besonders wenn sie Angst haben.

Sollten die Tiere einmal entwischen (und dies wird von Zeit zu Zeit passieren), sind sie auch leicht wieder einzufangen. Sie werden Ihnen zurück ins Gehege folgen, vorausgesetzt, die Schweine kennen Sie und Sie haben einen Eimer Lieblingsfutter parat.

Unterstand und Wetterschutz

Ein Schweinekoben kann einfach sein oder eine ingenieurtechnische Meisterleistung – Hauptsache, er ist trocken und es zieht nicht. Ein Boden aus Erde ist nicht schlecht. Eine Alternative ist ein mit Holz bedeckter Betonboden, Beton alleine wäre zu kalt. In beiden Fällen wissen die Tiere etwas Stroh als Lagerstreu zu schätzen.

Eine der einfachsten und besten Behausungen ist ein Offenstall, ein beweglicher Unterstand für frei laufende Schweine. Er besteht aus zwei meist hölzernen Giebelwänden, eine ist geschlossen, die gegenüberliegende offen, darüber wölbt sich ein Tonnendach aus Wellblech oder ein Spitzdach wie bei einer Finnhütte.

Idealerweise sollte man die Schweine einsperren können, wenn eine Wand jedoch offen ist, darf diese auf keinen Fall auf der Wetterseite liegen, um die Tiere nicht anhaltendem Wind und strömendem Regen auszusetzen.

Am Tage beschmutzen Schweine ihre Behausung selten, dazu gehen sie ins Freie. Wenn sie nachts eingeschlossen sind, verunreinigen sie jedoch den Stall, deshalb muss dieser täglich gereinigt werden.

Ein Ort zum Suhlen

Schweine lieben Schlamm. Besonders bei heißem Wetter ist es wichtig, dass sie eine nasse, schlammige Mulde haben, in der sie sich suhlen können. Der Schlamm verschafft ihnen Kühlung, und wenn er eingetrocknet ist, schützt er ihre Haut vor Sonnenbrand.

Schweine halten – wo und wie?

Darüber, wo man Schweine hält, entscheidet letztendlich die zur Verfügung stehende Fläche. Frei laufende Schweine benötigen viel Brachland, das man in einzelne Bereiche aufteilen kann. Sobald sie ein Areal von Unkraut befreit haben, ziehen sie zum nächsten um. Auf eine Fläche zurückkehren dürfen sie aber frühestens nach drei Jahren. Bei einem festen Auslauf muss man zufüttern. In beiden Fällen sind Wassertröge bereitzustellen. Jeder Auslauf, besonders Wiesen, muss einen Sauenschutz aufweisen.

Art der Haltung	Unterbringung	Vorteile	Nachteile	Futter und sonstige Bedürfnisse
Auslaufhaltung	Auslauf eingefriedet mit mindestens 1 m hoher Mauer oder kräftigem Maschendrahtzaun an stabilen Pfosten; nicht zu klein halten, Übervölkerung vermeiden. Einfacher gemauerter oder hölzerner Unterstand oder Offenstall als Wetterschutz, mit Tiefstreu. Wenn Betonboden, dann mit Gefälle zur Ablaufrinne.	Ein einfacher Weg, die Schweine von Ihrer Ernte abzuhalten. Kräftige Mauern verhindern das Entwischen der Schweine. Bequem für die Muttersau und zur Pflege der Ferkel.	Zäune müssen sehr stabil sein, da Schweine sie leicht umstoßen.	Von Zeit zu Zeit getrocknetes Farnkraut oder Stroh zum Wühlen in den Auslauf werfen. Gartenabfälle, Kartoffeln, sonstiges Wurzelgemüse und Beinwell mit Torf zur Deckung des Mineralienbedarfs füttern.
Freilaufhaltung	Gebiet, das mit sehr starker (doppelter) Umzäunung gesichert ist. Mobile Schutzhütte oder versetzbarer Offenstall, aus Strohballen und mit Wellblechdach. Für Tiefstreu sorgen und Schweine animieren, die Nacht im Innern zu verbringen.	Außerordentlich wohlschmeckendes Fleisch. Schweine machen verwildertes Gelände urbar.	Schweine dürfen mindestens drei Jahre lang nicht wieder auf dasselbe Gelände, da Schweine-Parasiten so lange im Boden verbleiben.	Ca. 10 Schweine können auf 0,2 Hektar gehalten werden. Wenn ein Gebiet erschöpft ist, müssen sie zum nächsten umziehen. Bei reichlich Gras einmal täglich mit Schrotmehl oder Kraftfutter füttern; bei Bedarf ergänzend zufüttern (wie oben).

Schweine kaufen

Wie alle Nutztiere erwirbt man auch Schweine am besten bei einem ortsansässigen Bauern oder Viehhändler. Welche Schweinerasse infrage kommt, hängt also vom Angebot und von der eigenen Vorliebe ab. Ein Viehmarkt mit all seiner einschüchternden Betriebsamkeit ist nichts für ängstliche Gemüter. Für den Selbstversorger ist ein ortsansässiger Züchter die bessere Wahl.

Einige der bekannteren Rassen sind auf Seite 159 aufgeführt. Man darf nicht vergessen, dass manche der neueren Rassen speziell für die Fleischproduktion gezüchtet wurden und, verglichen mit den alten Rassen, leichter empfänglich für Krankheiten sind.

Das Angler Sattelschwein etwa ist eine gute und beliebte Züchtung, ebenso Landrasse-Schweine, auch Kreuzungen zwischen beiden werden gerne gehalten. All diese Schweinerassen sind für ihre Gutmütigkeit bekannt. Gerade Kleinbauern haben die Möglichkeit, traditionelle Rassen zu halten, wie beispielsweise das Schwäbisch-Hällische Landschwein.

Entwöhnte Ferkel (Absatzferkel) kaufen oder die Sau decken lassen

Wer nur im kleinen Umfang Schweine hält, hat zwei Möglichkeiten des Neuerwerbs: Entweder er kauft acht Wochen alte Absatzferkel, hält sie zehn bis zwölf Wochen (wenn gewünscht auch länger) und schlachtet sie dann. Oder er hält eine Sau und lässt sie decken.

Erstere Methode ist zweifellos die ökonomischere und birgt die wenigsten Probleme. Man behält ein paar Schweine für den Eigenbedarf an Fleisch und verkauft den Rest. Eine Sau wirft jährlich zweimal meist acht bis zehn Ferkel. Wenn es ihnen gut gehen soll, braucht man viel Platz, bis sie so weit sind, dass man sie verkaufen kann.

Wenn Sie Absatzferkel kaufen, schauen Sie nach Tieren mit langem, magerem Rücken aus, die nicht lahmen. Zum Transport nach Hause braucht man einen stabilen Käfig und einen Pritschenwagen oder Hänger.

Schweine treiben

Ein Schwein dazu zu bringen, dorthin zu gehen, wo es hinsoll, kann eine größere Herausforderung darstellen. Eine einfache, traditionelle

Ferkelschutz aus Holz

Diese Konstruktion ist sehr wichtig, wenn die Sau geworfen hat. Sie verhindert, dass sie sich auf ihre Ferkel legt. Man schraubt Kanthölzer zu einem Rahmen zusammen und befestigt diesen an niedrigen, stabilen Pfosten. Die Ferkel kuscheln sich naturgemäß in der Ecke des Kobens zusammen. Der Rahmen schützt sie, wenn sich die Muttersau dazulegt.

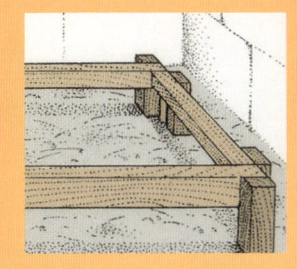

Treibhilfe ist ein langes Stück Sperrholz (ca. 1,2 x 1 m) , das am oberen Rand Löcher für die Hände hat. Damit lenken Sie Ihre Schweine den Hänger rauf und wieder runter sowie in den Auslauf oder Stall.

Schweinestall mit Auslauf – selbst gebaut

Wer die Lebensbedingungen seiner Schweine verbessern möchte, kann ihnen einen Stall errichten – mit Mauersteinen und einem wärmegedämmten Dach kein Problem. Der Stall sollte 2,4 x 2,4 m groß sein und hoch genug, dass man beim Ausmisten darin stehen kann. Falls er Fenster haben soll, sind diese kurz unterhalb des Dachs zu platzieren. Sie sollten nach außen kippbar sein, damit die Schweine frische Luft bekommen, ohne dass es zieht. Der Auslauf lässt sich leicht reinigen und gibt den Schweinen die Möglichkeit zu Bewegung und Erkundung. Ein stabiler Wassertrog darf nicht fehlen, da Schweine viel Flüssigkeit zu sich nehmen. Auf sonderlich sauberes Wasser legen sie allerdings keinen gesteigerten Wert.

Schweine

Schweine füttern

Man schafft es wohl kaum, Wurzelgemüse und Kartoffeln in ausreichender Menge anzubauen, um Schweine damit satt zu bekommen. Höchstwahrscheinlich müssen Sie überdies Getreide zufüttern.

Selbst wenn Ihnen eine große Menge an Wurzelgemüse zur Verfügung steht – wer Schweine mästet, um sie zu schlachten, muss ergänzend Kraftfutter zufüttern. Am besten industriell hergestellte Pellets, diese sind jedoch teuer. Acht Wochen alte Absatzferkel brauchen ca. 900 g pro Tag, morgens und abends verabreicht. Die Menge steigt allmählich auf 1,8–2 kg an, bis sie vier Monate alt sind.

Eine trächtige Sau verlangt nach mehr Futter und wiederum nach mehr, wenn sie ihre Jungen säugt. Zusätzlich benötigt sie Milch.

Schweine wühlen zwar naturgemäß gerne im Boden nach ihrem Futter, eine zusätzliche Gabe von Pellets oder anderem Kraftfutter sollte jedoch in einem Futtertrog verabreicht und nicht einfach auf den Boden geworfen werden, wo es leicht in den Schlamm getrampelt oder darauf uriniert wird. Verteilen Sie Gemüse und anderes großteiliges Futter (s. unten) im Gehege, sodass die Tiere nach etwas Leckerem herumsuchen und wühlen können.

Fressen Schweine alles?

Neben ihrem Kraftfutter fressen Schweine auch vieles andere gerne. Wurzelgemüse sind wichtig: Topinambur, Kohlrüben, Speiserüben, Pastinaken usw. Man kann sie im Schweinegehege anbauen oder auf einem Stück Land, auf dem sie frei umherlaufen – sodass sie die Wurzeln selbst ausgraben dürfen. Sie mögen Kartoffeln (wobei diese gekocht besser verdaulich sind) ebenso wie diverses Grünzeug, beispielsweise Weißdorn- oder Buchenlaub bzw. Schnitt und Ableger von diesen Bäumen oder auch Nesseln. Weiterhin fressen sie gerne (Fall-)Äpfel, Beinwell, Gras, Klee und jegliche Kohlblätter.

Schweine sind seit alters dafür bekannt, Essensreste zu vertilgen. Neue Vorschriften im Zuge von BSE und Schweinepest verbieten es jedoch, Speisereste und Küchenabfälle an Nutztiere zu verfüttern. Sprich alles, was schon einmal in der Küche war, ist heutzutage tabu. Erlaubt sind jedoch Schalen, Wurzel- und Krautabfälle von Gemüse, das noch direkt im Gemüsegarten geputzt wurde. Schweine freuen sich auch über angeschlagenes Obst oder Gemüse, das sich schlecht lagern lässt und für eine Zubereitung ausscheidet.

Wenn Schweine im Freilauf gehalten werden und tatsächlich mit dem Bereinigen von zukünftigem Nutzland zu tun haben, brauchen sie wirklich nur etwas Getreide als Ergänzungsfutter, alles andere suchen sie sich selbst.

Schweine brauchen grundsätzlich viel Wasser zum Saufen. Dieses muss (im Gegensatz zu dem Wasser für andere Nutztiere wie z. B. Ziegen) jedoch nicht sauber und kristallklar sein. Stellen Sie ein paar Wassertröge bereit und sorgen Sie dafür, dass diese immer gut gefüllt sind.

Schweine wühlen mit der Schnauze im Boden nach Futter. Pellets und kleinteiliges Futter stellt man jedoch besser in Futtertrögen oder Eimern bereit, sonst treten es die Tiere in den Schlamm und fressen es hernach nicht mehr.

Schweine halten und aufziehen

Schweine bereiten dem Halter meist erstaunlich wenige Probleme und verlangen im Allgemeinen nur minimal nach Aufmerksamkeit.

Bei heißer Witterung gießt man einen Eimer Wasser über die Tiere und einen auf den Boden ihres Pferchs. Schweine buddeln sich Schlafkuhlen in den Boden und mögen diese feucht. Wichtig ist, dass sich die Schweine irgendwo vor der Sonne zurückziehen können, denn ihre Haut ist anfällig für Sonnenbrand.

Wer eine Sau decken lassen möchte, wartet, nachdem sie um die sechs Monate alt ist, eine Saison lang und lässt sie erst zu, wenn sie ungefähr ein Jahr alt ist. Künstliche Besamung ist bei Schweinen die Regel, allerdings kommt es auf den richtigen Zeitpunkt an. Wer nicht auf fremde Hilfe angewiesen sein will, muss einen Besamerkurs belegen und die Prüfung bestehen.

Als Alternative bringt man sie zu einem lokalen Schweinezüchter, der dazu bereit ist – mancher Schweinezüchter wird ein solches Ansinnen aufgrund des Infektionsrisikos ablehnen.

Ferkel versorgen

Die Tragzeit beträgt bei Schweinen 14 bis 16 Wochen. Eine Sau wirft zweimal jährlich gewöhnlich acht bis zehn Ferkel, die sie in der Regel problemlos ohne zusätzliche Hilfe aufzieht. Zum Abferkeln sollte sie im Unterstand oder Stall eingeschlossen werden. Danach empfiehlt es sich, einen Holzrahmen zu bauen (s. S. 157) und in ihrem Verschlag aufzustellen, damit sie sich nicht auf ihre Ferkel legt und sie versehentlich zerquetscht.

So ein Rahmen zum Schutz der Ferkel setzt sich aus sehr kräftigen Stäben oder Kanthölzern zusammen, die in ca. 25 cm Höhe über dem Boden und ebenso weit von der Stallwand entfernt befestigt werden. Der Rahmen muss sehr stabil sein – Teile eines alten Metallbettgestells oder hölzerne Pfosten und Latten bieten sich an – und fest in der Wand verankert werden, sonst schiebt die Sau einfach ihren Rüssel darunter und zerrt ihn weg.

In der Lieblingsecke der Sau, wo sie wahrscheinlich ihre Ferkel bekommt, wird der Rahmen flankiert von zwei Wänden angebracht. Entlang den anderen beiden Wänden können Strohballen auf Lücke aufgestapelt werden wie ein Kartenhaus. Wenn die Sau sich dorthin legt, können die Ferkel im Stroh Schutz suchen. Die Sau legt sich nicht bewusst auf ihre Ferkel, sie ist nur einfach so groß und die Ferkel so klein, dass diese nur allzu leicht zerquetscht werden könnten.

Befindet sich ein Stromanschluss in Nähe des Schweinestalls, kann man eine Infrarotlampe

in einer Ecke anbringen, wo die Ferkel hingelangen können, die Sau aber nicht. Hier können sie sich unter der Wärmelampe zusammenkuscheln und müssen nur zum Saugen zur Sau gehen, nicht aber, um sich zu wärmen. Eine weitere Möglichkeit zu verhindern, dass sie vom Muttertier zerquetscht werden. Aber Vorsicht: Die Lampe wird heiß, sorgen Sie also für genügend Abstand zu brennbaren Materialien!

Wenn sie trächtig ist und danach, wenn sie die Jungen säugt, muss die Sau gut gefüttert werden. Die Ferkel sind im Alter von etwa vier Wochen zu entwöhnen, männliche Ferkel auch gleich zu kastrieren, ansonsten nimmt ihr Fleisch den sogenannten Ebergeruch an, der es nahezu ungenießbar macht. Das Kastrieren ist ein Job für den Tierarzt.

Schweine verkaufen

Schweine verkauft man entweder als Läufer, also wenn sie ca. 12 Wochen alt sind und im Allgemeinen um die 40 kg wiegen, oder man behält sie, bis sie etwa 110 kg wiegen, und verkauft sie als ausgewachsene Mastschweine.

Sie werden bald bemerken, dass Schweine aufzuziehen und sie zu mästen zwei Paar Schuhe sind. Den wenigsten gelingt beides gleich gut, man sollte sich also auf das spezialisieren, was man besser kann.

Wenn Sie sich für die Mast entscheiden, müssen Sie die Schweine zum Schlachten zu einem nahe gelegenen Schlachthof bzw. Schlachter bringen. Was Sie für den Eigenbedarf benötigen, können Sie nach der Fleischbeschau durch den Amtstierarzt im Schlachthof natürlich behalten und einfrieren, der Rest wird verkauft.

Schweine

Ziegen

Ziegen geben Milch, ebenso wie Kühe. Sie lassen sich allerdings weitaus besser im Garten hinterm Haus halten, sind billiger und einfacher im Unterhalt, anpassungsfähiger, brauchen weniger Platz, machen weniger Arbeit und verlangen im Großen und Ganzen nach weniger Aufmerksamkeit.

Als Gegenleistung für die wenige investierte Zeit liefert eine gute Milchziege auf dem Höhepunkt ihrer Laktation bis zu 3,5 l Milch am Tag, bei intensivem Zufüttern von Kraftfutter auch mehr. Vorausgesetzt, dass die Ziegen ordentlich gefüttert und gepflegt sowie unter hygienisch einwandfreien Bedingungen gemolken werden, riecht ihre Milch nicht und hat auch keinen starken Eigengeschmack, wie oft behauptet wird.

Tatsächlich konnten im Rahmen eines Blindtests nur wenige Menschen Ziegen- von Kuhmilch unterscheiden. Dagegen hat Ziegenmilch den Vorteil, nicht Träger von Tuberkelbazillen zu sein, sie muss somit nicht pasteurisiert werden. Sie liefert ausgezeichneten Käse und Joghurt und tut überdies Allergikern mit Hautproblemen oder Asthma gut.

Die Behauptung, Ziegen würden stark riechen, trifft nur für männliche Tiere zu, und Ziegenböcke zu halten empfiehlt sich ohnehin nicht. Sie können sehr temperamentvoll sein und bringen dem Kleinbauern nichts, außer ab und zu die Geißen bzw. Zicken zu decken.

Gibt es in der Nähe einen Verein für Ziegenhalter bzw. -züchter, ist zu überlegen, ob man diesem beitritt. Dort gibt es guten Rat zur Wahl der Rasse und zu praktischen Aspekten der Ziegenhaltung, z. B. der vorgeschriebenen Versicherung und Registrierung.

Anforderungen an den Lebensraum

Ziegen benötigen einen trockenen Stall, in dem es nicht zieht und in dem sie aufstehen, sich frei bewegen und hinlegen können. Sie sind neugierige Wesen und zielstrebige Ausreißer, jegliche Einfriedungen und Zäune um ihr Gehege müssen also besonders stabil und hoch genug (ca. 1,80 m) gebaut sein.

Die Größe des Ziegenstalls hängt vom Platzangebot ab und von der geplanten Anzahl der Ziegen. In der Regel rechnet man bei Gruppen-

Ziegen fressen gerne Grünzeug wie Laub und grüne Zweige von Büschen, auf der Weide Kräuter und Klee. Auch suchen sie gerne oberhalb ihres Gesichtsfeldes nach Futter, deshalb sollte ihr Stall mit einer Heuraufe an der Wand ausgestattet sein, eine Futterkrippe auf dem Boden wäre ungeeignet.

Ziegen halten – wo und wie?

Wie man Ziegen hält, hängt vom verfügbaren Platz ab. Dort, wo sie frei grasen dürfen, beseitigen sie den Pflanzenbewuchs. In den Anfangstagen des Kleinbauernhofs sind sie gute Bodenbereiniger. Später benötigen Sie mehrere große Bereiche, auf denen sie abwechselnd grasen können. Wer den Zugang zu einer Gemeindewiese besitzt, kann die Ziegen dort morgens an einer max. 3,5 m langen Kette anpflocken und bis zum Abend grasen lassen. Die Pflöcke müssen mehrmals am Tag umgesetzt werden. Ein Sonnen- und Wetterschutz ist ebenso notwendig wie Tränkewasser.

Art der Haltung	Unterbringung	Futter	Sonstige Bedürfnisse
Freilandhaltung	Trockener Stall oder Unterstand ohne Zugluft; Tiefstreu, um Zugluft zu minimieren. Innen- und Außentemperaturen gleich, um das Wachstum des Winterfells zu fördern.	Raufutter wird beim Grasen aufgenommen, nachts sollte Heu bereitgestellt werden. Kraftfuttergaben notwendig, wenn Ziegen Milch geben.	Lecksteine. Zugang zu Wasser. Häufiger Besuch der Tiere, verbunden mit Berührungen, um sie zahm zu halten.
Mehrere Weideflächen im Wechsel (Umtriebsweide, Portionsweide)	Ein Stall oder Unterstand ist notwendig, auch wenn das Unterhaar vor Regen schützt. Tiere nachts einsperren.	Frisches Gras als Futter möglich. Im Winter Grünkohl auf Wechselweide zur Verfügung stellen. Kraftfutter in trockenen Trögen und Heu in weiter oben befestigter Raufe bereitstellen.	Elektrischer Weidezaun mit drei Drähten: jeweils 40 cm, 70 cm und 100 cm über dem Boden. Lecksteine.
Angepflockt mit Unterstand (nicht für junge Ziegen geeignet)	Geräumiger Stall für die Zeit, da die Tiere nicht auf der Weide angepflockt sind. Plattform für Spiel und Bewegung.	Tiere häufig versetzen, damit sie frisches Futter finden, auch Büsche und Astwerk. Bei dürftigem Weidefutter Heu zur Verfügung stellen.	Breites Halsband, Kette zum Anpflocken, Drehgelenk (Kettenwirbel), Geschirr bzw. Halfter und Pflock. Bei sonnigem Wetter Beschattung. Zugang zu Wasser und Salzlecke.
Gehege bestehend aus festem Stall und Auslauf	Stall und Auslauf so groß wie möglich. Zaun oder Mauer, wo hindurch die Tiere nach draußen schauen können, aber im Innern festgehalten werden.	Vielfältiges Futter anbieten: z. B. den Rand eines Gartens für Grünzeug und Gras.	Spaziergänge bringen Bewegung und Futter. Lecksteine und Seetang als mineralisches Ergänzungsfutter.
Reine Stallhaltung	Geräumiger Stall, hell und luftig. Erhöhter Liegebereich (Schlafplattform).	Von der Decke hängende Äste und Zweige. Brotstücke und Gemüse.	Spaziergänge bringen Bewegung.

Ziegenklauen schneiden

Je nach Untergrund im Stall und auf der Weide müssen die Klauen mehrmals im Jahr beschnitten werden, besonders der härtere Rand. Es kommt sonst zu Fehlbelastungen oder Entzündungen. Am besten macht sich das zu zweit, einer beruhigt die Ziege, der andere schneidet die Klauen. Lassen Sie dabei größte Sorgfalt walten. Die richtige Schere ist das A und O, denn das Horn der Klauen ist zäh.

Der Zaun rund ums Ziegengehege muss besonders stabil und fest im Boden verankert sein – Ziegen sind Ausreißer und schubsen weniger stabile Einfriedungen gern um.

haltung pro Ziege für gehörnte Tiere 2,5 m², für hornlose 2 m².

Ziegen mögen weder Kälte noch windiges oder feuchtes Wetter und sind an solchen Tagen im Stall am besten aufgehoben. Eine horizontal geteilte Stalltür, deren untere Hälfte auf 1,2 m hinaufreicht, bietet etwas Schutz und Sicherheit und sorgt gleichzeitig für frische Luft. Ein Stallfenster sollte sich möglichst weit oben befinden, vorzugsweise ein Kippfenster, damit es beim Lüften nicht zieht.

Der Stallboden sollte betoniert sein und nach hinten ein leichtes Gefälle haben, damit Flüssigkeiten abfließen und aus dem Stall geleitet werden können. Dazu sind auch ein paar Dränagelöcher in der hinteren Wand notwendig.

An der Wand ist möglichst weit oben eine Heuraufe anzubringen, da Ziegen in freier Wildbahn eher Büsche und Sträucher abweiden als Wiesen und oberhalb ihres Gesichtsfeldes nach Futter suchen. Vom Boden fressen sie ungern. Der Boden sollte mit Stroh bedeckt sein. Wenn es schmutzig ist, streut man frisches Stroh darüber, so lange, bis die Tiefstreuschicht eine Stärke von 30–45 cm erreicht hat. Dann packt man das schmutzige Stroh ordentlich auf einen Misthaufen – die Rotte gibt einen hervorragenden organischen Dünger für den Garten ab.

Ziegen einzäunen oder anpflocken

Nachts sollten Ziegen in ihrem Stall sein, tagsüber können sie auf zwei verschiedene Arten gehalten werden: entweder in einem stabil

eingezäunten Freigehege oder angepflockt an Stellen, die passendes Weidefutter bieten.

Wenn Sie die Tiere frei in einem Auslauf halten, muss sich die Fläche von Zeit zu Zeit erholen können. Deshalb müssen mehrere solcher Ziegenweideflächen zur Verfügung stehen. Die Einzäunung muss gut 1,8 m hoch und sehr stabil sein: entweder ein relativ dichter Latten- oder Palisadenzaun oder ein robuster Maschendrahtzaun an dicken, mindestens 60 cm in den Boden getriebenen Holzpfosten. Feiner Kaninchendraht reicht nicht aus, den trampeln Ziegen schlicht und einfach nieder.

Sollten Sie Zugang zu viel Land mit Feldbegrenzungshecken haben, wo die Ziegen problemlos angepflockt werden können, oder alternativ zu viel mit Buschwerk bestandenem Land, das beweidet werden soll, dann nehmen Sie die Ziegen aus dem Stall und pflocken sie jeden Tag an einer anderen Stelle an. Setzen Sie auch die Pflöcke mehrmals täglich um. Ziegen gewöhnen sich leicht daran, ein Halsband zu tragen und sich an einem Stück Strick (max. 3 m) führen zu lassen.

Stellen Sie sicher, dass keine giftigen Pflanzen wie Rhododendron, Liguster, Eibe, Goldregen, Lorbeerkirsche o. Ä. in Reichweite der Pflöcke wachsen. Efeu dürfen sie fressen, und Eichenblätter sind für Ziegen eine Delikatesse. Bei Blumen, Gemüse und Obstbäumen fackeln Ziegen auch nicht lange. Wenn Ihnen diese lieb sind, dann halten Sie Ihre Ziegen auf Abstand.

Im Winter ist meist ein betonierter Boden auch im Freien ratsam, da Schlamm den Füßen der Tiere zusetzt. Sie müssen gefüttert und sollten im Grünen angepflockt werden, sobald es das Wetter zulässt.

Ziegen kaufen

Eine einzige Ziege sollte man nicht halten. Ziegen sind zutrauliche, gesellige Herdentiere, eine allein fühlt sich nicht wohl. Nach oben sind der Zahl keine Grenzen gesetzt: Halten Sie so viele, wie es das Land und Ihre Zeit hergeben und Sie benötigen, um Ihren Milchbedarf zu decken.

Ziegen kann man in jedem Alter kaufen – schon mit vier Wochen, sofern man sich um Jungtiere kümmern möchte und dafür viel Zeit erübrigen sowie in den nächsten eineinhalb Jahren auf Milch verzichten kann. Wer von Anfang an auf Milch Wert legt, muss eine Geiß kaufen, die geworfen hat – sie gibt danach etwa zwei Jahre lang Milch.

Der Vorteil beim Kauf junger Ziegen besteht neben dem günstigeren Preis darin, dass sie sich an den Halter gewöhnen, besonders wenn sie die Pflege, Zuwendung und Aufmerksamkeit bekommen, die ihnen guttut.

Ziegen füttern

Ein weiterer Irrtum ist, Ziegen würden alles fressen. Tatsache ist, dass ihre Milch bei schlechter Ernährung einen starken Geruch annimmt und nicht schmeckt.

In Wirklichkeit sind Ziegen ausgesprochen wählerisch, was das Futter angeht. So fressen sie beispielsweise nichts, was auf den Stallboden gefallen ist. Sie brauchen jeden Morgen und jeden Abend Kraftfutter in irgendeiner Form. Das kann ein Fertig-Milchleistungsfutter sein oder eine speziell nach Wunsch zusammengestellte Mischung aus beispielsweise Kleie-, Hafer- und Maisflocken sowie Erbsen, Bohnen, Melasse, Gerste, Leinkuchen und Salz. Diesem Futter ist Wurzel- und Grüngemüse beizumischen.

Verwenden Sie Gemüseabfälle, jedoch nichts, was bereits die Küche von innen gesehen hat oder gar zubereitet wurde. Fragen Sie den örtlichen Gemüsehändler, ob er Ihnen Gemüsereste, schrumplige Äpfel und schim-melige Apfelsinen überlässt. Mittags wird ein Snack aus Zuckerrüben sicherlich gerne angenommen. Geben Sie Ziegenfutter immer in metallenen Eimern oder Schüsseln – an Kunststoff wird gern herumgenagt.

Futtermengen
Die Futtermenge hängt bei Ziegen vom Alter, von der Größe und dem individuellen Temperament ab und davon, was sie sonst noch im Tagesverlauf frisst. Fragen Sie den Verkäufer, was und wie viel davon sie bisher pro Tag gefressen hat, und ändern Sie gegebenenfalls Futterart und -menge nach und nach.

Kraftfutter ist für die Milchproduktion wichtig. Gibt man jedoch zu viel, wird die Milchmenge den für die jeweilige Rasse üblichen Durchschnitt dennoch nicht übersteigen, die übermäßige Kraftfuttergabe verpufft.

Sauberes Trinkwasser muss bereitstehen und der Behälter häufig ausgespült und gesäubert

Wer junge Ziegen kauft, muss in den ersten Wochen viel Zeit in ihre Pflege investieren. Durch Zuwendung und Aufmerksamkeit gedeihen sie jedoch und gewinnen Vertrauen zum Besitzer.

Ziegen

werden. Ziegen lehnen einen schmierigen Eimer ab und werden kaum daraus saufen.

Heu sollte jederzeit in der Heuraufe im Stall zur Verfügung stehen, besonders wenn die Tiere tagsüber auf üppigen Weiden fressen. Saftiges Gras ist als Ziegennahrung alles andere als wertvoll, es füllt den leeren Bauch mit Wasser und verursacht Blähungen. Es wäre unklug, Ziegen für länger als eine Stunde am Tag auf ausgesprochen saftigen Wiesen grasen zu lassen. Und sie brauchen einen Leckstein, um ihren Bedarf an Salz bzw. Mineralien zu decken.

Ziegen aufziehen und melken

Es ist zwar nicht ganz ungewöhnlich, dass eine Junggeiß, die noch nie gedeckt wurde, Milch gibt, normalerweise geschieht das aber erst, nachdem sie zum ersten Mal geworfen hat.

Geißen sollten im Allgemeinen frühestens mit 12 bis 18 Monaten zum ersten Mal gedeckt werden. Hier und da hört man zwar, dass man sie schon mit sieben Monaten decken lassen könne und es ihnen (angemessenes, gutes Futter vorausgesetzt) nicht weiter schade. Andererseits sind sie zu diesem Zeitpunkt zwar geschlechtsreif, aber noch nicht ausgewachsen.

Sobald eine Geiß bockig wird, also zur Paarung bereit ist – man erkennt dies an ausgiebigem Schwanzwedeln, lautem Meckern, einer allgemeinen Nervosität und Unruhe und mitunter an einem leicht schleimigen Scheidenausfluss –, sollte man sie so bald wie möglich mit einem Ziegenbock zusammenbringen.

Holen Sie den Rat anderer Ziegenhalter in der Region ein und wählen Sie einen guten Bock zum Decken aus. Die höchste Erfolgsrate erzielt man, wenn man eine Geiß gleich zu Anfang ihrer Brunst decken lässt. Sie werden rassebedingt alle 21 Tage bockig, gewöhnlich vom Herbst bis in den Spätwinter.

Eine Ziege melken

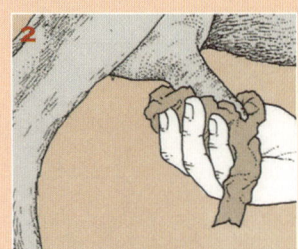

1 Bürsten Sie das Fell ab, damit später kein Schmutz in den Melkeimer fällt. Bringen Sie die Ziege in den Melkraum, wo sie sich beruhigen soll. Geben Sie ihr etwas Futter zur Ablenkung.

2 Waschen Sie das Euter mit einem sterilisierten Tuch ab. Streichen Sie mit den Händen über das Euter, damit sie warm werden und die Ziege sich an die Berührung gewöhnt.

3 Sammeln Sie die ersten Spritzer pro Zitze in einer kleinen Schüssel auf. So bleibt die restliche Milch sauber und der Milchfluss wird angeregt. Diese erste Milch wird weggeschüttet, da sie die restliche Milch sehr schnell sauer werden lässt.

4 Sammeln Sie die Milch beim Melken in einer sauberen Edelstahlschüssel auf, ein Melkeimer für Kühe ist meist zu groß. Drücken Sie nun die Zitzen. Sind diese sehr klein, zieht man sie auf und ab.

Die Tragzeit beträgt etwa fünf Monate. Wenn die Ziege bereits gemolken wird, hört man zwei Monate vor dem Geburtstermin damit auf. Geißen bringen ihre Jungen im Allgemeinen problemlos alleine zur Welt, meist zwei an der Zahl. Man trennt die Zicklein gewöhnlich schon nach mehreren Tagen von ihrer Mutter und zieht sie mit der Flasche groß, um die Geiß weiter melken und die Milch selbst nutzen zu können.

Ist eins der Zickel (oder beide) ein Böckchen, müssen Sie entscheiden, ob sie es abstoßen oder aufziehen und als Fleischlieferant mäs-

ten wollen. Ziegenböcke eignen sich nicht für eine Haltung auf lange Sicht und – geben keine Milch. Ziegen sollten im Alter von vier Monaten geschlachtet werden und schmecken ein bisschen wie Lamm.

Ziegen melken

Jeden Tag des Jahres muss gemolken werden, und zwar morgens und abends! Das laute Meckern verrät Ihnen, wann es an der Zeit ist. Man sollte über einen separaten Melkraum verfügen, getrennt vom Stall, jedoch nicht unbedingt weit entfernt. Hier ist jederzeit höchste Sauberkeit das oberste Gebot.

Hausziegenrassen

Welche Rasse man hält, ist größtenteils eine Frage persönlicher Vorlieben. Natürlich geben manche mehr Milch als andere. Am besten lässt man sich vom regionalen Angebot leiten und fragt erfahrene Ziegenhalter in der Gegend um Rat.

Weiße oder Bunte Deutsche Edelziege
Große Ziege mit langen Beinen; zutraulich; gute Milchleistung.

Saanenziege aus der Schweiz
Lange Beine, jedoch großes, voluminöses Euter; bevorzugt gutes Land; ruhige Tiere, leicht zu handhaben.

Thüringerwald-Ziege
Schokoladenbraun, helles Maul, gute Milchleistung, im Bestand bedroht.

Burenziege aus Südafrika
Kräftige, muskulöse, fast weiße Fleischziege; wird nicht gemolken.

Es hat sich bewährt, Ziegen vor dem Melken abzubürsten und Staub, Heu und was sonst noch im Fell hängt zu entfernen, damit es nicht in die Milch fällt. Dann bringt man die Ziege in den Melkraum. Eine erhöhte Plattform, auf der das Tier beim Melken steht, erleichtert die Arbeit, denn Ziegen sind nicht besonders groß. Fangen Sie die Milch in einer Edelstahlschüssel auf – Eimer sind meist zu hoch und passen nicht unter eine Ziege.

Beim Melken an sich drückt man vorsichtig die Zitzen und lässt sie wieder los – es fühlt sich ein bisschen an, wie einen Schwamm auszudrücken. Nicht die Zitzen nach oben und unten ziehen. Bei großen Händen und kleinen Zitzen muss man sie jedoch auf und ab ziehen, drücken würde hier nichts bringen. Wenn die Milch dem Ende zugeht, massiert man das Euter und drückt die Zitzen heftiger,

Frische Ziegenmilch schmeckt ziemlich gut. Überdies lässt sich köstlicher Ziegenfrischkäse herstellen, indem man den Quark von der Molke trennt und in einem Tuch abtropfen lässt.

um die letzten Tropfen herauszuholen. Das tut der Ziege nicht weh, egal wie fest Sie zudrücken.

Ziegenmilch weiterverarbeiten
Die Milch wird sofort mit einem sauberen Geschirrtuch zugedeckt und die Ziege zurückgebracht, bevor sie die Schüssel umstoßen kann. Die Milch ist unverzüglich durch einen sterilisierten Milchfilter (erhältlich im Landhandel) zu seien und zu kühlen – mitsamt dem Behälter in einer großen Schüssel mit

sehr kaltem Wasser im Kühlschrank. Dann füllt man sie in eine Milchkanne oder in Krüge: Sie hält sich zwei bis drei Tage, muss aber immer zugedeckt stehen, da sie sehr leicht fremde Gerüche annimmt.

Alternativ können Sie die frische Ziegenmilch auch einfrieren, sobald sie abgekühlt ist. Sie gerinnt dabei nicht und hält sich auf diese Weise bis zu sechs Monate. Eine weitere Möglichkeit besteht darin, sie gleich zu Ziegenkäse zu verarbeiten (s. S. 236).

Ziegen

Hühner

Wahrscheinlich sind Hühner von allen Nutztieren am einfachsten zu halten und gleichzeitig am produktivsten. Sie liefern nicht nur wunderbar frische Eier, sondern geben außerdem, wenn es mit dem Eierlegen aus Altersgründen nicht mehr so klappt, hervorragende Suppenhühner ab.

Eine kleine Gruppe Hühner nimmt weder viel Platz noch viel Zeit in Anspruch, auch das Füttern ist recht kostengünstig. Am Anfang müssen Sie jedoch mit ziemlich hohen Ausgaben rechnen, da gute Hühnerställe ausgesprochen teuer sind, auch der Hühnerdraht für die Einfriedung

Hühner halten – wo und wie?

Bevor die Hühner eintreffen, muss entschieden werden, wie sie gehalten werden sollen, der Hühnerstall muss fertig bereitstehen, damit die Tiere sich gleich eingewöhnen können und zu legen beginnen. Hühner lassen sich auf verschiedene Art und Weise halten, jede hat Vor- und Nachteile. Der Kleintierhalter und Selbstversorger muss für sich entscheiden, was unter den gegebenen Umständen in Frage kommt.

Art der Haltung	Unterbringung	Vorteile	Nachteile	Futter und sonstige Bedürfnisse
Freilandhaltung	Am Tage laufen die Hühner frei umher, die Nacht verbringen sie im Stall auf Sitzstangen.	Zweifellos der beste Weg zu glücklichen, gesunden Hühnern und besten Eiern. Wenn sie zudem im Garten scharren und picken dürfen, muss weniger Geld für Futter ausgegeben werden.	Der Garten wird schnell zur Wiese und alle Sämlinge auf Gemüsebeeten und viele neue Triebe auf sonstigen Gartenbeeten werden aufgefressen. Diese Haltung ist für Gärten hinterm Haus nur sehr bedingt geeignet.	Kaum Zufütterung notwendig. Sauberes Trinkwasser bereitstellen, ebenso einen Sonnen- und Wetterschutz.
Transportabler Hühnerstall	Hühner werden in einem beweglichen Gehege gehalten, das Hühnerhaus und überdachten Auslauf umfasst. Sollte jeden Tag versetzt werden, damit die Tiere frisches Gelände vorfinden.	Weniger zerstörerisch für die Vegetation als Freilandhaltung, bietet Schutz vor Räubern.	Große Fläche notwendig, um das Gehege immer wieder zu versetzen. Ein Obstgarten wäre ideal, ist aber ein seltener Luxus.	Täglich frisches Grünfutter, entweder Gras oder Ergänzungsfutter. Auf ebenen Boden ist zu achten, damit Räuber nicht unter der Einfriedung hindurchkriechen.
Fester Hühnerstall mit Auslauf	Ein hölzernes Hühnerhaus mit Sitzstange (1 m für 4 Tiere) und Legestellen, daneben ein fester, eingezäunter Auslauf, alles eingestreut mit Stroh.	Platzsparend und sicher. Oft lässt sich ein alter Gartenschuppen entsprechend umbauen und anpassen.	Der Boden wird kahl und unansehnlich, muss regelmäßig gepflegt werden, damit er nicht verschlammt.	Gemüseabfall und -reste füttern, dazu Grasschnitt oder junge Triebe. Futterbehälter bzw. -spender im Stall belassen, eine flache Kiste mit feiner Erde oder Sand zum Scharren bereitstellen.

des Hühnerhofs geht ins Geld, und die Tiere selbst sind in der Anschaffung alles andere als billig.

Einsparmöglichkeiten bieten sich jedoch auch an: Ein alter Schuppen lässt sich umfunktionieren und mit Hühnerstangen und Legestellen ausstatten, und wer seine Hühner frei herumlaufen lässt, braucht keinen teuren Hühnerzaun.

Einer der großen Vorteile von Hühnern gegenüber anderen Tieren ist, dass man problemlos jemand anderen beauftragen kann, nach ihnen zu sehen, wenn man einmal verreisen möchte. Ziegen zu melken oder Schweine zu füttern ist da schon etwas anderes, aber den Hühnerstall nachts zu schließen und morgens wieder zu öffnen und die Hühner zu füttern und als Gegenleistung die während dieser Zeit gelegten Eier einsammeln und behalten zu dürfen, das macht man gern.

Ein weniger angenehmer Aspekt ist die im Vergleich zu anderen Tieren höhere Anfälligkeit für Krankheiten, man muss also darauf gefasst sein, einem Vogel auch einmal »den Hals um-

Küken sind zwar immer sehr niedlich, aber nicht die beste Lösung, wenn man Hühner anschaffen möchte. Sie benötigen viel Pflege, ehe sie alt genug zum Eierlegen sind.

zudrehen«, sollte es sich als notwendig erweisen. Auch ist es nicht ungewöhnlich, am Morgen zum Hühnerstall zu gehen und festzustellen, dass über Nacht eine Henne ohne ersichtlichen Grund gestorben ist. Entsorgen Sie das Tier, aber essen Sie es nicht, da es nicht ausbluten konnte – das Blut konnte nicht aus den Adern abfließen, wie es geschieht, wenn man das Tier schlachtet und es zum Ausbluten aufhängt (s. S. 170 – 171).

Hühner kaufen

Man kann Hühner in verschiedenen Stadien erwerben: als Eintagsküken, legereife Junghennen oder als ältere Legehennen, die ihren Zenit in der industriellen Eierproduktion überschritten haben, aber noch eine Zeit lang Eier legen.

Achten Sie auf lokale Anzeigen oder Ladenaushänge und nutzen Sie die Mund-zu-Mund-Propaganda, lassen Sie die anderen Kleinbauern wissen, dass Sie Hühner kaufen möchten. Oft verkauft jemand in der Nähe Küken oder Junghühner.

Eintagsküken
Sie sind am billigsten, müssen aber bis zu sechs Monate gefüttert werden, bevor sie das erste Mal legen. Die Sterblichkeitsrate ist oft

recht hoch und man weiß im Voraus nicht, ob sie sich als krankheitsanfällig erweisen werden. Auch benötigen sie viel Pflege und Aufmerksamkeit. In der Fachwelt wird eine Art Brutapparat empfohlen, das ist jedoch nicht notwendig, wenn man sie in einer warmen Kiste in der Küche zu halten bereit ist, außerhalb der Reichweite von Katzen und Kindern.

Legereife Junghennen
Hier handelt es sich um etwa sechs Monate alte Hennen, die gerade begonnen haben, Eier zu legen. Sobald sie sich eingelebt haben, beginnen sie damit, das kann bis zu zwei,

Hühnerrassen

Für welche Rasse oder Rassen Sie sich entscheiden, hängt zum Großteil davon ab, ob Sie braune oder weiße Eier bevorzugen. Der beste Rat ist auch hier, möglichst vor Ort zu kaufen und eine Rasse zu wählen, die in Ihrer Gegend erfahrungsgemäß gut gedeiht.

Rhode Island Red (Rote Rhodeländer)
Große Hühner, denen strenge Winter kaum etwas ausmachen; gute Legeleistung.

Weiße Leghorn und Weiße Italiener
Kleine weiße Hühner, Eier ebenfalls weiß; weniger verbreitet als andere Rassen.

Sussex
Ziemlich große Hühner in verschiedenen Farbschlägen; Eier braun.

Marans
Hübsche, kräftige und gedrungene Hühner, gutes Fleischhuhn; Eier dunkelbraun.

Gelbe Plymouth Rocks
Ziemlich groß, gelbes Gefieder; Eier bräunlich bis gelblich getönt.

Hühner

drei Wochen dauern, ist gewöhnlich jedoch nur eine Frage von Tagen. Für Neulinge der Hühnerhaltung ist diese Variante im Allgemeinen die beste. Die Junghennen sind meist gesund und dürften es bei artgerechter Haltung auch bleiben. In der Anschaffung sind sie am teuersten.

Hühner auswählen

Die modernen Hybridrassen wurden mit Blick auf eine größtmögliche Legeleistung in der Erwerbshühnerhaltung gezüchtet. Viele dieser Hühner werden nicht brütig, wer also Wert auf Küken legt, sollte besser zu einer der alten, reinen Rassen greifen.

Wer nicht gerade übermäßig viele Eier haben möchte, schätzt die benötigte Hühnerzahl so ein: zwei Hennen pro Person im Haushalt, die Eier isst. Seien Sie darauf gefasst, dass Ihr Eierverbrauch steigt, wenn Sie Hühner halten, da der Vorrat ja täglich aufgefüllt wird.

Der einzige wirkliche Grund, einen Hahn anzuschaffen, ist der Wunsch nach Küken. Dennoch macht sich bei frei laufenden Hühnern ein Hahn ganz gut, denn er sorgt für Ordnung, hält seine Hühner in Schach, führt und beschützt sie. Ein Hahn ist weitaus gefräßiger als eine Henne und damit viel teurer im Unterhalt. Und wenn die Hennen brutlustig werden, kann es passieren, dass er alle auf einmal begattet. Zudem kann sein frühmorgendliches Krähen leicht die Nachbarn zur Verzweiflung treiben.

Hühner füttern und die tägliche Routine

Wie bei allen Nutztieren müssen die anfallenden Arbeiten ihren festen Platz in der täglichen Routine des Halters finden.

Wenn die Hühner über einen Auslauf verfügen, öffnet man das Hühnerhaus so früh wie möglich und lässt die Tiere heraus, am besten schon im Morgengrauen. Wenn sie zu lange im Stall bleiben müssen, beginnen sie, einan-

der zu hacken. Füttern Sie und geben Sie frisches, sauberes Wasser.

Sammeln Sie die Eier am Vormittag ein – die meisten werden zwischen neun Uhr und Mittag gelegt und sollten zur Vermeidung von Bruch so bald wie möglich eingesammelt werden. Bis zur nächsten Fütterung um drei oder vier Uhr am Nachmittag brauchen die Hühner keine Aufmerksamkeit, es sei denn, Sie wollen das Hühnerhaus reinigen oder den Hühnerhof umgraben. Schließen Sie gegen sechs Uhr die Stalltür, so sind die Tiere über Nacht sicher.

Welches Futter?

Was Sie den Hühnern füttern, hängt von der Art der Haltung ab und davon, was sie sich selbst suchen können. In einem Gehege, einem Hühnerhof, brauchen sie morgens und abends etwas Körnerkraftfutter: am einfachsten (und teuersten) Pellets oder Spezial-Mischfutter für Legehennen. Pellets sind ökonomischer, da Mischfutter, selbst wenn es feucht gehalten wird, bei kräftigem Wind leicht davonweht. Stattdessen kann man ca. 125 g Körnerfutter (Getreidemischung oder Weizen) auf die Früh- und Abendmahlzeit aufteilen und ergänzend reichlich Gemüseschalen und -reste füttern. Um Infektionen und Krankheiten vorzubeugen, geben Sie

Ein spezieller Futterspender für Hühner gibt neue Körner frei, sowie der Vorrat in der Bodenschale weggepickt ist. Alternativ kann man das Futter auf dem Boden breit ausstreuen und die Hühner danach picken lassen.

ausschließlich Gemüseabfälle, niemals Fleisch. Putzen Sie das Gemüse immer außerhalb der Küche, wenn die Abfälle verfüttert werden sollen.

Kraftfutter kann in einem Futterspender verabreicht oder breit auf den Boden gestreut werden, damit die Hennen danach scharren können. Große Mengen sauberen Wassers sind sehr wichtig, Hühner trinken enorm viel. Es gibt spezielle Wasserbehälter für Hühner zu kaufen, in denen es sauber bleibt. Billiger ist eine Kunststoffschüssel mit einem umgestülpten Blumentopf darin. So setzen sich die Tiere nicht selbst hinein und beschmutzen es.

Steinchen und Kalk

Zusätzlich zum Futter benötigen Hühner kleine Steinchen, die ihnen dabei helfen, das Futter im Magen zu zerkleinern, sowie Kalzium bzw. Kalk, um Eierschalen bilden zu können. Dieser kann in Form zerstoßener

Eier legen

Hennen legen die meisten Eier im Sommer, wenn die Tage länger und heller sind. Im besten Alter darf man allgemein an fünf bis sechs Tagen pro Woche Eier von jedem Huhn erwarten. Im Winter reduziert sich das, aber selbst im tiefsten Winter kann man bei ca. zehn Hennen meist mit ein bis zwei frischen Eiern pro Woche rechnen.

Gute Beleuchtung im Hühnerhaus regt das Eierlegen an, das Tageslicht sollte künstlich auf 12 Stunden täglich verlängert werden.

Muschelschalen (erhältlich beim örtlichen Getreidelieferanten oder im Landhandel) oder Eierschalen gegeben werden, die bei schwacher Hitze im Backofen getrocknet und zerstoßen wurden. Jedes Tier sollte wöchentlich insgesamt etwa 14 g erhalten, Steinchen und Kalkbruchstücke im Verhältnis eins zu vier.

Hühner aufziehen

Sie haben eine brutlustige Henne und einen Hahn? Warum nicht auch einmal ein paar Eier ausbrüten lassen? Das bringt Freude, ist herzig anzuschauen und trägt vielleicht zur Vergrößerung der Hühnerschar bei.

Brütige Hennen erkennt man sofort – sie sind nicht von den Legenestern wegzubekommen, sitzen unbeweglich und glucken sacht, vernachlässigen ihr Futter und legen keine Eier. Ab April kann man bei warmem Wetter nach diesen Anzeichen Ausschau halten. Wer keine brutlustige Henne gebrauchen kann, steckt sie allein in eine kalte Kiste, ohne Stroh, sodass sie kein Nest bauen kann, und stellt die Kiste so auf, dass die Henne die anderen sehen kann. Zur Fütterungszeit lässt man sie heraus und sieht etwas später nach, ob sie zu den Legenestern zurückgekehrt ist. Wenn ja, muss sie noch etwas mehr Zeit in der »Isolationskiste« verbringen.

Wer Küken haben möchte, setzt die brütige Henne in eine eigene Kiste, wo sie für sich ist. Diesmal aber weiter weg von den anderen und mit etwas Stroh, damit sie ein Nest bauen kann. Sie sollte nicht herauskommen können. Idealerweise besteht der Boden der Kiste aus Drahtgeflecht, damit Feuchtigkeit und Wärme von der Erde aufsteigen. Man setzt sie auf acht neu gelegte Eier und lässt sie da. Zum Füttern und vielleicht für ein Staubbad darf sie vom Nest, die Eier sollten aber nicht länger als 15 Minuten allein gelassen werden, sonst kühlen sie zu stark aus. Wenn alles gut geht, schlüpfen die Küken,

genau 21 Tage nachdem die Henne mit dem Brüten begonnen hat. Für Sie bleibt nichts zu tun, als zu warten, bis die winzigen gelben Knäuel schlüpfen.

Küken pflegen

Die ersten 24 Stunden brauchen die Küken Wasser, aber kein Futter. Wählen Sie für das Wasser einen winzigen Behälter, damit die Küken nicht hineinfallen und ertrinken. Danach bekommen sie dreimal täglich Pellets für Küken oder Sie füttern die Glucke mit Aufzuchtfutter und sehen zu, wie sie ihren Kleinen winzige Krümchen füttert.

Sie werden erkennen, wenn die Küken bereit sind, die Glucke zu verlassen und eigene Wege zu gehen – sie wird Ihnen deutlich zu verstehen geben, dass sie genug von ihnen hat. Am besten integriert man sie, wenn möglich, langsam in die Herde, da die Hühner anfangs wahrscheinlich nach ihnen hacken und sie schikanieren. Männliche Küken kann man mästen für Topf und Pfanne.

Hennen sind nicht immer gute Mütter. Aber wenn Sie eine erwischen, behalten Sie sie so lange wie möglich, damit sie die Küken für Sie aufzieht. Beim Hahn sieht es anders aus, den wechselt man am besten jedes Jahr aus. Wer immer denselben behält, riskiert Inzucht, da er auch seine Töchter begattet.

Die Küken schlüpfen drei Wochen nachdem eine Glucke mit dem Brüten begonnen hat. Man muss sie allmählich an die restliche Hühnerschar gewöhnen.

Die Flügel stutzen

Im Alter von sechs Monaten sollte man die Schwungfedern an einem (!) der beiden Flügel stutzen, damit die Hühner nicht über Zäune fliegen und entwischen.

Spreizen Sie einen Flügel ab: Sie erspüren deutlich den fleischigen Teil des Flügels und sehen die langen Schwungfedern. Schneiden Sie diese kurz hinterm Ansatz ab. Die Federn sind sehr zäh, verwenden Sie daher eine besonders scharfe Schere. Das Ganze tut dem Vogel nicht weh, und Blut fließt auch nicht.

Ein Huhn rupfen und zubereiten

Will man einen geschlachteten Vogel zubereiten oder einfrieren, sind zwei Arbeitsgänge notwendig: Zuerst muss der Vogel gerupft, also alle Federn entfernt, danach muss er ausgenommen, also die Innereien herausgeholt, werden.

Das Rupfen macht sich am einfachsten, wenn der geschlachtete Vogel noch warm ist, da sich die Federn leichter lösen als von einem erkalteten Körper. Jedoch wird das Fleisch von Haushühnern durch lebenslanges Picken und Scharren zäh. Geschmack und Zartheit des Fleisches kann durch 24- bis 48-stündiges Abhängen verbessert werden. Zumindest kursiert diese Meinung.

Geflügel abhängen
Gewöhnlich hängt man Geflügel ab, bevor man es rupft oder ausnimmt, denn wenn das Federkleid noch vorhanden ist, werden weniger Fliegen angezogen und mit intakten Innereien hält sich der Vogel besser. Man kann Geflügel auch nach dem Rupfen (und vor dem Ausnehmen) abhängen, dann aber an einem kühlen, luftigen Ort ohne Fliegen.

Wer Geflügel etwa einen Tag lang abhängt, erleichtert sich das Rupfen danach, indem er einen Kessel kochendes Wasser über den Vogel gießt. Das erwärmt die Oberfläche leicht und löst die Federn etwas.

Geflügel rupfen
Das Rupfen ist nicht gerade eine saubere Angelegenheit, legen Sie also alles mit reichlich Zeitungspapier oder Laken aus, um die herumfliegenden Federn aufzufangen. Legen Sie den Vogel auf eine saubere Arbeitsfläche und ziehen Sie zuerst mit einem kräftigen Ruck die langen Schwanz- und Flügelfedern heraus. Rupfen Sie systematisch vom Hals aus über den Rücken, die Brust, Flügel und Beine. Nehmen Sie jedes Mal ein paar Federn zwischen Daumen und Finger und ziehen Sie kräftig. Die verbleibenden winzigen Federkiele oder Stop-

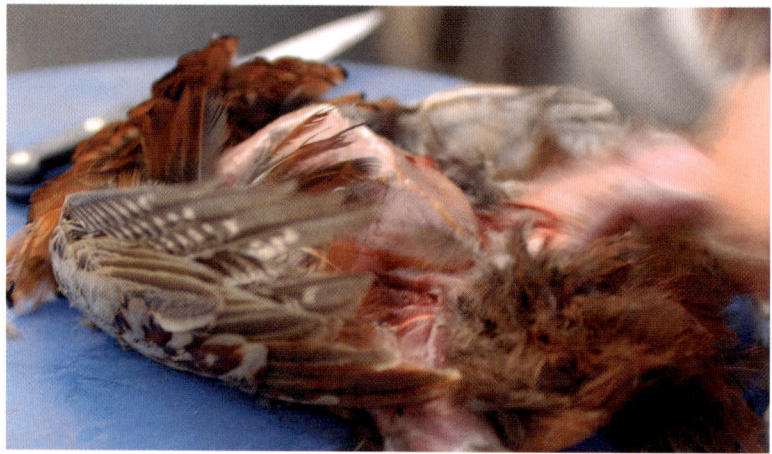

Das Rupfen geht leichter vonstatten, wenn man es sofort erledigt. Unmittelbar nach dem Schlachten lösen sich die Federn leichter. Gehen Sie systematisch dabei vor.

peln lassen sich am einfachsten mit einer Pinzette entfernen, oder man packt sie zwischen Daumen und der Schneide eines stumpfen Messers.

Daunenfedern
Alles Geflügel wird auf dieselbe Weise gerupft, bei Enten und Gänsen ist es jedoch schwerer und dauert länger, da unter den Konturfedern noch die Daunen sitzen. Diese werden genauso entfernt, aber sie sind flauschig, fliegen bei der Arbeit herum und setzen sich auf Haar und Kleidung. Wenn man sie vorher abbrüht, also mit heißem Wasser übergießt, geht es besser.

Sammeln Sie die Daunenfedern, waschen und trocknen Sie sie (in Papierbeuteln im Backofen bei schwacher Hitze oder aufgehängt an einem warmen, luftigen Ort) und füllen Sie Kissen damit, wenn Sie genug zusammenhaben.

Eine Gans zu rupfen ist harte Arbeit für Ihre Hände. Wickeln Sie zum Abpolstern selbstklebendes Pflaster um den Zeigefinger.

Ein Huhn ausnehmen
Man legt das Huhn mit der Brust nach unten auf die Arbeitsfläche, sticht mit einem Messer am Halsansatz ein und schlitzt die Haut bis zum Kopf auf. Die Haut am Hals wird weggezogen, dann schneidet man die Halswirbelsäule innerhalb der Haut möglichst nah an der Schulter durch.

Entfernen Sie Kropf und Luftröhre, sie gehören zum Hühnerklein. Ziehen Sie die Halswirbelsäule heraus und schneiden Sie die Haut nahe dem Kopf durch, um ihn vom Körper zu trennen. Auf diese Weise bleibt die Halshaut am Hühnerkörper, die man später am Rücken feststeckt, damit das Fleisch beim Braten nicht austrocknet. Halswirbelsäule und Kopf werden entsorgt.

Drehen Sie den Vogel herum, führen Sie das Messer in die Kloakenöffnung ein und schneiden Sie bis zum Bürzel auf. Lösen Sie die Innereien, indem Sie ein paar Finger in diese Öffnung sowie in die Öffnung am Halsende stecken und sich vorsichtig an der Innenwand des Balgs entlang um die Innereien herumarbeiten. Diese Arbeit ist weniger unangenehm, wenn Sie dem Tier 24 Stunden vor dem Schlachten nichts mehr zu fressen gegeben haben.

Wenn Sie das Gefühl haben, die Innereien haben sich gelöst, dann ziehen Sie sie vorsichtig durch die Öffnung am Schwanzende heraus. Seien Sie vorsichtig und halten Sie alle Innereien zusammen – die Gallenblase darf nicht reißen, denn dann bekommt das Fleisch einen bitteren Geschmack.

Nutztiere halten

Waschen Sie das Innere und Äußere des Huhns unter fließend kaltem Wasser ab und tupfen Sie es mit Küchenpapier trocken. Entfernen Sie die Füße, indem Sie die Haut rund um das Kniegelenk aufschneiden und den unteren Teil des Beins herausdrehen. Durchtrennen Sie die weißen Sehnen. Stecken Sie die lose Halshaut unter die Flügelgelenke.

Nehmen Sie die Innereien auseinander und legen Sie Herz und Leber beiseite. Vorsicht: Beschädigen Sie nicht die Gallenblase, die an der Leber hängt. Schneiden Sie den Muskelmagen auf und waschen Sie ihn aus. Er bildet zusammen mit Herz und Hals das Hühnerklein und gibt eine gute Brühe oder Suppe. Verwenden Sie die Leber separat.

Geflügel schlachten

Wer Wert auf eine gute Legeleistung legt, hält Hühner zwei Legezeiten lang (bis sie etwa 18 Monate alt sind), schlachtet sie dann und baut die Schar neu auf. Sie würden zwar noch jahrelang Eier legen und diese werden sogar größer – aber immer weniger.

Zum Schlachten halten Sie das Geflügel mit einer Hand möglichst weit oben an den Läufen fest und geben einen Flügel nach dem anderen mit den äußeren Schwungfedern zusätzlich in die »Haltehand«, um das Tier zu fixieren. Schlagen Sie mit einem Stab so kräftig an den Kopf, dass das Tier betäubt, aber nicht tot ist (sonst gibt es beim Ausbluten Probleme!). Legen Sie den Kopf des erschlafften Tieres auf einen Hauklotz und trennen Sie ihn mit einem Beil ab – notfalls durchtrennen Sie die Sehnen später, denn das Tier wird heftig zucken und flattern. Dies hört auf, wenn es ausgeblutet ist. Hängen Sie es kopfunter auf und lassen Sie es ausbluten. Danach können Sie es rupfen, ausnehmen und zubereiten (s. S. 170).

Enten, Gänse und Truthühner

Enten sind noch einfacher zu halten als Hühner, und doch sind sie nicht so verbreitet. Und es spricht auch nichts dagegen, Gänse und Truthühner zu halten.

Enten

Mitunter hört man, Enten bräuchten lediglich genug Wasser, um Kopf und Hals untertauchen zu können. Tatsächlich braucht, wer Enten halten will, einen Teich oder Bach, damit es den Tieren gut geht.

Bei Enten sind die Anforderungen an den Lebensraum weitaus geringer als bei Hühnern. Neben einem Teich benötigt man lediglich ein trockenes Häuschen mit etwas Stroh, worin man die Tiere nachts zum Schutz vor Füchsen einschließt. Sie brauchen weder Nester noch Hühnerstangen, selbst eine einfache Holzkiste gibt ein hervorragendes Entenhaus ab. Ein paar große Löcher in der Rückwand sorgen für ausreichende Belüftung.

Entenerzeugnisse – Eier oder Fleisch?

Enteneier sind angeblich häufig verunreinigt, deshalb werden Enten seltener gehalten als anderes Federvieh. Die Eierschalen sind tatsächlich porös, wenn sie also in den Schlamm an einem stehenden Gewässer gelegt werden, kann schmutziges Wasser in das Ei eindringen. Werden sie in sauberer Umgebung gelegt, sind sie auch sauber und es gibt kaum einen Grund, sie nach dem Kochen nicht zu essen. Um diese Sauberkeit sicherzustellen, lässt man die Enten am besten erst ab ca. 10 Uhr morgens aus ihrem Haus. Sie legen vorher Eier, in diesem Falle also bestimmt im sauberen Entenhaus.

Enteneier sind größer und gehaltvoller als Hühnereier, halten sich aber nicht so lange und sollten innerhalb einer Woche aufgebraucht werden.

Wer Enten für Topf und Pfanne mästet, kauft sie möglichst sehr jung, füttert sie zehn Wochen lang mit Gerstenschrot und schlachtet sie, wenn sie exakt zehn Wochen alt sind, denn da hat das Fleisch die beste Qualität. Zu dieser Zeit lassen sie sich auch am leichtesten

Schaffen Sie sich keine Enten an, wenn Sie nicht über einen Teich verfügen, der groß genug ist, dass die Enten darauf schwimmen können. Ein Bach auf dem oder am Rande des Grundstücks ist ebenso geeignet.

rupfen, denn danach kommen sie in die Mauser und die neuen Federn, die anschließend durchbrechen, sind viel schwieriger herauszuziehen.

Wer Enten wegen der Eier hält, kann sie als Eintagsküken oder legereife Jungenten kaufen, analog zu Hühnern (s. S. 167).

Enten füttern

Enten sind gefräßige Gesellen, brauchen aber kaum mehr als einfaches Gras. Sie helfen Ihnen im Garten, indem sie Schnecken aller Art vertilgen, auch Nacktschnecken. Sie halten auch den Gemüsegarten kurz, indem sie alles abfressen – sorgen Sie dafür, dass sie dort nicht hingelangen! Auch die »Hinterlassenschaften« im Gras sind nicht jedermanns Sache. Morgens und abends sollten sie etwas Körnerfutter bekommen, vorzugsweise in

einem Futterbehälter und nicht auf den Boden gestreut. Wenn nach einer Stunde noch etwas übrig ist, füttern Sie das nächste Mal weniger. Auch Enten freuen sich über Grünzeug und Reste vom Gemüseputzen und -schälen. Sie brauchen viel sauberes Trinkwasser sowie Kieselsteinchen und Kalkbruchstücke zum Bilden der Eierschalen, genau wie Hühner.

Enten aufziehen

Im Allgemeinen sind Enten keine guten Mütter. Es ist besser, die Eier eines Geleges einer Hühnerglucke unterzuschieben und von ihr ausbrüten zu lassen. Dies dauert 28 Tage. In der letzten Woche sind die Eier jeden Tag anzufeuchten, wie es eine Entenmutter tun würde.

Entenküken dürfen erst mit vier Wochen ins Wasser, planschen und schwimmen, denn

vorher weisen ihre Federn das Wasser noch nicht ab und die Küken ertrinken leicht.

Sind Ihre Enten von einer legefreudigen Rasse und auch Erpel vorhanden, dann schlachten Sie die Küken mit zehn Wochen. Man schlachtet sie genauso wie Hühner (s. S. 171).

Gänse

Wer einen großen Obstgarten bzw. eine Obstwiese oder eine große Grasfläche besitzt oder uneingeschränkten Zugang zu Wiesen und Grünflächen hat, für den sind Gänse wahrscheinlich das Geflügel mit den geringsten Haltungskosten.

Gänse sind zwar nicht mehr ganz so beliebt wie früher, geben aber immer noch einen hervorragenden Braten ab, besonders als Martinsgans und zu Weihnachten. Gänseeier sind noch größer und gehaltvoller als Enteneier und pro Tier kann man im Jahr etwa 100 Eier erwarten.

Bevor man Gänse anschafft, muss man sich darüber im Klaren sein, dass diese Tiere extrem laut und aggressiv sind und Menschen, die sie nicht kennen, hinterherjagen. Das hat Vor- und Nachteile. Als Wachtiere gegen Eindringlinge haben sie einen ausgezeichneten Ruf.

Wer sich für Gänse entscheidet, muss ihnen von Anfang an deutlich zu erkennen geben, wer das Sagen hat, vor allem dem Ganter. Schauen Sie ihm geradewegs ins Gesicht und lassen Sie ihn spüren, dass Sie keine Mätzchen dulden. Sollte eine Gans angreifen, packt man sie am Hals. Das ist gar nicht so schwierig, wie es sich anhört: Wenn der Vogel lautstark protestierend, mit ausgestrecktem

Ein Entenhaus braucht nicht viel an Ausstattung – eine Kiste reicht völlig. Eine Rampe hinab zum Teich sollte jedoch sein, als Rutsche ins und Ausstiegshilfe aus dem Wasser.

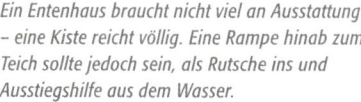

Nutztiere halten

Hals auf einen zukommt, greift man beherzt zu, so kann er einem nichts tun. Aber natürlich nicht so fest, dass man das Tier am Hals verletzt.

Anforderungen an den Lebensraum

Wie Enten brauchen auch Gänse nur eine einfache Unterkunft – vier Wände, Dach und Fußboden –, in der man sie nachts zum Schutz vor Füchsen einsperren kann. Alternativ kann man den gesamten Auslauf stabil mit Drahtgeflecht sichern und nicht nur die Seiten, sondern auch von oben alles mit Maschendraht abdecken.

Gänse füttern

Gänse sind Weidetiere, ihr Hauptnahrungsmittel ist Gras. Mit allzu langem Gras kommen sie jedoch nicht zurecht, Gras von mittlerer Länge ist am besten, sie stutzen es und lassen es wie einen gepflegten Rasen erscheinen. Wer Gänse mästen möchte, sollte auch etwas Körnerfutter geben – im Nachtquartier bereitgestellt, hilft es dabei, die Tiere abends hineinzulocken. Außerdem benötigen Gänse wie alles Federvieh kleine Steine, Kalkbruchstücke und sauberes Wasser. Sie trinken große Mengen davon, und da sie beim Saufen den ganzen Kopf untertauchen, sollte die Tiefe des Gefäßes reichlich bemessen sein. Sobald es schmutzig wird, muss es gereinigt werden.

Gänse aufziehen

Wer möchte, kann auch Küken großziehen. Manchmal dauert es eine Weile, bis eine Gans einen Gänserich erwählt hat, dann jedoch bleibt das Paar ein Leben lang zusammen. Man darf 10 bis 20 Eier pro Gelege erwarten, doch selten werden alle ausgebrütet. Nehmen Sie sich vor dem Ganter in Acht, besonders während der Brutzeit, er hat einen ausgeprägten Beschützerinstinkt und gibt sich sehr aggressiv, man sollte also einen möglichst großen Bogen um das Nest machen.

Gänse sind keine guten Mütter, wer Gänseküken haben möchte, schiebt die Eier besser

Gänse sind Weidetiere und fressen Gras, brauchen aber gegebenenfalls auch zusätzliches Körnerfutter. Sie machen viel Lärm, der Abstand zu den Nachbarn sollte also etwas größer sein.

einer großen Glucke unter, die vier bis sechs mit einem Mal ausbrüten kann. Das dauert ab vier Wochen aufwärts. Wenn eine Glucke anstatt einer Gans die Eier ausbrütet, müssen sie jeden Tag gedreht werden, damit der Embryo nicht an der Membran der Schale festklebt. Auch muss man sie mit Wasser besprenkeln, besonders in der letzten Woche vor dem Schlüpfen müssen sie feucht gehalten werden. Gänseküken füttert man zu Anfang mit Brot und Milch und stellt dann auf Kükenfutter um.

Gänse schlachten

Gänse lassen sich nicht wie Hühner und Enten schlachten, dazu sind sie zu groß und zu kräftig. Aus diesem Grund braucht man für diese Arbeit auf jeden Fall zwei Personen: Einer klemmt den Kopf des Tieres fest unter den Arm, und zwar so, dass dieser etwas hervorschaut. Jetzt muss die zweite Person die Gans zunächst durch einen kräftigen Schlag mit einem harten Gegenstand auf den Kopf betäuben. Dann schneidet man ihr am Halsansatz die Kehle durch, sprich, man durchtrennt die Drosselvene.

Enten, Gänse, Truthühner

Truthühner

Diese Vögel werden am seltensten auf Kleinbauernhöfen gehalten, hauptsächlich, weil sie als schwierig in Aufzucht und Haltung gelten. Gewöhnlich hält man Truthühner ausschließlich wegen ihres Fleisches, auch wenn ihre Eier im Geschmack denen von Hühnern stark ähneln. Ein Putenei ist ungefähr doppelt so groß wie ein Hühnerei.

Truthühner sind anfällig für die Schwarzkopfkrankheit, sobald sie in Kontakt mit Hühnern kommen, man kann beide also auf keinen Fall im gleichen Gehege halten. Tatsächlich kann schon ein Kontakt in der Form genügen, dass man sich um die Truthühner kümmert, nachdem man im Hühnerstall war! Modernes Putenfutter enthält jedoch das Antibiotikum, das diese Krankheit bekämpft, wenn Sie also spezielle Truthuhnpellets füttern, sollte es keine Probleme geben.

Ein Putenstall ist im Aufbau einem Hühnerstall ähnlich, wenn auch viel größer. Truthühner sitzen gern auf Stangen, diese müssen jedoch recht kräftig sein, um das Gewicht der großen Vögel zu tragen. Wenn Sie die Truthühner im Freilauf halten können, umso besser: Dann laufen sie den ganzen Tag lang pickend und fressend umher.

Truthühner aufziehen

Truthuhneier sind mitunter schwierig auszubrüten, da die Vögel im Verhältnis zu ihren Eiern ziemlich groß sind und diese im Nest leicht zerbrechen, ohne Absicht natürlich. Man schiebt sie deshalb, wenn möglich, einer Glucke unter, sie kann sechs bis acht dieser Eier ausbrüten. Dann zieht sie die Küken auf, bringt ihnen das Fressen und Picken bei und kümmert sich um sie.

Im Brutapparat

Eine Alternative ist das Ausbrüten im Brutapparat bei 38 °C. Dieser sollte an einem Ort mit gleichbleibender Temperatur stehen, also besser im Haus als in einem Schuppen, wo es nachts kalt wird. Truthuhnküken, die auf diese Weise geschlüpft sind, lassen sich sehr schwer großziehen: Ohne Muttertier, das ihnen das Picken beibringt, sträuben sie sich, zu fressen. Diesem Problem kann man begegnen, indem man klein gehackte Lauchzwiebeln auf ihr Futter legt.

Truthühner für Weihnachten mästen

Neben den Puteneiern kann man auch die Küken problemlos als Eintagsküken verkaufen, oder man mästet sie und verkauft sie zu Weihnachten.

Truthühner lassen sich, wenn möglich, am besten frei laufend halten. Nachts gehören sie allerdings zum Schutz vor Räubern in einen Stall.

Gänse- und Entenrassen

Auf regionaler Ebene existieren alte Rassen, die zu empfehlen sind, wenn man nur ein paar Vögel halten möchte. Fragen Sie die örtlichen Händler, welche Rassen in Ihrer Gegend am besten gedeihen und am ehesten zu haben sind.

Emdener Gans (Schwanengans)
Große, reinweiß gefiederte Vögel; überaus beliebte und schwerste Hausgansrasse.

Höckergans
Graues, gestreiftes Gefieder, deutlich kleiner als die Emdener Gans.

Toulouser Gans
Etwas kleiner als die Emdener Gans, größtenteils graues Gefieder.

Warzenente (Moschusente)
Hausente mit typischer »Warze« am Schnabelgrund; verschiedene, oft bunte Farbformennrasse, oft nur zur Zierde gehalten.

Mulardenente
Kreuzung der Warzen- mit der Pekingente, für Masthaltung, guter Fleischlieferant.

Pekingente
Hausentenrasse mit langem Hals und weißem Gefieder, wird ebenfalls als Fleischlieferant gehalten.

Bienen

Bienen sind Wildtiere und lassen sich eigentlich nicht »halten«, es lohnt sich aber, ein Bienenvolk davon zu »überzeugen«, sich auf dem eigenen Gelände dauerhaft niederzulassen. Schon ein einziger Bienenstock bringt genug Honig für den Eigenbedarf.

Neueinsteiger sollten Imker um Rat fragen. Vielleicht gibt es vor Ort auch einen Imkerverein, diese bieten in der Regel Anfängerkurse an.

Wer kann Bienen halten?

Bevor Sie sich zur Haltung von Honigbienen entschließen, sollten Sie herausfinden, ob Sie allergisch auf deren Stiche sind. Manche Menschen reagieren sehr heftig, dann wäre eine Haltung zu gefährlich. Im Extremfall droht Bienenstich-Allergikern sofortiger Kreislaufstillstand ohne vorherige Symptome! Schauen Sie einem aufgeschlossenen Imker über die Schulter und begleiten Sie ihn auf einer Kontrollrunde zu seinen Bienenstöcken – rechnen Sie damit, dabei gestochen zu werden!

Imkereigerät und -ausrüstung

Eine Mindestausstattung an Werkzeugen und Geräten ist unerlässlich und meist recht teuer. Manches kann man zunächst jedoch auch ausleihen oder gebraucht kaufen, später kann man ja immer noch nachrüsten.

Das Allerwichtigste ist ein Imkerhut mit Schleier, um das Gesicht vor Stichen zu schützen. Auch Handschuhe sind notwendig, später kann man sie weglassen, am Anfang helfen sie dem Neueinsteiger jedoch, Vertrauen zu gewinnen. Und Gummistiefel, in die man die Hosen steckt, die wiederum in langen Strümpfen stecken, damit die Bienen nicht von unten hineingelangen.

Es gibt auch spezielle Imkeranzüge, die von Kopf bis Fuß schützen, sie sind allerdings teuer, wenn man sie nicht aus einem Overall selbst schneidert. Bienen bewegen sich immer von unten nach oben, sie werden also in Ärmeln oder Hosenbeinen immer hochkrabbeln, aber nie nach unten. Dem muss die Kleidung Rechnung tragen.

Für die Imkerei selbst brauchen Sie einen Bienenstock, genannt Beute, einen Stockmeißel oder Wabenheber, um die Rähmchen mit den Waben zu entnehmen, und einen Smoker (Rauchapparat). Dieser kommt zum Einsatz, wenn der Bienenstock geöffnet werden soll, und verbrennt alles, was raucht und qualmt: trockenes Gras, Fichtenzapfen oder morsches Weichholz. Der Rauch lenkt die Bienen ab – sie sind dann vollauf damit beschäftigt, ihre Honigmägen zu füllen, und lassen sich stören, ohne zu stechen.

Ein Smoker (oben) kommt zum Einsatz, wenn man den Bienenstock öffnen und darin arbeiten will. Er senkt die Stechbereitschaft der Bienen. Ein kompletter Schutzanzug (unten) schützt von Kopf bis Fuß vor Stichen.

Um ein eigenes Bienenvolk heranzuziehen, braucht man ein Jungvolk einschließlich einer begatteten Königin in Eilage, die man im Bienenstock ansiedelt. Das Bienenvolk wächst dann auf etwa 40.000 Bienen an.

Der Bienenstock

Der Bienenstock, die Beute, ist das Teuerste an der Ausrüstung, kann aber häufig gebraucht erworben werden. Schrubben und desinfizieren Sie den Stock vor Gebrauch sehr gründlich und überprüfen Sie, ob er repariert werden muss.

Es gibt unterschiedliche Formen von Beuten. Weitverbreitet sind mobile und modulare Magazinbeuten: stapelbare, oben und unten offene Holz- oder Kunststoffkisten (sogenannte Magazine oder Zargen), in die Wabenrähmchen eingehangen werden. Im deutschen Raum werden viele verschiedene Rähmchenmaße verwendet.

Bienenstöcke aufstellen – aber wo?
Positionieren Sie Bienenstöcke nicht nahe eines Fußweges oder einer Straße, wo sie Menschen stören könnten. Ebenso nicht unter großen Bäumen, wo es feucht ist, und nicht in einem Frostloch. Ideal ist ein Ort, der vom restlichen

Garten durch einen hohen Sichtschutzzaun abgeschirmt wird. Dieser darf aber nicht direkt an die Stöcke heranreichen.

Bienen kaufen

Bienen erwirbt man am besten von einem lokalen Imker, denn dann sind sie an die Gegend und das Klima gewöhnt. Bienen aus einem anderen Landstrich werden sich kaum so gut entwickeln.

Am einfachsten beginnt man einen neuen Bienenstaat mit einem Jungvolk von einem anderen Imker. Es ist ein Ministaat, der aus ca. fünf Wabenrähmchen besteht und 5.000 bis 8.000 Bienen samt Königin in Eilage umfasst. Erst nachdem die Königin mit Sicherheit begattet wurde, ist das Ganze überhaupt sinnvoll, höchstwahrscheinlich im Frühsommer.

Aufbau des Bienenvolks
Das Jungvolk wird in die Mitte der untersten Zarge gesetzt, auf beiden Seiten werden Rähmchen eingehängt. Eine weitere Zarge wird darüber gesetzt. Zunächst soll das Bienenvolk aufgebaut werden, die Königin legt jedoch nur entsprechend dem hereinkommenden Futter Eier ab. Da nicht viele Sammlerinnen zur Verfügung stehen, muss man mit Zuckerlösung zufüttern: Lösen Sie 900 g Zucker in 550 ml heißem Wasser auf und lassen Sie den Sirup abkühlen. Die nötige Menge hängt vom Wetter und von der Winterlänge ab, im ersten Jahr sollten es schon um die 18 kg Zucker sein.

Es ist unwahrscheinlich, dass Sie schon im ersten Jahr Honig ernten, aber sollte das Wetter im Juli richtig sein (heiße, sonnige Tage, nachts das Pflanzenwachstum fördernder Regen), dann können Sie die Futterzarge durch eine Honigzarge, komplett gefüllt mit Rähmchen, ersetzen. Am Ende der Saison könnten Sie zwischen 4,5 und 9 kg Honig erhalten.

Während das Bienenvolk in den ersten Wochen wächst, sollten die Rähmchen alle 14 Tage versetzt werden, ohne die Brut aufzuspalten. Bis zum Winter stehen dann zwei Zargen voller

ausgebauter Waben bereit, die ideale Menge zum Überwintern der Bienen im Innern.

Das Bienenvolk handhaben
Kontrollieren Sie den Bienenstock im Früh- und Hochsommer alle 14 Tage, um sicherzugehen, dass die Königin Eier ablegt, und um festzustellen, ob Weiselzellen gebildet werden. Diese sind viel größer als normale Zellen und ragen aus der Wabe heraus. Wenn hieraus eine neue Königin schlüpft, wird das Bienenvolk dem Schwarmtrieb nachgeben und abschwärmen.

Entweder man nimmt das Rähmchen heraus und zerstört die Weiselzellen, oder man bildet einen Ableger. Dazu wird die alte Königin im Bienenstock ausfindig gemacht und im Rähmchen mit einem Teil der Brut in eine andere Zarge (mit ein paar Rähmchen mit ausgebauten Waben) gesetzt. Diese verbleiben am derzeitigen Standort. Die Rähmchen mit dem Großteil der Brutzellen und der Weiselzellen bringt man zusammen mit den Drohnen an einen anderen Standort. Kehren die Flugbienen vom Nektar sammeln zurück, fliegen sie automatisch in die alte Beute, die damit die alte Königin und alle Sammlerinnen beherbergt.

Inzwischen setzt am neuen Standort bei den Ammenbienen mit den Weiselzellen Panik ein, da kein Nektar hereinkommt. Die Bienen zerstören alle Weiselzellen bis auf eine. Die neue Königin schlüpft, verlässt den Bienenstock zum Hochzeitsflug, kehrt zurück und beginnt mit der Eiablage und mit dem Aufbau eines neuen Volks. Wer nur ein Bienenvolk möchte, sucht die alte Königin und tötet sie oder gibt sie weg und setzt die neue Königin in den alten Bienenstock, die Bienen folgen ihr nach. Man sollte die Königin eines Bienenvolks alle zwei Jahre erneuern.

Honig entnehmen

Je nach Nektarangebot in der Umgebung kann man im Hoch- und Spätsommer Honig aus dem Bienenstock entnehmen.

Die Bienenflucht ist ein Einsatz – eine Art Einbahnstraße, die von den Bienen nur in eine Richtung passiert werden kann. Sie wird in Magazinbeuten zwischen Brut und den Honigraum eingelegt, dessen Waben bienenfrei werden sollen. Wenn sich die Bienen nach etwa 48 Stunden in den unteren Zargen gesammelt haben, nehmen Sie ungestört die Rähmchen aus den oberen heraus. Um an den Honig zu gelangen, müssen zunächst die Wachsdeckel mit einem großen Entdeckelungsmesser von den Waben gekratzt werden. Die Rähmchen

werden dann in eine Honigschleuder gegeben. Durch die Zentrifugalkraft wird der Honig aus den Waben geschleudert und sammelt sich am Boden der Trommel, von wo er über das Honigsieb in einen Auffangbehälter fließt. Nun wird er abgefüllt. Man kann maximal 2,2 kg Honig aus einem einzelnen Rähmchen erwarten.

Gewinnen Sie Honig aus allen Zargen oberhalb des Absperrgitters, das die Königin von den Honigzellen fernhält. In den unteren Zargen mit den Brutzellen bleibt etwas Honig zurück, doch nicht genug, um die Bienen den Winter hindurch zu ernähren. Sie müssen also vom Herbst an mit Zuckerlösung füttern.

Schwarmbildung

Wenn man seine Bienen regelmäßig inspiziert und die beschriebenen Abläufe einhält, gibt es für sie, so sagen erfahrene Imker, keinen Grund zum Abschwärmen.

Bienen schwärmen nur dann ab, wenn es in ihrer Behausung zu eng wird oder eine neue Königin schlüpft. Wenn das geschieht, verlässt ungefähr die Hälfte des Volkes mitsamt ihrer Königin den Bienenstock. Sie sammeln sich in der Nähe der alten Behausung, und wenn sie nicht von einem Imker eingefangen werden, fliegen sie ein oder zwei Tage später weiter. Sobald ein Schwarm aus dem Stock auszieht,

Der Honig konserviert etwas vom Aroma der Blüten, die von den Bienen aufgesucht wurden.

gilt er als herrenlos. Verfolgt ihn der bisherige Eigentümer unverzüglich, kann er weiter ein Eigentumsrecht am Schwarm beanspruchen. Gibt er die Verfolgung auf, darf ein anderer Imker den Schwarm einfangen und behalten.

Einen Schwarm einfangen

Legen Sie ein weißes Bettlaken auf den Boden unter dem Schwarm. Halten Sie eine stabile Pappkiste oder einen Strohkorb unmittelbar unter den größten Teil des Schwarms und schütteln Sie den Ast, an dem sich die Bienen ausruhen. Dadurch fallen die meisten Bienen in die Kiste. Stülpen Sie die Kiste auf dem Tuch um und heben Sie eine Seite mit einem kleinen Stein etwas an. Nach ungefähr einer Stunde müssten alle Bienen in der Kiste sein.

Kommen Sie bei Einbruch der Dunkelheit wieder, hüllen Sie das Laken um die Kiste und tragen Sie den Schwarm zu einem neuen Bienenstock. Legen Sie ein Brett so vor den Bienenstock, dass es schräg zum Einflugloch hinaufführt. Breiten Sie das Laken über das Brett und schütteln die Bienen aus der Kiste. Da Bienen, wenn sie verschreckt werden, immer nach oben krabbeln, laufen sie geradewegs in den Bienenstock hinein.

Essbares aus der Natur

Wildkräuter und Wildgemüse
Nüsse, Beeren und Wildobst
Pilze
Fischen und Angeln
Schmackhaftes von der Küste
Jagen und Schießen
Brennholz

Essbares aus der Natur

Der ländliche Raum mit seinen Hecken, Flüssen und Seen sowie die Küste mit ihren Gewässern bieten allesamt viele essbare Pflanzen und Tiere, jedoch wird dieser reich gedeckte Tisch der Natur kaum umfassend genutzt.

Sie sollten alle Erzeugnisse der Natur mit Achtung, aber auch mit Vorsicht behandeln, was jedoch nicht bedeutet, dass Sie auf diese insgesamt verzichten müssen. Die Natur im ländlichen Raum bringt alle Arten von Pilzen, Früchten, Nüssen, Kräutern, Pflanzen und Blumen hervor, von denen viele geeignet sind, die Palette der selbst angebauten Lebensmittel zu erweitern und den Speisezettel zu bereichern; zudem kosten sie nur die Zeit, die man braucht, um sie zu suchen und zu sammeln.

Pilze dürften das am wenigsten genutzte frei verfügbare Lebensmittel sein: Jährlich werden Millionen Speisepilze im Wald nicht gesammelt – Laien neigen verständlicherweise nicht dazu, sie zu probieren. Einige Arten sind so giftig, dass sie eine tödliche Wirkung haben, und sofern man einen Pilz nicht ganz genau bestimmen kann, gibt es keinen absolut sicheren Test, der einem sagt, ob dieser Pilz essbar ist.

Es lohnt sich jedoch zu lernen, welche Pilze giftig sind, da man dann die Speisepilze sammeln und verzehren kann. Ein gutes Bestimmungsbuch mit Abbildungen dürfte Ihnen hierbei helfen, Sie können aber auch an einer der vielen Pilzführungen teilnehmen, die im Herbst unter der Anleitung von Fachleuten stattfinden.

Ernte am Wiesen- und Heckenrain

Es gibt viele essbare Wildpflanzen, die im Überfluss wachsen. Achten Sie darauf, wenn Sie die Umgebung auf dem Land erforschen, und fragen Sie Menschen, die dort schon lange leben, nach Tipps.

Vielen der Pflanzen, die heutzutage auf den Grasstreifen entlang den Straßen gedeihen, wurden von der ländlichen Bevölkerung noch vor nicht allzu langer Zeit große Heilkräfte zugesprochen; sie sind nach wie vor schmackhafte Zutaten für Suppen und Salate. Beim Pflücken von Wildpflanzen gibt es ein paar einfache Regeln, die jeder beachten sollte, um für das eigene Überleben und das Überleben der Natur zu sorgen.

Wenn Sie eine Wildpflanze pflücken, sollten Sie sicher sein, dass sie essbar und nicht giftig ist. Selbst wenn Sie ein Bestimmungsbuch mit Abbildungen zur Hand haben, sollten Sie die Pflanze stehen lassen, wenn Sie auf diesem Gebiet ein Anfänger sind und niemanden finden, der sich hundertprozentig auskennt. Für das Sammeln oder Pflücken der meisten Erzeugnisse ist ein sonniger Tag am besten geeignet; an einem regnerischen Tag dürften sie aufgrund der Feuchtigkeit schneller verderben.

Geben Sie das Gesammelte in einen nach oben offenen, flachen Korb (nicht in eine Plastiktüte, da es darin gequetscht würde) und pflücken Sie nur die Mengen, die Sie auf einmal handhaben können. Nach Möglichkeit sollten Sie die Pflan-

Sammeln Sie essbare Erzeugnisse nur an unverschmutzten Stellen, also z. B. nicht an Rändern von Straßen mit einem hohen Verkehrsaufkommen, und sammeln Sie nur diejenigen Pflanzen, die Sie bestimmen können.

Wildkräuter und Wildgemüse

Die nachstehende Aufzählung essbarer Wurzeln, Blätter und Blüten ist keineswegs erschöpfend, sondern umfasst lediglich die weithin vorkommenden und am häufigsten verwendeten Pflanzen. Zusätzlich zu diesen Pflanzen sollten Sie außerdem nach Wildgemüse Ausschau halten, denn fast jedes Gemüse, das in Nutzgärten angebaut wird, hat eine Wildform.

Kohl, Möhren, Stangensellerie, Pastinaken, Rettiche, Haferwurz, Weiße Rüben und Brunnenkresse wachsen alle auch wild. Im Frühjahr kann man im Wald außerdem Wildknoblauch (Bärlauch) in großer Menge finden.

Buche
Pflücken Sie die Blätter, wenn sie sehr jung und zart sind. Sie sind köstlich in Salaten.

Ginster
Ginster kommt in der Natur sehr häufig vor. Pflücken Sie die Blüten, wenn sie noch in der Knospe sind, und legen Sie sie in Essig oder Salz ein. Sie können sie aber auch als hübsche, wohlschmeckende Garnierung auf Salate streuen.

Klette
Klette kommt in Dickichten und an Waldrändern sehr häufig vor. Schneiden Sie die Stängel von jungen Blättern klein und geben Sie sie roh in den Salat oder dünsten Sie sie bei schwacher Hitze und servieren Sie sie mit Butter als Gemüse. Schaben Sie die Wurzeln ab und bereiten Sie sie wie Haferwurz zu.

Vogelmiere
Die Vogelmiere wächst als Unkraut in den meisten Gärten sowie überall auf Brachflächen. Streifen Sie die kleinen Blätter ab, indem Sie eine Gabel den Stängel entlang nach unten führen, und garen Sie sie wie Spinat oder verwenden Sie sie roh als Brotbelag.

zen nur an Stellen sammeln, die verhältnismäßig unverschmutzt sind. Die meisten Pflanzen sind dann am besten geeignet, wenn sie jung sind.

Überaus wichtig ist es, die Natur mit ihrer Flora und Fauna zu achten und zu schützen. An vielen Orten verstößt man gegen Rechtsvorschriften, wenn man wilde Pflanzen mit den Wurzeln herauszieht; unnötig ist es für Ihre Zwecke allemal. Ebenso sollten Sie Pflanzen nicht völlig ihrer Blätter und Blüten berauben, da sie hierdurch leicht absterben könnten. Des Weiteren sollten Sie nicht alle Blüten oder Samen einjähriger Pflanzen mitnehmen, da sich diese dann nicht wieder vermehren können und nicht mehr nachwachsen.

Fisch und Fleisch
Auf dem Land gibt es außerdem eine Reihe von Wildtieren, die man erlegen oder fangen und verzehren kann. Für das Jagen, Schießen, Fischen und Fallenstellen gelten aber je nach Region umfangreiche, komplizierte Regeln und Vorschriften, sodass Sie in Erfahrung bringen müssen, ob dies überhaupt für Sie in Betracht kommt.

Durch Angeln kann man sich zwar nicht die tägliche Ernährung sichern, doch ist ein Angeltag in der Natur immer wieder ein Erlebnis – das durchaus auch erfolgreich sein.

Natürlich können auch Fische zu Nahrungszwecken dienen, jedoch ist das Angeln heutzutage eher ein Sport als es der Nahrungssicherung dient. Ob Fluss, See oder Meer – sofern Sie nicht in privaten Gewässern angeln und dafür die Erlaubnis des Besitzers haben, ist in Deutschland grundsätzlich ein Angelschein (= Fischereischein) notwendig. Für das Angeln in öffentlichen Gewässern brauchen Sie außerdem eine Fischereierlaubnis, die vom Besitzer des Gewässers ausgestellt wird.

Die Küste und Küstengewässer sind eine weitere reiche Quelle essbarer Erzeugnisse der Natur. Hier gibt es viele Pflanzen sowie essbare Algen und Meerestiere, die eingegraben im Sand oder zwischen den Felsen leben. Fast alles, was mit Kiemen atmet, fällt im Sinne des Gesetzes unter »Fische« – also gilt die Notwendigkeit des Fischereischeins auch für das Fischen von Krabben, Krebsen, Muscheln etc.

Wegwarte, Zichorie

Die Zichorie oder Wegwarte wächst insbesondere auf kalkhaltigen Böden. Die Blätter kann man roh in Salaten verwenden, aus der gemahlenen Wurzel lässt sich ein Getränk bereiten, das häufig als Kaffeeersatz dient.

Zur Bereitung von Zichorienkaffee müssen die Wurzeln gründlich gesäubert und im Backofen bei mittlerer Temperatur geröstet werden, bis sie trocken und knusprig sind. Anschließend werden sie in einer Kaffeemühle gemahlen. Lassen Sie die gemahlene Masse einige Minuten in kochendem Wasser ziehen, bevor Sie die Flüssigkeit abgießen und trinken.

Beinwell

Oft unbeachtet und kaum verwendet. Er wächst für gewöhnlich in Gräben oder auf feuchten Flächen in der Nähe von Flussufern. Beinwell ist eine wohlschmeckende Alternative zu Spinat und wird wie dieser zubereitet.

Wiesenschlüsselblume

Sie ist unter Sträuchern und an Waldrändern zu finden und fällt insbesondere im Frühjahr ins Auge, wenn ihre kleinen gelben Blüten einen doldigen Blütenstand bilden. Aus den Blüten kann man ein erfrischendes Aufgussgetränk bereiten. Man kann mit dem Aufguss aber auch Süßspeisen verfeinern. Die jungen Blätter lassen sich als Salatgemüse verwenden. Aber Achtung: Bis sich ihre Bestände erholt haben, steht die Wiesenschlüsselblume in Deutschland unter Naturschutz.

Löwenzahn

Eine der am häufigsten vorkommenden Wildpflanzen – und eine der nützlichsten. Löwenzahn wächst auf Brach- und Grasflächen im Überfluss und gilt im Allgemeinen als Unkraut. Es ist jedoch noch nicht so lange her, dass er in vielen Nutzgärten angebaut wurde. Die Blätter können als schmack- und nahrhaftes Salatgemüse verwendet werden. Sie sollten jedoch jung gepflückt werden, also im Frühjahr, bevor die vertrauten gelben Blüten erscheinen, da sie dann am wenigsten bitter und besonders zart sind. Sie lassen sich außerdem wie Spinat zubereiten. Oft wird empfohlen, sie mit Spinatblättern und Sauerampfer (s. S. 184) zu mischen, und zwar sowohl roh als auch

Oben: Die Vogelmiere bildet einen dichten Bestand, der sich hier auf dem Waldboden wie ein leuchtend grüner Teppich ausbreitet und Sammlern eine gute Ausbeute verspricht.

Unten: Löwenzahn wächst auf vielen Rasenflächen und Gartenbeeten, aber auch in der freien Natur wie Unkraut. Insbesondere die jungen Blätter eignen sich gut zum Verzehr.

Essbares aus der Natur

gekocht, um den ziemlich bitteren Geschmack zu mildern. Die Wurzeln können in der Sonne getrocknet und anschließend geröstet und zu einem Kaffeeersatz zermahlen werden. Man kann sie aber auch als Wurzelgemüse garen oder zur Herstellung von Wein oder Likör verwenden.

Taubnessel

Man pflückt die jungen Blätter und gart sie wie Spinat. Aus den Blüten kann man ein Aufgussgetränk bereiten.

Hundsrose

Das Aroma der Blüten bereichert Marmeladen, Konfitüren und Gelees sowie Honig. Wenn man die Blütenblätter mit Eiweiß bepinselt und mit Kastorzucker (also besonders feinkörnigem Zucker) bestreut, kann man mit ihnen Süßspeisen und Salate garnieren. Sie sollten sie auch als ausgefallenen Brotbelag probieren. Zur Verwendung der Früchte (Hagebutten) s. Seite 187.

Weißer Gänsefuß

Der Weiße Gänsefuß ist ein häufig vorkommendes Gartenunkraut, das auch auf Brachflächen gedeiht. Er enthält viel Eisen und dient als ein weiterer Ersatz für Spinat.

Weißdorn

Eine der nützlichsten und vielseitigsten Wildpflanzen. Die jungen, rohen Blätter sind ein köstliches Salatgemüse. Die Blüten lassen sich zu einem alkoholischen Getränk mit einer frischen Geschmacksnote verarbeiten, indem man sie mit Kastorzucker in eine Flasche mit Weinbrand gibt (die Blüten sollten vormittags an einem sonnigen Tag gepflückt werden und man sollte nur die Blütenblätter verwenden). Die Früchte können zu Gelee gekocht werden.

Die leuchtend roten Früchte des Weißdorns lassen sich zu einem leckeren Gelee verarbeiten, das als Beilage zu gebratenem oder rotem Fleisch gereicht wird. Man kann aber auch im Frühjahr die Blüten pflücken und sie einem Weinbrand zugeben, um diesem ein besonderes Aroma zu verleihen.

Meerrettich

Meerrettich gedeiht üppig auf Brachflächen. Schälen Sie die Wurzeln und zerreiben Sie sie zu Meerrettichsoße oder -schaum.

Knoblauchsrauke

Die Knoblauchsrauke gedeiht üppig an Waldrändern sowie in Gebüschen und Hecken. Die Blätter lassen sich zerhackt über den Salat streuen (sie haben einen leicht knoblauchartigen Geschmack) oder für Fleischsoßen verwenden.

Linde

Die Blätter der Linde eignen sich gut als Salatgemüse oder Brotbelag. Aus den in voller Blüte gepflückten und getrockneten Blütenblättern lässt sich ein wohlschmeckendes Aufgussgetränk bereiten, das bekannt für seine überaus beruhigende Wirkung ist.

Queller

Der Queller ist in Salzmarschen zu finden. Die jungen Blätter lassen sich wie jedes andere junge grüne Blattgemüse zubereiten.

Wegerich

Der Wegerich ist häufig auf Brachflächen zu finden. Er lässt sich roh in Salaten oder gegart wie Spinat verwenden.

Klatschmohn

Die Samenkörner in den braunen Kapselfrüchten bilden sich, wenn die roten, papierartigen Blüten verblüht sind. Sie geben Kuchen, Gebäck und Brot einen aromatischen Geschmack. Man kann sie aber auch über Salate streuen.

Waldschlüsselblume, Waldprimel

Aus den Blüten dieses Frühjahrsblühers lässt sich ein erfrischendes Aufgussgetränk bereiten. Man kann sie aber auch wie Rosenblütenblätter kandieren und dann als essbare Kuchengarnierung verwenden. Sammeln Sie aber nur kleine Mengen, denn in der Vergangenheit wurden zu viele Primeln gepflückt und die Bestände erholen sich gerade erst wieder.

Bibernelle

Die Bibernelle findet sich häufig auf Grasflächen und insbesondere auf kalkhaltigen Böden. Die leicht zerriebenen Blätter machen sich gut

in Salaten. Im Sommer verleihen sie Mixgetränken eine erfrischende Note.

Sauerklee und Sauerampfer

Während des ganzen Frühjahrs ist der Sauerklee in Wäldern und an schattigen Plätzen zu finden. Der Sauerampfer gedeiht auf Grasflächen und im offenen Gelände. Beide werden kaum verwendet, man kann sie jedoch roh in Salaten oder gegart in Suppen, Aufläufen und Omeletts sowie in Füllungen und Soßen für Fisch und Fleisch oder als Gemüsebeilage verwenden. Sie enthalten viel Oxalsäure, daher sollte man sie nicht täglich verzehren.

Brennnessel

Eine weitere kaum verwendete Pflanze, die weitverbreitet ist und im Übermaß wächst, ist die Brennnessel. Damit Sie sich an der Pflanze nicht verbrennen, sollten Sie sie pflücken, wenn sie noch sehr jung ist, d. h. am besten, wenn sie nicht höher als 15 – 20 cm ist. Sie lässt sich wie Spinat zubereiten (die Methansäure wird beim Garen unschädlich) und verleiht Aufläufen, Omeletts und Suppen einen aromatischen Geschmack.

Kräuter sammeln

Nachstehend sind lediglich diejenigen Kräuter aufgeführt, die am häufigsten vorkommen. Mit ein wenig Glück finden Sie aber auch Zitronenmelisse, Borretsch, Petersilie, Bockshornklee und Liebstöckel. Sollten Sie auf eine Stelle stoßen, die üppig mit Borretsch bestanden ist, so können Sie diesen auch als Salatgemüse oder als Grundlage für Suppen verwenden oder ihn wie Spinat garen. Haben Sie ausreichend Kräuter verfügbar, so können Sie sie konservieren (s. S. 219), indem Sie sie trocknen oder einfrieren.

Engelwurz

Der Engelwurz wächst auf feuchten Stellen an Waldrändern oder in der Nähe von Flüssen. Obwohl er zu den Kräutern zählt, verwendet man ihn in der Küche hauptsächlich zum Garnieren von Süßspeisen oder als aromatische Zutat in Kuchen. Zu diesem Zweck müssen die Stängel kandiert werden, indem man sie simmert und dann einige Tage lang in schwerem Sirup ziehen lässt.

Fenchel

Fenchel muss man suchen. Er wächst auf Brach- und Feuchtflächen und liebt den Lebensraum an Küstenstandorten. Die zerkleinerten Blätter kann man für eine Vielzahl von Gerichten frisch oder getrocknet verwenden; sie verleihen ihnen den typisch anisartigen Geschmack. Die Samen, die im Spätherbst gesammelt werden, lassen sich trocknen und wie Pfefferkörner zermahlen.

Majoran

Majoran gedeiht auf grasbewachsenen Brachflächen und insbesondere an trockenen Standorten mit kalkhaltigen Böden. Verwenden Sie die Blätter frisch oder getrocknet in derselben Weise wie Kulturmajoran.

Mädesüß

Das Mädesüß wächst an den meisten Standorten in Hülle und Fülle, insbesondere jedoch auf feuchten, schattigen Flächen sowie in der Nähe von Marschen. Sowohl die Blätter als auch die Blüten lassen sich trocknen und als aromatische Zutat verwenden, man kann aber auch ein Aufgussgetränk mit lindernder Wirkung aus ihm bereiten.

Der Sauerampfer findet in der Küche auf vielerlei Weise Verwendung. Im Frühjahr gedeiht er besonders üppig.

Wildkräuter
1 *Engelwurz*
2 *Fenchel*
3 *Mädesüß*
4 *Majoran*
5 *Minze*
6 *Thymian*

Minze

Verschiedene Arten von Minze wachsen wild im Übermaß. Am häufigsten kommen die Ackerminze (auf freien Flächen und Waldlichtungen) und die Wasserminze (feuchte Standorte) vor.

Die Wildform der Minze kann in der gleichen Weise verwendet werden wie ihre Kulturform. Sie können auch einen so großen Vorrat an Minzsoße bereiten, dass Sie den ganzen Winter über hiermit versorgt sind. Eiscreme mit Minze schmeckt sehr erfrischend – mit und ohne Schokoladensplitter.

Thymian

Thymian ist von allen Wildkräutern am weitesten verbreitet. Er wächst auf Wiesenflächen und auf dem freien Feld. Die Wildform des Thymians kann in der gleichen Weise verwendet werden wie seine Kulturform, wenn auch einige behaupten, dass die Wildform milder im Geschmack sei.

Waldmeister

Waldmeister kommt auf Waldflächen und in Dickichten vor. Die Blätter kann man pflücken und trocknen, ihr Duft erinnert an Vanille, frisches Heu und Honig. Der Waldmeister macht sich gut als Würzmittel von Wurst- und Fleischgerichten. Im Sommer verleiht er Wein und kühlen Mixgetränken einen angenehmen Geschmack.

Oben: Trocknen Sie Mädesüßpflanzen mit den Blütenköpfen nach unten an einem kühlen, luftigen Platz. Anschließend können Sie sie in zerbröselter Form Süßspeisen oder haltbar gemachten Lebensmitteln hinzufügen, um diesen einen raffinierte Note zu geben.

Unten: Thymian gehört zu den beliebtesten Gartenkräutern, ist aber in der freien Natur am häufigsten zu finden. Es gibt viele verschiedene Sorten, die alle ihr ganz eigenes Aroma haben.

Wildkräuter und Wildgemüse

Nüsse, Beeren und Wildobst

Wildfrüchte von Hecken sind vielseitig einsetzbar: Man kann sie roh essen oder als Hauptzutat in Süßspeisen verwenden, man kann aus ihnen Konfitüre und Gelee bereiten, sie Chutneys oder Mixed Pickles zugeben, Fleischgerichte mit ihnen garnieren oder sie als Zutat für Wein oder alkoholfreie Getränke nehmen.

Nüsse sind in der Küche ebenso vielseitig verwendbar. Häufig bilden sie bei einem Mahl die Haupteiweißquelle. Sie eignen sich außerdem hervorragend als Zutat in Füllungen und Soßen.

Beeren

Beerenobst sollten Sie vorsichtig pflücken und transportieren, damit es nicht beschädigt wird, es sei denn, Sie haben vor, hieraus Konfitüre zu kochen, sodass leichte Schadstellen unerheblich sind. Zum Sammeln von Beeren sollten Sie einen Kunststoffbehälter mit Deckel oder einen Weiden- bzw. Holzkorb mit einer Plastiktüte verwenden.

Berberitze

Sie wurde in Europa fast ausgerottet, da sie dem Getreideschwarzrostpilz als Zwischenwirt dient und somit eine Bedrohung für die Landwirtschaft darstellt. Mit etwas Glück können Sie den Strauch aber hierzulande noch finden. Die leuchtend roten Beeren reifen im Laufe des Sommers heran. Achten Sie beim Sammeln auf die Dornen. Die Beeren können Sie für Gelees oder für Soßen zum Fleisch verwenden.

Heidelbeere

Die Heidelbeere ist auch als Blau- oder Schwarzbeere bekannt. In der freien Natur wachsen die Sträucher im Allgemeinen zwischen Heidekrautgewächsen, häufig einzeln und in einiger Entfernung voneinander, sodass Sie Zeit und Geduld brauchen, bis Sie eine Handvoll Beeren gesammelt haben.

Die Beeren sind klein, rund und von schwarzblauer Farbe. Sie reifen von der Sommermitte bis zum Frühherbst heran und sind ausgezeichnet für Gelees oder zur Weinbereitung, aber auch für Fruchtgrütze.

Brombeere

Die Brombeere ist in Hecken, auf Brachflächen und an Waldrändern häufig zu finden. Die Früchte reifen ab dem Spätsommer heran, sollten jedoch nach dem Frühherbst nicht mehr gepflückt werden, da sie dann weich und matschig sind. Brombeeren kann man für Konfitüren, Gelees, Chutneys und alle Arten von Süßspeisen und Soßen, aber auch zur Weinbereitung verwenden.

Moltebeere

Die Moltebeere gedeiht in feuchter Umgebung auf feuchtem Grund. Die Beeren ähneln in der Form den Brombeeren, sind jedoch von blassroter Farbe. Die Pflanze hat eine sehr geringe Wuchshöhe. Wenn es Ihnen gelingt, genug reife Moltebeeren zu finden, können Sie sie roh als Nachtisch essen. Andernfalls können Sie sie wie Brombeeren verwenden.

Cranberry, Moosbeere

Die großfrüchtige Moosbeere ist überwiegend unter ihrem englischen Namen Cranberry bekannt. Sie wächst an Sträuchern, kommt relativ selten wild vor und ist in Marschen sowie auf sumpfigen Flächen zu finden. Die harten, dunkelroten Beeren werden gerne zu Saft verarbeitet, schmecken aber auch gut als Soße oder Füllung für Fleisch sowie zu Desserts.

Aus wilden Beeren kann man nahrhafte, köstliche Kompotte herstellen oder man macht aus ihnen Konfitüren und Gelees, die man das ganze Jahr über genießen kann.

Holunder

Die Blüten erscheinen im Frühsommer, die Beeren reifen später im Sommer heran. Der Holunderbaum oder -strauch wächst in Wäldern und auf Brachflächen. Die weißen Blütendolden lassen sich zur Bereitung von Wein oder eines Aufgussgetränks verwenden (vor dem Trinken den Sud abkühlen lassen). Sie verleihen Süßspeisen, Konfitüren oder Gelees eine raffinierte Note. Man kann sie aber auch panieren und in flüssigem Fett ausbacken.

Reif sind die Beeren, wenn sie schwarz sind und schwer von den Ästen hängen. Sie lassen sich mit anderen Früchten zu Konfitüren, Gelees oder Süßspeisen sowie zu Soßen und Chutneys verarbeiten oder als aromatisierende Zutat in Würzessig verwenden. Ferner können sie zu einem herrlichen Fruchtwein vergoren werden. Getrocknet eignen sie sich als Ersatz für Johannisbeeren in Kuchen und Gebäck.

Stachelbeere

Nach wilden Stachelbeerpflanzen muss man in Wäldern und Dickichten sorgfältig suchen. Die grünen Früchte mit ihrer länglichen oder kugeligen Form reifen ab Mitte des Sommers heran. Die Wildform kann wie die Kulturform verwendet werden, z. B. in Torten, Fruchtcremes und Konfitüren sowie zur Bereitung von Fruchtwein.

Himbeere

Wilde Himbeeren und Maulbeeren wachsen in Dickichten und auf Heideflächen. Die Beeren reifen während des Sommers heran. Die Wildformen können wie Kulturformen verwendet werden. Sofern Sie nur wenige Beeren finden, sollten Sie Essig damit eine aromatische Note verleihen oder sie mit anderen Früchten mischen.

Rote Johannisbeere

Vereinzelt kommt die Rote Johannisbeere auch als wild wachsende Pflanze vor, meistens ist sie aber aus Kultur verwildert: Ursächlich hierfür sind Vögel, die die Samen fressen und verbreiten. Halten Sie insbesondere an Dickichten und am Waldrand in der Nähe von Flüssen nach ihr Ausschau. Die kugeligen, leuchtend roten Beeren reifen im Sommer heran und können wie die Beeren des Johannisbeerstrauchs verwendet werden, der im Garten wächst.

Aus Hagebutten lässt sich mit kochendem Wasser ein Tee bereiten, der beruhigend wirkt, oder ein Sirup, der reich an Vitamin C ist (s. unten).

Hagebutte

Die orangeroten Beeren reifen an der Wild- oder Hundsrose vom Spätsommer bis zum Spätherbst heran. Sie lassen sich zu Sirup verarbeiten, der Fruchtgetränken, Süßspeisen, Milchshakes usw. einen besonderen Geschmack verleiht. Halbieren Sie die Hagebutten und lassen Sie sie etwa 30 Minuten köcheln. Der Inhalt des Topfes muss über Nacht durch ein Press- oder Seihtuch abtropfen. Geben Sie danach je 600 ml Flüssigkeit 450 g Zucker zu und köcheln Sie das Gemisch erneut.

Vogelbeere

Der Vogelbeerbaum ist weitverbreitet und gedeiht insbesondere in kühlen Wäldern. Die in schweren Trauben herunterhängenden, orangefarbigen Beeren wachsen vom Sommer bis zum Herbst an den Bäumen. Sie lassen sich zusammen mit Holzäpfeln zu einem Gelee verarbeiten, das man zum Fleisch reichen kann. Man kann sie aber auch zu Wein verarbeiten.

Nüsse, Beeren und Wildobst

Erdbeere

Die Wilderdbeere gedeiht auf Waldlichtungen und Heideflächen. Die winzigen Früchte müssen sorgfältig ausgelesen werden. Sie reifen ähnlich wie diejenigen der Walderdbeere während des Sommers und schmecken viel süßer als die Kultursorten. Außerdem enthalten sie viel Vitamin C. Besonders gut schmecken sie roh: pur, mit Eiscreme oder noch besser mit Sekt oder Champagner, den man über die Früchte gießt.

Steinobst

Steinobst ist meist nicht so süß wie Beerenobst und wird daher nur selten roh verzehrt. Der saure Geschmack mancher Arten wird durch Frosteinwirkung gemildert, z. B. bei Schlehe und Kriechenpflaume.

Hafer- oder Kriechenpflaume

Diese kleine, pflaumenförmige Baumfrucht kann von roter, violetter, gelber oder grüner Farbe sein. Tatsächlich ist die Kriechenpflaume die Stammform aller Kulturpflaumen. Sie gedeiht in Dickichten und häufig in vernachlässigten Ecken von Bauerngärten. Die Kriechpflaume ist ein flachverwurzelter Baum oder Strauch. Die Zweige sind oft etwas dornig und wirken wie Wildobst. Sie tragen jedoch sehr reich. Die Früchte ähneln denjenigen der Schlehe (s. rechts), da auch sie sehr herb sind, jedoch verliert sich dieser herbe Geschmack ein wenig, wenn man sie nach dem ersten Frost pflückt. Man kann sie für Obstkuchen oder – vielleicht besser noch – für Obstbrände, Chutneys oder für die Weinbereitung verwenden.

Holzapfel

Der Holzapfel ist die Stammform aller Kulturäpfel. Er gedeiht als Einzelbaum in Dickichten und hin und wieder in Wäldern und auf Heideflächen. Der Holzapfel wurde weithin mit den Kultursorten des Apfels gekreuzt und viele dieser Kreuzungen haben dann den Weg zurück in die Dickichte gefunden, sodass der Holzapfel, der heute vorkommt, in der Färbung, in der Größe und im Geschmack unterschiedlich sein kann (echte Holzäpfel sind unglaublich

Holzäpfel sind nicht wie große Äpfel roh genießbar, jedoch kann man sie auf vielerlei Weise als Zutat für Lebensmittel, die konserviert werden sollen, sowie für Gelees und Kompotte verwenden.

sauer). Pflücken Sie den Holzapfel im Sommer und Herbst und verwenden Sie ihn – je nach Süße – zur Herstellung von Gelees, Soßen, Süßspeisen, Chutneys oder Mixed Pickles.

Mispel

Obwohl die Mispel natürlicherweise im Mittelmeerraum vorkommt, kann man auch in unseren Breitengraden durchaus wilde Mispelbäume finden. Die bräunlichen Früchte haben die Form einer abgeflachten Kugel, die an der Spitze fünf Kelchblätter aufweist. Pflücken kann man die Früchte frühestens ab Herbstmitte oder wenn sie so aussehen, als ob sie verfaulen. Wenn Sie sie früher pflücken, müssen Sie sie an einem dunklen Ort lagern und dort überreif werden lassen. Sie sehen dann zwar leicht verdorben aus, sind aber weich. Sie sind eine schmackhafte Alternative zu Apfelkompott, oder man röstet sie im Backofen und isst sie als Beilage zu Fleisch oder als Süßspeise (mit Honig und Sahne). Man kann aber auch ein köstliches Gelee aus ihnen herstellen.

Schlehdorn

Suchen sie im Herbst die Hecken nach Schlehen ab. Die dornenreiche Schlehe bildet undurchdringliche Dickichte und trägt kleine, blauschwarze Früchte. Diese lassen sich roh essen, sind jedoch extrem sauer. Man kann sie für Gelees oder Obstkuchen mit Äpfeln kombinieren. Dafür sollten Sie die Früchte nach dem ersten Frost pflücken, da sich ihr herber Geschmack dann ein wenig verliert und ihre Haut etwas weicher wird.

Meist verwendet man die Früchte jedoch, um Schlehenschnaps herzustellen: Für diese Veredlung müssen Sie die Beerenhaut mit einer Nadel anritzen, der Beerenmenge die gleiche Menge Zucker zugeben (oder weniger Zucker, wenn der Schnaps nicht zu süß werden soll) und die Mischung in die Flasche geben. Füllen Sie diese nun mit Schnaps auf und lassen sie die Flüssigkeit zwei oder drei Monate ziehen. Gießen Sie den Schnaps ab und essen Sie die Beeren oder verwenden Sie sie für einen gedeckten Apfelkuchen. Anstatt die Haut der Beeren für die Schnapsherstellung anzuritzen, können Sie die Beeren auch einfrieren, damit ihre Haut spröde wird, und sie verwenden, sobald sie aufgetaut sind.

Der Schlehdorn ist eine weitverbreitete Wildpflanze und die Beeren sind auch eine begehrte Beute anderer Sammler.

Nüsse

Nüsse fallen von den Bäumen, wenn sie reif sind, werden dabei jedoch durch ihre harte Schale vor Schäden geschützt. Wenn Sie auf einen Nussbaum stoßen, lesen Sie so viele Nüsse wie möglich vom Boden auf.

Buchecker

Die Buche ist weitverbreitet und ihre Früchte, die Bucheckern, reifen im Frühherbst heran, allerdings nur alle drei oder vier Jahre. Im Regelfall enthält der bräunliche Fruchtbecher vier Bucheckern. Sie sind essbar, meistens werden sie jedoch zu Öl verarbeitet. Zermahlen Sie die Bucheckern in einer Kaffeemühle, geben Sie das Mahlgut in ein Presstuch und quetschen Sie dieses unter Verwendung eines schweren Gegenstands aus, sodass das Öl in eine Schüssel tropft.

Haselnuss

Die schmackhafte Haselnuss, auch als Zellernuss bekannt, wächst im Frühherbst an Sträuchern und Bäumen, die in Wäldern und Dickichten stehen.

Esskastanie

Die stacheligen grünen Fruchtbecher der Esskastanie, die jeweils bis zu drei Früchten enthalten, fallen im Herbst nach und nach von den Bäumen. Wie Bucheckern müssen auch Kastanien von dem Fruchtbecher befreit und geschält werden, und auch sie haben eine Innenhaut, die ihnen einen sehr bitteren Geschmack verleiht, sofern man sie nicht entfernt (was nicht einfach ist). Üblicher ist es, sie vor dem Verzehr zu garen und sie in Suppen, Füllungen oder Eintöpfen zu verwenden. Man kann sie aber auch in der Glut eines Feuers rösten oder püriert in Süßspeisen geben. Kandierte Kastanien sind recht teuer, wenn man sie kauft. Um sie selbst zu machen, muss man die geschälten Früchte zusammen mit Zucker und Traubenzucker wiederholt aufkochen und sie zwischen den Garvorgängen in diesem Zuckersirup lassen.

Walnuss

Wild kommt der Walnussbaum nur selten vor, aber es lohnt sich, Ausschau nach ihm zu halten. Die Walnüsse reifen in der Herbstmitte heran, aber man kann sie auch früher pflücken, um sie einzulegen und dann als Beilage zu Käse oder Aufschnitt zu essen. Reife Walnüsse lassen sich als Zutat in vielen süßen oder herzhaften Gerichten verwenden.

Walnüsse sind ein köstlicher Imbiss, aber auch eine schmackhafte Zutat für Kuchen, Brote, Füllungen und Salate.

Schalenobst
1 Buche
2 Esskastanie
3 Walnuss

Pilze

Sofern Sie beabsichtigen, Pilze zu sammeln, um sie zu verzehren, ist es unerlässlich, dass Sie sie bestimmen können. Dies lernt man am besten, indem man einen erfahrenen Pilzsammler begleitet. Erkundigen Sie sich nach geführten Pilzexkursionen, die z. B. von Naturkundevereinen durchgeführt werden.

Die meisten Pilze gedeihen am besten in Wäldern, insbesondere in Buchen- und Eichenwäldern, in denen der Boden reichlich mit Falllaub und folglich mit Humus bedeckt ist. Im Allgemeinen mögen Pilze es warm und feucht, Staunässe hingegen nicht. Obwohl einige essbare Sorten im Frühjahr sprießen, kann man die meisten im Herbst finden, und zwar in Hülle und Fülle, sofern der Sommer gut war und der Herbst feucht, aber nicht kalt ist.

Wiesenpilze

Die wichtigsten Ausnahmen von den Waldpilzen sind der Wiesenchampignon und der Schafchampignon (Weißer Anisegerling). Sie gehören zu den begehrtesten essbaren Wildpilzen und schmecken intensiver als ihre kultivierten Verwandten.

Beide wachsen auf Wiesen und Weiden. Der Schafchampignon gedeiht bevorzugt auf Flächen, auf denen häufig Pferde, aber auch Rinder gehalten werden. Sie sollten auf Wiesen in der Nähe von Kuhställen oder Pferdeunterständen und entlang von Reitwegen nach ihnen suchen. In einem guten Jahr schießen die Pilze von Spätsommer bis Spätherbst aus dem Boden. Häufig, wenn auch nicht immer, erscheinen sie Jahr für Jahr an derselben Stelle.

Sicherheitshinweise und Sammelregeln

Es gibt einige einfache, aber sehr wichtige Regeln, die man beim Pilze sammeln beachten sollte. Damit Ihnen nichts geschieht, sollten Sie diese befolgen. Insbesondere sollten Sie niemals etwas sammeln oder essen, das Sie nicht mit Sicherheit bestimmen können.

Pilze erntet man, indem man sie durch eine Drehbewegung am Stiel an der Basis löst. Nimmt man sie komplett aus dem Boden, ist das eigennützig, da hierdurch die ganze Pflanze vernichtet und ihr Nachwachsen verhindert wird. Schneiden Sie den Stiel nicht mit einem Messer durch, da die Stielbasis bei Pilzen oft ein sehr wichtiges Bestimmungsmerkmal ist.

Pilze sollte man an schönen, nicht an regnerischen Tagen sammeln. Wenn sie in feuchtem Zustand geerntet werden, verderben sie schnell. Legen Sie die gesammelten Pilze in ein offenes Behältnis – ein flacher Korb ist ideal, eine Plastiktüte hingegen nicht, da die Pilze darin sehr schnell faulen.

Die Pilze, die Sie sammeln, sollten reif sein, aber nicht so alt, dass sie schon in Fäulnis übergehen. Lassen Sie junge Pilze, deren Köpfe noch kugelig und geschlossen sind, stehen. Ihre Bestimmungsmerkmale sind noch nicht ausgeprägt und man kann giftige Arten leicht mit essbaren verwechseln.

Entscheiden Sie sich nur für Pilze, die einwandfrei aussehen, und verzichten Sie auf solche, deren Ränder ausgefranst sind oder die gerissen oder schleimig sind. Verlesen Sie die Pilze zu Hause noch einmal und schmeißen Sie verdächtige Exemplare weg. Alle Wildpilze müssen vor dem Verzehr gegart werden – essen Sie sie niemals roh. Außerdem sollten sie baldmöglichst nach dem Sammeln gegart oder getrocknet werden (s. S. 209). Zunächst muss man sie jedoch gründlich waschen.

Eine so große Menge essbarer Riesenschirmlinge auf dem Waldboden ist wirklich etwas Besonderes. Pilze gedeihen besonders prächtig in einem feuchten Herbst nach einem guten Sommer.

Speisepilze

Beschaffenheit und Geschmack aller nachstehend genannten Pilze sind sehr unterschiedlich. In den meisten Fällen ist es am besten, Pilze verschiedener Sorten zu sammeln und sie zusammen zu verwenden.

Wiesenchampignon *(Agaricus campestris)*
Er gedeiht auf feuchten Grasflächen, häufig in Form von Hexenringen.

Schafchampignon (Weißer Anisegerling)
(Agaricus arvensis)
Er wächst auf Weiden, auf denen Pferde, Rinder und Schafe gehalten werden, insbesondere in der Nähe von Kuhställen und Heuschobern oder entlang von Reitwegen.

Dünnfleischiger Anischampignon
(Agaricus silvicola)
Er ist auf feuchten Waldflächen zu finden.

Großer Riesenschirmling
(Macrolepiota procera)
Er gedeiht an Waldrändern und auf Waldlichtungen, seltener auf Wiesen. Sammeln Sie ihn, wenn sich der Hut zu öffnen beginnt, und werfen Sie den Stiel weg, er ist sehr zäh.

Austernseitling *(Pleurotus ostreatus)*
Er wächst an den Stämmen, Ästen und Stubben abgestorbener Bäume, insbesondere von Buchen. Er kommt während des ganzen Jahres vor, am häufigsten jedoch im Herbst und Winter. Sammeln Sie ihn, wenn er jung ist, und dünsten Sie ihn bei schwacher Hitze oder trocknen Sie ihn.

Echter Pfifferling *(Cantharellus cibarius)*
Er ist in Wäldern zu finden, insbesondere in Buchen- und Eichenwäldern. Dünsten Sie ihn bei schwacher Hitze in Milch.

Speisemorchel *(Morchella esculenta)*
Er wächst in Dickichten und Wäldern sowie an grasbewachsenen Ufern. Er gedeiht außerdem auf fruchtbaren, vegetationslosen Böden.

Steinpilz *(Boletus edulis)*
Er ist in Nadel- und Mischwäldern zu finden, insbesondere unter Fichten, Kiefern und Birken, und eignet sich gut zum Trocknen.

Maronenröhrling *(Xerocomus badius)*
Er wächst in Wäldern, insbesondere in Nadelwäldern und auf Flächen mit sauren Böden.

Steinpilze kommen überwiegend in Buchenwäldern vor, wo sie zwischen dem Herbstlaub allerdings nur schwierig auszumachen sind. Sie lassen sich gut trocknen.

Flockenstieliger Hexenröhrling
(Boletus erythropus)
In Wäldern zu finden, besonders unter Rotbuchen, Eichen und Fichten, und auf Flächen mit sauren Böden. Die blauen Verfärbungen an Schnitt- oder Druckstellen sind unerheblich.

Schopftintling *(Coprinus comatus)*
Er wächst an Wegrändern, gedüngten Wiesen und Äckern. Sammeln Sie ihn, wenn die Lamellen noch weiß sind, schmeißen Sie die Stiele weg und kratzen Sie die Schuppen vom Hut.

Speisepilze

1 *Wiesenchampignon*
2 *Schafchampignon*
  (Weißer Anisegerling)
3 *Großer Riesenschirmling*
4 *Austernseitling*
5 *Speisemorchel*
6 *Steinpilz*
7 *Schopftintling*
8 *Krause Glucke*
9 *Flaschenstäubling*

Wichtige Hinweise

Essen Sie nie einen Pilz, wenn Sie nicht hundert-prozentig wissen, dass es sich um einen Speisepilz handelt. Machen Sie nie die Geschmacksprobe aufs Exempel: Schon die kleinste Menge einer giftigen Pilzart kann tödlich sein. Gehen Sie keinerlei Risiko ein: Wenn Sie nicht absolut sicher sind, lassen Sie den Pilz stehen. Auch wenn Sie sicher sind, dass es sich um einen Speisepilz handelt, sollten Sie davon nur eine kleine Menge zu sich nehmen, wenn Sie ihn zum ersten Mal essen. Es könnte sein, dass Sie ihn nicht vertragen, auch wenn er anderen Personen bekommt.

Der Flaschenstäubling (links) schießt durch das dichte Falllaub aus dem Waldboden, er kommt aber auch auf Wiesen vor. Er ist ein Speisepilz und wird am besten dann gesammelt, wenn das Fleisch noch weiß ist.

Pilze

Beutelstäubling *(Calvatia excipuliformis)*
Er ist in Wäldern, an Wegrändern und auf Lichtungen zu finden. Essbar ist der junge Pilz, dessen Fleisch weiß und noch nicht gelblich verfärbt ist.

Flaschenstäubling *(Lycoperdon perlatum)*
Er gedeiht zahlreich in Laub und Nadelwäldern und sollte gesammelt werden, solange das Fleisch noch weiß ist.

Krause Glucke *(Sparassis crispa)* Sie wächst unter Kiefern, Fichten, Lärchen und Tannen, auch auf ihren Stümpfen, und sollte jung und gut gewaschen verzehrt werden.

Semmelstoppelpilz *(Hydnum repandum)*
Er ist in Wäldern und auf Kalkböden zu finden und hat einen angenehmen Geschmack, nach längerem Kauen schmeckt er schärflich.

Lilastiel-Rötelritterling *(Lepista personata)*
Er wächst auf Wiesen und anderen Grasflächen und ist gut zum Einfrieren geeignet.

Violetter Rötelritterling *(Lepista nuda)*
Im Laub- oder Nadelhumus der Wälder zu finden. Sammeln Sie ihn, wenn die Unterseite und der Stiel violett gefärbt sind.

Gelber Graustieltäubling *(Russula claroflava)* Er wächst auf feuchten Flächen unter Birken und Erlen.

Speisetäubling *(Russula vesca)* In Laub- und Mischwäldern zu finden, insbesondere unter Eichen und Rotbuchen.

Purpurschwarzer Täubling *(Russula atropurpurea)* In Laub- und Mischwäldern zu finden, insbesondere unter Rotbuchen und Eichen.

Der Grüne Knollenblätterpilz zählt zu den giftigsten Pilzen.

Giftpilze

Machen Sie sich mit diesen Pilzen vertraut, damit Sie die Speisepilze nicht mit ihnen verwechseln.

Grüner Knollenblätterpilz *(Amanita phalloides)* In Wäldern, insbesondere unter Eichen und Buchen, zu finden.

Kegelhütiger Knollenblätterpilz *(Amanita virosa)* Er wächst im Laub- und Nadelwald, ist aber seltener als der Grüne Knollenblätterpilz.

Fliegenpilz *(Amanita muscaria)* Auf saurem Boden, besonders unter Birken und Fichten zu finden.

Pantherpilz *(Amanita pantherina)* Er liebt sandige Böden (Wälder, Heideflächen, Wiesen).

Weißer Knollenblätterpilz *(Amanita phalloides var. verna)* In Laubwäldern zu finden, oft unter Eichen.

Kahler Krempling *(Paxillus involutus)* Im Laub- und Nadelwald sehr häufig.

Kegeliger Risspilz *(Inocybe fastigiata)*
Häufig zu finden, im Wald und auf Wiesen.

Ziegelroter Risspilz *(Inocybe erubescens)*
Er liebt Kalkböden und ist in Wäldern, an Wegrändern und auf Wiesen zu finden.

Feldtrichterling *(Clitocybe rivulosa)* Auf Weiden, Feldern und an Wegrändern.

Bleiweißer Trichterling *(Clitocybe phyllophila)* In Laub- und Nadelwäldern zu finden.

Riesenrötling *(Entoloma sinuatum)* Er ist in Laubwäldern zu finden. Er gedeiht besonders auf Lehm- und Kalkböden.

Grünblättriger Schwefelkopf *(Hypholoma fasciculare)* Er wächst an totem Laub- und Nadelholz und kommt sehr häufig vor.

Satansröhrling *(Boletus satanas)* Er liebt Kalkböden und wächst im Laubwald, besonders unter Rotbuchen und Eichen.

Karbolchampignon *(Agaricus xanthoderma)*
Er kommt häufig in Wäldern und auf Wiesen vor.

Giftpilze

1 Grüner Knollenblätterpilz
2 Kegelhütiger Knollenblätterpilz
3 Fliegenpilz
4 Pantherpilz
5 Kegeliger Risspilz
6 Ziegelroter Risspilz
7 Feldtrichterling
8 Bleiweißer Trichterling
9 Satansröhrling
10 Kahler Krempling
11 Grünblättriger Schwefelkopf
12 Riesenrötling
13 Karbolchampignon

Fischen und Angeln

Mit dem Fischen von Meeres- und Süßwasserfischen kann man die Speisekarte bereichern und Spaß macht es obendrein – allerdings ist hiermit nur selten für eine verlässliche Versorgung während des ganzen Jahres gesorgt.

Wenn Sie in Deutschland fischen wollen, brauchen Sie grundsätzlich einen Fischereischein. Voraussetzung ist eine bestandene Fischerprüfung. Eine weitere Bedingung ist ein Gewässerschein, wo auch immer Sie fischen bzw. angeln wollen. Wichtig ist auch zu wissen, dass Fischerei eine Sache des Bundeslandes ist, die detaillierten Regelungen also variieren. Erkundigen Sie sich hierfür bei der Gemeindebehörde oder beim Ordnungsamt.

Das Meeresfischen

Meeresfische lassen sich von der Küste aus oder auf dem Meer von einem Boot aus fangen. Achten Sie auf die Hinweise der Küstenwache, wenn die Wetteraussichten schlecht sind. Kleine Boote können bei rauer See leicht kentern.

Das Brandungsfischen

Sie müssen nicht in See stechen, um Meeresfische zu fangen. Mit ein wenig Geduld können Sie viele Fische, Krebse und Muscheln fangen, ohne die Küste oder den Strand je zu verlassen.

Ist die Küste felsig, können Sie die Gezeitentümpel bei Ebbe absuchen und einzelne Felsbrocken umdrehen: Mit ein wenig Glück finden Sie genug Garnelen und Krebse, um einige Eimer damit zu füllen.

Garnelen sind überwiegend an felsigen Küstensäumen zu finden. Man kann sie auch fangen, indem man vom Felsen aus ein Netz mit einer weiten Öffnung an einer Stelle ins Wasser lässt, an der dieses eine Tiefe von etwa 1,2 – 1,5 m hat. Tauchen Sie das Netz so ins Wasser, dass es gerade eben bedeckt ist, und lassen Sie es

fünf bis zehn Minuten dort. Wenn Sie einen alten Fisch als Köder verwenden, erhöhen sich Ihre Chancen auf einen guten Fang.

Das Fischen mit der Handleine

Berufsfischer fischen u. a. auch mit der so genannten Hand- oder Langleine. Diese wird am Strand während der Ebbe ausgelegt und ihre Enden gesichert und zur Verankerung im Sand vergraben. Entlang der gesamten Handleine sind kurze Seitenarme (Länge: ca. 15 – 25 cm) angebracht, deren Enden mit beköderten Haken versehen sind. Die Flut bringt eine Reihe

Sicher ist der Erfolg nicht, aber das Brandungsangeln am frühen Morgen eines schönen Tages bereitet dennoch Vergnügen.

von Fischen mit, die dann – hoffentlich – anbeißen. Bei Ebbe wird die Handleine kontrolliert, und häufig findet man viele Fische daran. In Gegenden, in denen es viele Krabben gibt, die die Köder fressen könnten, sollte man an den Schnüren kleine Korken befestigen, damit die Köder ein wenig Auftrieb bekommen, wenn die Flut kommt, und sie für die Krabben unerreichbar sind.

Köder

Als Köder kann man alle Arten von Fisch verwenden, traditionell nimmt man jedoch Wattwürmer. Hierfür müssen Sie die Tiere bei Ebbe ausgraben. Halten Sie nach den typischen Kotschnüren Ausschau, sie markieren den Ausgang der Röhre. Entweder graben Sie etwas entfernt davon am Röhreneingang oder, noch besser, Sie suchen einen Strandabschnitt, der übersät ist mit Kotschnüren und graben einfach drauflos. Es gibt zwei Arten von Wattwürmern: den Gewöhnlichen und den Schwarzen Wattwurm. Ein besserer Köder ist letzterer, denn er ist größer und die Fische fressen ihn lieber, aber er ist auch schwerer zu finden. Sie müssen beim Graben rasch reagieren, denn Wattwürmer sind blitzschnell wieder im Sand verschwunden.

Brandungsangeln

Wenn Sie viel Zeit haben, sollten Sie das Brandungsangeln versuchen und die Angel bei Flut auswerfen. Wie lang die Schnur hierfür sein muss, hängt vom Meeresboden ab und davon, ob sie schnell absinkt. An einem normalen Strand dürften Sie jedoch eine Schnur mit einer Länge von mindestens 50 m benötigen, was bedeutet, dass Sie ein erfahrener Angler sein müssen. Versehen Sie die Schnur mit mehreren an Seitenarmen befestigten Haken. Wenn Sie noch mehr Haken verwenden, benötigen Sie eine mechanische Winde, um die Schnur einzuholen.

Hummerfallen

Diese korbartigen Fallen sind eigens so konstruiert, dass Hummer und Krabben in sie hinein- aber nicht wieder hinausgelangen können. Zumeist werden sie etwa 10 m entfernt vom Boot ausgebracht. Sie können aber auch ins Wasser waten und die Fallen näher an der Küste an Wracks, Felsen oder aber in Mündungen positionieren, in denen Hummer und Krabben vorkommen. Beschweren Sie die Fallen mit einem Gewicht, damit sie auf dem Meeresboden bleiben, und markieren Sie ihre Position mit einer Boje. Kontrollieren Sie die Fallen regelmäßig, um den Fang aus ihnen zu entfernen.

Das Fischen vom Boot aus

Wenn Sie ein kleines Boot haben, ergeben sich weitere Möglichkeiten zum Fischen. Aber denken Sie daran, dass es leichtsinnig ist, sich über 1 km von der Küste zu entfernen, da Sie den sicheren Hafen sonst vielleicht nicht wieder erreichen, wenn das Wetter schnell umschlägt. So weit hinaus sollten Sie sich jedenfalls nur bei gutem Wetter wagen.

Gewerbliche Hummerfischer arbeiten mit einer großen Zahl von Hummerfallen im tiefen Wasser. Mit ein wenig Glück können aber auch Sie Krabben oder sogar einen Hummer fangen, wenn Sie nur ein paar Hummerfallen in viel niedrigerem Wasser in der Nähe der Küste ausbringen.

Wer küstennah fischen möchten, sollten herausfinden, wo sich die Fische aufhalten, sodass die Erfolgschancen möglichst groß sind. Fragen Sie erfahrene Fischer oder untersuchen Sie den Meeresboden bei Ebbe: Stellen, an denen sich die Fische sammeln, wenn sie sich in Küstennähe begeben, sind z. B. Wasserrinnen oder Stellen, an denen Felsen zutage treten, sodass Sie das Boot über diese positionieren sollten.

Es gibt verschiedene Methoden des Fischens vom Boot aus – welche Sie wählen, hängt von Ihrer Ausrüstung ab und davon, ob Sie Grundfische (z. B. Scholle, Seezunge, Kliesche oder Flunder) fangen möchten oder Fische, die sich eher in mittlerer Wassertiefe aufhalten, etwa Barsch, Makrele und Pollack.

Hochseeangeln

Wenn Sie eine Angel verwenden, ist es besser, einen Köder anstatt einer Fliege zu benutzen. Um Grundfische zu angeln, verankern Sie das Boot und versehen die Schnur mit einem Gewicht, sodass der Köder am Grund bleibt. Wenn Sie Fische in mittlerer Wassertiefe angeln möchten, lassen Sie das Boot treiben, sodass es sich sanft mit der Gezeitenströmung bewegt. Sie sollten mit der Schnur spielen und sie sanft bewegen, um die Fische durch den hin- und hertanzenden Köder anzulocken.

Um die Erfolgschancen zu erhöhen, kann die Schnur mit mehreren Seitenarmen bestückt sein, an denen Haken befestigt sind. Sobald Sie spüren, dass ein Fisch angebissen hat, holen Sie die Schnur ein. Wenn Ihr Boot z. B. durch einen Makrelenschwarm gefahren ist, kann es sein, dass sich an jedem Haken ein Fisch befindet. Wenn Sie schnell sind und das Boot einen kleinen Außenbordmotor hat, kann die Zeit ausreichen, um das Boot zu wenden und es noch einmal durch den Schwarm zu steuern.

Angler, die am Grund fischen möchten, helfen ein bisschen nach, um einen dicken Fisch zu fangen: Sie befestigen am Anker einen sogenannten Rubby-Dubby, einen Netzbeutel gefüllt mit Fischinnereien, aus dem ein Saft in das Wasser austritt und den Fisch anzieht.

Süßwasserfische

Wie oft Frischwasserfische Ihren Speisezettel bereichern, hängt davon ab, wo Sie leben und wie wahrscheinlich es ist, dass Sie so häufig angeln gehen, dass es sich lohnt, den Fischereischein zu machen und den jeweiligen Gewässerschein zu beantragen.

Auch an Flüssen, Seen und Stauseen dürfen Sie nur fischen, wenn Sie über einen Fischereischein (nach bestandener Prüfung) und einen Gewässerschein verfügen. Diese werden zumeist von der örtlichen Fischereibehörde ausgestellt. Ist das Gewässer aber in Privateigentum, muss die Erlaubnis des Eigentümers eingeholt werden. Außerdem gibt es Schonzeiten für Süßwasserfische.

Es gibt unzählige Arten von Süßwasserfischen, von denen viele essbar sind. Die wichtigsten, auch bei Sportanglern sehr begehrten Fische sind Lachs, Meerforelle und andere Forellenarten; des Weiteren sind als Speisefische Brasse, Karpfen, Barsch, Hecht, Rotauge, Seesaibling, Barbe, Döbel, Gründling, Schleie, Äsche und Aal zu nennen.

Das Fangen von Forellen ohne Hilfsmittel

Erfahrene Fänger können ohne jegliches Hilfsmittel einen Fisch nach dem anderen an Land ziehen. Das geht so: Man taucht die Hände vorsichtig in einen Forellenbach und bewegt leicht die Finger. Wenn die Forelle über die Hände schwimmt, fährt man mit dieser leichten Bewegung fort und krault sie am Bauch, um sie dann blitzschnell mit den Händen zu umfassen und ans Ufer zu werfen.

Das Erkennen der besten Stellen

Wenn Sie lernen zu erkennen, wo die Fische stehen, ist es wahrscheinlicher, dass Sie welche fangen. Brassen z. B. schwimmen bevorzugt in Schwärmen und verraten sich dadurch, dass sie den Schlamm vom Grund aufwühlen, was einen ansonsten klaren Fluss an manchen

Beim Angeln ist es sinnvoll, auch einen Kescher dabei zu haben, um die großen Fische anzulanden, ohne sie zu verletzen. Außerdem brauchen Sie einen Setzkescher, d. h. ein langes, röhrenförmiges Netz, das Sie am Ufer anpflocken und in dem Sie die gefangenen Fische hältern, während Sie weiter fischen.

Stellen trübt. Der Hecht hingegen ist ein Lauerräuber: Er wartet häufig an den tiefen Wasserstellen von Röhrichtzonen auf seine Beute. Sollten Sie in der Tat einen Hecht fangen, so verliert er seinen eher modrigen Geschmack, wenn Sie ihn in Essigwasser einlegen.

Fische lassen sich durch alle möglichen Köder anlocken: Würmer, Maden, Schnecken und sogar Käsestücke, Brot und Kartoffeln. Fragen Sie stets bei der zuständigen Behörde oder dem Eigentümer des Gewässers nach, an dem Sie angeln wollen. Es kann sein, dass lebende Köder nicht gestattet sind und Sie stattdessen künstliche Fliegen oder Köder verwenden müssen.

Die Verwendung von Keschern

Beim Angeln ist es sinnvoll, auch einen Kescher dabeizuhaben, um die großen Fische anzulanden. Außerdem brauchen Sie einen Setzkescher, d. h. ein langes, röhrenförmiges Netz, das Sie am Ufer anpflocken und in dem Sie die gefangenen Fische hältern, während Sie weiterfischen.

Ein guter Fang

Welche Fische man fangen kann, hängt davon ab, wo und zu welcher Jahreszeit Sie fischen und wie die Witterungsbedingungen, die Wassertemperatur usw. sind. Wittlinge kann man das ganze Jahr über fischen, besonders reichlich kommen sie jedoch im Winter vor. Seeäsche und Seezunge kann man ebenfalls das ganze Jahr über fischen, wenn auch die Seezunge überwiegend nachtaktiv ist, sodass sie tagsüber schwierig zu fangen ist. Nicht alle Fische, die Sie fangen, dürften nach Ihrem Geschmack sein, aber es lohnt sich, sie wenigstens einmal zu probieren.

Schmackhaftes von der Küste

Krebse und Muscheln leben auf den Felsen oder in den sandigen oder felsigen Gezeitentümpeln am Wasserrand. Sie lassen sich leicht sammeln, ohne dass man dafür eigens eine Ausrüstung braucht. Allerdings benötigen Sie auch hierfür einen gültigen Fischereischein. In Meeresnähe findet man außerdem viele essbare Pflanzen.

Zur richtigen Zeit am richtigen Ort: Nach den meisten Krebstieren und Muscheln hält man am besten in felsigen Gezeitentümpeln bei nahender Ebbe Ausschau. Sobald das Wasser zurückgewichen ist, klammern sie sich an den Felsen fest und sind kaum von diesen zu lösen.

Weichtiere

Genießen Sie Krebstiere und insbesondere Muscheln stets mit Vorsicht, da sie in dem Ruf stehen, Lebensmittelvergiftungen hervorzurufen – was aber im Großen und Ganzen nicht zutrifft. Sie ernähren sich, indem sie Wasser durch die Kiemen pumpen und hierbei Nahrungspartikel herausfiltern; Bakterien aus dem Wasser werden ebenfalls zurückbehalten. Daher sollten Weichtiere nie in der Nähe von Abwasserrohren oder anderen möglicherweise verschmutzten Stellen gesammelt werden, sondern nur an sauberen Gewässerabschnitten.

Weichtiere sollte man nicht während der warmen Sommermonate sammeln, da dann Laichzeit ist, die Tiere zwangsläufig nicht im besten Zustand sind und aufgrund der wärmeren Wassertemperatur eine erhöhte Gefahr der Vermehrung gefährlicher Bakterien besteht.

In Bezug auf Krebse und Muscheln jeglicher Art ist ferner unbedingt darauf hinzuweisen, dass sie sehr schnell verderben. Sammeln Sie niemals tote Tiere (was man daran erkennt, dass die Schale geöffnet ist oder dass sich das Tier leicht vom felsigen Untergrund lösen lässt). Sie sollten zum Zeitpunkt des Garens lebendig

sein, und das Garen sollte baldmöglichst nach dem Sammeln erfolgen. Zuvor müssen sie sehr gut gereinigt werden.

Herzmuscheln

Diese kleinen Weichtiere leben nur flach eingegraben in den Sand- und Schlickböden vom Gezeitenbereich sowie in Flussmündungen. Man erkennt sie an den engen, mit Schlamm gefüllten, rippenartigen Verstärkungen der Schalen, die sich vom Sand abheben, oder anhand der Tatsache, dass der betreffende Bereich ein wenig dunkler oder schlammiger als die Umgebung aussieht.

Im Regelfall findet man eine ganze Reihe von Herzmuscheln auf einem Fleck. Man gräbt sie mit den Händen oder unter Verwendung eines stumpfen Rechens aus und legt sie behutsam in einen Eimer oder Beutel. Reinigen Sie die Herzmuscheln von Schlamm und Sand und legen Sie sie mehrere Stunden in eine Schüssel mit sauberem Salzwasser. Sie filtern das Wasser durch ihre Schalen und reinigen sich so von Sand und anderen Abfallstoffen.

Garen Sie die Muscheln dann in einem Topf mit wenig Wasser bei geringer Hitze und schütteln Sie sie, bis sich die Schalen öffnen. Schneiden Sie das Fleisch heraus und verwenden Sie es in Fischsalaten, -suppen, -eintöpfen oder -soßen.

Sandklaffmuscheln

Man findet sie im schlammigen Sand, den die Gezeiten anspülen. Sie zählen zu den größten Weichtieren und leben recht tief unter der Oberfläche, sodass man sie ausgraben muss.

Sandklaffmuscheln kann man roh verzehren, aber häufig ist es schwierig, sie zu öffnen. Führen Sie ein scharfes Messer (vorzugsweise ein Austernmesser) zwischen den Schalen am Scharnier ein und drehen Sie es. Schneiden Sie den fleischigen Sipho (das lange röhrenartige Organ) heraus und schmeißen Sie ihn weg. Die Sandklaffmuschel kann auch dazu gebracht werden, sich zu öffnen, indem man sie bei mittlerer Temperatur in einen Stieltopf gibt und einige Minuten schüttelt.

Sie müssen fünf bis zehn Minuten lang gekocht werden. Anschließend werden die Schalen entfernt. Sie können Sie so verzehren, braten oder sie Suppen, Eintöpfen oder Soßen zugeben. In diesem Fall müssen die Muscheln bei schwacher Hitze ein wenig länger gegart werden, damit sie zart sind.

Napfschnecken

Sie haben lediglich einen schüsselförmigen Napf und leben festgeklammert auf Felsen, an Landungsstegen und Piers sowie anderen in Wasser gebauten Konstruktionen. Man sollte sie jedoch ausschließlich auf sauberen Felsen sammeln, die täglich von der Flut gereinigt werden. Lösen Sie sie mit einem Messer ab und behandeln Sie sie wie Herzmuscheln. Napfschnecken müssen vor dem Garen gewässert werden und dann lange bei schwacher Hitze köcheln, damit sie nicht zäh sind.

Miesmuscheln

Man findet sie auf Felsen in der Nähe von Mündungsgebieten und an der Küste. Da sie anfällig für Verunreinigungen sind, muss man besonders darauf achten, sie nur an sauberen Stellen zu sammeln. Nehmen Sie ausschließlich Miesmuscheln von niedrigen Felsen, die täglich vom Flutwasser überspült werden. Werfen Sie alle Muscheln mit zerbrochenen Schalen weg und auch diejenigen, die nicht sofort ihre Schalen verschließen, wenn darauf geklopft wird.

Bürsten Sie die Muscheln und wässern Sie sie fünf bis sechs Stunden in kaltem Wasser, vorzugsweise unter Zugabe einer Handvoll Hafermehl. Die Miesmuscheln ernähren sich hiervon und scheiden die unverdaulichen Reste wieder in die Schalen aus. Werfen Sie alle Exemplare weg, die sich währenddessen öffnen oder an die Oberfläche schwimmen. Dünsten Sie die verbleibenden Muscheln bei niedriger Hitze (wie Herzmuscheln) oder bereiten Sie sie im Backofen zu.

Austern

Wildaustern zu finden wird immer schwieriger – der Großteil der Austern wird in Aquakultur gezüchtet. Falls Sie welche finden, sollten Sie

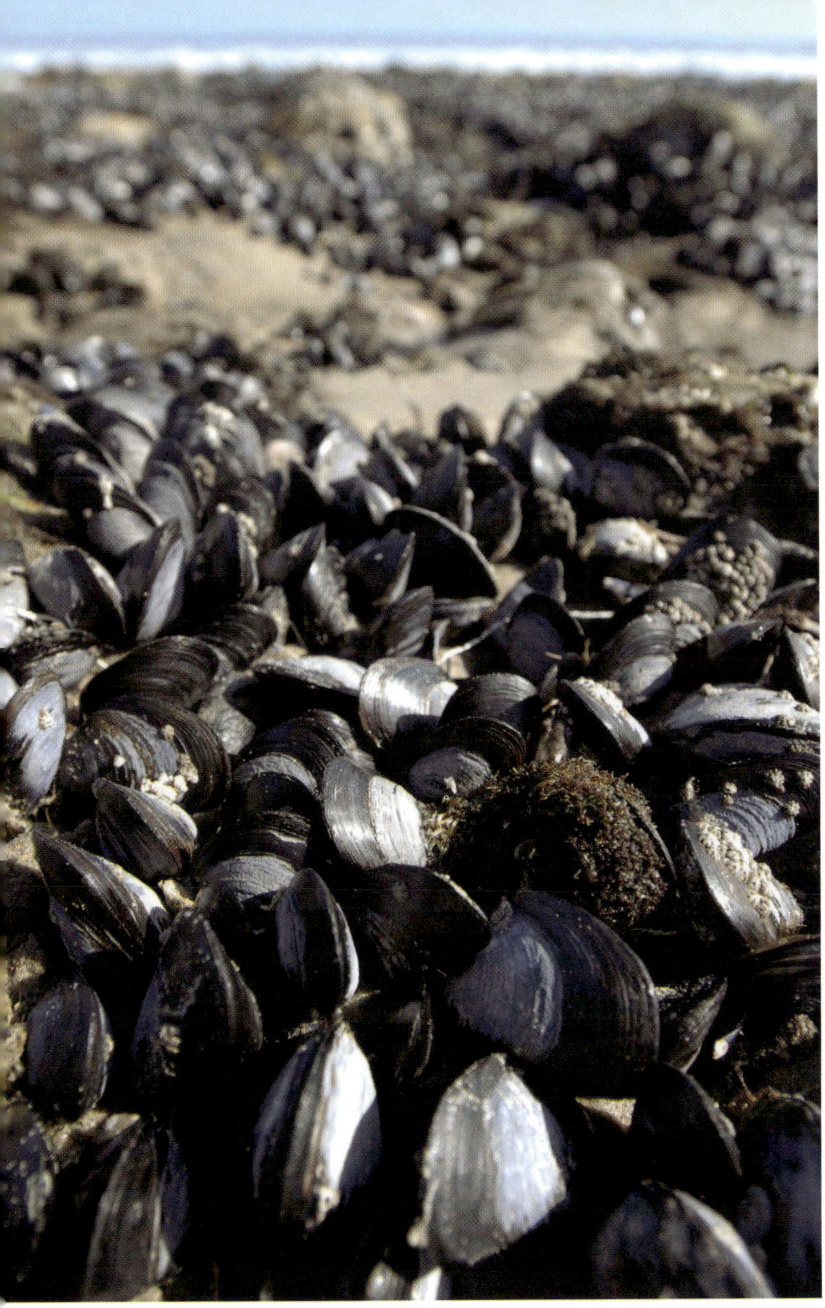

Miesmuscheln sollte man nur an nicht verschmutzten Stellen sammeln. Werfen Sie alle Exemplare weg, die offen sind oder sich während des Wässerns vor dem Garen öffnen.

trotz Begeisterung genau hinsehen: Befinden sich die Austern in einem verschmutzten Gewässer, lassen Sie sie, wo sie sind.

Austern leben im flachen Wasser, oft in der Nähe von oder an Felsen und Steinen. Um sie zu verzehren, müssen Sie mit einem scharfen, stabilen Messer in das Scharnier der Auster eindringen und die Schalen durch Drehen des Messers aufspreizen. Geben Sie Zitronensaft über das Fleisch der Auster und schlürfen Sie sie. Austern lassen sich auch für Gerichte mit anderen Krebstieren und Muscheln verwenden.

Strandschnecken

Viele Menschen halten es für zu mühsam, diese winzigen Tiere mit einer Nadel aus ihrem Gehäuse herauszupicken. Nichtsdestoweniger sind sie ein kostenloses Lebensmittel. Man findet sie zwischen den Meeresalgen, die an den Felsen im mittleren und unteren Abschnitt der Gezeitenzone wachsen. Man spült sie ab und wässert sie in kaltem Wasser. Bevor sie aus dem Gehäuse genommen werden, gart man sie etwa 10 Minuten lang in kochendem Wasser.

Küstenpflanzen und Meeresalgen

Einige Küstenpflanzen und Meeresalgen sind essbar und wohlschmeckend. Sie eignen sich insbesondere als Beigabe zu den Fischen, Krebstieren und Muscheln, mit denen sie zusammenwachsen.

Meeresalgen sind reich an Eisen und Mineralstoffen. Sie werden häufig mit ebenso viel Misstrauen betrachtet wie Pilze, können aber wie diese ein schmackhaftes Mahl liefern. Meeresalgen müssen vor dem Garen sehr gründlich unter fließendem, kaltem Wasser gereinigt werden, da sie meist salzig und sandig sind.

Meerfenchel

Diese wohlschmeckende Pflanze ist nicht ganz einfach zu sammeln, da sie an Klippenwänden wächst, aber sie ist der Mühe wert. Sie finden sie auch am Küstensaum zwischen dem Kies und den Felsbrocken, sodass Sie nicht auf Felsen klettern müssen. Nach dem Pflücken die Blätter wie anderes Grüngemüse garen oder bei niedriger Temperatur in Butter braten.

Wildrüben

Die Wildrübe, auch Wildbete genannt, ist an den Küsten weitverbreitet und wächst dort sogar auf Kies. Die Blätter kann man wie die des Kulturspinats pflücken und zubereiten.

Weißer Meerkohl

Der Weiße Meerkohl ist eine weitere Pflanze, die auf Sand- oder Kiesstränden wächst.

Pflücken Sie die großen Blätter und streifen Sie diese ab, sodass die Stängel übrig bleiben. Garen Sie sie und servieren Sie sie mit zerlassener Butter.

Portulak-Keilmelde

Diese auch Strand-Salzmelde genannte Pflanze wächst bevorzugt auf den salzigen Böden der Marschen nahe der Küste. Die Blätter kann man als Zutat in Salaten verwenden.

Knorpeltang oder Irländisches Moos

Die violettroten Wedel dieser Rotalge können bei sehr starker Sonneneinwirkung eine grüne Farbe annehmen. Man findet sie in seichten Tümpeln, in denen sie sich an Felsen oder Steine klammert. Sammeln Sie junge Pflanzen, waschen Sie diese gut und garen Sie sie schonend bei geringer Hitze in einem Verhältnis von einem Teil Tang zu drei Teilen Milch oder Wasser unter Zugabe von Zucker für den Geschmack. Nachdem sich der Tang aufgelöst hat, wird das Gemisch passiert und gewürzt, um daraus ein Flammeri oder ein Gelee herzustellen. Die Mischung wird fest, wenn sie abgekühlt ist. Um das Ganze als Gelatine verwenden zu können, läutern Sie die Masse und stellen sie zum Trocknen in die Sonne.

Lappentang

Die fächerförmigen Wedel des Lappentangs wachsen in seichten Gewässern oder an Felsen im unteren Abschnitt der Gezeitenzone. Werfen Sie die älteren Pflanzenteile nach dem Pflücken weg, da diese oft zu zäh sind. Die jüngeren Pflanzenteile sind zarter und man kann sie roh Salaten zugeben oder als Grüngemüse garen.

Knoten- und Fingertang

Sie wachsen an Küsten im Bereich des Niedrigwassers, insbesondere dort, wo es Felsen gibt. Beide eignen sich wie der Knorpeltang zur Herstellung von pflanzlicher Gelatine und werden zu diesem Zweck wie dieser verarbeitet. Sie können außerdem roh in Salaten verwendet werden.

Purpurtang

Der Purpurtang ist eine der am häufigsten verwendeten Meeresalgen. Seine violettgrünen Wedel, die eine schwarze Farbe annehmen, wenn sie trocken sind, wachsen auf allen Arten von Steinen und Felsen, insbesondere auf solchen, die von Sand bedeckt werden. Am häufigsten wird er für das sogenannte Laverbread verwendet, ein köstliches walisisches Frühstücksgericht: Der Tang wird gründlich gewaschen und dann bei geringer Hitze gegart, bis er breiig ist. Fängt er während des Garens an zu kleben, muss man das Wasser wechseln. Die püreeartige Masse wird in Hafermehl gewälzt und mit Schinkenspeck gebraten, kann aber auch als Soße zu Lammfleisch gereicht werden.

Meerlattich

Die Alge mit ihren leuchtend grünen Wedeln kommt in allen Küstenzonen vor. Manchmal findet man sie im seichten Wasser oder felsigen Tümpeln schwebend, manchmal an Steinen oder Felsen haftend. Sie lässt sich wie ein Grüngemüse waschen und zubereiten.

Bei Ebbe kommen oft viele essbare Küstenpflanzen zutage, z. B. der Meerlattich (links) und andere Meeresalgen. Vor der Zubereitung müssen sie auf jeden Fall gründlich gewaschen werden, um das Salz und den Sand zu entfernen.

Essbares aus der Natur

Jagen und Schießen

In Deutschland gilt grundsätzlich das Reviersystem, was bedeutet, dass der Grundstückseigentümer nicht berechtigt ist, auf seiner Grundstücksfläche die Jagd auszuüben. Die Jagd wird entweder in verpachteten Jagdgenossenschaftsbezirken oder in verpachteten bzw. selbst bejagten Eigenjagdbezirken ausgeübt.

Ein Eigenjagdbezirk muss in Deutschland nach dem Bundesjagdgesetz eine Größe von mindestens 75 ha zusammenhängender Fläche haben und von der Behörde als eigenständiges Jagdrevier extra ausgewiesen sein. Ansonsten sind sämtliche Grundstückseigentümer mit ihren Flächen Zwangsmitglieder in der örtlichen Jagdgenossenschaft. Diese verpachtet die Jagdausübung an Berechtigte; berechtigt sind Personen, die eine Jägerprüfung erfolgreich absolviert und mindestens drei Jagdscheine gelöst haben.

Grundsätzlich ist in Deutschland jedes Wildtier »herrenlos«. Nur der Jagdausübungsberechtigte hat ein Aneignungsrecht für das erlegte Wild. Für Verbraucher ohne Jagdschein und eigenes Revier scheidet daher die Selbstversorgung mit Wildbret in der Regel aus. Allerdings kann man bei den örtlichen Jagdausübungsberechtigten und den Forstämtern frisches heimisches Wildbret käuflich erwerben.

Beim Wild wird zwischen Hochwild (Elchwild, Rotwild, Damwild, Sikawild, Schwarzwild und Auerwild) und Niederwild (sämtliche übrigen bejagbaren Wildarten) unterschieden. Für jede Wildart gilt eine gesonderte Schonzeit. Einige (z. B. Raufußhühner, Gänse und Rebhühner) sind ganzjährig geschont.

Die Wildverwertung und -verarbeitung unterliegen strengen hygienischen Vorschriften. Dabei ist das erlegte Wild schnellstmöglich auf mindestens 5 °C herunterzukühlen. Die Kühlkette sollte bis zur Verwertung im Haushalt nicht unterbrochen werden.

Wildkaninchen

Wildkaninchen kommen gewöhnlich in allen Lebensräumen vor, in denen Wildtiere leben. Da die Kaninchenseuche Myxomatose noch vereinzelt auftritt, sollte man erlegte Kaninchen hierauf untersuchen, bevor man sie zum Verzehr freigibt. Die Augen weisen bei Befall typische Anzeichen auf: Bei einem erkrankten Kaninchen sind sie geschwollen und entzündet, zeigen löwenkopfartige Ausstülpungen. Mit Myxomatose befallene Kaninchen dürfen nicht in den Wildfleischhandel gelangen.

Erlegte gesunde Kaninchen sollten so bald wie möglich nach dem Töten ausgenommen (ausgeweidet) werden; andernfalls verdirbt das Fleisch. Obwohl teilweise die Meinung herrscht, dass das Fleisch von Kaninchen nicht abhängen muss wie das Wildbret anderer Wildtiere, werden Sie feststellen, dass auch dieses Fleisch

Fasane lassen sich leicht erlegen. Eine gute Möglichkeit zur Bereicherung des Speisezettels ist die Teilnahme an einer Fasanenjagd während der Jagdsaison.

besser schmeckt, wenn man es vor der Zubereitung einige Tage reifen (abhängen) lässt.

Federwild

Die Landwirtschaft vernichtet mit ihren modernen Verfahren, z. B. mit dem Ausbringen von Pflanzenschutzmitteln, vielfach die bevorzugte Futtergrundlage des Federwilds. Daher kommen die jagbaren Tiere bei uns nur noch in reduzierter Zahl in der freien Natur vor. Viele werden vielmehr in speziellen Zuchtbetrieben aufgezogen und kommen dann in den Handel.

Schmackhaftes von der Küste • Jagen und Schießen

Brennholz

Leider ist nur sehr wenig gutes Brenn-holz kostenlos erhältlich. Alle Wald-flächen gehören jemandem und Sie müssen den Eigentümer um Erlaubnis fragen – selbst wenn Sie nur Anfeuer-holz vom Waldboden auflesen.

Wenn Sie die Möglichkeit haben, Anfeuerholz zu sammeln, sollten Sie daran denken, dass hiermit in der Tat kleine Stücke toter Zweige und Äste gemeint sind, die zu Boden gefallen sind. Keinesfalls sollten Sie Äste von lebenden Bäumen abreißen.

Mit diesen kleinen, toten Ästen kann man schneller und besser ein Feuer entfachen als mit Brennholz, das klein gehackt wurde. Wenn Sie vor Ort die Möglichkeit zum Sammeln toter Zweige und Äste haben, geht das viel schneller, als alte Holzkisten klein zu hacken oder einen großen Holzstamm zu spalten.

Brennholzgewinnung

Die einzigen Bäume, die Sie zur Brennholz-gewinnung fällen dürfen, sind die im eigenen Garten. Aber selbst in diesem Fall sollten Sie bei den örtlichen Behörden nachfragen, ob Sie dies wirklich dürfen und nicht gegen irgend-eine Baumschutz- oder andere Ortssatzung verstoßen.

Falls Sie in der glücklichen Lage sind, dass Ihnen ein Stück Wald gehört, so kann gesetzlich geregelt sein, wie viel Holz Sie pro Jahr ein-schlagen dürfen. Der Einschlag kann regional und zeitlich beschränkt sein. Daher sollten Sie mit der örtlichen Behörde oder dem Forstamt sprechen, bevor Sie beginnen.

Bäume fällen

Das Fällen eines Baumes ist einfach, wenn man weiß, wie es geht, andernfalls aber extrem gefährlich. Holen Sie sich Rat bei einem Fachmann und beobachten Sie die-sen bei der Arbeit, bevor Sie es selbst ver-suchen.

Im Idealfall steht ein völlig senkrecht gewachse-ner Baum auf freier Fläche, sodass er ungehin-dert zu Boden fallen kann. Bevor Sie beginnen, müssen Sie unbedingt festlegen, in welche Richtung der Baum fallen soll, und sich über-legen, wie Sie ihm ausweichen, wenn er doch in die entgegengesetzte Richtung fällt.

Selbst wenn Sie wissen, wie das Baumfällen geht, ist es vernünftig, sich Rat zu holen, sofern der Baum nicht unter perfekten Bedingungen gefällt werden kann. Das heißt unter anderem auch, wenn es sich um einen sehr großen Baum handelt, der Baum stark zu einer Seite geneigt ist, er in der Nähe zu einem tiefen Graben steht, ein Leitungsmast oder andere Bäume in der Nähe sind oder wenn er auf einer sehr unebenen Fläche steht.

Stapeln Sie das Brennholz stets an einem trocke-nen, aber gut durchlüfteten Platz. Frisch gefäll-tes Holz muss bis zu einem Jahr lang trocknen oder ablagern, bevor man es verwenden kann.

Versuchen Sie niemals, eine Kettensäge oder eine andere motorgetriebene Säge zu benutzen, ohne zunächst einen Lehrgang besucht zu haben. In unerfahrenen Händen sind diese Geräte extrem gefährlich. Die Forstämter sowie die land- und forstwirtschaftlichen Berufsgenossenschaften führen Lehrgänge durch. Es lohnt sich auf jeden Fall, einen solchen Lehrgang zu besuchen, wenn auf Ihrem Grundstück oder Ihrer Fläche viele Bäume stehen, die gefällt werden können. Ist Ihnen der Besuch eines Lehrgangs nicht möglich, arbeiten Sie sicherheitshalber weiterhin mit Axt und Handsäge.

Wenn Sie einen Baum fällen, sollten Sie auch einen nachpflanzen, um dafür zu sorgen, dass künftige Generationen nicht auf eine baumlose Landschaft blicken. Pflanzen Sie junge Bäume – je jünger sie sind, desto größer ist die Wahrscheinlichkeit, dass sie anwachsen und gut gedeihen. Wenn Sie einen Hartholzbaum pflanzen, so dauert es 20 Jahre, bis Sie ihn zum Zwecke der Brennholzgewinnung fällen können. Eschen sind in etwa 12 Jahren hiebreif.

Das Brennverhalten von Holz

Die einzelnen Holzarten haben eine unterschiedliche Brenndauer und einen unter-

schiedlichen Heizwert und sie erzeugen beim Verbrennen unterschiedlich viel Rauch.

Die Esche gilt im Allgemeinen als die beste Brennholzart. Buche und Eiche sind ebenfalls gut, geben aber nicht so viel Wärme ab wie die Esche. Insbesondere Eichenholz muss gut abgelagert sein, damit es optimal brennt. Ulmenholz muss völlig trocken sein.

Alte Obstbäume, z. B. Apfel-, Pflaumen- und Birnbäume, sind gut als Brennholz geeignet, die meisten Nadelbäume hingegen sollten mit Vorsicht verwendet werden: Ihr Holz hat zwar ein gutes Brennverhalten, die aufplatzenden Harzblasen führen jedoch zum »Spritzen« von Glut, sodass es für einen offenen Kamin nicht geeignet ist.

Alle Holzscheite müssen trocknen oder ablagern, bevor man sie verbrennt, andernfalls sammelt sich im Kamin ein schwarzer, zähflüssiger Harz an, der den Kamin dann bald völlig verstopft. Die Scheite trocknet man am besten, indem man sie ordentlich in Form eines überdachten Stapels, in einer Holzmiete, auf einem Kaminholzregal oder in einem trockenen Schuppen lagert.

Wie fällt man einen Baum?

1 Hauen Sie mit der Axt einen großen Keil aus dem Holz des Baumes aus, und zwar an der Seite, zu der er fallen soll.

2 Hauen Sie dann auf der Rückseite des Baumes, leicht nach oben versetzt, einen weiteren Keil aus.

3 Üben Sie auf diese Seite des Baumes Druck aus, damit er in die vorgesehene Richtung fällt.

4 Wenn der Baum gefällt ist, entasten Sie ihn und zerlegen den Stamm in Scheite.

Wie spaltet man einen Holzstamm?

1 Treiben Sie mit dem Vorschlaghammer einen Keil in das Ende des Stammes.

2 Treiben Sie den Keil vorsichtig weiter in das Holz, damit es nicht splittert.

3 Treiben Sie weitere Keile in den Stamm, bis er sich in zwei Hälften spaltet.

4 Wenn der Stamm gespalten ist, lässt er sich je nach Bedarf in kleinere Holzscheite hacken.

Brennholz

Lagern &
Konservieren

Lagern & Konservieren

Wer einen Nutzgarten sein Eigen nennt, muss Lebensmittel außerhalb ihrer Saison nicht im Supermarkt kaufen. Er kann sich das ganze Jahr über mit selbst angebauten Produkten versorgen – sofern er sie auf die eine oder andere Weise konserviert hat.

Natürlich schmecken Obst und Gemüse dann am besten, wenn sie unmittelbar nach der Ernte frisch verzehrt werden. Aber in nur wenigen Regionen ist das Klima so gemäßigt, dass eine ausgedehnte Vegetationsperiode vorherrscht. Daher müssen viele Lebensmittel konserviert werden.

Dabei ist es überaus wichtig, alle Vorgaben genau einzuhalten, insbesondere die Gartemperatur und -dauer. Außerdem sollten Sie ausschließlich einwandfreie Erzeugnisse verwenden. Sofern Zweifel hinsichtlich der Unbedenklichkeit eines konservierten Lebensmittels bestehen, schmeißen Sie es weg.

Es ist sinnvoll, über jede Charge Lebensmittel, die Sie konservieren, Buch zu führen und aufzuschreiben, um welches Lebensmittel es sich handelte, wie viel es wog, wie lange das Konservieren dauerte, wie lange es (mindestens) haltbar ist usw. Schon bald dürften Sie einen Rhythmus für das Pflanzen bzw. Säen, Ernten, Lagern und Konservieren finden, der im Einklang mit den Jahreszeiten steht, sowie mit der Art und Menge der selbst erzeugten Produkte.

Obst und Gemüse

Welches Verfahren der Lagerung oder Konservierung in Betracht kommt, hängt von dem betreffenden Obst oder Gemüse ab. Viele Obst- und Gemüsearten lassen sich einfrieren, Wurzelgemüse ist jedoch am einfachsten zu handhaben: Man kann es in einem Schuppen, im Boden oder in mit Sand gefüllten Kisten lagern. Ein beliebtes Verfahren zum Haltbarmachen von Gemüse ist das Einlegen in Essigsud zur Herstellung von Mixed Pickles, Chutneys, Relishes, Soßen und Ketchups.

Obst, insbesondere Beerenfrüchte, verändern durch das Einfrieren ihre Konsistenz. Himbeeren sind nach dem Auftauen oft matschig,

können aber immer noch als Zutat für Soßen oder Füllungen verwendet werden. Einige Obst- und Gemüsearten lassen sich trocknen und entweder so verwenden oder nachdem sie eingeweicht wurden. Äpfel kann man besonders gut trocknen, wenn man sie in dünne Ringe schneidet. Manches Obst konserviert man besser als Sirup oder Püree.

Die Herstellung von Bier, Wein und Apfelmost ist eine weitere gute Möglichkeit, um eine Überfülle an Erzeugnissen zu verarbeiten, erfordert jedoch einige Geduld, wenn man ein einigermaßen genießbares Ergebnis erzielen will.

Fleisch und Fisch

Wenn Sie Nutztiere halten, möchten Sie vielleicht das Fleisch konservieren, anstatt es zu verschenken oder zu verkaufen. Brauchbare Verfahren sind das Einsalzen, Pökeln und Räuchern, jedoch wird sich das so behandelte Fleisch nicht sehr lange halten. Sie können Ihre tierischen Erzeugnisse aber auch auf andere Weise haltbar machen, sofern Sie sie nicht alle frisch verzehren können. Eier kann man z. B. in Essigsud einlegen und aus Ziegenmilch lässt sich eine Reihe von Milcherzeugnissen herstellen.

Gemüse konservieren

Gemüse lässt sich auf unterschiedliche Weise lagern oder haltbar machen. Bei einigen Verfahren belässt man das Gemüse in seinem Naturzustand, sodass es später so verwendet werden kann, als hätte man es gerade geerntet. Bei anderen Verfahren verändert man hingegen seine natürliche Beschaffenheit, kann es aber dennoch das ganze Jahr über genießen.

Wurzelgemüse lässt sich sehr gut einlagern, man kann es aber auch einfrieren. Generell ist für die meisten Gemüsearten das Einfrieren das beste Verfahren zum Konservieren, da auf diese Weise ihre natürliche Beschaffenheit weitgehend erhalten bleibt. Für einige wenige Gemüsearten, z. B. Blattgemüse wie die Endivie, gilt das allerdings nicht, da deren Wassergehalt zu hoch ist. Diese lassen sich in der Tat nur in zubereiteter Form – etwa als Suppe – im Gefrierschrank aufbewahren.

Lagerung im Boden

Alle Wurzelgemüse und einige andere Gemüsearten, z. B. Lauch, kann man den Winter über im Boden lassen und sie nach Bedarf ausgraben.

Gegen diese Methode kann man drei Einwände erheben: 1. Die betreffende Fläche kann für keinen anderen Zweck genutzt werden. 2. Der Boden kann so hart sein, dass man keine Grabegabel einstechen kann. Und 3. kann es recht unangenehm sein, in der Kälte einzelne Rosenkohlröschen zu ernten, wenn diese an der Pflanze festgefroren sind oder wenn der Boden von einer dicken Schneeschicht bedeckt ist. Anstatt also das Wurzelgemüse über den Winter im Boden zu lassen, kann man es ausgraben und in große Behältnisse mit feuchtem Kompost füllen. Lagern Sie diese während des Winters in einem frostsicheren Gewächshaus und halten Sie den Kompost feucht.

Lagerung in Mieten

Dieses Verfahren zur Lagerung von Kartoffeln und Wurzelgemüse mutet zwar altmodisch an, ist aber nach wie vor effektiv und erfordert weniger Platz als die Lagerung im Boden.

Wählen Sie ein Stück Boden aus und bedecken Sie dieses mit einer Schicht Stroh. Entfernen Sie alle oberen, belaubten Teile vom Wurzelgemüse und stapeln Sie die essbaren Pflanzenteile in Form einer Pyramide auf der Strohschicht. Bedecken Sie den Stapel mit weiterem Stroh, graben Sie sodann eine Rinne um den Haufen und werfen Sie den Aushub oben auf den Stapel. Achten Sie darauf, dass das Stroh am Boden unter der Miete herausschaut, um für Belüftung zu sorgen, und klopfen Sie die Erde mit der Rückseite des Spatens flach und fest.

Das Lagern in Mieten hat den Vorteil, dass das Gemüse weniger anfällig für Krankheiten ist als bei der Lagerung in einem Schuppen. Der

Nachteil ist, dass die Miete in einem sehr kalten Winter keinen ausreichenden Schutz vor Frost bietet.

Lagerung in einem Schuppen

Oft ist es einfacher, Wurzelgemüse in einem trockenen, kühlen, frostsicheren und dunklen Schuppen zu lagern. Dort kann man es auf unterschiedliche Weise aufbewahren, jedoch sollten Sie stets daran denken, das Gemüse vor dem Lagern nicht zu waschen, da es sonst verdirbt.

Sie können eine Art Mini-Miete anlegen, indem Sie das Gemüse in einer Ecke des Schuppens stapeln. Legen Sie Stroh zwischen die einzelnen Schichten und schützen Sie das gestapelte Gemüse mit einigen Säcken. Sie können es

Wurzelgemüse hält sich gut, wenn es nach der Ernte in große Behältnisse mit feuchtem Kompost gefüllt wird, die in einem frostsicheren Gewächshaus aufbewahrt werden.

aber auch schichtweise in Behältnissen lagern. Trennen Sie die einzelnen Schichten durch Sand oder Torf; hierdurch wird verhindert, dass das Gemüse austrocknet oder schrumpelig wird.

Verwenden Sie Kisten aus Holz (herkömmliche Obsthorden sind ideal) oder stapeln Sie das Gemüse in Mülltonnen, nachdem Sie den Boden mit einer 5 cm dicken Sandschicht ausgekleidet haben. Legen Sie darauf eine Schicht des Wurzelgemüses (Möhren, Pastinaken, Rote Bete, Haferwurz, Winterrettiche) eng und säuberlich nebeneinander. Geben Sie hierauf eine weitere Schicht Sand und gehen Sie Schicht für Schicht weiter so vor. Die Behältnisse müssen in einem trockenen, kühlen Schuppen aufbewahrt werden.

Kohlrüben lassen sich am einfachsten in einer Ecke des Schuppens stapeln und dann nach Bedarf entnehmen. Dieses Verfahren bereitet am wenigsten Mühe, macht das gestapelte Erntegut jedoch anfällig für Fraßschäden durch Mäuse und andere Nagetiere, die in den Schuppen gelangen können. Lagern Sie Gemüse nicht in einer Garage, insbesondere dann nicht, wenn dort regelmäßig ein Auto oder eine mit Benzin oder Diesel betriebene Maschine abgestellt wird, da sich die Benzin- bzw. Dieseldämpfe auf das Gemüse niederschlagen und seinen Geschmack verändern können.

Lagerung in Säcken

Die meisten Wurzelgemüse lassen sich in dicken Papier- oder Kartoffelsäcken lagern, nicht jedoch in Säcken aus Kunststoff, da aus diesen die Feuchtigkeit nicht entweichen kann und das Erntegut faulen würde. Kartoffeln lassen sich gut in Säcken aufbewahren. Geben Sie sie in einen Sack und lassen Sie diesen einige Tage oben offen. Dann binden Sie ihn zu und lagern ihn wie vorstehend beschrieben in einem Schuppen. Kartoffeln brauchen Dunkelheit, sonst werden sie grün.

Lagerung in Kisten

Zwiebeln und Knoblauch lassen sich in flachen Obsthorden aus Holz mit Lattenboden aufbewahren. Achten Sie jedoch stets darauf, dass sie

Legen Sie Wurzelgemüse, z. B. Rote Bete, in Horden aus Holz und bedecken Sie es mit Sand. So bleibt es trocken und frisch.

vollreif sind, bevor sie gelagert werden. Geben Sie jeweils eine Lage in eine Horde und stapeln Sie die verschiedenen Horden übereinander.

Zwiebeln bündeln

Ein anderes Verfahren zur Lagerung von Zwiebeln ist das Aufhängen in Bündeln an einem kühlen und frostsicheren Platz. Dafür gibt es verschiedene Methoden. Auf jeden Fall sollten Sie erst prüfen, ob die Zwiebeln richtig trocken sind und ob ihr Laub lang genug ist.

Eine einfache Methode besteht darin, das Laub von vier Zwiebeln zu verknoten und einen starken Bindfaden darum zu legen, sodass sie säuberlich nebeneinanderhängen. Wollen Sie dem Bündel eine weitere Zwiebel hinzufügen, knüpfen Sie das Laub um den Bindfaden. Achten Sie hierbei darauf, dass das Bündel gleichmäßig lang herunterhängt. Ist es groß genug, hängen Sie es an einen kühlen, trockenen Platz.

Aufhängen in Netzen

Zwiebeln kann man auch in Netzen aufhängen. Kontrollieren Sie sie häufig, um sicherzugehen, dass keine fault und die Fäulnis auf die anderen Zwiebeln übergeht. Auf diese Weise kann man auch reife Zucchini und Kürbisse lagern. Sie halten sich so mehrere Wochen lang.

Kürbisse lassen sich auch auf einem Regal in einem Schuppen lagern, ebenso Zucchini, aber dann halten sie sich nicht sehr lange. Blumenkohl hält sich einige Wochen, wenn er mit dem Kopf nach unten an den Wurzeln in einem kühlen Schuppen aufgehängt wird.

Trocknen

Einige wenige Gemüsearten lassen sich trocknen, wenn auch dieses Verfahren bei Kräutern (s. S. 219) und Obst gängiger ist.

Feuerbohnen, Stangen- und Buschbohnen sowie Körnerbohnen, Erbsen, Pilze und Zwiebeln lassen sich allesamt trocknen. Sie verlieren auf diese Weise jedoch ihre wertvollen Vitamine, sodass man sie besser einfriert.

Feuerbohnen, Stangen- und Buschbohnen

Pflücken Sie die jungen Bohnen, schneiden Sie die Enden ab und ziehen Sie erforderlichenfalls die Fäden ab. Waschen Sie das Gemüse und schneiden Sie es klein. Garen Sie es etwa drei Minuten in kochendem Wasser. Schrecken Sie es kurz in kaltem Wasser ab und breiten Sie es auf einem sauberen Geschirrtuch oder einer dicken Lage Küchenpapier aus.

Wenn die Bohnen ein wenig abgetrocknet sind, verteilen Sie sie auf Backblechen und lassen sie bei so niedriger Temperatur wie möglich im Backofen, bis sie trocken und knusprig sind. Dies dauert einige Stunden. Füllen Sie die Bohnen nun in Einmachgläser mit luftdichtem Verschluss und bewahren Sie diese an einem kühlen, dunklen Platz auf. Bevor Sie die Bohnen verwenden, sollten sie einige Stunden in kaltem Wasser eingeweicht werden.

Körnerbohnen

Lassen Sie die Hülsen an den Pflanzen reifen, bis sie im Herbst weiß geworden sind. Pflücken Sie die ganze Pflanze und hängen Sie sie kopfüber an einem trockenen, kühlen und gut durchlüfteten Platz auf. Wenn sie sich ziemlich trocken anfühlen, enthülsen Sie die Bohnen oder Sie geben sie in einen Sack und dreschen sie aus, sodass sich die Hülsen von den Bohnen lösen. Breiten Sie die Bohnen auf Papier oder Tabletts aus, bis sie trocken und hart sind. Lagern Sie sie in Einmachgläsern und verwenden Sie sie nach Rezept.

Erbsen

Sie können die Erbsen jung pflücken, entschoten und dann wie Feuer-, Stangen- und Buschbohnen verarbeiten oder Sie lassen sie in der Schote und verfahren weiter wie bei Körnerbohnen.

Pilze

Gesammelte Wildpilze können getrocknet werden, müssen dafür aber ganz frisch und völlig einwandfrei sein. Schälen Sie sie, falls sie schmutzig sind; andernfalls werden sie nur mit einem feuchten Tuch abgewischt. Entfernen Sie die Stiele und fädeln Sie die Hüte entweder auf einen Bindfaden (dabei dürfen sie sich nicht berühren) oder legen Sie je eine Schicht auf einen Backofenrost. Hängen Sie die aufgefädelten Pilze an einen warmen Platz (z. B. über einen Boiler oder in einen Trockenschrank); die Pilze auf den Rosten geben Sie bei so niedriger Temperatur wie möglich in den Backofen.

Die Pilze müssen so lange dörren, bis sie trocken und knusprig sind und sich leicht zerbröseln lassen. Lagern Sie sie in einem luftdicht verschlossenen Glas. Um getrocknete Pilze zu braten oder zu grillen, müssen sie zunächst etwa 15 Minuten in ein wenig Wasser gekocht oder ein bis zwei Stunden eingeweicht werden. Für die Verwendung in Suppen oder Eintöpfen ist dies nicht nötig.

Zwiebeln

Schälen Sie die Zwiebeln und schneiden Sie sie in 0,5 cm dicke Scheiben. Die Zwiebelringe werden in kochendem Wasser eine halbe Minute gegart. Schrecken Sie die Zwiebelringe dann kurz unter kaltem Wasser ab und legen Sie sie zum Abtropfen auf ein Geschirrtuch. Wenden Sie dann das Verfahren an, das zum Trocknen von Bohnen beschrieben wurde. Vor der Verwendung müssen die getrockneten Zwiebeln 30 Minuten eingeweicht werden.

Einsalzen

Das Einsalzen ist ein früher übliches Verfahren zur Konservierung von Feuerbohnen. Heutzutage friert man sie eher ein. Gurken – die sich nicht einfrieren lassen – kann man ebenfalls in Salz haltbar machen.

Stangenbohnen

Pflücken Sie die jungen Bohnen, entfernen Sie die Enden und ziehen Sie erforderlichenfalls die Fäden ab. Waschen Sie das Gemüse und schneiden Sie es klein. Geben Sie eine 1 cm dicke Schicht Salz in ein Einmachbehältnis aus Kunststoff, Glas oder Steingut und legen Sie eine Schicht Bohnen darüber.

Fahren Sie abwechselnd mit einer Schicht Bohnen und einer Schicht Salz fort, bis alle Bohnen aufgebraucht sind oder das Behältnis voll ist. Bedecken Sie das Behältnis und lassen Sie es einige Tage stehen. Sie werden feststellen, dass die Bohnen zusammenschrumpfen. Füllen Sie nun wieder mit Bohnen und Salz auf. Zum Schluss verschließen Sie das Behältnis und lagern es, bis Sie die Bohnen verwenden möchten. Entnehmen Sie so viele Bohnen, wie Sie jeweils brauchen, waschen Sie sie gründlich unter kaltem Wasser und garen Sie sie wie gewohnt.

Gurken

Salzen Sie die Gurken unmittelbar nach dem Pflücken ein, solange sie noch frisch und knackig sind. Schneiden Sie sie in recht dünne Scheiben und geben Sie diese in ein flaches Behältnis. Streuen Sie viel Salz darüber, decken Sie das Behältnis ab und lassen Sie es über Nacht stehen. Am nächsten Tag gießen Sie die Flüssigkeit ab und tupfen die Gurken mit Küchenpapier oder einem Geschirrtuch ab. Geben Sie nun wie bei den Feuerbohnen abwechselnd eine Schicht Salz und eine Schicht Gurken in das Einmachbehältnis, wobei die letzte Schicht aus Salz bestehen sollte. Verschließen Sie das Behältnis und lagern Sie es. Entnehmen Sie die Gurken nach Bedarf. Waschen Sie sie gründlich unter kaltem Wasser und weichen Sie sie eine Stunde lang in kaltem Wasser ein.

Herkömmlicherweise werden Zwiebeln gelagert, indem man sie am Laub zusammenbindet und die Bündel zum Trocknen aufhängt.

Tomaten lagern

Reife Tomaten lassen sich einfrieren, sind dann jedoch nur für Soßen, Suppen oder Eintöpfe zu verwenden. Aufgetaute Tomaten eignen sich nicht gut für Salate, da sie zu matschig sind.

Grüne Tomaten, am Ende der Saison geerntet, lassen sich auch lagern, indem man sie einzeln in Zeitungspapier einschlägt und im Haus in eine Schublade legt. Sie dürften sich so von Herbst bis Weihnachten halten.

Einfrieren

Einfrieren dürfte das beste Verfahren zur Lagerung von Gemüse sein. Verarbeiten Sie aber immer nur so viel, wie Sie bis zur nächsten Ernte verbrauchen werden. Tiefgefrorene Lebensmittel sind nicht unbegrenzt haltbar.

Gemüse sollte baldmöglichst nach dem Ernten eingefroren werden. Ernten Sie also jeweils nur die Menge, die Sie direkt anschließend verarbeiten können. Wenn Sie beabsichtigen, sehr viel von einem Gemüse einzufrieren, ist es sinnvoll, eine Sorte anzubauen, die eigens hierfür gezüchtet wurde.

Verwenden Sie ausschließlich einwandfreie Exemplare und packen Sie das Gemüse portionsweise ab. Nicht so wichtig ist dies bei Gemüsearten, die man lose einfrieren kann: Diese werden einzeln auf ein Tablett oder Brett gelegt und eingefroren, um sie dann in Beutel und Behälter zu füllen. So klebt das Gemüse beim Einfrieren nicht aneinander und kann einzeln entnommen werden. Diese Methode ist etwas zeitaufwendiger, aber man kann die so eingefrorenen Erzeugnisse leichter handhaben als einen festen, gefrorenen »Gemüseklumpen«. Das Verfahren eignet sich für Erbsen, Bohnen, Zucchini, Babymöhren und anderes Feingemüse.

Blanchieren

Es ist üblich, Gemüse vor dem Einfrieren zu blanchieren. So behält es die Farbe, den Geschmack, die Konsistenz und den Vitamingehalt. Ein Blanchierkorb ist für diesen Zweck eine sinnvolle Anschaffung. Das vorbereitete Gemüse wird für die vorgeschriebene Dauer (s. gegenüberliegende Seite) in kochendes Wasser getaucht und anschließend ebenso lang in Eiswasser abgeschreckt, um den Garprozess abzubrechen.

Verwenden Sie zum Blanchieren einen großen Topf, da es wichtig ist, dass das Wasser binnen einer Minute wieder kocht, nachdem das Gemüse zugegeben wurde. Empfohlen werden 2,8 l Wasser für 450 g Gemüse. Mehr Gemüse sollten Sie nicht auf einmal in den Blanchierkorb geben.

Man kann etwa sechs Portionen in demselben Wasser blanchieren, das Eiswasser muss jedoch jedes Mal frisch sein, da es sich leicht erwärmt. Füllen Sie eine Schüssel mit kaltem Wasser und geben Sie einige Eiswürfel hinein. Lassen Sie das Gemüse nach dem Abschrecken gut abtropfen und tupfen Sie es mit Küchenpapier trocken, bevor Sie es abpacken, etikettieren und einfrieren.

Haltbarkeit von Gefriergut

Befolgen Sie die üblichen Regeln für das Einfrieren: Verwenden Sie stabile Kunststoffbehälter oder -beutel und drücken Sie so viel Luft aus diesen heraus wie möglich. Etikettieren Sie sie mit der Bezeichnung und dem Gefrierdatum und führen Sie Buch, damit Sie die jeweils ältesten Erzeugnisse als erste verwenden.

Welche Lebensmittel lassen sich einfrieren?

Die Tabelle auf der gegenüberliegenden Seite enthält Hinweise zur Vorbereitung und zur Blanchierdauer in kochendem Salzwasser, soweit nicht etwas anderes angegeben ist. Nicht alle Gemüsearten, die im Kapitel »Gemüse anbauen« aufgeführt sind, sind auch in der Tabelle genannt, da sich das Einfrieren bei einigen nicht lohnt. Die meisten Salate haben einen zu hohen Wassergehalt und einige Wurzelgemüse, z. B. Topinambur oder Kohlrüben, lassen sich ausschließlich in Form von Püree oder Suppe einfrieren.

Eine Ausnahme besteht dann, wenn Sie eine kleine Auswahl an Mischgemüse einfrieren möchten, darunter Wurzelgemüse, um es für Eintöpfe oder Aufläufe zu verwenden. In diesem Fall bereiten Sie die verschiedenen Gemüsearten vor, blanchieren sie getrennt und frieren sie dann zusammen in einem Beutel ein.

Rote Bete und Rotkohl lassen sich zwar einfrieren, werden jedoch im Regelfall konserviert, indem man sie zu Mixed Pickles verarbeitet (oder, im Fall der Roten Bete, in Kisten mit Sand legt). Das eingefrorene Ergebnis ist nicht so gut, dass es den Platz rechtfertigt, den sie in der Gefriertruhe einnehmen.

Frieren Sie Gemüse entweder portionsweise in Beuteln oder Behältern ein oder erst lose auf Gefriertabletts und füllen Sie sie dann im gefrorenen Zustand in Beutel.

Gemüse einfrieren

Gemüse	Vorbereitung	Blanchierdauer
Artischocken	Schneiden Sie die Stängel und die stacheligen äußeren Blätter ab. Entfernen Sie das Herz, wenn Sie es nicht haben möchten. Waschen Sie das Gemüse gründlich unter kaltem Wasser..	7 Minuten in Zitronenwasser, je 5 Stück blanchieren.
Auberginen	Waschen und in 0,5 cm dicke Scheiben schneiden. Diese in Zitronenwasser einlegen, um ein Verfärben zu verhindern. Die Scheiben lassen sich lose einfrieren.	4 Minuten.
Blumenkohl	Zerlegen Sie einen festen, weißen Blumenkohlkopf in die kleinen Röschen. Waschen Sie diese gründlich. Sie lassen sich lose einfrieren.	3 Minuten in Zitronenwasser.
Brokkoli	Nehmen Sie kleine, zarte Röschen. Schneiden Sie den harten Strunk und die Blätter ab, waschen Sie die Stiele gründlich in Salzwasser und sortieren Sie sie nach Dicke.	Dünne Stiele: 3 Minuten, dicke Stiele: 4 Minuten.
Erbsen	Nehmen Sie junge Erbsen. Entschoten und sortieren Sie sie nach Größe, sofern diese unterschied- lich ist. Sie lassen sich lose einfrieren.	1 Minute.
Feuerbohnen	Waschen Sie die Bohnen. Zwicken Sie die Enden ab und schneiden Sie sie in 2,5 cm lange Stücke.	2 Minuten.
Grünkohl	Ernten Sie junge Blätter, entfernen Sie die dicken Strünke und die groben Blattrippen und waschen Sie alles gründlich.	3 Minuten, Blanchieren ist aber nicht unbedingt erforderlich.
Haferwurz	Nehmen Sie junge Wurzeln, schälen und schneiden Sie sie in gleich lange Stücke.	2 Minuten in Zitronenwasser.
Kartoffeln (Frühkartoffeln)	Verwenden Sie kleine, gleichmäßig große Kartoffeln und schaben oder bürsten Sie sie ab.	6 Minuten, bis sie fast weich sind.
Kartoffel (Spätkartoffeln)	Sie im rohen Zustand einzufrieren lohnt sich nur, wenn man hieraus Chips machen möchte. Blanchieren Sie die Kartoffeln und frieren sie sie ein – oder Sie braten sie an, bis sie weich, aber nicht braun sind. Rasch abkühlen lassen und dann (lose) einfrieren.	3 Minuten.
Knollensellerie	Wenn er gegart und nicht roh gegessen werden soll: Schälen und schneiden Sie ihn in Würfel.	4 Minuten.
Kohlrabi	Wenn Kohlrabi gegart werden sollen: Schälen und schneiden Sie junge Kohlrabi in gleichmäßig große Stücke.	6 Minuten, bis sie fast weich sind.
Kürbisse	Schälen Sie junge, feste Kürbisse, werfen Sie die Samen weg und schneiden Sie das Fleisch in gleichmäßig große, nicht zu kleine Stücke.	2 Minuten.
Lauch	Schneiden Sie die Wurzeln und die grünen Laubblätter ab. Entfernen Sie die äußere Schicht der Lauchstangen und waschen Sie den Rest gründlich. Lassen Sie dünne Lauchstangen ganz und schneiden Sie dickere Stangen in gleichmäßig lange Stücke. Diese lassen sich lose einfrieren.	3 Minuten.
Meerkohl	Nehmen Sie Blätter mit zarten Mittelrippen. Entfernen Sie die Blätter (und verwenden Sie sie bzw. frieren Sie sie wie Spinat ein, s. unten) und schneiden Sie die Mittelrippen in gleichmäßig lange Stücke.	3 Minuten.
Möhren	Junge Möhren sind zum Einfrieren am besten geeignet. Waschen Sie die Möhren und schneiden Sie die Enden ab (die Schale wird erst nach dem Blanchieren abgeschabt. Größere Möhren werden gewaschen, geschabt und in Scheiben geschnitten.	Ganze Möhren: 4 Minuten, in Scheiben geschnittene Möhren: 3 Minuten.
Paprika	Waschen Sie die Schoten, schneiden Sie sie auf und entfernen Sie die Samen und die weißen Samenscheidewände. Die Paprikastücke lassen sich lose einfrieren.	6 Minuten, bis sie fast weich sind.
Pastinaken	Putzen und schälen Sie junge, einwandfreie Pastinaken und schneiden Sie sie in Stücke.	2 Minuten.
Puffbohnen	Enthülsen Sie junge Bohnen. Sie lassen sich lose einfrieren.	2 Minuten.
Rosenkohl	Nehmen Sie kleine, feste Röschen. Entfernen Sie die äußeren Blätter und waschen Sie die Röschen in Salzwasser. Sortieren Sie sie nach Größe, sofern diese unterschiedlich ist. Sie lassen sich lose einfrieren.	3 Minuten (große Röschen: 4 Minuten).
Spargel	Schneiden Sie den unteren, hölzernen Teil ab und waschen Sie die Spargelstangen gründlich. Sortieren Sie sie nach Dicke.	Dünne Stangen: 2 Minuten, dicke Stangen: 4 Minuten.
Speiserüben	Verwenden Sie junge, kleine Rüben: putzen, schälen und in Stücke schneiden. Sehr kleine Exemplare kann man ganz einfrieren.	3 Minuten (ganze Rüben: 4 Minuten).
Spinat	Verarbeiten Sie junge, einwandfreie Blätter unmittelbar nach dem Pflücken. Streifen Sie die Blätter von den Stängeln ab und waschen Sie sie gründlich.	2 Minuten. Lassen Sie ihn gut abtropfen und pressen Sie dann das überschüssige Wasser heraus.
Stangen-/Buschbohnen	Waschen Sie junge Bohnen und schneiden Sie nur die Enden ab.	2 Minuten.
Stangensellerie	Wenn er gegart und nicht roh gegessen werden soll: Nehmen Sie junge, knackige Stiele. Schneiden Sie die Wurzeln und Blätter ab, waschen Sie die Stiele gründlich und schneiden Sie sie in gleichmäßig große Stücke.	3 Minuten in Zitronenwasser.
Tomaten	Zur Verwendung in Eintöpfen, Suppen usw.: Waschen und trocknen Sie feste Tomaten und frieren Sie sie ganz ein.	Entfällt.
Weißkohl	Nehmen Sie einen jungen, knackigen Weißkohl mit festem Kopf. Zerkleinern Sie ihn und waschen Sie den Kohl gründlich in Salzwasser.	2 Minuten.
Zucchini	Verwenden Sie junge, feste Zucchini. Schneiden Sie die Enden ab, waschen Sie die Zucchini und schneiden Sie sie längs in zwei Hälften oder in Scheiben. Sie lassen sich lose einfrieren.	1 Minute.
Zuckermais	Nehmen Sie junge Maiskolben. Entfernen Sie die grünen Hüllblätter sowie die seidigen Quasten und sortieren Sie die Kolben nach Größe. Sie können auch die Kerne lösen und einfrieren.	Kleine Kolben: 4 Minuten, große Kolben: 6–8 Minuten, Kerne: 3 Minuten.

Hilfsmittel

Die meisten Gegenstände, die Sie zur Konservierung von Lebensmitteln benötigen, dürften Sie bereits in Ihrer Küche haben, allerdings müssen sie aus einem Material sein, das nicht mit der Obst- oder Essigsäure reagiert, z. B. aus Edelstahl, Kunststoff oder Holz.

Es gibt spezielle Marmeladentöpfe, die sehr groß sind und einen besonders stabilen Tragehenkel sowie einen Gießrand haben. Ein handelsüblicher großer Stieltopf tut es jedoch auch, sofern er einen dicken Boden hat, aus Edelstahl ist oder eine Antihaft- bzw. Emaillebeschichtung hat. Wenn Sie eine süße Masse garen, sollten Sie den Topf höchstens halb voll machen, da sie beim Kochen spritzt. Rechnen Sie die Rezeptmenge auf die Größe des Topfes um.

Ferner benötigen Sie folgende Utensilien:

Waage: Die meisten Erzeugnisse lassen sich haltbar machen, ohne dass man die Zutaten genau abmisst, eine Waage ist jedoch hilfreich. Bei großen Mengen könnte eine Personenwaage besser geeignet sein als eine Küchenwaage.

Messer: Benutzen Sie stets scharfe Messer aus Edelstahl, damit die Schnittfläche glatt ist und sich das Obst so wenig wie möglich verfärbt.

Gewürzbeutel: Sie können für Gewürzmischungen ein kleines quadratisches Stück Nesseltuch oder einen Kaffeefilter verwenden, aber es gibt auch spezielle Kordelzugbeutel oder Gewürzkugeln aus Metall.

Holzlöffel: Ein Holzlöffel mit einem langen Stiel ist unbedingt erforderlich, um die Masse häufig umzurühren, ohne sich hierbei zu verbrennen.

Schaumlöffel: Schöpfen Sie damit den Schaum ab, der sich bei der Zubereitung von Konfitüren

und Gelees bildet. So wird das Ergebnis nicht trübe. Sie können den Schaumlöffel auch benutzen, um Obstkerne und -steine abzuschöpfen.

Thermometer: Sie können prüfen, ob Konfitüren oder Gelees den Punkt erreicht haben, an dem sie fest werden, indem Sie ein wenig hiervon auf eine Untertasse tropfen lassen. Ein zur Messung hoher Temperaturen ausgelegtes Zuckerthermometer ist jedoch präziser.

Siebe und Durchschläge: Achten Sie darauf, dass die Siebe und Durchschläge aus Edelstahl oder Kunststoff sind.

Schüsseln sowie Messlöffel und -becher: Sie benötigen eine Auswahl von Schüsseln, Kannen und Messgeräten.

Trichter: Das Umfüllen von heißem Einmachgut in Gläser und Flaschen ist damit einfacher und sicherer. Im Handel erhältlich sind weithalsige Trichter für Gläser und enghalsige Trichter für Flaschen.

Schöpflöffel: Es ist viel praktischer, zum Umfüllen einer Masse in Einmachgläser einen Schöpflöffel zu nehmen, als sie aus dem schweren Topf abzugießen.

Seihtuch mit Gestell: Gelees müssen während der Zubereitung durch ein Seihtuch passiert werden. Hierfür kann man zwar irgendein Tuch nehmen, aber es lohnt sich, ein richtiges Seihtuch mit Gestell anzuschaffen.

Schnellkochtopf: Ein solcher Topf ist zwar nicht unbedingt erforderlich, aber man spart mit ihm eine Menge Zeit, wenn das Gemüse laut Rezept vorgegart werden muss, damit es weich wird.

Gläser und Flaschen

Sie können neue Einmachgläser in handelsüblichen Größen erwerben oder gebrauchte Gläser aufheben und säubern, müssen dann jedoch neue Deckel kaufen oder be-

helfsweise Zellophan oder Einmachhaut nehmen. Für Mixed Pickles eignen sich Gläser mit einer weiten Öffnung am besten, da sie sich leichter befüllen lassen.

Prüfen Sie die Gläser stets sorgfältig, bevor Sie sie verwenden, um sicherzugehen, dass sie nicht gesprungen oder auf andere Weise beschädigt sind. Wenn Sie heiße Konfitüre in ein beschädigtes Glas füllen, wird es platzen, und selbst wenn dies nicht geschieht, setzen sich in den schadhaften Stellen Bakterien fest, die zum Verderben des Einmachguts führen können.

Sterilisierung der Gläser

Die Gläser werden in heißer Lauge gereinigt, mit heißem Wasser ausgespült und mit der Öffnung nach oben in einen großen, tiefen Topf gestellt. Füllen Sie kochendes Wasser in den Topf und in die Gläser und kochen Sie es 10 Minuten. Dann nehmen Sie die Gläser mit einer Zange heraus und lassen sie mit der Öffnung nach unten abtropfen. Füllen Sie warmes Einmachgut in warme und kaltes Einmachgut in kalte Gläser.

Befüllen Sie Gläser bis knapp unter den Rand. Wenn Sie oben zu viel Platz lassen, könnte der Inhalt verderben, da die in dem Glas vorhandene Luft Mikroorganismen enthalten kann.

Verschlüsse und Deckel

Für süß Eingemachtes reichen säurebeständige Deckel, für Chutneys und Mixed Pickles sind hingegen luftdichte Verschlüsse mit essigsäurebeständiger Auskleidung erforderlich. Sofern Sie nur Metalldeckel verfügbar haben, die nicht essigsäurebeständig sind, verwenden Sie zum Luftabschluss Zellophan, bevor Sie das Glas mit dem Deckel verschließen.

Sie benötigen nicht viele besondere Utensilien, aber die Anschaffung eines Zuckerthermometers (oben links), eines Seihtuchs (oben rechts) oder eines Stück Nesseltuchs (unten rechts) und eines Schöpflöffels (unten links) dürfte nützlich sein.

Mixed Pickles, Chutneys und Relishes

Viele Gemüsearten lassen sich in Essig konservieren, indem man sie zu Mixed Pickles, Chutneys, Relishes, Soßen oder Ketchups verarbeitet. Gewürze geben diesen Erzeugnissen einen kräftigen, häufig scharfen Geschmack. Die so haltbar gemachten Lebensmittel sind als Beilage zu vielen gegarten oder rohen Gerichten genauso köstlich wie als Zutat für Suppen, Eintöpfe, Aufläufe usw.

Der wichtigste Punkt, der dabei zu beachten ist: Die Zubereitung muss auf jeden Fall in einem Aluminium-, Edelstahl- oder Emailletopf

Rechts: Einlegen oder Einmachen ist eine Möglichkeit, den Verderb von Gemüse, das oft in Überfülle reif wird, zu verhindern (z. B. Zucchini und Tomaten).

Konservierungsmethoden

Erzeugnis	Methode	Geeignetes Gemüse
Mixed Pickles	Durch das sauer Einlegen behält das Gemüse seine Form, Farbe und Konsistenz; für die Haltbarkeit sorgt der Würzessig. Auch viele Obstarten lassen sich sauer einlegen, ebenso hart gekochte Eier.	Feuer, Busch- und Stangenbohnen, Rote Bete, Rot- und Weißkohl, Möhren, Blumenkohl, Sellerie, Zucchini, Gurken, Kürbisse, Pilze, Paprika, grüne und rote Tomaten.
Chutneys	Chutneys bestehen aus Gemüse, das zerkleinert und dann langsam unter Zugabe von Essig, Gewürzen und Zucker gegart wird. Häufig wird auch Obst beigemischt, z. B. Äpfel, Datteln und Sultaninen. Die Konsistenz von Chutneys ähnelt der von Konfitüre.	Rote Bete, Zucchini, rote und grüne Paprika, Kürbisse, grüne und rote Tomaten; für Chutneys besonders geeignete Obstarten sind Äpfel, Aprikosen, Birnen, Brombeeren, Orangen, Pflaumen, Rhabarber und Stachelbeeren.
Relishes	In Relishes bleiben die Frische und Festigkeit der Zutaten erhalten, da das Gemüse nur grob zerkleinert und dann schnell oder gar nicht gegart wird. Die meisten Relishes sollten etwa zwei Monate lang ziehen, bevor sie verwendet werden.	Tomaten, Paprika und Sellerie; Zuckermais, Paprika und Zwiebeln; Gurken und Zwiebeln; Rote Bete und Kohl; andere Kombinationen je nach Verfügbarkeit der Zutaten.
Soßen und Ketchups	Soßen und Ketchups stellt man her, indem man Gemüse unter Zugabe von Essig gart, es passiert und dann erneut gart. So erhält man einen intensiven Geschmack und eine geschmeidige Konsistenz. Zur Herstellung von Soßen kann man mehrere verschiedene Gemüsearten verwenden, während Ketchups im Regelfall nur aus einem Gemüse zubereitet werden.	Pilze, Zwiebeln, Tomaten.

Links: *Süßsaure Mixed Pickles, z. B. aus Feigen und Lavendel, stellt man her, indem man dem Essig Zucker zugibt.*
Mitte: *Essiggurken sind eine würzige Beilage zu Aufschnitt.*
Rechts: *Gibt man Zitrone oder Kräuter zu, erhält man einen frischen Geschmack, der gut zu Sommergemüse, z. B. diesen sauer eingelegten Artischocken, passt.*

erfolgen, da der Essig mit Kupfer und Messing reagiert und den Geschmack der Lebensmittel beeinträchtigt. Verwenden Sie Holzlöffel und Edelstahlmesser statt solche aus Metall sowie Siebe und Durchschläge aus Kunststoff oder Edelstahl. Essig zerfrisst die Metalldeckel der Gläser, sofern Sie nicht eigens essigsäurebeständige Deckel kaufen. Gläser mit luftdichtem Plastikschraubverschluss oder Drahtbügelgläser mit einem dicken Gummiring sind eine gute Alternative, aber achten Sie stets darauf, dass die Behältnisse luftdicht verschlossen sind, damit sich der Essig nicht verflüchtigt.

Würzessig herstellen

Sie können fertigen, für das Einlegen von Lebensmitteln bestimmten Würzessig kaufen, viel mehr Vergnügen bereitet es jedoch, ihn selbst herzustellen. Als Ausgangsstoff dient ein guter Malzessig, den Sie dann

Mixed Pickles: Gemüse sauer einlegen

Verwenden Sie junges, einwandfreies Gemüse. Achten Sie darauf, dass es knackig und frisch ist, denn es soll ja gleich zu Beginn des Wachstums konserviert werden. Legen Sie weniger einwandfreie Exemplare für Chutneys beiseite. Wird das Gemüse vor dem Einlegen gegart, füllen Sie es noch heiß in warme Gläser, rohes Gemüse hingegen in kalte Gläser.

1 Waschen Sie das Gemüse und zerkleinern Sie es erforderlichenfalls (einige Gemüse, z. B. Zwiebeln, legt man am besten ganz ein). Legen Sie es 24 Stunden in grobkörniges Salz, damit ihm alles Wasser entzogen wird, das den Essig verdünnen würde.

2 Waschen Sie das Gemüse und lassen Sie es gründlich abtropfen. Füllen Sie es in ein Glas bis 2,5 cm unter den Rand.

3 Schütten Sie alles Wasser ab, das sich in dem Glas angesammelt hat, und füllen Sie dieses mit gefiltertem Würzessig bis 1 cm unter den Rand auf. Verschließen Sie das Glas danach sofort mit einem luftdichten Deckel. Verschlossene Gläser können 18 Monate an einem kühlen, dunklen Platz gelagert werden. Nach dem Öffnen im Kühlschrank aufbewahren und innerhalb eines Monats aufbrauchen.

je nach angestrebter Geschmacksrichtung und gewünschter Schärfe veredeln können.

Im Regelfall werden zur Herstellung von Würzessig Zimt, Piment, Nelken, Muskat und Pfefferkörner verwendet, und zwar in ganzer Form, gemahlen würden sie den Essig trüben. Geben Sie pro 1 Liter Essig etwa 6 Gramm Gewürze zu – oder mehr, wenn der Geschmack intensiver sein soll. Zerstoßene Ingwerwurzeln und Senfkörner sowie zerstoßene getrocknete Chilischoten sorgen für ein noch kräftigeres Aroma; Zucker nimmt man zur Herstellung von süßsauer Eingelegtem. Lassen Sie die Gewürze mindestens einen Monat im Essig ziehen. Für hell Eingelegtes nehmen Sie als Ausgangstoff einen weißen, destillierten Essig.

Chutneys

Für die glatte, gleichmäßige Konsistenz von Chutneys muss das Gemüse fein zerkleinert werden – wie fein, ist Geschmackssache.

Das Gemüse wird bei niedriger Temperatur zusammen mit dem Essig, den Gewürzen, dem Zucker und anderen Zutaten (z. B. Obst oder Sultaninen) lange gegart. Im Regelfall verwendet man Malzessig, aber man kann auch weißen, destillierten Essig nehmen. Er kann gewürzt werden wie für Mixed Pickles, aber man kann die Gewürze auch während des Garens hinzugeben: gemahlene Gewürze direkt, ganze Gewürze in einem Beutel, den man mitgaren lässt und dann herausnimmt.

Man verwendet ähnliche Gewürze wie im Essig für Mixed Pickles. Je nach Rezept ist die Zusammenstellung unterschiedlich. In den meisten Rezepten wird Zucker als Zutat genannt; mit braunem Zucker erhält man im Allgemeinen die beste Färbung.

Wie man eine samtige Konsistenz erreicht

Bei besonders hartem Gemüse (z. B. Zwiebeln) ist es oft ratsam, es zunächst in einem geschlossenen Topf mit ein wenig Wasser oder Essig weich zu dünsten. Dann gibt man die übrigen Zutaten und den restlichen Essig hinzu und setzt den Garvorgang bei geöffnetem Topf fort: Die Flüssigkeit muss verdampfen können, um die gewünschte sämige Konsistenz zu erhalten.

Chutneys müssen im Regelfall gut ein bis zwei Stunden garen. Danach sollte das Gemüse nicht mehr von Flüssigkeit bedeckt sein. Ist die Mischung Ihrer Ansicht nach zu fest (bedenken Sie, dass sie beim Abkühlen weiter eindickt), fügen Sie noch ein wenig Essig hinzu.

Das heiße Chutney wird in warme, saubere Gläser gegossen, die sofort mit einem Schraubverschluss oder einem Deckel mit Drahtbügel luftdicht verschlossen werden. Das volle Aroma entfaltet sich erst mit der Zeit. Alle Chutneys sollten daher vor dem Verzehr einige Monate lagern.

Chutneys zubereiten

Für Chutneys ist die Verwendung von jungem, knackigem Gemüse nicht so wichtig wie für Mixed Pickles, achten Sie aber dennoch darauf, alle schadhaften Stellen herauszuschneiden.

1 Schneiden Sie das Gemüse und das Obst klein. Wasserhaltiges Gemüse wird gesalzen und über Nacht oder einige Stunden zum Abtropfen in einem Sieb stehen gelassen. Danach können Sie es waschen und weiterverwenden.

2 Kochen Sie das vorbereitete Gemüse und Obst mit dem Essig und den Gewürzen in einem großen Topf auf. Lassen Sie es dann ohne Deckel 30 bis 90 Minuten bzw. so lange köcheln, bis es weich, aber nicht matschig ist. Rühren Sie es hin und wieder um, damit es nicht ansetzt.

3 Stellen Sie die Temperatur niedrig und rühren Sie den Zucker ein. Wenn er sich aufgelöst hat, kochen Sie das Gemisch erneut auf und garen es, bis sich eine dickliche Masse gebildet hat. Rühren Sie regelmäßig um, damit sie nicht ansetzt. Das Chutney ist fertig, sobald beim Umrühren keine Flüssigkeit mehr austritt. Es wird beim Abkühlen noch fester.

4 Füllen Sie es sorgfältig in Gläser und verschließen Sie diese sofort.

Relishes zubereiten

Das Gemüse sollte frisch, knackig und jung sein. Waschen Sie es und schneiden Sie es in kleine, grobe Stücke. Garen Sie diese nach Rezept. Häufig wird allerdings rohes Gemüse verwendet. Geben Sie den Würzessig und im Regelfall auch Zucker hinzu und lassen Sie das Relish vor dem Verzehr etwa zwei Monate ziehen.

Soßen und Ketchups

Soßen und Ketchups werden auf gleiche Weise hergestellt, jedoch verwendet man für Ketchups normalerweise nur ein Gemüse, für Soßen hingegen mehrere Gemüsearten.

Verwenden Sie ausschließlich reifes und aromatisches Gemüse. Entfernen Sie alle angeschlagenen und beschädigten Teile. Anschließend waschen Sie das Gemüse und zerkleinern es fein. Garen Sie es zusammen mit dem Essig und den Gewürzen wie im Rezept angegeben. Wenn das Gemüse weich und breiig ist, passieren Sie es durch ein Sieb in einen sauberen Topf, um dann den Garvorgang fortzusetzen.

Ist im Rezept Zucker vorgesehen, wird dieser meist nach dem Passieren zugegeben. Auch weiterer Essig kann an diesem Punkt hinzugefügt werden.

Wollen Sie zum Verschließen der Flaschen Korken verwenden, weichen Sie diese zunächst ca. 15 Minuten in kochendem Wasser ein. Hierdurch werden sie sterilisiert und geschmeidig und man bekommt sie leichter in die Flaschen.

Soßen sterilisieren
Soßen und Ketchups aus Gemüse mit geringem Säuregehalt (insbesondere aus Tomaten und Pilzen) können während der Lagerung anfangen zu gären, weshalb sie sterilisiert werden müssen. Lockern Sie die Deckel bzw. binden Sie die

Tomatenketchup selbst gemacht

Haben Sie einmal selbst gemachtes Ketchup probiert, wird Ihnen das süße, aber fade Ketchup aus dem Supermarkt nicht mehr schmecken. Falls Ihre Tomaten noch nicht ganz reif sind, geben Sie für ein kräftigeres Aroma einige Teelöffel Tomatenmark aus sonnengetrockneten Tomaten hinzu. Das folgende Rezept ergibt genug Ketchup für eine Flasche, also etwa 700 ml.

Zutaten:
1,3 kg reife Tomaten
2 rote Zwiebeln
2 Stiele Stangensellerie
2 Knoblauchzehen
220 g brauner Zucker
175 ml Apfelweinessig
½ TL Cayennepfeffer
1 ½ TL Paprikapulver
½ TL Salz
ggf. 2 TL Tomatenmark

1 Zerkleinern Sie Tomaten, Zwiebeln, Sellerie und Knoblauch und geben Sie alles einen großen Topf. Garen Sie die Zutaten bei sehr niedriger Temperatur, bis die Tomaten matschig sind.

2 Erhöhen Sie die Temperatur und lassen Sie die Mischung sprudelnd kochen, bis sie dicklich wird. Rühren Sie hierbei häufig um, damit nichts am Topfboden anhaftet oder anbrennt.

3 Passieren Sie die Mischung durch ein Sieb. Geben Sie sie dann in den gereinigten oder einen frischen Topf. Fügen Sie die übrigen Zutaten bei niedriger Temperatur unter Rühren hinzu.

4 Rühren Sie ständig um, bis sich der Zucker

aufgelöst hat. Dann lassen Sie das Ketchup unter häufigem Rühren simmern, bis sich die Mischung verdickt und die richtige Konsistenz hat.

5 Füllen Sie das Ketchup in die Flasche und sterilisieren Sie sie (s. unten). Lagern Sie die Flasche vor dem Verzehr einen Monat an einem kühlen, dunklen und trockenen Platz.

Korken fest, um zu verhindern, dass sie während des Sterilisierens herausplatzen.

Nehmen Sie einen Topf, der hoch genug für die Flaschen ist, er muss bis an den unteren Rand der Schraubdeckel oder der Korken mit Wasser gefüllt werden. Legen Sie einen doppelten Boden in den Topf: eine dicke Schicht gefaltetes Zeitungspapier, ein Stück Holz oder ein hölzerner bzw. metallener Dreifuß. Stellen Sie die Flaschen so darauf, dass sie sich weder gegenseitig noch die Innenseite des Topfes berühren.

Füllen Sie Wasser in den Topf, bis dieses den unteren Rand der Flaschendeckel oder -korken berührt, und erhitzen Sie es auf 77 °C.

Halten Sie diese Temperatur 30 Minuten bei. Anschließend nehmen Sie die Flaschen mit einer Zange aus dem Topf und verschließen sie wieder fest. Diese Soßen und Ketchups sollten nach dem Öffnen rasch aufgebraucht werden. Soßen und Ketchups, die nicht sterilisiert werden müssen, halten sich hingegen nach dem Öffnen mehrere Monate lang, ebenso wie Mixed Pickles, Chutneys und Relishes.

Gemüse konservieren und lagern

Die nachstehende Tabelle enthält Angaben zu den besten und beliebtesten Methoden, Gemüse haltbar zu machen oder zu lagern.

Gemüse	Methode
Artischocken	Einfrieren.
Auberginen	14 Tage an einem kühlen Platz lagern oder sofort einfrieren.
Blumenkohl	Drei Wochen mit dem Kopf nach unten in einem kühlen Schuppen aufgehängt lagern oder sofort einfrieren.
Brokkoli	Einfrieren.
Busch- und Stangenbohnen	Trocknen oder einfrieren.
Chicorée	Einfrieren in Form zubereiteter, gegarter Gerichte.
Erbsen	Einfrieren oder trocknen.
Feuerbohnen	Trocknen, einfrieren oder einsalzen.
Grünkohl	Einfrieren.
Gurken	Einsalzen oder in Form von Suppe einfrieren.
Haferwurz	Einfrieren.
Kartoffeln	In Mieten oder in Kartoffel- bzw. Papiersäcken lagern.
Knoblauch	In einer Holzhorde oder auf einer Schnur aufgereiht lagern.
Knollensellerie	In mit feuchtem Sand gefüllten Kisten lagern.
Körnerbohnen	Trocknen.
Kohlrabi	In mit Sand gefüllten Kisten lagern.
Kohlrüben	Gestapelt in einem frostfreien Schuppen lagern.
Kürbisse	Auf Regalen oder hängend in Netzen in einem frostfreien Schuppen lagern.
Lauch	Im Boden lassen oder einfrieren.
Meerkohl	Einfrieren.
Möhren	In mit Sand gefüllten Kisten oder in Mieten lagern oder einfrieren.
Okras	Einfrieren.
Paprika	Einfrieren.
Pastinaken	In mit Sand gefüllten Kisten oder in Mieten lagern.
Puffbohnen	Einfrieren.
Rettiche	In mit Sand gefüllten Kisten lagern.
Rosenkohl	Einfrieren.
Rote Bete	In mit Sand oder Torf gefüllten Kisten lagern oder sauer einlegen.
Rotkohl	Sauer einlegen.
Schalotten	Hängend in Bündeln oder Netzen lagern oder sauer einlegen.
Schwarzwurzeln	In mit Sand gefüllten Kisten lagern.
Spargel	Einfrieren.

Gemüse	Methode
Speiserüben	In mit Sand gefüllten Kisten lagern.
Spinat (alle Sorten)	Einfrieren.
Stangensellerie	Einfrieren.
Tomaten	Unreife Tomaten in dunklen Schubladen lagern, bis sie reif sind, oder einfrieren.
Topinambur	Im Boden lassen oder in Form von Suppe oder Püree einfrieren.
Weißkohl	Einfrieren.
Wirsing	Kann im Boden bleiben, bis man ihn braucht.
Zucchini	Einfrieren.
Zuckermais	Einfrieren.
Zwiebeln	Hängend in Bündeln oder in einer Horde aus Holz lagern.

Kühle Schuppen oder Nebengebäude sind ausgezeichnete Lagerplätze. Schützen Sie den Ort bestmöglich vor Nagetieren. Falls es Strom gibt, stellen Sie auch eine große Gefriertruhe hinein, so können Sie alles an einer Stelle aufbewahren. Führen Sie Buch, um dafür zu sorgen, dass Sie die ältesten Produkte zuerst verwenden.

Kräuter konservieren

Es gibt nur wenige immergrüne Kräuter, z. B. Thymian und Lorbeer, die das ganze Jahr über gepflückt und verwendet werden können. Die meisten anderen Kräuter hingegen müssen auf die eine oder andere Weise haltbar gemacht werden.

Das herkömmliche Verfahren, Kräuter zu konservieren, ist das Trocknen oder Dörren. Einige lassen sich auch einfrieren. Diese Methode eignet sich insbesondere für Kerbel, Petersilie und Schnittlauch, da sie sich nicht gut trocknen lassen. Haltbar gemachte Kräuter verlieren schon nach wenigen Monaten an Aroma; daher sollten Sie nur kleine Mengen vorrätig halten.

Kräuter einfrieren
Die Kräuter werden zerkleinert und in Eiswürfelbehälter gegeben. Füllen Sie die Behälter mit Wasser auf und frieren Sie sie ein. Sobald sie gefroren sind, kann man sie herausnehmen und in Kunststoffbeutel oder -behälter füllen. Mit den gefrorenen Kräuterwürfeln lassen sich Suppen, Soßen und Eintöpfe würzen, indem man sie einfach während des Garens unterrührt.

Kräuter lassen sich aber auch tiefkühlen, indem man sie wäscht, abtropfen lässt und im trockenen Zustand in Kunststoffbeutel füllt. Da sie beim Auftauen weich werden, eignen sie sich nicht zum Garnieren. Stattdessen können Sie sie noch gefroren beim Kochen verwenden. Kräuter, die auf diese Weise konserviert werden, halten sich etwa drei Monate im Gefrierschrank, bevor sie ihre frische Farbe verlieren.

Kräuter trocknen
Pflücken Sie Kräuter frühmorgens an einem warmen, sonnigen Tag, nachdem der Tau abgetropft ist – und bevor sie beginnen zu blühen, danach sind die Blätter, die die aromatischen Inhaltsstoffe enthalten, fester.

Wählen Sie ausschließlich einwandfreie Pflanzen, deren Blätter keine schadhaften Stellen aufweisen. Werfen Sie alle welken oder abgestorbenen Blätter weg. Sie können die Kräuter im Backofen dörren, ausgebreitet auf einem Rost oder Backblech. Schalten Sie den Ofen nach einer Stunde aus, aber lassen Sie die Kräuter noch darin abkühlen.

Lagern Sie getrocknete Kräuter an einem kühlen Platz, der vor direkter Sonneneinstrahlung geschützt ist, und verwenden Sie sie nach Bedarf. Beachten Sie, dass ihr Aroma konzentrierter ist als dasjenige frischer Kräuter, da das in ihnen enthaltene Wasser verdunstet ist und nur noch die ätherischen Öle vorhanden sind. Wenn Sie bei einem Rezept frische durch getrocknete Kräuter ersetzen, benötigen Sie lediglich ein Drittel oder die Hälfte der angegebenen Menge.

Getrocknete, gebündelte Kräuterzweige tragen zur kulinarischen Versorgung im Winter bei. Trocknen Sie stets kleine Mengen der einzelnen Kräuter, da sie nur wenige Monate haltbar sind.

Luftgetrocknete Kräuter

1 Binden Sie die Kräuter zu kleinen Bündeln zusammen. Tauchen Sie sie wenige Sekunden in kochendes Wasser und schrecken Sie sie dann schnell unter kaltem Wasser ab. Dies dient zur Reinigung und zur Konservierung der Farbe, ist jedoch nicht unbedingt erforderlich. Schütteln Sie überschüssiges Wasser ab und tupfen Sie sie auf Küchenpapier so trocken wie möglich.

2 Hängen Sie die Bündel an einem warmen, trockenen Platz ohne direkte Sonneneinstrahlung etwa drei Tage lang auf oder breiten Sie sie auf einem Rost aus und lassen Sie sie bis zu fünf Tage in einem warmen Schrank stehen.

3 Wenn sich die Kräuter spröde und brüchig anfühlen, sind sie trocken. Nun zerkleinern Sie sie mit den Fingern oder mit einem Nudelholz. Werfen Sie alle harten Stängel weg. Soll die Konsistenz noch feiner sein, werden sie durch ein Sieb passiert und damit pulverförmig. Füllen Sie die Kräuter in Gläser, verschließen Sie diese luftdicht und stellen Sie sie an einen kühlen, dunklen Platz.

Obst konservieren

Die einzige Obstart, die sich roh länger als einen Monat lagern lässt, ist der Apfel (späte Sorten). Alle anderen Obstarten müssen haltbar gemacht werden, wenn Sie sie nicht gleich nach der Ernte verzehren können.

Die gängigsten Konservierungsmethoden für Obst sind das Einfrieren und das Einmachen. Weitere geeignete Verfahren zur Verarbeitung von Früchten, die im Übermaß reifen, sind das saure Einlegen sowie die Herstellung von Konfitüre und Gelee. Einige wenige Obstarten lassen sich auch trocknen bzw. dörren.

Trocknen und Dörren

Dieses Verfahren ist insbesondere für Aprikosen, Pfirsiche und Pflaumen geeignet, aber auch für Äpfel, Birnen und Trauben.

Das Trocknen oder Dörren von Obst funktioniert im Wesentlichen wie bei Gemüse (s. S. 208). Allerdings ist es dabei überaus wichtig, dass zumindest während der ersten Stunde die Temperatur im Elektroofen nicht über 50 °C steigt bzw. der Gasofen nicht höher als auf Stufe 0 – ¼ eingestellt ist. Anderenfalls wird die Haut bzw. Schale entweder hart oder sie reißt.

Sie können Obst aber auch bei normaler Lufttemperatur trocknen. Bereiten Sie die Früchte hierfür wie für das Dörren im Backofen vor. Breiten Sie sie dann auf einem Rost aus oder fädeln Sie sie auf und lassen sie so lange an einem warmen, trockenen Platz (z. B. in einem Trockenschrank), bis sie zusammengeschrumpft und trocken sind.

Getrocknetes oder gedörrtes Obst verwenden

Sie können Trockenfrüchte pur verwenden oder als Fruchtchips knabbern. Zur Zubereitung von Gerichten weicht man sie vorher in Wasser ein, das je nach Geschmack gezuckert sein kann.

Obst haltbar machen und lagern

Die nachstehende Tabelle enthält Angaben zu den besten und beliebtesten Methoden zum Konservieren und Lagern von Obst.

Obst	Methode
Äpfel	Späte Sorten eingeschlagen in Ölpapier in Stiegen lagern oder einfrieren oder trocknen/dörren.
Aprikosen	Können bis zu einen Monat in Holzhorden an einem kühlen, gut durchlüfteten Platz gelagert werden, sofern sie bei der Ernte gerade pflückreif sind. Andernfalls einfrieren, einmachen, sauer einlegen oder zu Konfitüre verarbeiten.
Birnen	Einfrieren, einmachen, trocknen/dörren oder zu Konfitüre verarbeiten.
Brombeeren	Einfrieren.
Erdbeeren	Einfrieren, einmachen oder zu Konfitüre verarbeiten.
Heidelbeeren	Einfrieren, einmachen, sauer einlegen oder zu Konfitüre verarbeiten.
Himbeeren	Einfrieren, einmachen oder zu Konfitüre verarbeiten.
Holzäpfel	Sauer einlegen oder zu Konfitüre oder Gelee verarbeiten.
Kirschen	Einfrieren, einmachen oder zu Konfitüre verarbeiten.
Loganbeeren	Einfrieren, einmachen oder zu Konfitüre verarbeiten.
Maulbeeren	Einfrieren, einmachen oder zu Konfitüre verarbeiten.
Melonen	Einfrieren.
Pfirsiche und Nektarinen	Einfrieren, einmachen oder zu Konfitüre verarbeiten.
Pflaumen und Renekloden	Einfrieren, einmachen, trocknen/dörren oder zu Konfitüre verarbeiten.
Quitten	Zu Konfitüre verarbeiten.
Rhabarber	Einfrieren oder einmachen.
Rote und Weiße Johannisbeeren	Einfrieren, einmachen oder zu Konfitüre verarbeiten.
Schwarze Johannisbeeren	Einfrieren, einmachen oder zu Konfitüre/Gelee verarbeiten.
Stachelbeeren	Einfrieren, einmachen oder zu Konfitüre verarbeiten
Trauben	Trocknen, zu Konfitüre verarbeiten oder zur Weinbereitung verwenden (s. S. 230).
Zwetschgen	Einfrieren, einmachen, sauer einlegen oder zu Konfitüre verarbeiten.

Aprikosen, Pfirsiche und Pflaumen

Entscheiden Sie sich für möglichst große Sorten und nehmen Sie nur einwandfreie Exemplare, die reif, aber noch fest sind. Waschen Sie die Früchte erforderlichenfalls, halbieren Sie sie und entfernen Sie den Kern. Bedecken Sie Backofenroste mit Nesselstoff und legen Sie je eine Schicht Früchte darauf, sodass sie sich nicht gegenseitig berühren. Geben Sie die Früchte bei möglichst niedriger Temperatur in den Ofen – so lange, bis sie anfangen zu schrumpfen, dann erhöhen Sie die Temperatur ein kleines bisschen.

Pflaumen kann man einfrieren, einmachen, trocknen bzw. dörren oder zu Konfitüre verarbeiten. Vorher muss man sie halbieren und entkernen.

Apfelringe kann man aufgereiht auf einem Holzstab an einen warmen, trockenen Platz hängen, bis sie getrocknet sind.

Ofengetrocknetes Obst

Für industriell hergestelltes Trockenobst werden häufig gezüchtete Sorten verwendet, die beim Trocknen nicht verblassen. Also nicht verzagen, wenn Ihr Ergebnis nicht perfekt aussieht – es wird dennoch ausgezeichnet schmecken. Man kann auch Wurzel- und Knollengemüse dörren, muss es vorher aber blanchieren. Ausnahmen: Tomaten, Paprika, Okras, Pilze (Stiele entfernen), Rote Bete und Zwiebeln.

1 Nehmen Sie nur pflückreifes Obst, das fest und ohne Schadstellen ist: Schälen und entkernen Sie es und schneiden Sie es erforderlichenfalls in sehr dünne, gleichmäßig große Scheiben.

2 Wenn Sie Obst dörren wollen, das sich verfärbt, z. B. Äpfel und Birnen, sollten Sie die Scheiben in Zitronenwasser tauchen (6 EL Zitronensaft auf 500 ml Wasser).

3 Legen Sie die Scheiben so auf einen Rost über ein mit Backpapier ausgelegtes Backblech, dass sie sich nicht berühren, halbierte Früchte liegen mit der Schnittfläche nach unten. Geben Sie die Früchte bei der niedrigsten Temperatur in den Ofen. Lassen Sie die Ofentür einen Spaltbreit offen.

4 Dörren Sie die Früchte so lange, wie in der Tabelle (rechts) angegeben. In der »Halbzeit« drehen Sie sie um und geben die Roste jeweils in einen anderen Ofeneinschub. Die Früchte sind fertig, wenn sie sich trocken und ledrig anfühlen.

5 Lassen Sie die Früchte komplett abkühlen. Füllen Sie sie dann in luftdicht verschlossene Behältnisse, legen Sie jeweils Pergamentpapier zwischen die Schichten und lagern Sie sie kühl..

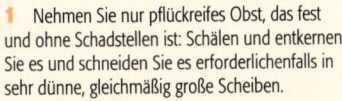

Dörrzeiten im Backofen

Stellen Sie die Temperatur so niedrig wie möglich ein und dörren Sie die vorbereiteten Obst- und Gemüsescheiben so lange wie angegeben:

Obst / Gemüse / Kräuter	Dauer (in Std.)
Äpfel, in Ringe geschnitten	6 – 8
Ananas, entkernt und in 5 mm dicke Ringe geschnitten	36 – 48
Aprikosen, halbiert und entkernt	36 – 48
Bananen, geschält und der Länge nach halbiert	10 – 16
Beeren, im Ganzen	12 – 18
Birnen, geschält, halbiert und entkernt	36 – 48
Gemüse, 5 mm dicke Scheiben	2
Gemüse, 10 mm dicke Scheiben	7 – 8
Kirschen, entkernt	18 – 24
Kräuter, gebündelt	12 – 16
Pfirsiche, geschält, halbiert und entkernt	36 – 48
Pfirsiche, in Scheiben geschnitten	12 – 16
Pflaumen, halbiert	18 – 24

Obst konservieren

Das folgende Obst ist dann trocken, wenn keine Feuchtigkeit mehr austritt und die Schale bzw. die Haut bei sanftem Druck nicht reißt oder platzt:

Äpfel

Äpfel lassen sich am besten in Ringen dörren. Nehmen Sie knackige, süße Äpfel, die Sie schälen, entkernen, in 5 mm dicke Ringe schneiden und in eine Mischung aus Wasser und etwas Salz oder Zitronensaft tauchen, damit sie sich nicht verfärben. Tupfen Sie die Apfelringe auf Küchenpapier trocken und stecken Sie sie der Reihe nach auf dünne Holz- oder Bambusstangen. Hängen Sie diese bei der niedrigst möglichen Temperatur in den Backofen. Die Apfelringe brauchen etwa sechs Stunden, bis sie trocken sind (sie fühlen sich dann ledrig an und sind verschrumpelt). Im Anschluss werden sie auf Rosten ausgebreitet und müssen dort mindestens 12 Stunden nachtrocknen.

Birnen

Verwenden Sie reife, aber noch feste Birnen. Sie werden geschält, geviertelt oder in Scheiben geschnitten, entkernt und in Salz- oder Zitronenwasser getaucht, damit sie sich nicht verfärben. Breiten Sie sie auf mit Nesselstoff bedeckten Rosten aus und geben Sie diese bei der niedrigst möglichen Temperatur in den Backofen. Sie werden dann etwa so lange gedörrt wie Apfelringe.

Trauben

Am besten zum Dörren geeignet sind kernlose Sorten und Früchte, die gerade pflückreif sind. Breiten Sie die gewaschenen und trockengetupften Trauben nebeneinander auf mit Nesselstoff bedeckten Rosten aus. Geben Sie die Roste anschließend in den Backofen bei der niedrigst möglichen Temperatur. Die Trauben sind dann fertig, wenn die Haut schrumpelig ist und bei sanftem Druck nicht platzt.

Einfrieren

Fast jedes Obst lässt sich gut einfrieren, wobei es – je nach Obstart – verschiedene Methoden gibt. Für alle Methoden gilt jedoch, dass reife, aber nicht überreife Exemplare verwendet werden sollten, die völlig frei von Schadstellen sind. Obst wird am besten binnen weniger Stunden nach dem Pflücken eingefroren.

Überlegen Sie sich auch, wie Sie das zum Einfrieren bestimmte Obst später verwenden wollen. Soll es nach dem Auftauen einfach so gegessen werden, friert man es am besten lose ein. Für gebackene Obst- oder Streuselkuchen kann man es gegebenenfalls gezuckert tiefkühlen. Für Mousses, Fruchtcremes oder Ähnliches bietet sich die pürierte Form an.

Eingefrorenes Obst muss vor der Verwendung aufgetaut werden. Ausnahmen: 1. Beerenfrüchte, die roh für eine Nachspeise gedacht sind, müssen nur so weit auftauen, bis sie Kühltemperatur erreicht haben. 2. Soll eingefrorenes Obst gedünstet werden, kann man es direkt im Kochtopf vorsichtig erwärmen.

Lose einfrieren

Dieses Verfahren eignet sich am besten für Beerenfrüchte. So kann man die jeweils benötigte Menge aus dem Gefrierbeutel nehmen. Die Früchte werden nur gewaschen, wenn es unbedingt erforderlich ist – je trockener sie sind, desto besser ist das Ergebnis. Entstielen und legen Sie sie einzeln auf ein Gefriertablett, sodass sie sich gegenseitig nicht berühren. Sie werden so lange tiefgekühlt, bis sie fest sind, und dann in Gefrierbeutel gefüllt. Diese verschließen und etikettieren Sie, bevor Sie sie wieder in den Gefrierschrank legen. Aufgetaut sind die Früchte wesentlich weicher als frisch, behalten aber ihre Form.

Gezuckert einfrieren

Diese Methode eignet sich ebenfalls für Beerenfrüchte, aber aufgetaut sind sie dann sehr matschig und man verwendet sie am

Goldene Regeln beim Einfrieren

Wenn Sie mehr als 1 kg Obst auf einmal tiefkühlen, müssen Sie den Gefrierschrank auf »Superfrost« stellen. Achten Sie darauf, dass Lebensmittel vor dem Einfrieren völlig kalt sind.

Befüllen Sie feste Behältnisse so, dass keine Lücken bleiben – andernfalls stocken Sie mit zerknülltem Papier auf. Bei Flüssigkeiten müssen Sie 2 cm vom oberen Rand frei lassen, damit sich der Inhalt ausdehnen kann. Ein Trick, damit Soßen und Pürees in Gefrierbeuteln keine komische Form annehmen: Leeren Beutel in ein Behältnis geben, Masse einfüllen und darin einfrieren; danach nimmt man den Beutel heraus und verschließt ihn.

besten für warme Nachspeisen. Waschen Sie die Früchte erforderlichenfalls, entstielen Sie sie und rollen Sie dann jede Beere in besonders feinkörnigem Zucker. Alternativ bestreuen Sie alle Beeren in einer Schüssel mit (beliebig viel) Zucker und rühren sie vorsichtig um, wenn sich der Zucker aufgelöst hat. Füllen Sie die Früchte in ein festes Behältnis, verschließen und etikettieren Sie es und frieren Sie es dann ein.

Eine weitere Alternative: Befüllen Sie ein festes, gefriergeeignetes Behältnis abwechselnd mit einer Schicht Obst und einer Schicht Zucker.

Einfrieren in Sirup

Dieses Verfahren ist gut für Steinobst und für Obst, das nicht besonders saftig ist, z. B. Äpfel und Birnen. Je nach Geschmack, Verwendungszweck und Obstart verwendet man schweren oder leichten Sirup. Für Beerenfrüchte eignet sich schwerer, für Obst mit eher zartem Aroma, z. B. Birnen oder Melonen, eher ein leichter Sirup.

Zur Herstellung von schwerem Sirup lösen Sie 450 g Zucker in 575 ml Wasser auf; für leichten Sirup nehmen Sie nur die Hälfte Zucker. Ist der Sirup völlig abgekühlt, gießen Sie ihn über die vorbereiteten Früchte, die sich in einem festen Behältnis befinden sollten. Bevor Sie es mit dem Deckel verschließen, beschweren Sie die Früchte mit zerknülltem Pergamentpapier, damit sie sicher völlig von der Flüssigkeit bedeckt sind.

Die meisten Steinobstarten sollte man vorher pochieren, damit die Haut während des Einfrierens nicht hart wird. Dafür lässt man die Früchte nur einige Minuten in schwerem Sirup simmern. Wenn sie darin vollständig abgekühlt sind, kann man sie wie gewohnt in den Gefrierschrank geben.

Einfrieren in Form von Püree

Pürierte Früchte sind für alle Arten von kalten Cremespeisen, Aufläufen, Eiscremes und Soßen nützlich. Außerdem ist dies eine gute Möglichkeit, um Früchte einzufrieren, die etwas überreif oder nicht ganz einwandfrei sind (wenn auch alle Schadstellen entfernt und weggeworfen werden sollten, da sie den Geschmack beeinträchtigen).

Beerenfrüchte, z. B. Himbeeren, Erdbeeren und Brombeeren, lassen sich durch ein Sieb passieren und dann sofort tiefkühlen. Zuckern kann man sie vor dem Einfrieren, nach dem Auftauen oder vor der Verwendung.

Robustere Früchte (z. B. Stachelbeeren, Schwarze Johannisbeere, Äpfel, Aprikosen usw.) müssen vor dem Pürieren oder Passieren angedünstet werden, sonst erhält man keine glatte Konsistenz. Das Püree muss vor dem Einfrieren völlig abkühlen.

Um den Platz im Gefriergerät optimal zu nutzen, sollten Sie Soßen und Pürees tiefkühlen, indem Sie die Gefrierbeutel in feste Behältnisse geben, darin befüllen und einfrieren. Danach nehmen Sie die Beutel heraus, verschließen sie und stapeln sie neben dem anderen Gefriergut.

Obst einfrieren

Obst	Methode
Äpfel	Gezuckert, in leichtem Sirup pochiert oder püriert einfrieren. Bei den ersten beiden Methoden kann man ein Verfärben verhindern, indem man sie in Zitronenwasser taucht bzw. dem Sirup Zitronensaft hinzufügt.
Aprikosen	Gezuckert einfrieren; in schwerem Sirup pochiert oder püriert einfrieren.
Birnen	In leichtem Sirup pochiert einfrieren (um ein Verfärben zu verhindern, müssen sie wie Apfelscheiben behandelt werden).
Brombeeren	Lose, gezuckert oder püriert einfrieren. Brombeeren lassen sich auch in schwerem Sirup pochiert einfrieren, sofern man sie für Obst- oder Streuselkuchen verwenden will.
Erdbeeren	Alle Verfahren sind geeignet. Entscheiden Sie sich abhängig vom Verwendungszweck.
Heidelbeeren	Lose, gezuckert oder in leichtem Sirup pochiert einfrieren.
Himbeeren	Alle Verfahren sind geeignet, entscheiden Sie sich abhängig vom Verwendungszweck.
Kirschen	Lose, gezuckert oder in leichtem Sirup pochiert einfrieren. Verwenden Sie rote Sorten und entkernen Sie die Kirschen vorher.
Loganbeeren	Alle Verfahren sind geeignet, entscheiden Sie sich abhängig vom Verwendungszweck.
Maulbeeren	Alle Verfahren sind geeignet, entscheiden Sie sich abhängig vom Verwendungszweck.
Melonen	Verarbeiten Sie das Melonenfleisch zu Würfeln oder Kugeln und bedecken Sie diese mit leichtem Sirup.
Pfirsiche und Nektarinen	Gezuckert oder in schwerem Sirup pochiert einfrieren.
Pflaumen und Renekloden	Gezuckert, in schwerem Sirup pochiert oder püriert einfrieren.
Rhabarber	Lose einfrieren (Rhabarberstücke jedoch vorher ein oder zwei Minuten blanchieren); in schwerem Sirup pochiert oder püriert einfrieren.
Schwarze Johannisbeeren	Lose, gezuckert oder püriert einfrieren.
Stachelbeeren	Alle Verfahren sind geeignet, entscheiden Sie sich abhängig vom Verwendungszweck.
Zwetschgen	Lose, in leichtem Sirup pochiert oder püriert einfrieren.

Obst konservieren

Obst einmachen

Die meisten Obstarten lassen sich einmachen. Gerade im Winter ist eingemachtes Obst ist eingemachtes Obst eine sehr geschätzte Zutat für Nachspeisen. Einmachbehältnisse sollten aus dickem Glas bestehen und entweder einen Schraubverschluss oder einen Deckel mit Bügel bzw. Federklammern haben.

Alle Gläser müssen außerdem am oberen Rand mit einem dicken Gummiring versehen werden, damit sie sich luftdicht verschließen lassen. Gelangt Luft in das Behältnis, beginnen die Früchte schnell zu gären.

Einmachgläser prüfen
Zunächst sollten Sie die Gläser sorgfältig prüfen, um sicherzugehen, dass der Rand nicht beschädigt ist, da sie sich andernfalls nicht luftdicht verschließen lassen. Prüfen Sie auch, ob die Deckel in einem einwandfreien Zustand sind: Das Glas darf nicht angeschlagen oder gesprungen sein, Metallteile dürfen nicht verbogen oder rostig und Bügel sowie Federklammern müssen stabil sein.

Prüfen Sie ferner die Luftdichtheit der Behältnisse, indem Sie diese mit Wasser füllen, den Gummiring und den Deckel auflegen und die Behältnisse dann kopfüber auf einen Tisch stellen. Ist nach etwa fünf Minuten Wasser ausgelaufen, sollten Sie die Behältnisse nicht verwenden. Spülen Sie die einwandfreien Exemplare kurz vor dem Befüllen mit heißem Wasser aus, ohne sie innen abzutrocknen, da Sie sonst Keime hineinbringen, auch wenn das Geschirrtuch noch so sauber ist. Lassen Sie sie stattdessen verkehrt herum abtropfen.

Die Auswahl der Früchte
Verwenden Sie nur einwandfreie, makellose Früchte. Sortieren Sie sie nach Größe, um diejenigen gleicher oder ähnlicher Größe zusammen einzumachen. Bereiten Sie die Früchte je nach Obstart vor: Äpfel und Birnen werden geschält, entkernt und in Scheiben oder Würfel geschnitten (gegen Verfärbungen taucht man sie in kaltes Salz- oder Zitronenwasser). Aprikosen und Pfirsiche werden gehäutet, halbiert und entkernt. Kirschen, Pflaumen und Zwetschgen lassen sich als ganze Früchte einlegen, Pflaumen kann man aber auch halbieren und entkernen. Zuvor wird jegliches Obst gewaschen.

Rhabarber wird in kleine Stücke geschnitten. Wenn man diese über Nacht in heißem Zuckersirup einweicht, fügen sie sich geschmeidiger in das Einmachglas. Beeren sollte man der Einfachheit halber als ganze Früchte einmachen. Manche sagen, das Aroma eingemachter Erdbeeren sei besser, wenn sie vorher über Nacht in Sirup ziehen. Ihre Farbe lässt sich intensivieren, indem man dem Sirup einige Tropfen roter Lebensmittelfarbe hinzugibt.

Zuckersirup herstellen
Im Regelfall wird Obst in Zuckersirup eingemacht. Theoretisch ginge auch Wasser, jedoch ist das Aroma dann nicht so gut. Den Sirup stellt man her, indem man auf 575 ml Wasser etwa 225 g Grießzucker gibt. Je nach Obstart und Geschmack kann man mehr oder weniger Zucker verwenden. Ferner können Sie den Sirup mit Gewürzen wie z. B. Vanilleschoten, Zimt oder Sternanis aromatisieren.

Obst einmachen

1 Bereiten Sie die Früchte wie erforderlich vor (s. unten). Pfirsiche und Aprikosen müssen erst blanchiert werden, damit sich die Haut leichter abziehen lässt.

2 Geben Sie die Früchte gleichmäßig in die Einmachgläser. Benutzen Sie den Griff eines Holzlöffels zum Herunterdrücken oder, falls nötig, dazu festere Früchte wie Aprikosen zu arrangieren.

3 Füllen Sie die Gläser nun vollständig mit den Früchten auf und gießen Sie dann den Sirup hinein. Schütteln Sie alles kräftig, damit die Luftblasen entweichen, und gießen Sie weiteren Sirup nach. Bei Beerenfrüchten ist es besser, das Glas schichtweise (Obst und Sirup abwechselnd) zu befüllen. Hierdurch wird beides gleichmäßiger verteilt.

4 Verschließen Sie das Behältnis. Schraubverschlüsse müssen ein wenig gelockert werden (eine Viertelumdrehung), um zu verhindern, dass die Gläser während des nächsten Arbeitsgangs, des Sterilisierens, platzen (bei Federklammern bzw. Bügel kann dies nicht geschehen).

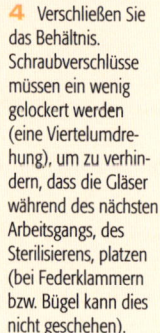

Einmachgut sterilisieren: Zeitangaben

Im Wasserbad

2 Minuten
Apfelscheiben, Brombeeren, Erdbeeren (nicht eingeweicht), Himbeeren, Loganbeeren, Maulbeeren, Rhabarber, Schwarze Johannisbeeren, Stachelbeeren

10 Minuten
Aprikosen, Kirschen, ganze Pflaumen, Zwetschgen

20 Minuten
Pfirsiche, halbierte Pflaumen, Erdbeeren (eingeweicht)

40 Minuten
Birnen

Im Backofen

30–40 Minuten
Apfelscheiben, Brombeeren, Schwarze Johannisbeeren, Stachelbeeren, Rhabarber

40–50 Minuten
Aprikosen (ganz), Erdbeeren (nicht eingeweicht), Himbeeren, Kirschen, Loganbeeren, Maulbeeren, Zwetschgen

50–60 Minuten
Aprikosen (halbiert), Erdbeeren (eingeweicht), Pflaumen (ganz)

60–70 Minuten
Birnen, Pfirsiche, Pflaumen (halbiert)

Einmachgut sterilisieren

Eingemachtes Obst muss sterilisiert werden, damit sich keine Keime und Bakterien vermehren, durch die es verderben würde.

Es gibt viele Verfahren zur Sterilisierung der Einmachgläser. Die einfachsten sind nachstehend beschrieben.

Im Wasserbad

Geben Sie das Obst in Gläser mit einem Fassungsvermögen von 1 kg. Füllen Sie die Gläser mit heißem Sirup auf, bevor Sie sie verschließen. Stellen Sie sie in einen tiefen Kochtopf oder einen anderen großen Garbehälter mit doppeltem Boden (ein Fischkochtopf ist ideal, falls Sie keinen speziellen Sterilisiertopf haben). Hat der Topf keinen doppelten Boden, können Sie stattdessen einen Rost, eine dicke Schicht Zeitungspapier, Pappe oder ein Handtuch nehmen.

Die Gläser dürfen sich gegenseitig nicht berühren; gegebenenfalls müssen sie durch eine Schicht Zeitungspapier getrennt werden. Gießen Sie warmes Wasser (etwas wärmer als die Eigentemperatur des Einmachgutes) in den Topf, sodass die Gläser hiervon bedeckt sind, und verschließen Sie den Topf mit dem Deckel. Erhitzen Sie das Wasser in etwa 30 Minuten auf 88 °C, sodass es kurz vor dem Siedepunkt ist, und lassen Sie es bei dieser Temperatur köcheln. Nehmen Sie die Gläser mittels einer Zange aus dem Topf (oder Sie gießen etwas Wasser ab und benutzen Topflappen) und verschließen sie fest; über Nacht abkühlen lassen und dann auf Luftdichtheit prüfen.

Im Backofen

Geben Sie das Obst in Gläser mit einem Fassungsvermögen von 1 kg und füllen Sie die Gläser mit kochendem Sirup bis 1 cm unter den Rand auf. Tauchen Sie die Glasdeckel und Gummiringe in kochendes Wasser und legen Sie sie auf die Gläser, aber verschließen Sie diese noch nicht mit dem Metalldeckel oder dem Bügel. Stellen Sie die Gläser auf ein Stück Pappe oder eine dicke Schicht Zeitungspapier in die Mitte des Backofens, der auf 150 °C (Elektroherd) oder Stufe 2 (Gasherd) erhitzt ist. Die Gläser müssen zueinander überall einen Abstand von mindestens 5 cm haben. Richten Sie sich nach den »Backzeiten«, die in der Tabelle links genannt sind. Nehmen Sie die Gläser anschließend nacheinander aus dem Ofen und stellen Sie sie vorzugsweise auf eine Oberfläche aus Holz. Verschließen Sie die Gläser nun fest. Prüfen Sie am nächsten Tag, ob sie luftdicht sind.

Test: Ist das Glas dicht?

Zwischen 12 und 24 Stunden nach der Verarbeitung der Früchte können Sie prüfen, ob die Gläser fest verschlossen sind. Lösen Sie den Metalldeckel oder die Klammern bzw. den Bügel und heben Sie das Glas nur am Glasdeckel an. Halten Sie eine Hand unter das Glas, um es gegebenenfalls auffangen zu können. Sitzt der Deckel ganz fest, ist das Glas dicht verschlossen. Etikettieren Sie die Gläser und lagern Sie sie an einem kühlen, recht dunklen Platz.

Obst in Alkohol einmachen

Geben Sie die vorbereiteten Früchte in sterile Gläser: abwechselnd eine Schicht Früchte, eine Schicht Zucker usw. Die Gläser werden mit Alkohol aufgefüllt, geschüttelt, damit Luftblasen entweichen und danach erneut aufgefüllt. Sie können jede Spirituose mit mindestens 40 % Alkohol verwenden – pur oder (für ein satteres Aroma) mit Zuckersirup gemischt.

Gläser dicht verschließen und mindestens zwei Monate an einem kühlen, dunklen und trockenen Platz lagern (je länger, desto besser). Damit sich der Zucker besser auflöst, werden die Gläser im ersten Monat alle paar Tage geschüttelt.

Kirschen in Weinbrand sind ein stets willkommenes Geschenk. Sie können Obst und Spirituosen nach Belieben kombinieren und auch aromatisierende Gewürze zugeben.

Obst einmachen

Konfitüren und Gelees

Die Herstellung von Konfitüren und Gelees ist eine weitere Möglichkeit, Obst zu konservieren. Hierdurch wird die Beschaffenheit der Früchte jedoch noch stärker als beim Einmachen verändert. Konfitüren eignen sich zwar nicht so gut für Nachspeisen wie eingemachtes Obst, sie selbst zu machen ist dennoch eine beliebte Methode, Früchte zu verarbeiten.

Konfitüre stellt man her, indem man Obst und Wasser so lange zusammen kochen lässt, bis sie sich beim Abkühlen zu einer geleeartigen Masse verdicken. Dies nennt man den Erstarrungspunkt. Ausgelöst wird das Erstarren durch Pektin: ein Stoff, der natürlich in Obst vorkommt und der mit Zucker reagiert, sobald er freigesetzt wird. Einige Obstarten enthalten viel Pektin, z. B. Äpfel, Rote und Schwarze Johannisbeeren, Zwetschgen und Stachelbeeren, andere hingegen wenig, z. B. Kirschen, Rhabarber, Birnen und Erdbeeren. Dazwischen gibt es eine Reihe von Obst (Aprikosen, Brombeeren, Pflaumen, Loganbeeren und Himbeeren) mit einem mittleren Pektingehalt. Dies bedeutet, dass Konfitüre, die man aus Obst mit geringem oder mittlerem Pektingehalt herstellt, nicht so fest wird wie Konfitüre aus Obst mit hohem Pektingehalt.

Die Auswahl der Früchte

Auch wenn das Obst bei der Herstellung von Konfitüre zu einer breiigen Masse verkocht wird, sollte man ausschließlich frische und einwandfreie Früchte nehmen, die gerade pflückreif sind. Überreifes Obst verliert an Pektin, und Obst mit Schadstellen kann den Geschmack der Konfitüre beeinträchtigen. Entstielen und waschen Sie Beerenfrüchte und lassen Sie sie abtropfen. Schälen und entkernen Sie Äpfel und Birnen und schneiden Sie sie in Scheiben. Streifen Sie Beeren von den Rispen ab. Halbieren Sie Aprikosen und Pflaumen, entfernen Sie den Kern und schneiden Sie das Fruchtfleisch in Würfel.

Grundlegende Verfahren

Unabhängig davon, welches Obst Sie wählen, ist das Verfahren zur Herstellung von Konfitüre immer dasselbe. Experimentieren Sie mit Kombinationen aus verschiedenen Früchten und aromatisierenden Gewürzen, mischen Sie z. B. unterschiedliche Beeren oder Stachelbeeren mit Ingwer.

Das Obst wird in einem großen Kochtopf (s. S. 212) bei niedriger Temperatur gegart. Um ein Ansetzen oder Anbrennen der Früchte zu vermeiden, fügt man gegebenenfalls Wasser hinzu. Bei den meisten Beerenfrüchten, z. B. Himbeeren und Erdbeeren, ist die Zugabe von Wasser nicht erforderlich, jedoch dürfte das Rezept genaue Angaben hierzu enthalten. Lassen Sie die Früchte im Topf ohne Deckel garen.

Konfitüre kochen

1 Sortieren Sie überreife oder beschädigte Exemplare aus. Bereiten Sie die Früchte wie erforderlich vor, indem Sie sie zerkleinern, schälen, entkernen oder entsteinen.

2 Erwärmen Sie die Früchte mit gegebenenfalls ein wenig Wasser im Marmeladentopf. Nehmen Sie den Topf vom Herd, wenn Sie den Zucker hinzugeben, stellen Sie ihn dann wieder zurück und lösen Sie den Zucker bei niedriger Temperatur unter Rühren auf.

3 Kochen Sie die Masse ohne Rühren, bis sie den Erstarrungspunkt (s. S. 228) erreicht. Dies dauert im Regelfall 10–15 Minuten, je nach der Menge, die Sie herstellen.

4 Lassen Sie die Masse ein wenig abkühlen, entfernen Sie gegebenenfalls den Schaum von der Oberfläche und lassen Sie sie 10 Minuten abkühlen.

5 Füllen Sie die Konfitüre in warme, sterile Gläser (Trichter und Schöpfkelle erleichtern diese Arbeit sehr). Legen Sie zurechtgeschnittenes Wachspapier auf die Gläser, verschließen Sie diese dicht und etikettieren Sie sie.

Wenn Sie Konfitüre und Gelee selbst herstellen, können Sie köstliche Kombinationen (z. B. Birne und Himbeere) kreieren, die man nicht im Laden bekommt.

Konfitüren und Gelees

Den Zucker fügt man im Regelfall hinzu, nachdem das Obst zu einer Masse verkocht ist und an Volumen verloren hat. Verwenden Sie Kristall- oder Einmachzucker, der sich rasch auflöst, und halten Sie sich genau an die im Rezept angegebene Menge, da diese je nach Pektingehalt der Früchte variiert. Durch zu viel oder zu wenig Zucker erstarrt die Konfitüre nicht richtig und das Aroma wird auch beeinträchtigt. Von Vorteil ist es, wenn man den Zucker vorsichtig im Backofen erwärmt, bevor man ihn den Früchten beimischt. Achten Sie auch darauf, dass er vollständig aufgelöst ist, bevor Sie die Masse wieder zum Kochen bringen.

Falls Sie Pektin zugeben müssen, so können Sie es in den meisten großen Supermärkten kaufen. Dort finden Sie auch Gelier- und Einmachzucker, ebenso kann man aber normalen Kristallzucker nehmen.

Veredeln und Abfüllen

Wenn die Masse erstarrt, lassen Sie sie einige Minuten stehen und schöpfen Sie mit einem metallenen Schaumlöffel den Schaum von der Oberfläche ab. Ein kleines Stück Butter, das man in die Konfitüre rührt, beseitigt die restlichen Spuren von Schaum. Dann kann die Konfitüre in warme, saubere und trockene Gläser gefüllt werden.

Füllen Sie die Gläser bis zum Rand und legen Sie ein in Form geschnittenes Stück Wachspapier darauf. Im Handel ist eigens Wachspapier für die Konfitürenherstellung erhältlich (ebenso wie Zellophan). Befeuchten Sie Zellophan, spannen Sie es über den oberen Rand der Gläser und befestigen Sie es mit einem Gummiband rund um den Glasrand. Sofern die Konfitüre noch heiß ist und das Zellophan zuvor angefeuchtet wurde, bildet Letzteres einen luftdichten Verschluss. Etikettieren Sie die Gläser unter Angabe des Inhalts und des Herstellungsdatums und lagern Sie sie bis zum Verzehr an einem trockenen, kühlen Platz.

Lagern & Konservieren

Ermittlung des Erstarrungspunktes

Konfitüre soll so lange kochen, bis der Erstarrungspunkt erreicht ist. Dies lässt sich mit einem eigens hierfür ausgelegten Zuckerthermometer feststellen: Der Erstarrungspunkt liegt bei 104 °C. Alternativ funktionieren auch die folgenden einfachen Gelierproben:

Der Tropftest

Geben Sie Konfitüre auf einen Holzlöffel, lassen Sie sie dort eine Minute abkühlen und neigen Sie dann den Löffel zur Seite: Tropft die Konfitüre in großen Klecksen vom Löffelrand, ist der Erstarrungspunkt erreicht.

Der Untertassen-Test

Lassen Sie ein wenig Konfitüre auf einer kalten Untertasse abkühlen. Bildet sich auf

Untertassen-Test: Halten Sie während der Zubereitung der Konfitüre eine Untertasse im Kühlschrank bereit. Zu gegebener Zeit können Sie damit prüfen, ob der Erstarrungspunkt erreicht ist.

der Oberfläche der Konfitüre eine Haut, die bei Berührung runzelig wird, ist der Erstarrungspunkt erreicht.

Konfitüre kann man direkt in Gläser mit weiter Öffnung füllen, aber die Masse ist extrem heiß. Wenn Sie etwas verschütten, während Sie ein Glas festhalten, werden Sie sich verbrennen. Ein weithalsiger Trichter, durch den auch Fruchtstückchen passen, spart Zeit und beugt Unfällen vor.

Gelee selbst herstellen

Für Fruchtgelees werden häufig dieselben Zutaten verwendet wie für Konfitüren, jedoch ist Gelee glatter, gallertartiger und durchsichtiger.

Um diese Eigenschaft zu erreichen, wird das Obst nach dem Garen in ein Seihtuch gefüllt, damit die Flüssigkeit über Nacht (bzw. bis zu 24 Stunden) nach und nach in eine Schüssel tropfen kann. Es ist wichtig, dass dies langsam geschieht. Wenn Sie die Masse ungeduldig und mit zu viel Kraft aus dem Seihtuch herausdrücken, gelangt auch Fruchtfleisch in die Schüssel und trübt das Gelee. Es gibt Seihtücher mit Gestell, aber Sie können sich auch behelfen, indem Sie ein quadratisches Nesseltuch an den Beinen eines auf dem Kopf stehenden Stuhles befestigen. Anschließend wird die Flüssigkeit unter Zugabe einer genau abgemessenen Menge Zucker, die sich nach der Saftmenge richtet, gegart, bis die Masse erstarrt. Da ausschließlich die Fruchtflüssigkeit verwendet wird, ergibt eine bestimmte Menge Obst erheblich weniger Gelee als Konfitüre.

Zitrusmarmelade

Wenn Sie das Glück haben, über Zitruspflanzen zu verfügen, die üppig tragen, können Sie aus den Früchten Marmelade herstellen.

Auch ohne selbst angebaute Zitrusfrüchte möchten Sie vielleicht etwas Neues ausprobieren, sobald sie in der Herstellung von Konfitüre und Gelee geübt sind, und Marmelade aus gekauften Zitrusfrüchten kochen.

Die Herstellung von Konfitüre und Marmelade unterscheidet sich im Wesentlichen darin, dass Marmelade klein geschnittene Schalenstücke enthält, die man vorab getrennt kochen muss, damit das Pektin freigesetzt und die Schale weich wird.

Marmelade kochen

1 Halbieren Sie die Zitrusfrüchte und pressen Sie sie aus. Geben Sie sowohl die Kerne als auch das Fruchtfleisch in ein Seihtuch.

2 Schneiden Sie die Schale in beliebig kleine Scheiben und geben Sie sie mit dem Saft, Wasser (je nach Rezept) und dem Beutel mit Fruchtfleisch in einen Kochtopf. Kochen Sie die Flüssigkeit auf und lassen Sie sie 90 Minuten köcheln, bis die Schale weich ist.

3 Pressen Sie die Flüssigkeit aus dem Beutel und werfen Sie das Fruchtfleisch weg. Geben Sie Zucker in den Topf und erwärmen Sie die Masse vorsichtig unter Rühren, bis sich der Zucker aufgelöst hat. Die Masse bis zu 15 Minuten kochen, bis sie fest wird.

4 Schöpfen Sie gegebenenfalls den Schaum von der Oberfläche ab und füllen Sie die Marmelade in Gläser ab.

Konfitüren und Gelees

Wein und Apfelmost

Die Zubereitung von Wein oder Apfelmost ist eine ausgezeichnete Möglichkeit, um einen Teil der Erzeugnisse zu verwenden, die Sie angebaut oder gesammelt haben. Rebstöcke benötigen Sie hierfür nicht, vielmehr lässt sich Wein nach Belieben aus vielen Zutaten bereiten.

Beeren, Obst, Blüten, Gemüse und Kräuter lassen sich allesamt zur Bereitung von Wein verwenden. Einige Blüten kommen hierfür jedoch nicht in Betracht, da sie giftig sind, und auch nicht aus jedem Gemüse lässt sich ein genießbarer Wein herstellen. Zu den Pflanzen bzw. Blüten, die das Ausprobieren lohnen, zählen Rosenblütenblätter, Holunderblüten, Löwenzahn, Huflattich, Schlüsselblumen, Primeln, Stechginster und Mädesüß.

Gemüse, das es zu vermeiden gilt: Kürbisse, Kartoffeln, Kopfsalat, Tomaten und Rüben, obgleich alle Gemüseweine eher etwas für Kenner sind.

Die eigene Mischung finden

Laien, die zu Hause Wein zubereiten, müssen experimentierfreudig sein, denn die Geschmäcker sind verschieden und die in den Rezepten angegebenen Maße und Gewichte sind kaum ausschlaggebend. Die Arbeitsschritte sind unabhängig von der Hauptzutat immer dieselben. Je mehr Erfahrung Sie gewinnen, desto seltener werden Sie auf Rezepte zurückgreifen und stattdessen dem eigenen Instinkt folgen und sich von den verfügbaren Zutaten inspirieren lassen.

Sie sollten zunächst jeweils geringe Mengen Wein zubereiten – angemessen sind etwa 4,5 l. Stellt sich heraus, dass er nicht genießbar ist und Sie ihn wegschütten müssen, ist die Verschwendung nicht so groß.

Auf Sauberkeit und Geduld kommt es an

Die beiden wichtigsten Aspekte der Weinbereitung sind absolute Sauberkeit und recht viel Geduld. Die komplette Ausrüstung (s. unten) sollte vor der Benutzung sterilisiert werden, da sonst die Gefahr besteht, dass Fruchtfliegen angezogen werden oder dass sich während des Gärvorgangs Bakterien vermehren. In beiden Fällen bekommt der Wein einen starken Essigstich und wird ungenießbar.

Das Sterilisieren ist ganz einfach und alle Anbieter von Artikeln für die Weinbereitung zu Hause führen auch Produkte für die verschiedenen Sterilisierverfahren inklusive Gebrauchsanleitung. Es empfiehlt sich ferner, die Ausrüstung auch nach dem Gebrauch zu sterilisieren, bevor man sie wegräumt, und dann wieder vor dem

Wichtige Gegenstände für die Weinbereitung sind Gärballons und Gärverschlüsse, von denen Sie sicherlich jeweils mehrere brauchen werden. Sie können gebrauchte Weinflaschen aufheben und wiederverwenden oder neue Flaschen sowie neue Korken von Anbietern für Winzerbedarf beziehen.

nächsten Einsatz. Nach dem Sterilisieren sollten Sie die Gegenstände mit kaltem Wasser abspülen und abtropfen lassen, anstatt Sie mit einem Tuch trocken zu wischen.

Geduld ist überaus wichtig. Wenn Sie dem Wein nicht genug Zeit zum Reifen geben (mindestens sechs Monate vor dem Abfüllen in Flaschen), ist der ganze Aufwand umsonst. In vielen Fällen wird das Ergebnis noch besser, wenn man ihn sogar länger reifen lässt. Sofern Sie häufig kleine Mengen Wein bereiten, werden Sie bald feststellen, dass Sie stets einen ausgereiften Wein im Keller haben – und es damit keinen Grund gibt, mit jüngerem Wein ungeduldig zu werden.

Die wichtigsten Zutaten

Abgesehen von der Hauptzutat (Beeren, Obst, Gemüse, Blüten oder Kräuter) benötigen Sie die nachstehend genannten Zutaten. Falls Sie etwas nicht im Haushalt verfügbar haben oder nicht im Supermarkt finden, können Sie es über das Internet beziehen, entweder von einer Apotheke oder einer Firma, die Artikel für Hobbywinzer vertreibt.

Wasser
Wasser wird je nach Rezept benötigt. Einigen Zutaten muss man mehr Wasser zugeben als anderen.

Zucker
Der Zucker ist nicht nur ausschlaggebend für den Alkoholgehalt des Weines, sondern auch für seinen Geschmack. Süße oder trockene Weine lassen sich aus allen Zutaten herstellen, der entscheidende Faktor ist, wie viel Zucker man zugibt.

Viele Rezepte, insbesondere traditionelle, sind so ausgelegt, dass der Wein recht süß wird. Sofern Sie also trockenen Wein bevorzugen, müssen Sie die Zuckermenge gegebenenfalls erheblich verringern. Als Faustregel gilt, dass 250 g Zucker pro Liter Flüssigkeit einen trockenen Wein, 300 g Zucker pro Liter Flüssigkeit

einen halbtrockenen Wein und 350 g je Liter Flüssigkeit einen süßen Wein ergeben. Diese Angaben sollten natürlich auch an den natürlichen Süßegehalt der Hauptzutat angepasst werden. Verwenden Sie normalen Kristallzucker.

Hefe
Hefe bewirkt die Gärung, wodurch die Flüssigkeit zu Wein wird. Im Handel erhältlich sind verschiedene Hefearten, die unterschiedlich gute Ergebnisse hervorbringen. Man kann normale Brauhefe nehmen, besser geeignet sind jedoch spezielle Weinhefen, von denen einige bereits abgepackt in Tütchen und zusammen mit dem wichtigen Hefenährstoff (s. unten) verkauft werden.

Außerdem gibt es eine Reihe besonderer Hefen, die in den verschiedenen Weinbaugebieten der Welt hergestellt werden. Probieren Sie verschiedene Hefearten aus, um diejenigen zu finden, die Ihnen am besten gefallen.

Hefenährstoff
Hefen sind lebende Organismen, die gefüttert werden müssen, wenn sie das tun sollen, was man von ihnen erwartet. Der Nährstoff, den sie brauchen, um die Flüssigkeit zu Wein zu vergären, ist im Handel erhältlich und die Menge, die der Flüssigkeit zugesetzt werden muss, ist auf der Packung klar angegeben.

Säure
Für eine gute Gärung braucht die Hefe eine saure Umgebung. Den meisten Weinen, die man zu Hause bereitet, muss Säure zugesetzt werden, was zumeist in Form von Zitronensäure geschieht. Die individuellen Rezepte enthalten Angaben hierzu; die Menge ist vom natürlichen Säuregehalt der Zutaten abhängig, für manche reicht der Saft von ein bis zwei Zitronen.

Tannin
Tannin ist ein Stoff, der in der Schale von Obst, insbesondere von rotem Obst, vorkommt. Er verleiht dem Wein eine charakteristisch raue Note. Weinen, die aus rotem Obst und Beeren bereitet werden, z. B. aus Holunderbeeren,

Zwetschgen, Pflaumen oder Schlehen, muss man kein Tannin zusetzen. Die meisten anderen Weine, sogar Weißweine, profitieren davon, wenn man ihnen Traubentannine zusetzt. Tannine sind im Handel erhältlich; wenn Sie es vorziehen, können Sie stattdessen aber auch starken, kalten Tee verwenden.

Pektin abbauende Enzyme
Diese Enzyme sollte man zugeben, wenn man Wein aus Obst mit hohem Pektingehalt bereitet (z. B. Äpfel, Schwarze und Rote Johannisbeeren, Zwetschgen und Stachelbeeren), die den Wein ziemlich trüben können.

Natriumbisulfit-Tabletten
Mit diesen Tabletten lassen sich die Hilfsmittel sterilisieren. Sie werden außerdem dem Wein in einem bestimmten Arbeitsschritt zugesetzt (s. S. 232 f.), um etwaig vorhandene Bakterien mittels Schwefelung abzutöten.

Die Grundausrüstung

Für die Weinbereitung braucht man einige besondere Gerätschaften, die glücklicherweise oft gebraucht angeboten werden. Es ist sehr schwierig, sich mit Gegenständen zu behelfen, die man sonst alltäglich im Haushalt benutzt.

Natürlich sollte man erst einmal mit einfachen Mitteln an die Sache herangehen, denn es könnte ja sein, dass Sie nach dem ersten Schluck aus Ihrer ersten Flasche beschließen, die Produktion einzustellen. Dennoch werden Sie nicht umhinkommen, sich mit ein paar Gegenständen auszustatten. Falls Ihnen die Weinbereitung Spaß macht, können Sie immer noch weiteres Winzerzubehör kaufen.

Zur Grundausstattung gehören Gärballons, ein Hydrometer (zur Bestimmung des Mostgewichts, der ein Indikator für den zu erwartenden Alkoholgehalt des Weins ist), viele leere Weinflaschen und neue Korken, ein Trichter, ein Gärverschluss, ein Weinheber und eine Korkmaschine.

Weinbereitung

Das grundlegende Verfahren ist immer dasselbe, unabhängig davon, welche Art Wein Sie bereiten wollen. Nehmen Sie stets einwandfreie, frische und reife Zutaten von sehr guter Qualität.

Beginnen Sie mit der Weinbereitung, indem Sie das Obst bzw. Gemüse garen oder einweichen; Blüten sollten von den Pflanzen gestreift, in ein Behältnis gelegt und mit einem Holzlöffel zerquetscht werden, bevor sie mit kochendem Wasser übergossen werden. Auch sie müssen einige Tage einweichen.

Bei manchen Rezepten müssen in diesem Schritt Zucker und eine Natriumbisulfit-Tablette zugegeben werden (bei Äpfeln tragen die Tabletten dazu bei, ein Verfärben oder Oxidieren zu verhindern), damit die Zutaten so viel Aroma wie möglich freisetzen – aber wenn man die Mischung jeden Tag umrührt, erzielt man diese Wirkung ebenfalls. Lassen Sie sich von Ihrem gesunden Menschenverstand leiten: Erdbeeren werden sehr schnell matschig und geben binnen weniger Tage ihr gesamtes Aroma an die Flüssigkeit ab, bei härteren Früchten oder Beeren dauert dies länger.

Aufbereitung der Hefe

Bevor Sie die Hefe zum Wein geben, müssen Sie zunächst in einer Flasche eine Starterkultur (Gärstarter) ansetzen: Geben Sie die Hefe sowie etwas Fruchtsaft, Zucker und Hefenährstoff in eine kleine Flasche, verschließen Sie die Öffnung mit einem Wattebausch und stellen Sie sie an einen warmen Platz. Bei einigen Hefearten setzt die Gärung binnen weniger Stunden ein, bei anderen erst nach einigen Tagen.

Abstechen und Abfüllen des Weines

Lassen Sie den Wein in einem Gärballon gären (rechts), bis durch den Gärverschluss kein Schaum mehr aufsteigt. Schütteln Sie den Gärballon und lassen Sie ihn dann einige weitere Tage stehen – aber nicht länger. Der nächste Arbeitsgang besteht darin, die Flüssigkeit in einen sauberen, sterilen Gärballon umzufüllen,

Weinbereitung

1 Gemüse oder Obst wird gewaschen, geschält und in kleine Stücke geschnitten. Köcheln Sie Gemüse in Wasser weich; übergießen Sie Obst in einem großen Behältnis mit kochendem Wasser und lassen Sie es abgedeckt ziehen, bis es breiig geworden ist.

2 Bei diesem Arbeitsgang kommt die Hefe ins Spiel. Sie wird mit Fruchtsaft, Zucker und Hefenährstoff separat in einer kleinen Flasche angesetzt und dem Wein einige Tage später zugegeben.

3 Wenn die Zutaten weich sind, passieren Sie die Masse durch ein Sieb und ein Seihtuch und fügen Hefe, Zucker, Nährstoff und die übrigen Zutaten hinzu, sofern noch nicht geschehen.

4 Passieren Sie diese Flüssigkeit (den Most) nun durch einen mit einem Seihtuch ausgelegten Kunststofftrichter in einen sterilen Gärballon.

5 Verschließen Sie den Gärballon mit einem Gärverschluss. Befüllen Sie ihn halb mit destilliertem Wasser und geben Sie eine Viertel Natriumbisulfit-Tablette dazu. Die Temperatur sollte konstant ca. 21 °C betragen. Wird der Wein zu warm, verdirbt er, wird er zu kalt, stockt oder stoppt die Gärung.

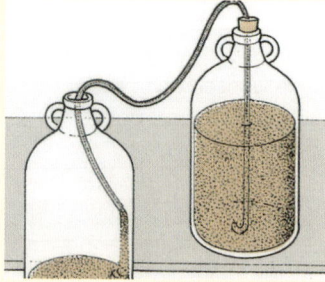

6 Ist kein Schaum mehr im Gärverschluss, wird der Wein mit einem Weinheber in einen sauberen Gärballon umgefüllt und dieser mit einem Stopfen verschlossen. Dies wiederholen Sie mindestens zweimal, bis der gesamte Bodensatz entfernt ist. Dann wird der Wein in Flaschen umgefüllt, verkorkt und etikettiert.

sodass der Bodensatz in dem bereits benutzten Gärballen bleibt. Diesen Arbeitsgang nennt man Abstechen. Stellen Sie den sauberen Ballon etwas tiefer als den bereits benutzten und füllen Sie den Wein mittels Weinheber und Schlauch um.

Probieren Sie den Wein nach diesem Arbeitsgang: Schmeckt er zu rau oder zu trocken, können Sie etwas Sirupkonzentrat oder in Wasser aufgelösten Zucker hinzugeben. Auf jeden Fall muss der Ballon mit Wasser aufgefüllt und es muss eine Natriumbisulfit-Tablette hineingegeben werden, um zu verhindern, dass Bakterien die bisherige Arbeit zunichtemachen. Anschließend wird der Ballon mit einem luftdichten Kunststoffstopfen verschlossen und bei ca. 21 °C gelagert.

Der Wein sollte mindestens sechs Monate reifen, bevor er in Flaschen abgefüllt wird. Sofern sich währenddessen in dem Ballon ein starker Bodensatz bildet, sollte der Wein erneut abgestochen werden. Es ist unerheblich, wie oft Sie diesen Arbeitsgang wiederholen, empfehlenswert sind jedoch mindestens zwei- oder dreimal: Je öfter, desto besser wird die Qualität des Weines sein, da man hierdurch verhindert, dass der Wein einen Stich bekommt.

In Flaschen abfüllen

Zuletzt wird der Wein in sterile Flaschen abgefüllt. Auch die Korken sollten in einer Sterilisierflüssigkeit eingeweicht werden. Wenn Sie die Korken 24 Stunden in kaltes, abgekochtes Wasser legen, werden sie außerdem geschmeidig und lassen sich leichter handhaben.

Der Wein wird gefiltert und dann in die Flaschen gefüllt (bis etwa 2 cm unter den Korkenrand). Verkorken Sie die Flaschen und etikettieren Sie sie unter Angabe der Bezeichnung des Weins und des Abfülldatums. Wein sollte stets liegend gelagert werden, sodass der Korken feucht bleibt. Wenn er austrocknet, können Bakterien in die Flasche gelangen und der Wein bekommt einen Essigstich. Alle Weine sollten mindestens einen Monat nach dem Abfüllen reifen, nach Möglichkeit jedoch viel länger.

Apfelmost bereiten

Sollten Sie Äpfel im Überfluss und schon genug Apfelwein bereitet haben, so können Sie aus den restlichen Früchten Apfelmost machen; aus Birnen kann man Birnenmost herstellen.

In beiden Fällen wird ausschließlich der Saft der Früchte verwendet, Hefe, Wasser und Zucker hingegen nicht (es sei denn, Sie wollen die Gärung beschleunigen oder einen sehr süßen Most haben). Der Most schmeckt am besten, wenn man ihn aus süßen und säuerlichen Äpfeln bereitet. Den meisten Saft gewinnen Sie, wenn Sie die Früchte zunächst ein wenig weich werden lassen – was nicht meint, sie so lange zu lagern, bis sie faulen. Wenn Sie überwiegend Äpfel mit Schadstellen verwenden, wird der Most nicht gut schmecken.

Der erste Schritt zur Bereitung von Apfelmost besteht darin, die Äpfel zu zerkleinern und abzupressen (keltern).

Die Äpfel müssen zerquetscht werden. Sofern Sie Apfelmost gerne trinken, Ihnen die Bereitung Freude macht und Sie viele Äpfel übrig haben, kann sich der Kauf einer Mostpresse lohnen. Mostpressen sind teuer, man kann sie aber auch selbst bauen.

Eine andere Möglichkeit ist, die Äpfel mit einem Holzhammer zu Brei zu schlagen, diesen in ein Stück Nessel- oder Baumwolltuch zu füllen und den Saft herauszupressen. Alternativ püriert man sie vorher oder zerkleinert sie in der Küchenmaschine und gibt sie dann in das Tuch zum Pressen. Den in dem Tuch eingehüllten Brei können Sie sogar durch eine Mangel drehen.

Anschließend wird der Saft in einen sauberen, sterilen Glasballon oder ein Steingutgefäß gefüllt. Legen Sie eine Untertasse verkehrt herum auf die Öffnung und lassen Sie den Saft gären. Zur Beschleunigung der Gärung können Sie (wie bei der Weinbereitung) Hefe zusetzen, erforderlich ist dies jedoch nicht.

Nach dem Gärungsende wird der Most abgestochen (s. S. 232). Füllen Sie ihn erst dann in Flaschen ab, wenn er keinen Schaum mehr bildet. Es ist empfehlenswert, ihn wie Wein einige Monate reifen zu lassen, bevor Sie ihn trinken.

Wenn kein Schaum mehr durch den Gärverschluss aufsteigt, kann der Most in Flaschen abgefüllt werden.

Aromatisierte Spirituosen

Sie können Spirituosen nach Belieben mit Aromen verfeinern. Schlehengin etwa ist ein beliebtes Getränk, das traditionell in der kalten Jahreszeit angesetzt wird, sodass es Weihnachten getrunken werden kann.

Sie benötigen keine hochwertige Spirituose, um Schlehen- oder Pflaumengin anzusetzen. Aromatisierte Wodkas schmecken jedoch runder, wenn Sie als Grundlage eine relativ gute Spirituose nehmen. Zitruswodka wird gerne getrunken, aber Sie können letztlich jede Spirituose nehmen und mit aromatisierenden Zutaten, z. B. Brombeeren, Pflaumen, Himbeeren, Äpfeln oder Kirschen, veredeln. Schneiden Sie Früchte, die eine Schale haben, in Scheiben, damit das Fruchtfleisch frei liegt. Die Haut von Schlehen und Pflaumen sollte mit einer Nadel angeritzt werden, man kann sie aber auch einfrieren, damit die Haut aufplatzt.

Zur Aromatisierung von Wodka entfernen Sie zunächst Schale sowie Samen oder Kerne der Früchte. Dann geben Sie die Früchte in ein großes Glas oder ein anderes dicht verschließbares Behältnis und bedecken sie darin mit

Schlehengin hat eine starke, wärmende Wirkung. Man genießt ihn am besten pur in kleinen Gläsern oder in Cocktails.

Selbst bereitete Weine und selbst angesetzte Spirituosen sind schöne Geschenke.

Wodka. Lassen Sie das Ganze etwa zwei Wochen ziehen und schütteln Sie das Behältnis alle paar Tage. Anschließend passieren Sie den Inhalt durch ein Seihtuch oder einen Papierfilter und füllen die Flüssigkeit in Flaschen ab. Lassen Sie den Wodka noch bis zu vier Wochen stehen, bevor Sie ihn trinken.

Schlehen- und Pflaumengin

Diese Gins erinnern eher an Likör denn an Spirituosen, da sie einigen Zucker enthalten und man den Gin mit den Früchten mehrere Monate ziehen lässt. Ritzen Sie die Schalen der Schlehen oder Pflaumen mit einer Nadel an, geben Sie die Früchte in einen Gärballon oder mehrere große Flaschen, bis die Behältnisse halb voll sind. Mischen Sie Zucker in gleicher Menge hinzu und füllen Sie alles mit Gin auf.

Während der nächsten zwei Monate und auch später müssen die Behältnisse geschüttelt werden: in der ersten Woche alle paar Tage, danach wöchentlich. Je länger Sie das Gemisch ziehen lassen, bevor Sie es passieren und in Flaschen abfüllen, desto aromatischer wird der Gin.

Die eingeweichten Früchte können Sie für Pasteten und Soßen verwenden; sie haben natürlich einen gewissen Alkoholgehalt.

Produkte aus Ziegenmilch

Ziegenmilch lässt sich zu den gleichen Produkten verarbeiten wie Kuhmilch: Rahm, Butter, Joghurt und verschiedene Käsesorten. Von all diesen hat sich der Käse wohl am meisten bewährt.

Nach vorherrschender Meinung ist es aufgrund der erforderlichen komplizierten und teuren Gerätschaften sowie der erforderlichen Milchmenge nicht praktikabel, Rahm und Butter aus Ziegenmilch selbst herzustellen. 4,5 l Ziegenmilch z. B. ergeben nur etwa 450–900 ml Rahm, einen für hochwertige Butter sehr wichtigen Inhaltsstoff. Die Mühe lohnt sich erst, wenn Sie 4,5 Liter Rahm auf einmal verfügbar haben; für diese Menge benötigen Sie mindestens vier Ziegen, die sehr gut Milch geben – zu viele für den durchschnittlichen Privathaushalt. Vermischen Sie keinesfalls an verschiedenen Tagen gewonnene Milch, da sie hierdurch einen strengen Ziegengeschmack bekommt.

Joghurt und Käse herstellen

Wer nur wenige Ziegen hält, verarbeitet die Milch am besten zu Joghurt und Weichkäse.

Zur Herstellung von Joghurt muss die Milch zunächst pasteurisiert werden: Erwärmen Sie die Milch auf 72°–75°C, halten Sie diese Temperatur für 15–30 Sekunden und kühlen Sie die Milch dann schnell ab. Sie können sie aber auch langsam auf 62–65 °C erwärmen, diese Temperatur 30 Minuten beibehalten und die Milch dann abkühlen.

Anschließend muss der Milch eine Joghurtkultur zugesetzt werden. Im Handel sind eigens Kulturen für Ziegenmilch (mit Anweisung) erhältlich. Sie können aber auch Naturjoghurt mit lebender Bakterienkultur kaufen, ein Viertel oder die Hälfte eines solchen Bechers auf 500 ml der Milch geben und die Masse abgedeckt an einem warmen Platz stehen lassen.

Die Herstellung von Ziegenweichkäse ist eine einfache Möglichkeit, Ihre Ziegenmilch zu genießen. Der Käse hält sich länger als die Milch.

Ziegenkäse selbst herstellen

Es gibt drei einfache Methoden, Ziegenweichkäse herzustellen:

1 Lassen Sie die Milch natürlich sauer werden, indem Sie sie 36–48 Stunden an einen recht warmen Platz stellen. Geben Sie die Masse dann in ein dickes Presstuch und lassen Sie sie 36–48 Stunden über einer Schüssel abtropfen. Danach befindet sich die Molke in der Schüssel, der Käse ist im Presstuch. Sie können auch selbst hergestellten Joghurt verwenden, aber er muss etwa zwei Tage abtropfen und schmeckt eher sauer. Sie können ihn mit Knoblauch oder gehackten Kräutern verfeinern.

2 Sie können den Käse aber auch durch eine mit Löchern versehene Form passieren und erhalten so Käse, der bereits zu kleinen Kugeln geformt ist.

3 Bei dieser Methode wird der Milch Lab zugesetzt (erhältlich im Reformhaus oder Apotheken). Achten Sie darauf, Lab zur Käse- und nicht zur Dickmilchherstellung zu kaufen. Man geht so vor: Man erwärmt die Milch auf 32 °C, gibt das Lab zu, lässt das Ganze ca. 30 Minuten ruhen und passiert dann alles durch ein Presstuch. Diese Methode ist die schnellste, der Käse schmeckt sehr mild und kaum nach Ziege. Formen Sie ihn zu Rollen oder runden Scheiben.

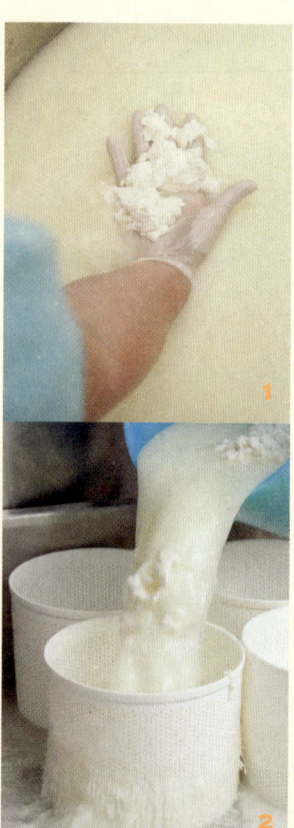

Ein Trockenschrank ist nicht warm genug, aber Sie können die Masse auch in einer Thermosflasche in warmes Wasser stellen oder eigens ein Joghurtgerät benutzen.

Stellen Sie den Joghurt nach etwa acht Stunden in den Kühlschrank. Er wird fest, wenn er abkühlt, allerdings ist Ziegenmilch-Joghurt im Regelfall dünnflüssiger als gekaufter oder solcher aus Kuhmilch. Sie können Ihren Joghurt etwa eine Woche lang als Kultur zur Herstellung von weiterem Joghurt verwenden. Danach wird er schlecht.

Ziegenkäse

Ziegenmilch kann man sowohl zu Hart- als auch zu Weichkäse verarbeiten, jedoch lässt sich Weichkäse meist besser selbst erzeugen, da dafür eine normale Haushaltsausstattung ausreicht.

Wenn man viel Käse produziert, fällt auch viel Molke an, mit der man wenig anfangen kann. Sie können hieraus jedoch Mysost herstellen, einen cremigen norwegischen Molkenkäse mit einem markanten, karamellähnlichen Geschmack. Passieren Sie die Molke durch ein Tuch in einen sauberen Topf und kochen Sie sie unter ständigem Rühren auf. Schöpfen Sie die flockige Masse ab, die sich dabei an der Oberfläche absetzt, und lassen Sie die Molke unter Rühren weiterkochen. Wenn die Menge um etwa drei Viertel reduziert ist, geben Sie die flockige Masse wieder in den Topf und kochen das Ganze unter kräftigem Rühren weiter. Wenn sich der Käse verdickt und hellbraun ist, nehmen Sie ihn vom Herd, rühren ihn aber kräftig weiter, bis er abgekühlt ist und sich nicht mehr rühren lässt. Geben Sie die Masse in ein eingefettetes Behältnis und lassen Sie sie darin völlig abkühlen und fest werden.

Fleisch und Fisch konservieren

Wenn Sie Hühner halten, werden Sie wahrscheinlich jeweils nur eines schlachten, das Sie dann auf einmal in der Küche verwerten. Wenn Sie aber ein Schwein schlachten lassen oder sehr viele Fische gefangen haben, müssen Sie das Fleisch bzw. die Fische irgendwie konservieren, damit Sie lange davon zehren können.

Einfrieren ist der einfachste, sicherste und effizienteste Weg, tierische Lebensmittel haltbar zu machen. Lassen Sie ein größeres Nutztier schlachten, wird der Schlachtkörper gegebenenfalls bereits im Schlachthof zerlegt; Sie können aber auch den örtlichen Metzger darum bitten. Bieten Sie ihm als Gegenleistung bestimmte Teilstücke an.

Auch Räuchern und Pökeln sind bewährte Verfahren zum Konservieren von Fleisch und Fisch. Mit den richtigen Gerätschaften geht das auch zu Hause. Geräucherte oder gepökelte Erzeugnisse halten sich jedoch nicht lange, daher sollte man diese Verfahren eher unter kulinarischen Gesichtspunkten betrachten.

Fisch vorbereiten

Wenn Sie vorhaben, selbst gefangene Fische einzufrieren, legen Sie sie unmittelbar nach dem Fangen in eine mit Eis gefüllte Kühlbox. Sobald Sie zu Hause sind, nehmen Sie die Fische aus, säubern und entschuppen sie.

Tauchen Sie jeden Fisch in eiskaltes Salzwasser. Lassen Sie ihn abtropfen, bevor Sie ihn in Fettpapier und Alufolie einschlagen und einfrieren. Reiben Sie einzelne Filets mit Olivenöl ein, damit sie nicht austrocknen, und wickeln Sie sie in Fettpapier: separat oder zusammen, dann aber jeweils mit Zwischenpapier. Eingefrorener Fisch hält sich ca. sechs Monate.

Vor dem Abschuppen deckt man alle Oberflächen in der Nähe mit Zeitung ab, denn die

Selbst räuchern

Fisch und Fleisch erhalten durch das Räuchern ein köstliches Aroma, verlässlich haltbar gemacht werden sie dadurch aber nicht. Wer einen offenen Kamin hat, kann dort kleine Mengen räuchern, besser ist es jedoch, ein altes Holzfass oder eine Holzkiste als Räuchervorrichtung zu nutzen (oder einen Räucherofen zu kaufen). Auf dem Boden der Vorrichtung benötigen Sie etwas Platz für die Holzspäne, die den Rauch erzeugen, und darüber ein Gestell oder Stangen, um das Räuchergut aufzuhängen. Damit der Rauch abziehen kann, muss die Vorrichtung an der Seite und an der Decke einige Löcher haben.

Sie können ganze Fische, Filets oder Steaks von fleischigen Fischen wie Lachs räuchern.

Die Temperatur darf nicht so hoch sein, dass das Fleisch gegart wird. Lassen Sie also das Feuer herunterbrennen, bis eine Glut übrig ist, aus der noch genug Rauch aufsteigt.

Die Holzart wirkt sich auf das Aroma aus. Nicht zu empfehlen ist Kiefernholz, da es einen leichten Geruch von Reinigungsmittel abgibt. Besser geeignet ist Eichen- oder Obstbaumholz.

Brennt das Feuer konstant bei niedriger Temperatur, reichen 10 – 12 Stunden, um Fisch zu räuchern. Speck und Schinken brauchen einen ganzen Tag oder länger, je nach Größe und gewünschter Intensität des Räucheraromas. Wenn Sie die Erzeugnisse aus der Vorrichtung nehmen müssen, weil das Feuer zu kräftig brennt, müssen Sie entsprechend mehr Zeit ansetzen und den Arbeitsgang wiederholen. Erfassen Sie, wie viele Stunden die Erzeugnisse tatsächlich dem Rauch ausgesetzt sind, damit die Gesamträucherzeit auf jeden Fall erreicht wird.

Schuppen verteilen sich überall. Verwenden Sie zum Abschuppen ein stumpfes Messer: Halten Sie den ganzen Fisch am Schwanz fest und schaben ihn Richtung Kopf ab. Achten Sie darauf, die Haut nicht zu verletzen, weil Sie die Klinge im falschen Winkel halten oder Sie zu viel Druck ausüben. Spülen Sie den Fisch unter kaltem, fließendem Wasser ab.

Um einen Rundfisch auszunehmen, schneidet man seinen Bauch mit einem scharfen Messer von der Darmöffnung her bis zum Kopf auf und entnimmt die Innereien. Achten Sie darauf, das Fleisch nicht zu verletzen. Schneiden Sie Schwanz, Kopf und Flossen ab und spreizen Sie den Fisch mit der Haut nach oben flach auf ein Brett. Üben Sie nun entlang der Mittelgräte auf diese Druck aus, um sie zu brechen und zu lösen. Drehen Sie den Fisch um und lösen Sie mit einem Messer vorsichtig die Mittelgräte und die Bauchgräten vom Fleisch. Prüfen Sie, ob alle Gräten entfernt sind.

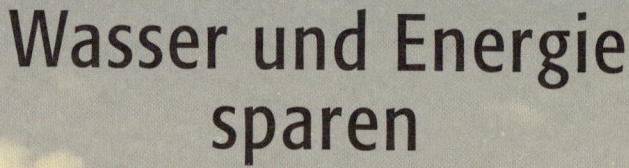

Wasser und Energie sparen

Das autarke Haus
Energie sparen
Wärmedämmung
Sonnenenergie
Alternative Energiequellen
Wasser sparen und wiederverwenden

Das autarke Haus

Die komplette Selbstversorgung mit Wasser, Energie und Lebensmitteln dürfte ein Traum bleiben, sofern man nicht über einen eigenen Fluss verfügt, und selbst dann ist ein solches Vorhaben für die meisten Haushalte kaum durchführbar. Sie können sich dem Ideal des autarken Hauses jedoch ein ganzes Stück annähern, indem Sie Ihre Abhängigkeit von der öffentlichen Wasser- und Stromversorgung auf das absolute Minimum reduzieren.

Für viele Menschen ist die treibende Kraft für den Anbau von eigenem Obst und Gemüse sowie für die Nutztierhaltung sehr häufig der Wunsch, unseren Planeten soweit wie möglich zu schonen. Sie leisten ihren Beitrag dazu, dass unnötige Transportwege vermieden werden, dass die großen Unternehmen bei der Erzeugung, der Verpackung und dem Verkauf von Lebensmitteln weniger Energie verschwenden, dass der verbreitete Einsatz von Pestiziden im gewerblichen Anbau von Kulturpflanzen verringert wird usw.

Die Abfallreduzierung, das Recycling, das Kompostieren, das Einsparen von Wasser und Energie und möglicherweise sogar die Erzeugung eigenen Stroms gehen mit diesen Zielen und dem Ideal der Selbstversorgung Hand in Hand.

Die Verpackung von gekauften Waren trägt erheblich zum Müllproblem bei. Sie können einen Beitrag leisten, indem Sie Lebensmittel selbst anbauen, aber auch, indem Sie nur solche Produkte kaufen, die nicht unnötig in Kunststoff verpackt sind.

Abfallvermeidung

Letztlich besteht das Ziel der meisten Selbstversorger darin, gar nichts wegzuwerfen und nur Dinge zu verwenden, die sie selbst wiederverwerten können oder die in recyclingfähigen Materialien verpackt sind.

Dies dürfte meist nicht realisierbar sein, aber was auch immer Sie tun können, damit Ihre Mülltonne nicht so voll wird, trägt dazu bei, dass Mülldeponien weniger aufnehmen müssen und dass bei der Verrottung des Mülls weniger schädliche Gase und Abfälle entstehen.

Unterstützen Sie Geschäfte, die für Verpackungen so wenige nicht recyclebare Materialien wie möglich verwenden, und kaufen Sie nur entsprechend verpackte Produkte. Beachten Sie die Etikettierung: Sogar einige Materialien, die sich nach Kunststoff anfühlen, sind inzwischen kompostierbar. Überlegen Sie vor dem Einkauf stets, ob Sie ein Produkt wirklich brauchen. Versuchen Sie außerdem, lokale Lieferanten und Hersteller zu unterstützen, um unnötigen Transportwegen entgegenzuwirken.

Energiesparen im Haushalt

Das Licht löschen, wenn man das Zimmer verlässt, und Radio- oder Fernsehgeräte ausschalten, wenn niemand im Raum ist, sind naheliegende, aber wirksame Maßnahmen, um den Energieverbrauch zu verringern. Auf den folgenden Seiten finden Sie Hinweise auf weitere einfache Maßnahmen, mit denen man den weniger offensichtlichen Gas- und Stromverbrauch senken kann.

Sollten Sie in der glücklichen Lage sein, dass sich auf Ihrem Grundstück eine nachhaltig nutzbare Waldfläche befindet, ist es erwägenswert, Heizung und Kochgeräte auf feste Brennstoffe umzustellen; die eigenen Bäume lieferten dann das nötige Energieholz. Nun kann man das Verbrennen von Holz als umweltschädlich erachten – sofern Sie jedoch Bäume als Ersatz für diejenigen pflanzen, die Sie verbrennen, ist dies im Grunde weniger umweltschädlich als die gewerblichen Verfahren zur Erzeugung von Strom oder zur Gewinnung von Gas oder anderen Brennstoffen aus Erdgas oder Ölquellen.

Wasser sinnvoll verwenden

In Deutschland hat das Wasser aus dem Hahn überall Trinkwasserqualität: Jeder Tropfen, der verbraucht wird, wurde gereinigt und aufbereitet, selbst das Wasser, dass wir für die Toilettenspülung oder Pflanzenbewässerung verwenden. Ein teures und verschwenderisches Verfahren, das sehr viel Energie und viele Ressourcen kostet.

Es gibt viele Möglichkeiten, Ihren privaten Wasserverbrauch (s. S. 247/248) zu reduzieren und so die Wasseraufbereitungsanlagen zu entlasten sowie Geld zu sparen. Versuchen Sie stets, so viel Regenwasser zu sammeln, wie Sie können. Es ist nicht nur gratis, sondern auch noch viel besser für Ihre Pflanzen. Ziehen Sie auch die Wiederverwendung des Grauwassers (fäkalienfreies, gering verschmutztes häusliches Abwasser) in Betracht. Es hat zwar keine Trinkwasserqualität, ist jedoch oft sehr gut zur Bewässerung von Pflanzen geeignet.

Energie sparen

Zur Reduzierung des Energiever-
brauchs im Haushalt und zur Erhaltung kostbarer Ressourcen sollten
Sie folgende einfache Hinweise befolgen. Sie werden auch überrascht
sein, wie viel Geld Sie hiermit sparen
können.

Schalten Sie stets alle elektrischen Geräte aus.
Wenn der Fernseher ständig auf Stand-by
steht, kann sich Ihre Stromrechnung hierdurch um bis zu 10 % erhöhen. Natürlich ist
das Ein- und Ausschalten eines häufig benutzten Geräts lästig, jedoch sollten Sie zu Hause
den Grundsatz einführen, dass jeden Abend
alle Geräte ausgeschaltet werden.

*Sollte sich auf Ihrem Grundstück eine nachhaltig
nutzbare Waldfläche befinden, ist es besser, mit
Holz zu heizen, als mit Gas oder Strom.*

Dies gilt auch für die Beleuchtung. Es gibt
keine Entschuldigung dafür, in einem leeren
Zimmer das Licht brennen zu lassen, mit
Ausnahme einiger weniger Fälle, in denen
dies aus Gründen der Sicherheit geschieht.
Schalten Sie das Licht nur ein, wenn es sein
muss. Knipsen Sie nicht automatisch alle
Lampen in einem Zimmer an, wenn das Licht
einer einzigen Tischleuchte ausreicht, und
versuchen Sie, zu verhindern, dass Kinder sich
angewöhnen, nur bei Licht einzuschlafen.

Energiesparlampen

In Europa werden die Glühlampen stufen-
weise aus dem Verkehr gezogen und durch
niederenergetische Kompaktleuchtstofflam-
pen ersetzt. Sofern Sie noch herkömmliche
Leuchten verwenden, lohnt es sich, diese zu
ersetzen. Die neuen Energiesparlampen halten im Durchschnitt 6 bis 15 Mal länger als
herkömmliche Glühlampen und sie verbrauchen 80 % weniger Strom. Meist machen sie
sich innerhalb eines Jahres bezahlt – und ihre
Lebensdauer beträgt weitaus länger.

Doch Vorsicht: Energiesparlampen enthalten
giftiges Quecksilber. Gehen sie zu Bruch, kann
es als Dampf in die Raumluft gelangen und
zu erheblichen Gesundheitsschäden führen.
In solch einem Fall rät das Umweltbundesamt, den Raum sofort zu lüften und zu verlassen. Wie Sie eine kaputte Energiesparlampe
korrekt beseitigen, erfahren Sie ebenfalls
beim Umweltbundesamt. Grundsätzlich sind
ausgediente Leuchten als Sondermüll zu
behandeln und müssen zum Wertstoffhof
gebracht werden.

Ungenutzte Räume –
kühle Räume

Darüber hinaus kann man Energie sparen,
indem man Räume nicht beheizt, die nicht
regelmäßig benutzt werden, z. B. das Gäste-
zimmer. Drehen Sie die Heizung ab und
machen Sie die Tür zu, bis sich Gäste ankün-
digen. Prüfen und lüften Sie das Zimmer
regelmäßig, damit es nicht muffig riecht oder
feucht wird. Wenn Sie es benutzen wollen,
wird es sich schnell wieder erwärmen.

Klug heizen heißt Strom sparen

Die Aufwendungen für Heizung und Heißwasserversorgung machen einen großen Teil der Nebenkosten aus. In wärmeren Regionen kann man beim Heizen sparen, jedoch wird man wahrscheinlich mindestens ebenso viel für den Betrieb der Klimaanlage oder von Ventilatoren ausgeben.

Der Heizungskessel bildet den Kern einer jeden Heizungsanlage. Daher sollten Sie darauf achten, dass er so effizient wie möglich funktioniert. Er sollte einmal jährlich gewartet werden. Muss er ersetzt werden, sollten Sie sich für einen Brennwertkessel entscheiden. Ein solcher Kessel ist teuer in der Anschaffung, aber wesentlich wirksamer als die Alternativen und macht sich auf jeden Fall bezahlt.

Steuerung und Regelung der Heizung

Sorgen Sie dafür, dass die Vorrichtungen zur Regelung der Zentralheizung so fortschrittlich wie möglich sind. Jeder Heizkörper sollte mit einem Thermostatventil ausgestattet werden, das sich je nach Zimmertemperatur ein- und ausschaltet. Dies ist wesentlich effizienter, als alle Heizkörper an- und abzudrehen, je nachdem, was ein einziges Hauptthermostat vorgibt.

Steigt die Temperatur in dem Raum mit dem Hauptthermostat so an, dass die Heizung sich abschaltet, aber Ihnen ist es in dem Zimmer, in dem Sie sich aufhalten, immer noch zu kalt, werden Sie wahrscheinlich die Heizung im ganzen Haus hochdrehen, um nicht zu frieren. Mit thermostatischen Heizkörperventilen können Sie die Temperatur in jedem Zimmer einzeln regeln: Das Wohnzimmer, in dem Sie eher ruhig sitzen, sollte wärmer sein als z. B. die Küche, in der der Herd und die dort verrichteten Tätigkeiten für zusätzliche Wärme sorgen.

Die fortschrittlichsten Geräte erlauben Ihnen, die gewünschte Temperatur je nach Wochentag und Tageszeit unterschiedlich einzustellen.

Die Heizung herunterdrehen

Wenn Sie das Thermostat um nur einen Grad niedriger einstellen, werden Sie kaum einen Unterschied merken, können aber bis zu 10 % der Heizkosten sparen. Das Gleiche gilt für das Heißwasserthermostat.

Haushalts- und Küchengeräte

Inzwischen werden alle Geräte nach ihrer Energieeffizienz eingestuft (die beste Bewertung ist A+++). Entscheiden Sie sich stets für ein Energiespargerät, wenn Sie ein altes ersetzen müssen.

Beim Kauf eines Haushalts- oder Küchengeräts sind jedoch nicht nur die Angaben zur Energieeffizienz wichtig, Sie sollten auch darauf achten, dass es Ihrem Bedarf entspricht. Eine kleine Waschmaschine, auch wenn sie eine gute Bewertung aufweist, ist nicht für eine große Familie geeignet. Es ist wohl immer noch effizienter, eine große Waschmaschine mit der Kennzeichnung »B« alle paar Tage laufen zu lassen, als täglich eine »A+++«-Waschmaschine anzuwerfen.

Haben Sie vor, sehr viele der von Ihnen erzeugten Lebensmittel einzufrieren, um auch im Winter versorgt zu sein, sollten Sie eine Gefriertruhe in Erwägung ziehen. Seien Sie hierbei jedoch realistisch, was die Größe betrifft. Eine halb leere Gefriertruhe verbraucht eine Menge Strom. Ein kleiner und gut gefüllter Gefrierschrank arbeitet viel wirksamer.

Auch der Standort des Gefriergeräts spielt eine Rolle: Im Haus, wo die Temperatur weitgehend konstant ist, dürfte es mit maximaler Effizienz laufen, in einem Nebengebäude hingegen schwanken die Temperaturen stärker. Achten Sie darauf, dass der Ort im Sommer nicht zu heiß wird (z. B. ein nicht isolierter oder mit einem Metalldach bedeckter Schuppen), denn unter diesen Bedingungen verbraucht das Gerät viel mehr Strom, um die erforderliche Temperatur zu halten. Aus demselben Grund sollte der Kühl- oder Gefrierschrank in der Küche nicht neben dem Herd oder einem Heizkörper stehen.

Wäscht man bei niedrigerer Temperatur, kann man deutlich Strom sparen, ohne dass die Reinigungswirkung beeinträchtigt wird.

Wasser und Energie sparen

Wärmedämmung

Ist Ihr Haus nicht gut isoliert und gegen Zugluft abgedichtet, entweicht die kostbare Heizungswärme einfach in die Umgebung.

Eine gute Dämmung ist überaus wichtig. Sie hält nicht nur die Wärme im Haus – sondern es bei warmem Wetter auch kühl, sodass Energie gespart wird, die anderenfalls für die Klimaanlage oder Ventilatoren verbraucht würde. Die meisten Hausbesitzer denken bei diesem Thema nur an den Preis von Baumaßnahmen wie die Isolierung des Dachbodens oder eine Kerndämmung. Natürlich sind es aber genau diese Maßnahmen, mit denen sich am meisten Energie (also Geld) sparen lässt, sofern ein Haus weder in der einen noch in der anderen Weise isoliert ist. Es gibt jedoch auch viele kleine Mittel, mit denen sich eine spürbare Wirkung erzielen lässt.

Kleine Lücken schließen

Insbesondere in Räumen mit alten, zugigen Fenstern können passgenaue Vorhänge einen großen Unterschied machen. Ziehen Sie diese vor allem bei kaltem Wetter zu, wenn die Temperaturen draußen erheblich niedriger sind als drinnen. Benutzen Sie Vorhänge aus schwerem Stoff und bringen Sie diese nahe der Wand an. Den oberen Abschluss sollte ein Querbehang bilden.

Prüfen Sie, ob Ihre Haustüren dicht sind. Bringen Sie, wo nötig, Schlüssellochdeckel an und versehen Sie den Briefschlitz mit einer Verschlussklappe, um Zugluft zu verhindern.

Vorrichtungen gegen Zugluft

Wenn Türen und Fenster undichte Stellen haben, kann man sie auch gleich offen stehen lassen. Bringen Sie also im ganzen Haus Vorrichtungen gegen Zugluft an. So können Sie in den kältesten Monaten des Jahres die Heizungswärme, die Ihrem Haus entweicht, um bis zu 25 % reduzieren.

Warmhalten des Wassers

Achten Sie darauf, dass Heißwasserleitungen wärmeisoliert sind. Einfach anzubringen und wirkungsvoll sind geformte Schaumstoffhüllen, die an der Seite geschlitzt sind, sodass man sie leicht auf das Wasserrohr setzen kann. Sie können aber auch Isolierungen aus Filz oder Wolle wie eine Bandage schichtweise um die Rohre wickeln. Achten Sie hierbei insbesondere auf die Krümmer und Ventile an der Rohrleitung, damit diese in ihrer gesamten Länge isoliert wird.

Überprüfen Sie auch Ihren Warmwasserspeicher: Hier eignet sich am besten ein moderner Zylinder mit einer Hartisolierung, die auf den Speicher aufgesprüht wird. Haben Sie noch ein altes, nicht isoliertes Gerät, umhüllen Sie es mit entsprechendem Material und stellen hierbei sicher, dass die Hülle gut befestigt ist.

Umfangreiche Sanierungsmaßnahmen

Nach den geltenden Bauvorschriften muss der Dachboden eine Dämmung mit bestimmter Mindestdicke aufweisen. Ist das bei Ihnen nicht der Fall, lohnt es sich, den gesamten Dachboden flächendeckend mit einer Extraschicht Dämmmaterial zu versehen. Unter Umständen erhalten Sie hierfür von Ihrem Energieversorger oder der Kommune einen Zuschuss. So oder so – eine solche Maßnahme muss nicht teuer sein und trägt lang-

Prüfen Sie, ob das Dach Ihres Hauses ausreichend gedämmt ist. Warme Luft steigt nämlich nach oben und entweicht durch eine schlecht gedämmte Dachfläche.

fristig erheblich zur Kosteneinsparung bei. Denn heiße Luft steigt nach oben und kann dann durch ein schlecht gedämmtes Dach entweichen.

Auch für die Dämmung von zweischaligem Mauerwerk (Kerndämmung) kann man Fördergelder erhalten. Es ist viel schwieriger, massive Wände wirksam zu dämmen, ohne dass der Raum kleiner wird: Hierfür wird innen ein Lattengerüst an der Wand und darauf eine Verkleidung angebracht, sodass ein Luftspalt entsteht.

Doppelverglasung

Hochwertiges Fensterglas spielt eine große Rolle für die Temperatur im Haus. Eine sehr gute Doppelverglasung hält die Wärme innen, reflektiert aber auch die Sonnenstrahlen an schönen Tagen und trägt somit dazu bei, dass die Räume kühl bleiben. Hierbei handelt es sich um niedrig emittierendes Glas. Die hochwertigsten Ausführungen weisen eine Edelgasfüllung (Argon) im Scheibenzwischenraum auf, um die Isolierung noch weiter zu verbessern.

Sonnenenergie

In welchem Maße Sie Sonnenenergie nutzen können, hängt davon ab, wo Sie leben und wie das Klima dort ist. In Deutschland kann man mit einer Photovoltaikanlage auf dem Dach kaum so viel Strom erzeugen, dass man auf die Versorgung durch das öffentliche Netz verzichten kann, ganz bestimmt nicht während des ganzen Jahres. Solaranlagen für die Warmwasserbereitung dürften hingegen effektiver sein.

Dank technischer Neuerungen werden die Sonnenkollektoren immer effizienter. Man muss nicht länger das gesamte Dach mit ihnen bedecken, um das eine oder andere Haushaltsgerät ausreichend mit Strom zu

Sonnenkollektoren funktionieren am besten, wenn sie in einem Neigungswinkel von etwa 60 Grad montiert werden, sodass sie die einfallenden Sonnenstrahlen optimal absorbieren können.

versorgen. Dennoch sind ihre Anschaffung und Installation sehr teuer, und es ist äußerst unwahrscheinlich, dass Sie Ihr Haus danach vom Verbundnetz abkoppeln können.

Die fortschrittlichsten Anlagen funktionieren jedoch selbst an bedeckten Tagen. Wenn Sie also Ihren Stromverbrauch drastisch reduzieren und auf das wirklich notwendige Maß beschränken, könnte die Erzeugung eigenen Stroms bald Realität werden.

Ist es das wert?

Bevor Sie teure Sonnenkollektoren erwerben, müssen Sie einige grundsätzliche Überlegungen anstellen: Wie viel Strom verbrauchen Sie in Ihrem Haus? Wie hoch soll die Spitzenleistung der Anlage sein (bedenken Sie, dass sich diese nur bei optimalen Bedingungen erzielen lässt)? Wie lange dauert es wahrscheinlich, bis sich eine solche Anlage rentiert hat? Für eine maximale Leistung sollten die Sonnenkollektoren nach Süden ausgerichtet werden, im Regelfall auf der nach Süden zeigenden Dachschräge des Hauses. Sie funktionieren jedoch grundsätzlich bei Tageslicht, nicht notwendigerweise bei direkter Sonnen-

einstrahlung, erzeugen also selbst dann Strom, wenn sie gen Norden zeigen – allerdings weniger.

Strom ohne Leitungen

Mit Sonnenkollektoren kann man Licht in Scheunen, Schuppen und Nebengebäude bringen, die nicht an die Stromversorgung des Haupthauses angeschlossen sind. Hierdurch können das abendliche Einsperren der Hühner, das Melken früh am Morgen und die späte Stallrunde erleichtert werden. Sogar die Ventilatoren oder Heizgeräte im Gewächshaus lassen sich über Sonnenkollektoren mit Strom versorgen – genauso wie jegliche Wasserpumpen.

Achten Sie darauf, dass die Kollektoren an einem hellen, schattenlosen Platz installiert werden, an dem sie optimal funktionieren. Sie können auch Batterien anschließen, um die erzeugte Energie zu speichern, die Sie dann nutzen, wenn die Kollektoren nicht genug Strom liefern. In diesem Fall brauchen Sie auch ein Steuergerät, damit die Batterien nicht überlastet werden.

Bevor Sie eine Anlage installieren oder installieren lassen, sind Sie auf jeden Fall gut beraten, wenn Sie Ihren Bedarf zunächst mit einem Fachmann abstimmen. Er wird gemeinsam mit Ihnen ermitteln, wie viel Strom Sie wahrscheinlich brauchen, wie groß die Batterien sein sollten und wie Sie Ihr Miniatur-Netzwerk am besten arrangieren. Die Energieberatungsstellen der Verbraucherzentralen sind grundsätzlich ein guter erster Anlaufpunkt. Natürlich funktioniert das Ganze auch in Eigenregie: Hierfür gibt es einfache Bausätze für Heimwerker, die man selbst installieren kann.

Warmwasserbereitung

Thermische Solaranlagen arbeiten einfach und effektiv: Sie nutzen die Sonnenwärme, um Wasser für den Hausgebrauch zu erhitzen. Solange die Sonne scheint, dürften Sie jede Menge Warmwasser in Ihrem Speicher haben.

Auch thermische Solaranlagen zur Warmwasserbereitung werden im Regelfall auf dem Hausdach installiert. Die Wasserleitungen verlaufen im Zickzack über einen Kollektor, der von einer schwarzen, Wärme absorbierenden Platte unterstützt wird. Um den Wärmeverlust zu minimieren, befindet sich diese Vorrichtung in einem isolierten Gehäuse mit Glasabdeckung. Es gibt verschiedene Anlagen mit einem unterschiedlich hohen Grad an Komplexität und Dämmung. Hier gilt: je teurer, desto effizienter. Versuchen Sie zu berechnen, wie lange es dauert, bis sich eine solche Anlage rentiert, und welche Kategorie für Sie in Betracht kommt.

Das Wasser, das durch die Leitungen fließt, ist bei allen Anlagen nicht das Wasser, das Sie im Haus verwenden. Vielmehr handelt es sich um ein geschlossenes System von Leitungen, das den Warmwasserspeicher durchzieht und seinen Inhalt erwärmt, vergleichbar dem Heizstab in einem Tauchsieder. Für Notfälle können Sie zwar einen Tauchsieder in Reserve haben, denn wenn Ihnen abends das Warmwasser ausgeht, können Sie die Sonne nicht einfach wieder »anknipsen«, jedoch ist es meistens möglich, das gesamte Wasser oder das meiste hiervon mit Ihrer Anlage zu erwärmen, selbst im Winter.

Thermische Solaranlagen bieten eine gute Möglichkeit, um Nebengebäuden mit Warmwasser zu versorgen – z. B. wäre es schwierig oder extrem teuer, einen Milchviehstall an das Warmwassersystem des Haupthauses anzuschließen.

Je mehr Kollektoren Sie haben, desto mehr Energie wird erzeugt. Versuchen Sie zu berechnen, wie viel Strom Sie brauchen, und montieren Sie zur Deckung Ihres Bedarfs entsprechend viele Sonnenkollektoren.

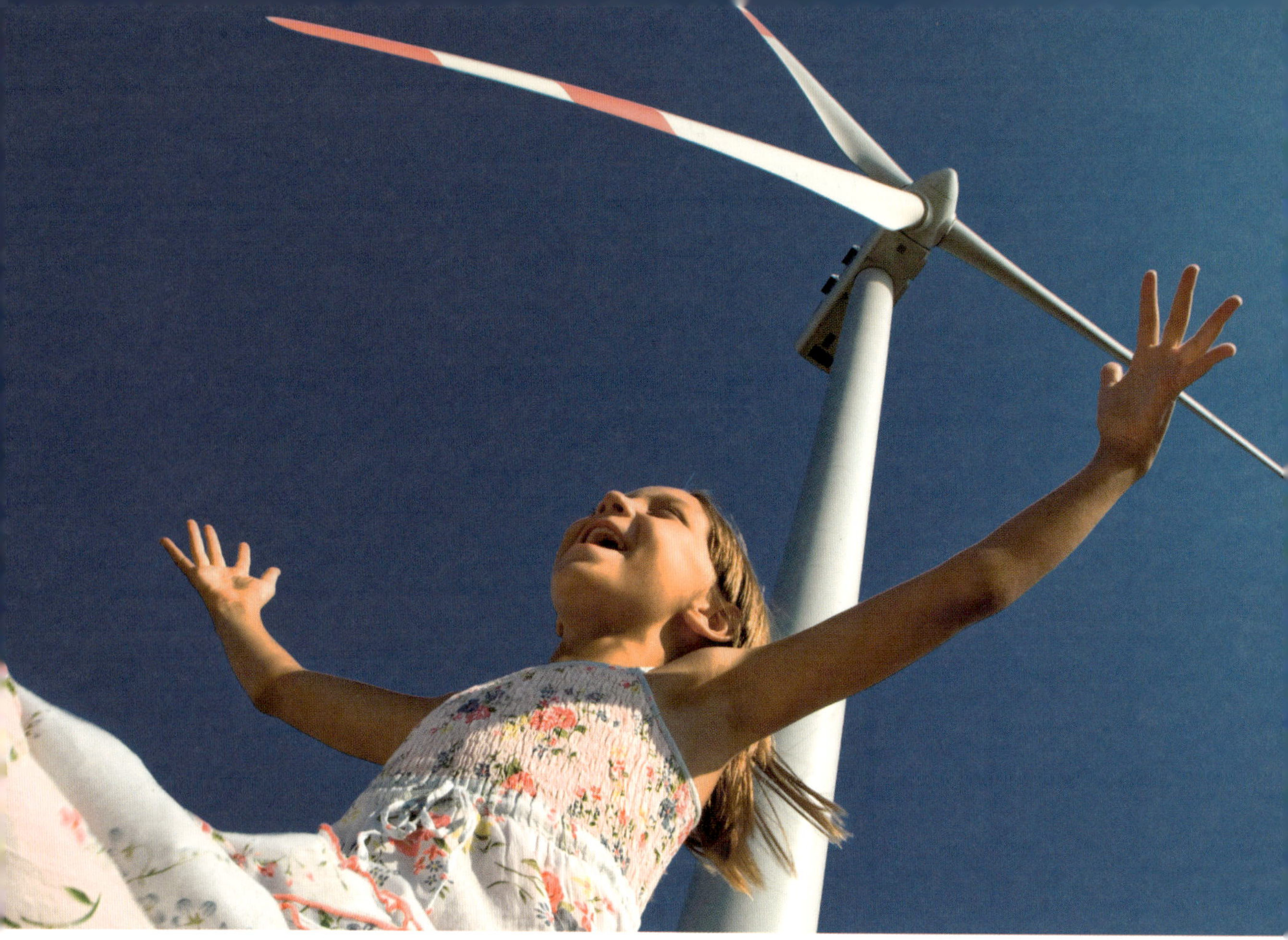

Alternative Energiequellen

Je nachdem, wo Sie leben, stehen Ihnen gegebenenfalls weitere Möglichkeiten zur Stromerzeugung zur Verfügung. Vielleicht können Sie den Wind oder das Wasser in einem nahe gelegenen Fluss nutzen.

Zweifelsohne beeinträchtigen gewerbliche Windparks das Landschaftsbild erheblich. Die Meinungen darüber sind geteilt: Die einen stellen ihren Wert als regenerative Energiequelle in den Vordergrund, für die anderen sind sie ein Schandfleck. In einem Privathaushalt kann sich ein einziger relativ kleiner Windgenerator bei geeigneten Voraussetzungen jedoch erheblich auf die Stromrechnung auswirken.

Windgeneratoren für den Hausgebrauch sind ein noch ziemlich neues Konzept. Sie kommen für ländliche Gebiete, die nicht so stark bebaut sind, am ehesten in Betracht. Die an windigen Tagen erzeugte Energie lässt sich in Batterien speichern.

In bebauten Gebieten sind Windgeneratoren aufgrund der Luftverwirbelungen rund um die Gebäude nicht effizient und rentieren sich kaum. In ländlichen Regionen hingegen, in denen die Gebäude in großem Abstand zueinander stehen, können sie eine realistische Möglichkeit darstellen. Ein Windgenerator sollte alle in einem Radius von 100 m befindlichen Hindernisse um etwa 9 m überragen.

Modelle für das Hausdach haben Rotoren mit geringer Spannweite und können relativ

Verkaufen Sie Ihren Strom

Falls Sie mehr Strom erzeugen, als Sie tatsächlich brauchen, können Sie den Überschuss in das öffentliche Netz einspeisen. So rechnet sich Ihre Investition in die Stromerzeugungsanlage noch schneller. Vorher benötigen Sie jedoch eine Vorrichtung für die Synchronisierung mit dem vorhandenen Netz und eine Vereinbarung mit dem Stromversorger. Dort sollten Sie auch nachfragen, ob die Möglichkeit der Einspeisung besteht, bevor Sie weitere Investitionen tätigen.

kleine Mengen Strom erzeugen. Freistehende Windgeneratoren, die auf einem Mast oder Turm montiert sind und deren Rotoren eine Spannweite von bis zu 15 m haben, erzielen eine größere Wirkung. Die Energie, die an windigen Tagen hiermit erzeugt wird, kann wie die mit Sonnenkollektoren erzeugte Energie in Batterien gespeichert und dann verbraucht werden, wenn es windstill ist.

Im Windatlas des Deutschen Wetterdienstes sind die Windgeschwindigkeiten im ganzen Land erfasst. Mithilfe dieser Daten werden Sie herausfinden, ob ein Windgenerator an Ihrem Wohnort eine verlässliche Energiequelle darstellt. Es ist sehr wichtig, mit der örtlichen Planungsbehörde zu sprechen, um sicherzugehen, dass Sie nicht gegen etwaige Auflagen verstoßen. Eine Baugenehmigung für Ihre kleine Windenergieanlage erhalten Sie beispielsweise nicht in der Nähe von Stromleitungen, Flughäfen oder Flugplätzen, Straßen, Eisenbahnlinien oder denkmalgeschützten Gebäuden.

Sofern es auf Ihrem Grundstück verwirklichen lässt, ist die Kombination von Sonnenkollektoren und Windgeneratoren für eine zweischienige Stromversorgung eine gute Idee. Auf diese Weise dürfte es kaum vorkommen, dass Ihnen die Energie ausgeht.

Strom aus Wasserkraft

Nur wenige Menschen leben auf einem Grundstück, durch das ein Fluss verläuft. Gehören Sie jedoch zu den Glücklichen und die Fließgeschwindigkeit des Flusses ist hoch genug, können Sie sich die Wasserkraft mittels einer Turbine nutzbar machen. Wie bei einem herkömmlichen Wasserrad wird die Turbinenwelle durch die Strömung angetrieben und der Generator, der an der Turbine montiert ist, erzeugt Energie in dem Maße, wie sich diese dreht.

Sie benötigen eine Genehmigung des Wasserwirtschaftsamtes und je nachdem, welche Art von Turbine Sie vorgesehen haben, auch eine Wasserentnahmegenehmigung.

Wasser sparen und wiederverwenden

Beim Wasser sparen geht es nicht allein um Kostenreduktion. Die Energie für die Wasseraufbereitung trägt erheblich zur Erschöpfung der Ressourcen bei, und aufgrund des Klimawandels kann auch das Wasser hin und wieder knapp werden.

In einem Obst- und Gemüsegarten gibt es viele Möglichkeiten, den Trinkwasserverbrauch zu verringern. Zunächst einmal sollten Sie für die Bewässerung der Pflanzen so viel Regenwasser wie möglich sammeln.

Stellen Sie Regentonnen oder große Wasserbehälter an möglichst vielen Regenrinnen auf. Denken Sie auch an die Nebengebäude und Schuppen mit Satteldach. Sie können außerdem mehrere Regentonnen aneinanderreihen, sofern Sie Platz hierfür haben, denn

eine Tonne ist erstaunlich schnell voll, wenn es regnet, und schnell leer, wenn man anfängt zu wässern.

Achten Sie darauf, dass die Behälter fest mit einem Deckel verschlossen oder mit einem starken, gut befestigten Maschendraht abgedeckt sind. Dies ist sehr wichtig, um zu verhindern, dass Kinder oder Tiere hineinfallen und ertrinken.

Verwendung des gesammelten Wassers

Die meisten Regentonnen haben einen Zapfhahn, an dem sich die Gießkanne befüllen lässt. Das Bewässern mit der Gießkanne ist einerseits ideal, um währenddessen zu prüfen, ob die Pflanzen reif sind oder Anzeichen

Gesammeltes Regenwasser eignet sich sehr gut zur Bewässerung der Pflanzen: Es hat die richtige Temperatur, ist nährstoffreich und enthält keine Chemikalien.

einer Krankheit aufweisen, andererseits jedoch nicht unbedingt effizient, wenn man den Zeitaufwand berücksichtigt, insbesondere wenn Sie viel zu tun haben. Anstatt jedes Mal zum Zapfhahn zurückzugehen, können Sie eine Tauchpumpe für die Regentonne kaufen. Sie wird elektrisch betrieben, also brauchen Sie einen Stromanschluss in der Nähe, können dann aber den Gartenschlauch an der Pumpe befestigen und die Beete mit dem gesammelten Regenwasser gießen.

Erdtanks

Sofern Sie ohnehin größere Baumaßnahmen durchführen oder viel Boden ausheben, sollten Sie erwägen, einen großen Erdtank einzubauen. Darin können Sie viel mehr Regenwasser sammeln als in Regentonnen. Das Wasser lässt sich mittels einer Pumpe an einem Zapfhahn entnehmen.

Grauwasser

Eine Grauwasseranlage ist schwieriger einzubauen als ein Erdtank, aber auch das sogenannte Grauwasser, also das Wasser, das beim Duschen, Baden oder Händewaschen anfällt, lässt sich aufbereiten und dann zur Bewässerung der Pflanzen einsetzen.

Sie können auch das Wasser aus der Geschirrspül- und der Waschmaschine verwenden, aber wahrscheinlich muss es vorher mit größerem Aufwand aufbereitet werden.

Mit ein paar Klempnerarbeiten im Haus können Sie die Abläufe dieser Geräte in einen Tank leiten, vorzugsweise in einen großen Erdtank, da hier sehr viel Abwasser anfällt. Dieses muss vor der Wiederverwendung aufbereitet werden, was für gewöhnlich mittels Filtern und biologischen Reinigungsmitteln geschieht. Lassen Sie sich vorab von einem Fachmann beraten. Die Pumpen, die das Wasser den einzelnen Aufbereitungsschritten zuführen und es dann an die Oberfläche befördern, benötigen außerdem Strom.

Sinnvolle Verwendung von Wasser

Auch im Haus kann man Tag für Tag Wasser, Energie und Geld sparen.

In den meisten Haushalten entfällt mehr als ein Drittel des verbrauchten Wassers auf die Toilettenspülung. Alte WCs mit großen Spülkästen vergeuden viel mehr Wasser, als wirklich nötig ist. Man kann in diesen Kästen eine Vorrichtung anbringen, um die Wassermenge zu reduzieren, die für den einzelnen Spülvorgang darin gesammelt wird – dafür eignet sich sogar ein Ziegelstein. Versuchen Sie, die Toilettenspülung nur zu betätigen, wenn es sein muss.

Ist die Zeit für ein neues WC gekommen, empfiehlt sich eine Toilette mit kompaktem, schlankem Spülkasten und einer Spartaste, sodass Sie zwischen einer Halb- und einer Vollspülung entscheiden können.

Waschen und Abwasser

Behalten Sie Ihren Wasserverbrauch auch bei der Körperpflege im Auge. Drehen Sie den Hahn zu, während Sie sich die Zähne putzen oder Ihre Haare shampoonieren. Ziehen Sie die Dusche einem täglichen Bad vor, aber bedenken Sie dabei, dass eine Dusche, die fünf Minuten voll aufgedreht ist, ebenso viel Wasser verbraucht wie das Vollbad.

Auch ein Sparduschkopf kann zweckdienlich sein. Das Waschbecken oder die Badewanne sollte man nicht zu voll laufen lassen. Prüfen und regeln Sie die Temperatur bereits während das Wasser einläuft, denn ist es dabei schon zu heiß, muss man später wieder kaltes Wasser zufügen.

Tropfende Wasserhähne sollten unverzüglich repariert werden. Müssen Sie einen Hahn ersetzen, lohnt es sich, den Kauf einer Mischbatterie in Betracht zu ziehen. Selbst eine einfache handelsübliche Mischbatterie spart im Regelfall Kosten, da sie die gewünschte Temperatur erzielt und den Wasserstrom

Undichte Stellen beseitigen

Leckt ein erdverlegtes Rohr unbemerkt, geht viel Wasser verloren. Haben Sie einen Wasserzähler, sollten Sie Ihren normalen Verbrauch kennen und diesen hin und wieder mit der Anzeige abgleichen. Ein außergewöhnlich hoher Wert deutet auf ein Leck hin.

Alternativ kann man alle Geräte, die Wasser verbrauchen, abdrehen, den Wasserzähler ablesen, eine Stunde warten und die Anzeige erneut prüfen. Hat sie sich verändert, entweicht irgendwo Wasser durch eine beschädigte Leitung.

Achten Sie auch darauf, ob es im Garten oder auf dem Grundstück morastige Stellen gibt oder ob der Wasserdruck abfällt, wenn Sie den Hahn aufdrehen. Kontaktieren Sie Ihren Wasserversorgungsbetrieb, wenn Sie irgendwo ein Leck vermuten. Dieser kann Rohre mit einer Kamera untersuchen und bestehende Risse lokalisieren. Befindet sich das Leck innerhalb Ihrer Grundstücksgrenzen, ist es Ihre Aufgabe, es schnellstmöglich zu beseitigen.

Mit einer Sparspülung können Sie zwischen Halb- und Vollspülung wählen. Sie verbraucht weniger Wasser als herkömmliche Spülvorrichtungen.

Wasser und Energie sparen

dosiert. Aber auch manche der sogenannten Einhebelmischer bewirken einen reduzierten Wasserstrahl, der sich erst auf die volle Durchflussmenge vergrößern lässt, wenn man den Hebel stärker aufschwenkt.

Ziehen Sie die Dusche einem Vollbad vor und benutzen Sie einen Sparduschkopf, der weniger Wasser als mehr erscheinen lässt – ohne Komfortverlust.

Auswahl der Haushaltsgeräte

Moderne Wasch- und Spülmaschinen verbrauchen viel weniger Wasser als ältere Modelle. Neueste Geräte wenden für eine ganze Ladung weniger Wasser auf, als wenn man die gleiche Arbeit von Hand machte. Umgekehrt brauchen Geschirrspüler mit der geringsten Effizienz etwa zweimal so viel Wasser, als für das manuelle Spülen einer Ladung Geschirr erforderlich ist.

Unabhängig davon, was für eine Maschine Sie haben, sollten Sie grundsätzlich warten, bis sie ganz voll ist, bevor Sie sie einschalten. So verschwenden Sie kein Wasser für Teilladungen und die Maschine muss zu einem späteren Zeitpunkt nicht noch einmal laufen. Falls Ihre Maschine ein Sparprogramm hat, lohnt es sich auf jeden Fall, dieses auch zu benutzen. Kaufen Sie außerdem ausschließlich Geräte, die dem alltäglichen Bedarf Ihrer Familie entsprechen.

Abwasser und Entwässerung

Sie können dazu beitragen, die Belastung der Kanalisation zu mindern, indem Sie Abwasser oder überschüssiges Regenwasser in einen Sickerschacht oder eine Kleinkläranlage einleiten. Erkundigen Sie sich in beiden Fällen beim örtlichen Bauamt nach Auflagen und erforderlichen Zulassungen.

Eine Kleinkläranlage besteht aus großen Kammern mit einer Verrieselungsfläche, sodass man Platz braucht und der Einbau aufwändig ist. Müssen Sie jedoch ohnehin eine Grube ausheben, könnte eine solche Anlage in Betracht kommen. Sie muss regelmäßig gewartet und geleert werden. Achten Sie also auf Zufahrtsmöglichkeiten für Lastwagen.

Ein Sickerschacht dient der Aufnahme von Regenwasser, das sich nicht in Tanks oder

Regentonnen speichern lässt, nicht von Haushaltsabwässern. Sie können ihn selbst bauen oder Bausätze kaufen. Für einen Sickerschacht ist eine große, tiefe Baugrube erforderlich, die mit grobem Kies und sonstigem gut wasserdurchlässigen Material gefüllt wird. Das Wasser aus dem Fallrohr der Regenrinne wird in den Schacht eingeleitet und versickert allmählich im umliegenden Boden, langsam genug, dass es bei starkem Regen nicht zu Überschwemmungen kommt.

Nach und nach verstopft der Sickerschacht durch Ablagerungen. Dann muss er ausgehoben und in der Nähe neu angelegt werden oder mit frischem Dränage-Material aufgefüllt werden.

Stichwortverzeichnis

Stichwortverzeichnis

Bildnachweis

Für die Abdruckgenehmigung der Bilder im vorliegenden Buch möchte Quantum den folgenden Bildarchiven und Fotografen herzlich danken:

Alamy
162 ol © David Page, 162 r © Image Source, 169 ur © Rachel Husband, 180 © Chad Ehlers, 207 © Gary K Smith, 233 © Eric Warren, 248 © Justin Kase z06z

Alison Candlin 52, 113

GAP Photos
12 John Glover, 21, 29 o Clive Nichols, 34 ur Jenny Lilly, 35 John Glover, 38 ur Michael Howes, 45 Frederic Didillon, 61 ol Mark Winwood, or Rice/Buckland, 63 o Juliette Wade, M Sarah Cuttle, u Fiona Lea, 98 or Juliette Wade, M Michael Howes, 100 or Tommy Tonsberg, M Jonathan Buckley, 104 M Friedrich Strauss, 111 or Rice/Buckland, ur Howard Rice, 114 ul Friedrich Strauss, 133 or Mark Bolton

Garden Picture Library
60 Michael Howes (Ansell Howes Assoc), 112 Mr Juliette H Wade (Espalier Media Ltd), 133 ul Photos Lamontagne, 135 Mr Michael Howes (Ansell Howes Assoc), 208 Geoff Kidd

Getty
2–3 Roger Charity, 26 Alan Buckingham, 33 o Mike Harrington, 72 Alan Buckingham

iStockPhoto
4, 5, 6, 10–11, 18, 20 o, 22 ol, 24 o, 31, 33 u, 34 ul, 36, 37, 38 ul, 39, 42, 43, 44, 46–47, 49, 51, 53, 55, 56-57, 58, 68 o, 73, 74, 75 ol, 79, 81, 82, 83, 86 o, 87, 88 ur, 89, 91, 92, 93, 101, 102, 103, 105, 110, 118, 119, 121, 122, 123, 124, 126, 128, 129, 131, 134, 136 l, 139 o (x3), 154, 155, 158, 159, 163, 164 r, 165 r, 167 or, 168, 169 o, 170, 171, 172, 173, 174, 175, 176, 177, 178–179, 181, 182 u, 184 ul, 188 ur, 189 u, 192, 196, 197, 199, 201, 202, 203, 230, 237

Shutterstock
5 u, oM, 7, 13, 14, 15, 19, 20 u, 28 ol, 30, 41, 48, 67, 108–109, 140-141, 142, 143, 145, 146, 147, 152–153, 161, 166, 167 ul, 182 o, 183, 185, 186, 187, 188 o, 190–191, 193 ul, 194 ul, 195, 209, 218, 238–239, 240, 241, 242, 243, 244, 244–245, 246, 247, 249, 250, 253, 254, 256

StockFood
5 uM, 132, 165 ol, 204-205, 206, 210, 214, 215, 217, 219 or, 221 o, 223, 225, 228, 234, 235, 236

Louise Turpin 29 u, 200

Illustrationen der Vignetten der Kapitelaufmacher und Kolumnen: Louise Turpin.

Alle anderen Fotografien und Illustrationen unterliegen dem Copyright von Quarto/Quantum. Quantum hat sich bemüht, sämtliche Rechteinhaber von Abbildungen zu ermitteln. Für eventuell übersehene oder fehlerhafte Nachweise bittet der Verlag um Entschuldigung und wird bei zukünftigen Auflagen des Buches entsprechende Korrekturen gerne vornehmen.

Teile des im vorliegenden Buch verwendeten Materials wurden bereits in den von Quarto Publishing plc und Quintet Publishing Ltd. herausgegebenen Titeln »Practical Self Sufficiency« und »Perfect Preserves« veröffentlicht.

Text und Konzept: Alison Candlin
Art-Director: Louise Turpin